다양한 실습이 가능한

ATmega128 기초와 응용 I

신동욱 저

Ohm사
http://www.ohm.co.kr

머리말

산업 현장 등에서 사용되고 있는 제어장치에는 마이크로프로세서가 널리 사용되고 있으며, 현재 여러 회사로부터 많은 종류의 마이크로프로세서가 생산되고 있다. 이들 마이크로프로세서에는 16비트 또는 32비트 고성능의 것도 있지만, 아직 8비트 마이크로프로세서가 많이 사용되고 있다. 몇 년 전까지만 해도 인텔사의 MCS51 계열의 8비트 마이크로프로세서가 많이 사용되어 왔지만, 최근에는 플래시 프로그램 메모리와 ISP(In-System Programmable) 기능을 가지고 있는 Atmel사의 AVR 8 비트 RISC(Reduced Instruction Set Computer) 마이크로프로세서들이 많이 사용되고 있다.

현재 시중에는 AVR 마이크로프로세서에 관련된 교육용 키트와 모듈들이 다양하게 개발되어 시판되고 있지만, 대부분 모듈 단위로 개발되어 있어 다양한 실습을 위해서는 복잡하고 번거로운 배선을 하여야 실습을 수행할 수 있다. 그래서 저자와 Ohm사에서는 하나의 보드에서 ATmega128의 기본적인 실습뿐 아니라 간단한 배선으로 다양한 응용실습과 작품제작이 가능하도록 새로운 교육실습용 보드 KUT-128_COM를 개발하였다. 이 보드에는 최근 많은 관심을 가지고 있는 3축 가속도 센서와 블루투스 통신 모듈이 쉽게 장착될 수 있으며, 이 책은 이와 같이 다양한 실습이 가능한 KUT-128_COM 보드의 충실한 학습 교재라 할 수 있다.

이 책은 크게 2부로 구성되어 있으며, 다음과 같은 내용을 다루고 있다.

1부에서는 ATmega128의 기본적인 기능인 I/O 포트, 외부 인터럽트, 타이머/카운터, 시리얼 포트에 대해 설명하고 있으며, 각 장마다 사용법 요약과 함께 다양한 실습 예제를 다루려고 노력하였다. 그리고, 그 밖의 기능으로서 A/D 변환기, 아날로그 비교기, EEROM, SPI, TWI에 대해서도 내용 설명과 함께 실습 예제를 다루었다.

2부에서는 응용편으로 텍스트 LCD와 센서 그리고 무선 통신 모듈에 대해 다루었다. LCD에서는 기본적인 사용법 이외에 문자 크기를 크게 표시하기 위한 기법을 소개하며, 센서 부분에서는 최근 가장 많은 관심을 갖는 3축 가속도 센서 및 3축 자이로 센서의 사용법에 대해 다루었다. 그리고, 무선 통신에서는 최근 많이 이용되고 있는 블루투스 모듈과 WiFi의 사용법과 함께 스마트 폰을 이용한 보드 제어에 대한 실습 예제를 다루었다.

앞으로 <ATmega128 기초와 응용> 시리즈로 2권과 3권을 계획하고 있으며, 2권에서는 KUT-128_COM 보드에 추가적으로 쉽게 연결하여 사용할 수 있는 조이스틱, 센서, 디스플레이 출력 장치, 그리고 모터에 대해 집필할 예정이다. 그리고, 3권에서는 1권과 2권에서 다루었던 기본적인 실습 내용을 토대로 KUT-128_COM 보드를 이용하여 쉽게 구현할 수 있는 응용 작품에 대해 집필할 계획이다.

마지막으로 이 책이 나올 수 있도록 KUT-128_COM 보드의 개발을 위해 많은 노력을 해 주신 Ohm사의 오석근씨를 비롯하여 이 책의 출판을 위해 항상 물심양면으로 애써주신 Ohm사의 곽종학 사장님과 직원 여러분들에게 감사의 말씀을 드립니다.

2014년 11월 저자 신 동욱 씀

이 책의 내용이나 기술적인 문의사항은 Ohm사 홈페이지(http://www.ohm.co.kr) 해당 게시판에 공개적으로 질문하여 주시면 성실히 답변해 드리겠습니다.

1 ATmega128 기초

2 ATmega128 응용

제1부
ATmega128 기초

Chapter 01

실습 환경

1.1 KUT-128_COM 보드

이 책에서 실습에 사용할 보드는 KUT-128_COM 보드이며, 기본적으로 MCU 보드와 인터페이스보드로 구성된다.

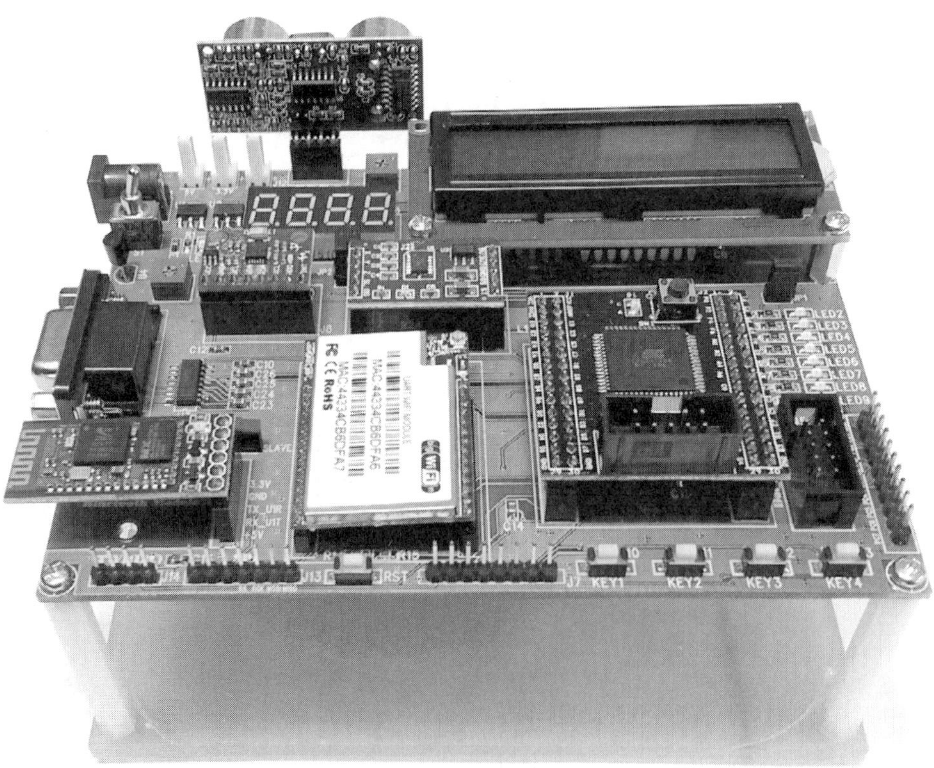

[사진 1-1] KUT-128_COM 보드(부품 모두 장착)

[사진 1-2] MCU 보드

[사진 1-3] 인터페이스 보드(기본 부품 장착)

(1) MCU 보드

■ MCU 회로

MCU 회로는 [그림 1-1]과 같이 ATmega128 MCU, 리셋 회로, 클럭 발생 회로로 구성되며, 클럭 발생 회로에는 16MHz 크리스탈을 사용하였다. ATmega128의 A, B, C, D, E, F, G 포트는 커넥터로 인터페이스 보드 또는 사용자의 개발 보드와 연결할 수 있도록 설계하였으며, 리셋 회로는 리셋 스위치를 이용해 시스템 리셋을 발생시킬 수 있다.

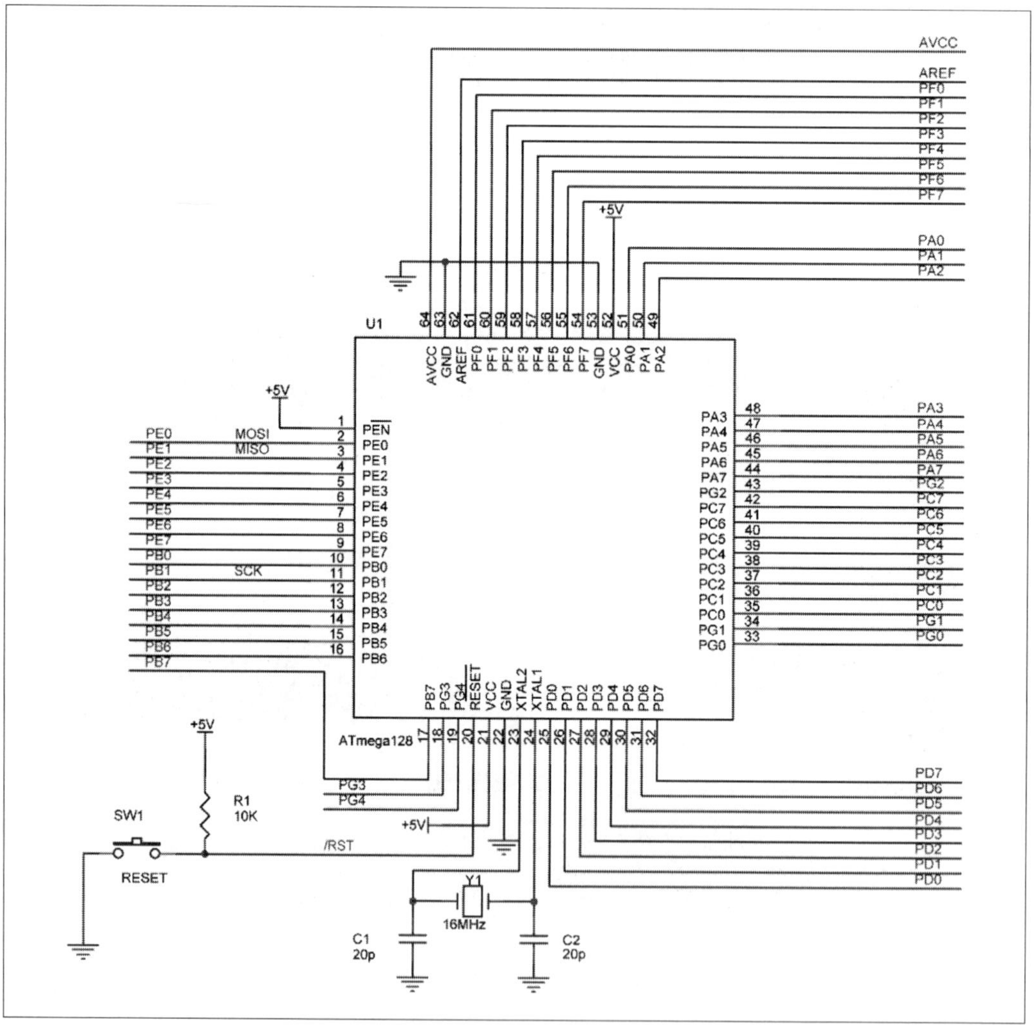

[그림 1-1] ATmega128 MCU 회로

■ ISP 다운로더 커넥터

C 컴파일러에 내장된 프로그래머(Programmer)를 통해 MCU 보드에 사용자가 작성한 프로그램을 다운로드 할 수 있도록 ISP(In-System Programming) 커넥터를 [그림 1-2]와 같이 구성하였다. MCU 보드에 컴퓨터를 연결하여 프로그램을 다운로드 하기 위해서는 이 커넥터에 ISP 케이블 또는 AVRISP(또는 USBISP)를 연결하여야 한다. ISP 케이블은 컴퓨터에 25핀의 프린터 커넥터가 있어야 사용할 수 있으며, AVRISP는 USB 커넥터가 있으면 사용할 수 있다.

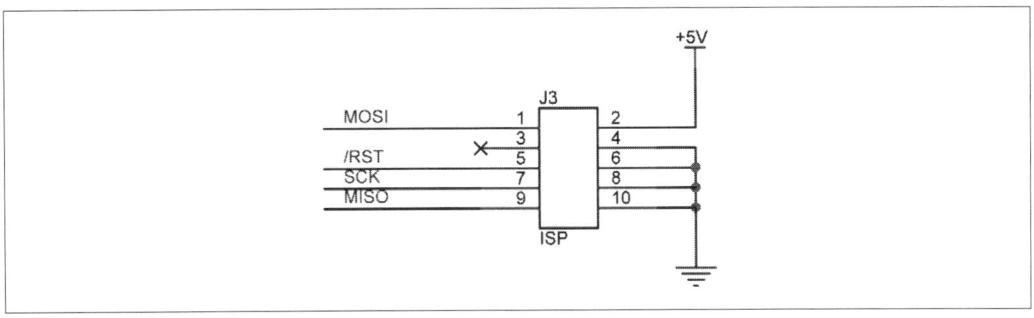

[그림 1-2] ISP 다운로더 커넥터

■ 확장 커넥터

ATmega128의 모든 단자를 [그림 1-3]과 같이 커넥터로 뽑아 인터페이스 보드 또는 사용자가 설계하는 확장보드에 연결할 수 있도록 하였다.

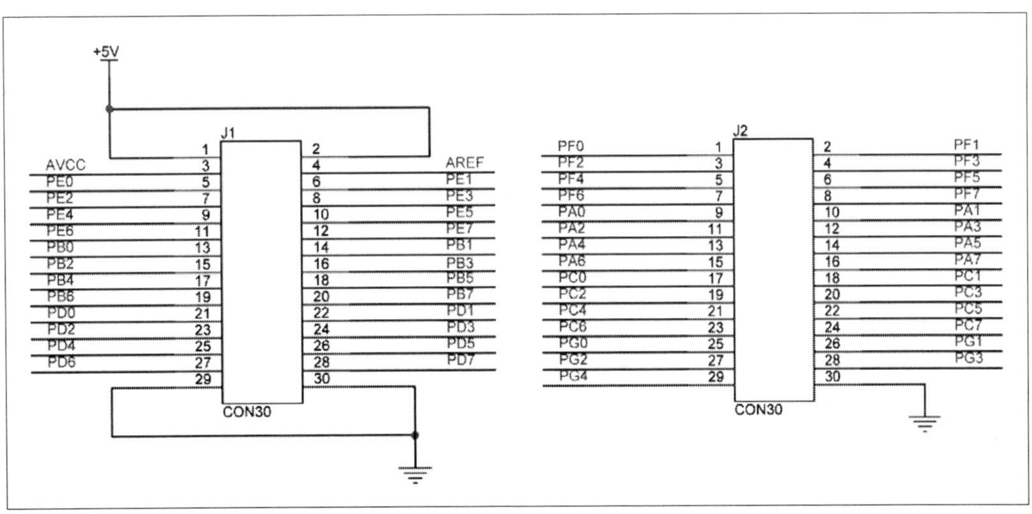

[그림 1-3] 확장 커넥터

■ 전원 LED와 바이패스 콘덴서

[그림 1-4]는 전원 LED와 바이패스 콘덴서 회로를 보여준다.

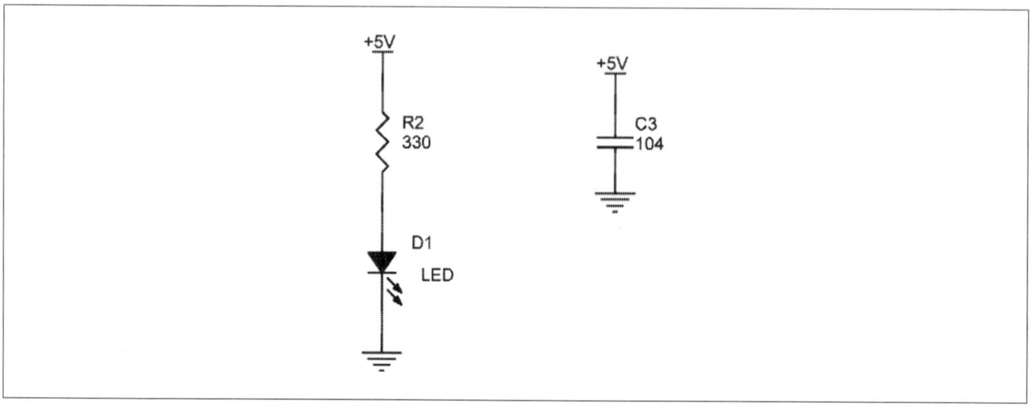

[그림 1-4] 전원 LED 및 바이패스 콘덴서

(2) 인터페이스 보드

인터페이스 보드는 ATmega128의 기본적인 기능뿐 아니라 다양한 응용실습까지도 할 수 있도록 설계하였으며, 이를 잘 활용하면 응용작품까지도 제작할 수 있다. 인터페이스 보드에는 크게 기본적인 실험과 응용실험을 할 수 있는 부분으로 나눌 수 있으며, 이를 요약하면 다음과 같다. 기본적인 실험은 인터페이스 보드에 기본적으로 장착되어 있는 [표 1-1]과 같은 부품 및 모듈들을 활용하여 수행할 수 있다. 응용실험은 [표 1-2]와 같이 센서 모듈, 통신 모듈, 도트매트릭스와 같은 부품들을 이용하여 수행할 수 있다. [사진 1-4]는 KUT-128_COM 보드에 장착된 부품 모듈과 커넥터를 보여주며, [표 1-3]은 이들 부품 및 커넥터에 대한 설명과 연결 포트를 나타낸다.

[표 1-1] 기본 장착 실험 부품

사용 부품 및 모듈	실험 내용
8개의 고휘도 LED	LED 출력
4개의 7-세그먼트	10진 및 16진 출력
4개의 스위치	입력 및 외부 인터럽트
전압 센서, 온도 센서	AD 변환
RS-232	USART 시리얼 통신
LCD	LCD 구동 실험

[표 1-2] 응용 실험 부품

사용 부품 및 모듈	실험 내용
초음파 센서	거리 측정
가속도 센서	기울기 측정
자이로 센서(MPU6050)	가속도 + 각속도 + 온도 측정
블루투스	무선 통신(컴퓨터, 스마트폰, 테블릿 PC)
WiFi	무선 통신(컴퓨터, 스마트폰, 테블릿 PC)
도트 매트릭스(3색)	도트메트릭스 구동
조이스틱	입력 실험
SPI 커넥터	SPI 시리얼 통신
TWI 커넥터	TWI 시리얼 통신

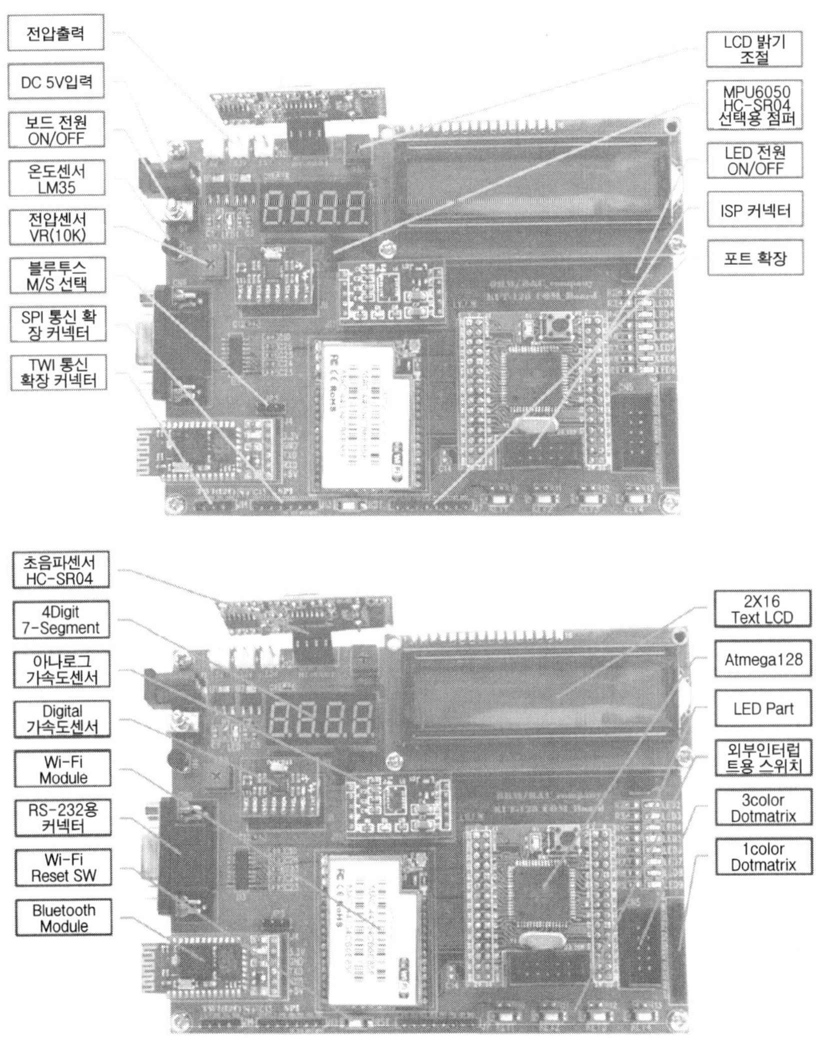

[사진 1-4] KUT-128_COM 보드 기능 및 디바이스

[표 1-3] 기능 요약 및 연결 포트

	부품 및 커넥터	설 명	사용 포트
1	출력 전압 커넥터	5V, 3.3V, 2.5V 출력전압 연결	
2	DC 5V 입력	DC 5V 어댑터	
3	보드 전원 ON/OFF	전원 ON/OFF	
4	온도 센서 LM35	아날로그 온도센서	PF7
5	전압 센서 VR(10k)	0~5V 전압 가변	PF6
6	블루투스 M/S 선택 스위치	블루투스 모듈 마스터/슬레이브 선택	
7	SPI 통신 확장 커넥터	SPI 인터페이스 모듈 연결	PB0-PB3
8	TWI 확장 커넥터	TWI 인터페이스 모듈 연결	PD0, PD1
9	LCD 밝기 조절	LCD 밝기 조절용 가변저항	
10	MPU6050/HC-SR04 선택용 점퍼	점퍼 연결시 : MPU6050 사용 점퍼 제거 시 : TWI 확장 커넥터 또는 HC-SR04 사용	PD0, PD1
11	LED 전원 점퍼	LED 사용 시 연결, 도트 매트릭스 사용 시 Open	
12	ISP 커넥터	ATmega128 ISP 사용	
13	포트 확장	여분의 확장 포트로 조이스틱이나 다양한 센서 연결에 사용	PF0-PF2, PE2-PE3, PG4
14	초음파 센서	HC-SR04 거리 측정	PD0, PD1
15	4자리 7-세그먼트	4자리 10진 및 16진 표시	PD4-PD7, PB4-PB7, PG0-PG3
16	가속도 센서	X, Y, Z 축의 아날로그 출력	PF3-PF5
17	자이로 센서	가속도센서 + 자이로센서 + 온도 센서 기능을 가지며, TWI(I2C)통신 ※초음파 센서 동시 사용 불가	PD0, PD1
18	WiFi 모듈	WiFi 통신용 모듈, USART1에 연결 ※ 블루투스 모듈과 동시 사용 불가	PD2, PD3
19	RS-232 커넥터	MAX232를 사용한 RS-232통신(USART0)	PE0, PE1
20	WiFi 리셋 스위치	WiFi 모듈 리셋 또는 공장 초기화	
21	Bluetooth 모듈	블루투스 통신용 모듈(USART1)	PD2, PD3
22	2x16 캐릭터 LCD	ASCII 문자 표시, 4비트 구동방식	PA0-PA2, PA4-PA7
23	LED	8개 LED	PC0-PC7
24	스위치	외부인터럽트(INT4-INT7) 사용 가능	PE4-PE7
25	3색 도트매트릭스 연결 커넥터	3색 도트매트릭스 연결 가능	PC0-PC7
26	단색 도트매트릭스 연결 커넥터	단색 도트매트릭스 연결 가능	PC0-PC7

■ LED 출력회로

8개의 고휘도 LED가 포트 C에 연결되어 있으며, 기본적인 I/O 포트의 출력실험을 할 수 있다. 포트 C에는 커넥터를 통해 도트매트릭스를 제어하는데도 사용할 수 있도록 설계되어 있어 LED와 도트매트릭스를 동시에 제어할 수 없다. 따라서, 도트매트릭스를 사용하는 경우에는 [그림 1-5]에서 점퍼 JP1을 제거하여 풀업저항에 연결된 전원을 차단해 주어야 한다.

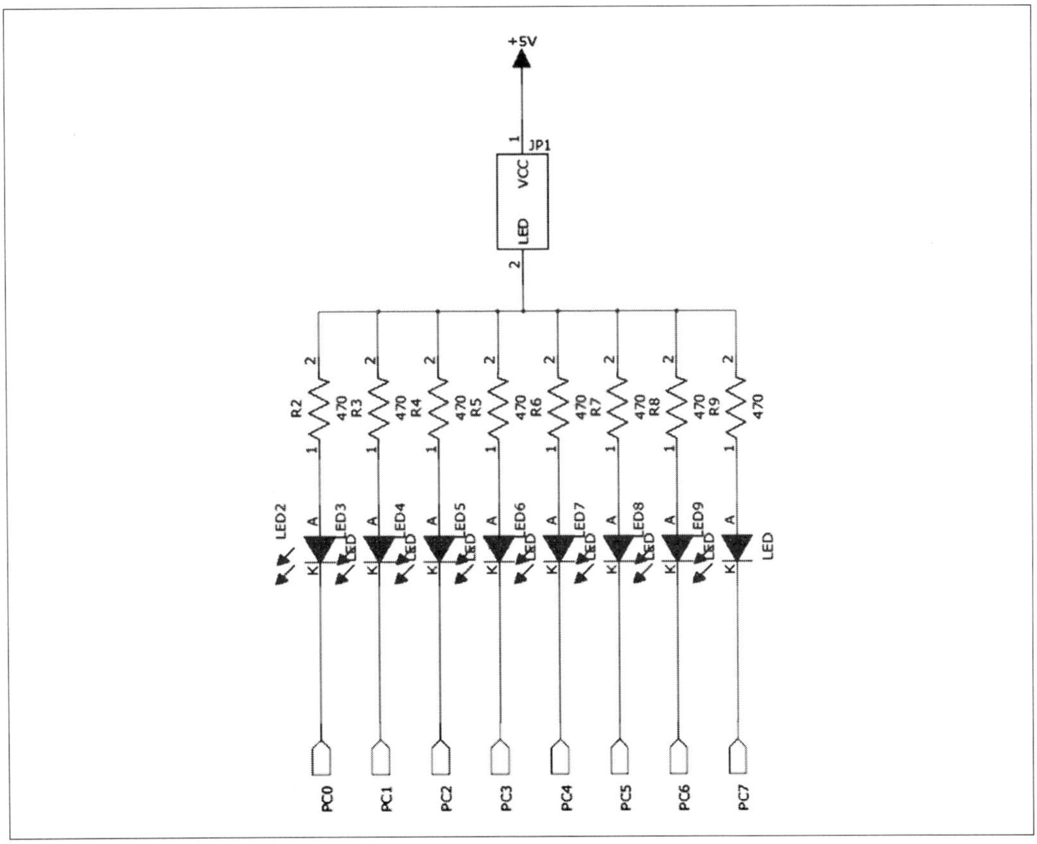

[그림 1-5] LED 출력 회로

■ 7-Segment 구동회로

디지털 시계 또는 A/D 변환기의 변환 값 등을 표시할 수 있도록 Common Cathode 형의 7-Segment가 4개 장착되어 있다. 7-세그먼트의 A, B, C, D, E, F, G, DP단자는 UDN2981을 거쳐 PB4-PB7과 PD4-PD7에 연결되어 있으며, 각 세그먼트의 COM 단자는 ULN2803을 거쳐 PG0-PG3포트에 연결되어 있다.

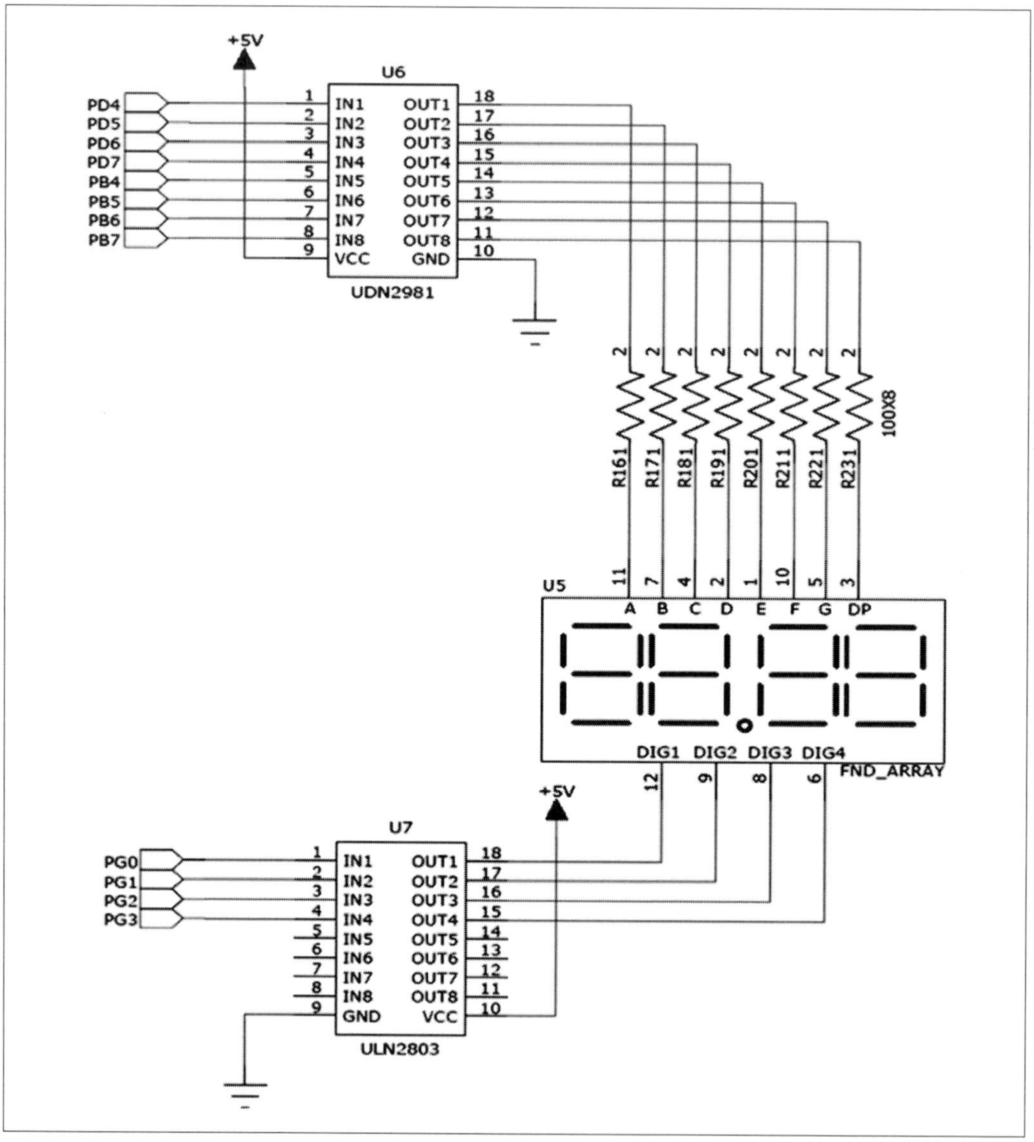

[그림 1-6] 7-Segment 구동회로

■ 스위치 입력회로

4개의 스위치가 포트 E의 상위 4비트에 연결되어 있으며, 기본적인 I/O 포트의 입력실험을 할 수 있다. 그리고 포트 E의 상위 4비트는 외부인터럽트 INT4-INT7의 기능도 가지고 있어 외부인터럽트 실험에도 이용할 수 있으며, PE6핀은 타이머/카운터3이 카운터로 동작할 때 카운터 클럭 입력단자 기능도 가지고 있어 카운터 실험에 이용할 수 있다.

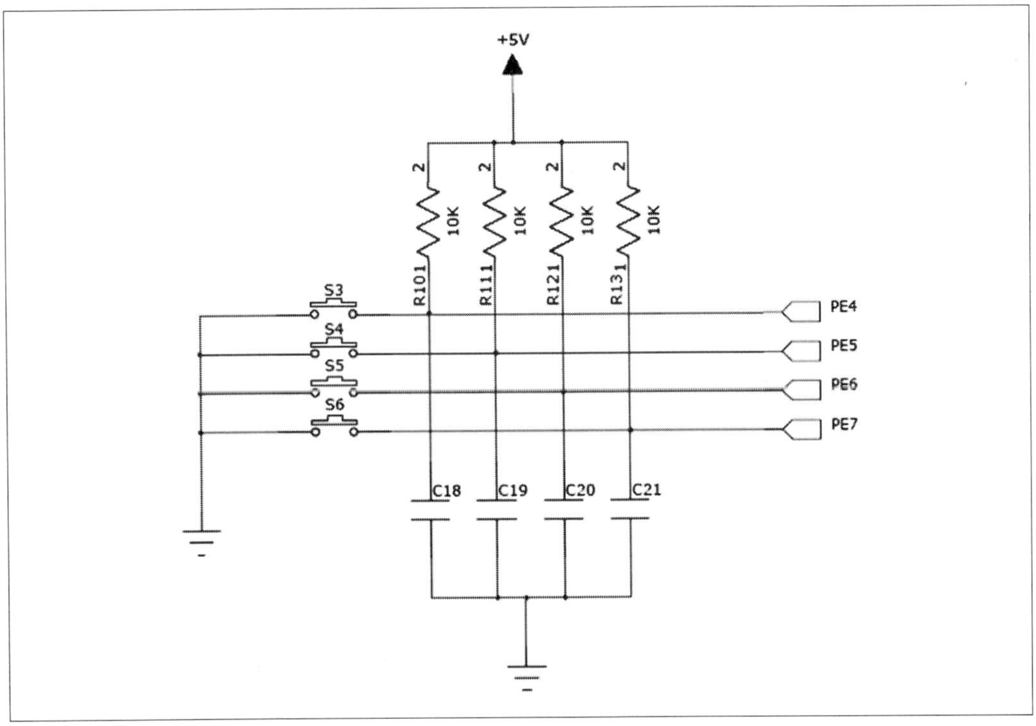

[그림 1-7] 스위치 입력회로

■ RS-232부

ATmega128에 내장되어 있는 USART0 시리얼 통신 포트를 사용할 수 있도록 MAX232 드라이버 IC를 사용하여 [그림 1-8]과 같이 회로를 구성하였다. MAX232 드라이버 IC는 RS232C 통신에 적합하도록 전압 레벨을 ±12V로 변환하는 역할을 하며, ATmega128에서 제공되는 2개의 USART 채널 중 0번(1번은 블루투스와 WiFi에서 사용)을 사용한다.

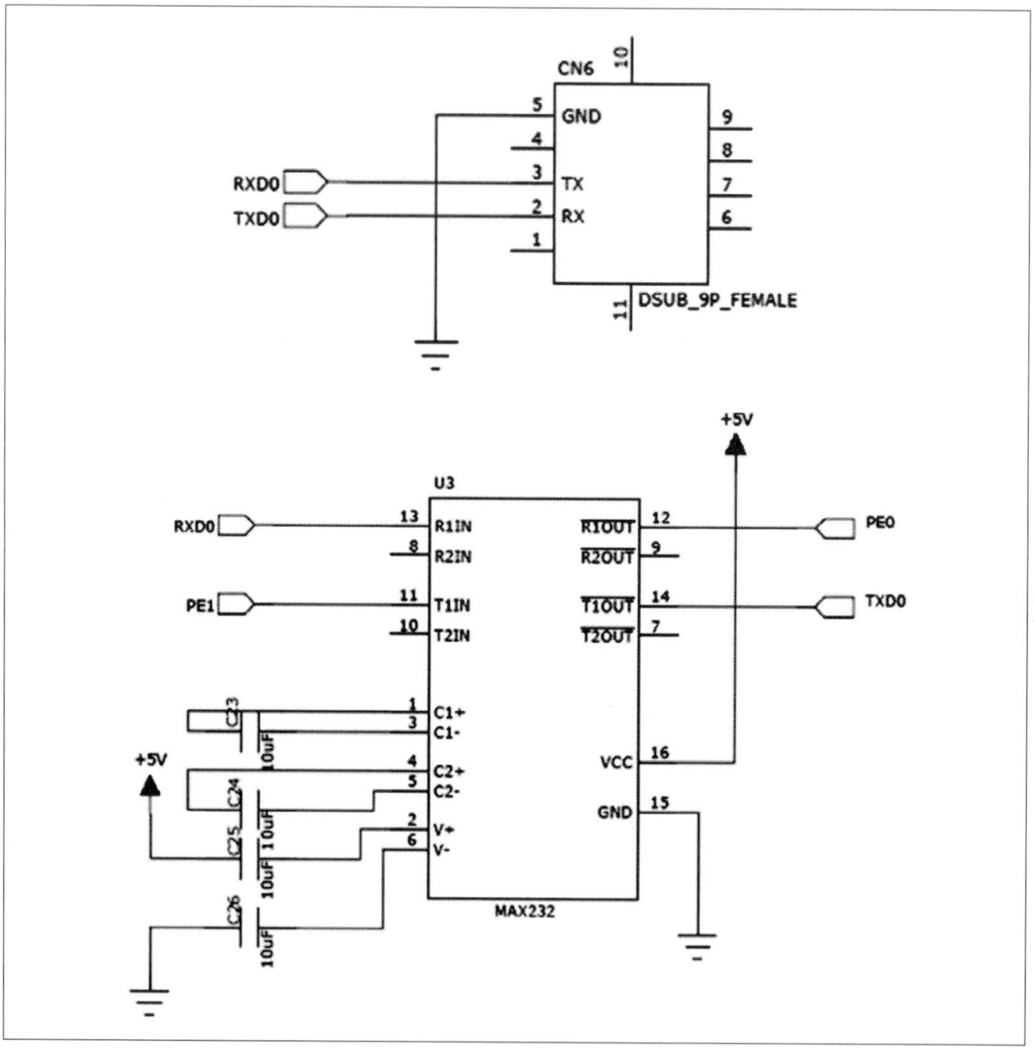

[그림 1-8] USART 회로

■ LCD 커넥터

텍스트 LCD 연결을 위해 [그림 1-9]와 같이 포트 A를 이용하여 구성하였으며, 16문자×2 라인을 가지고 있는 LCD를 사용할 수 있다. LCD는 4비트 데이터 버스 방식으로 제어하며, VR1 가변저항은 LCD의 밝기 조정용으로 사용한다.

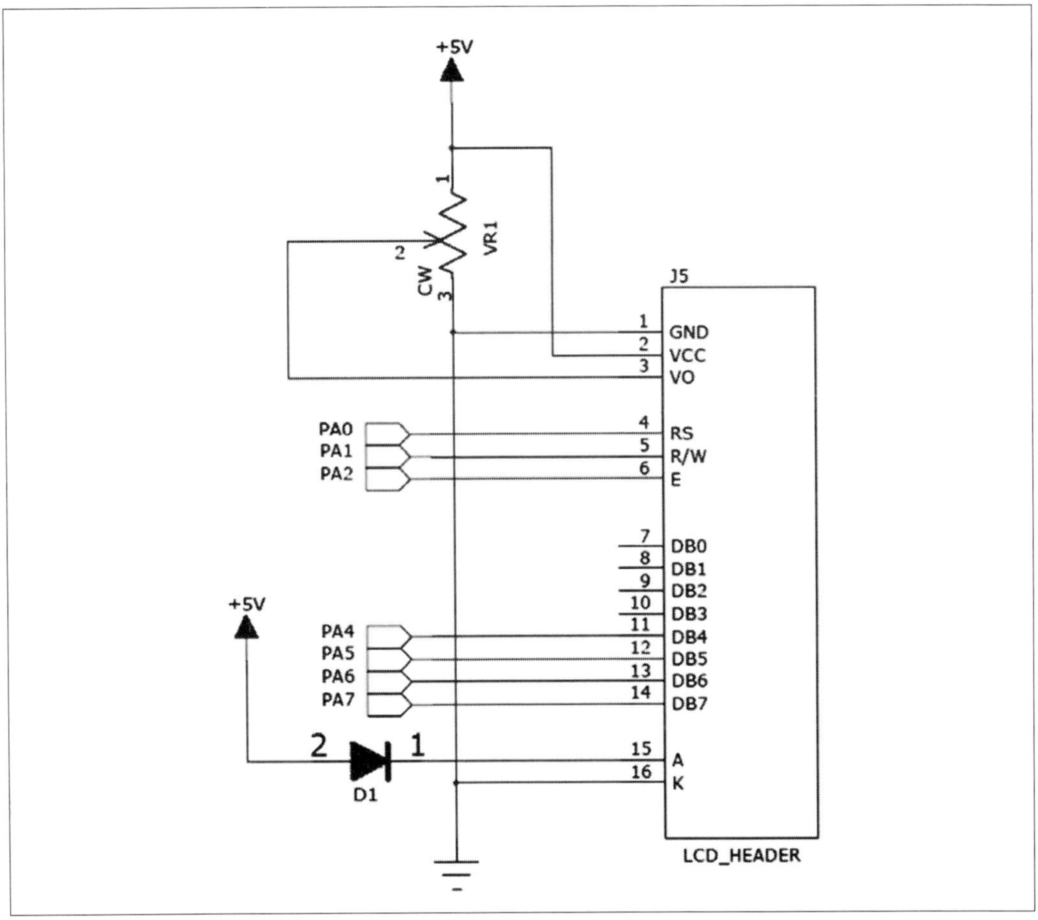

[그림 1-9] LCD 커넥터

■ 전압 센서

A/D 변환기의 실험을 위해 가변저항(10kΩ)을 이용하여 0~5V의 전압을 공급하며, 포트 PF6(ADC6)에 연결되어 있다.

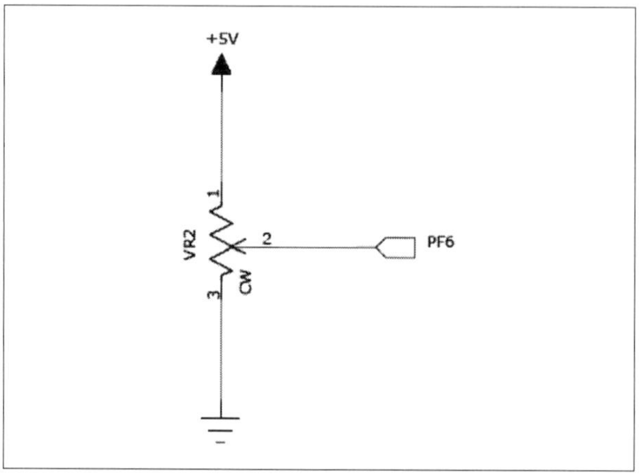

[그림 1-10] 아날로그 입력회로

■ 온도 센서

LM-35는 온도의 변화에 선형 10mV/℃ Scale factor를 가지며, PF7(ADC7) 핀에 연결되어 있어 디지털값으로 변환한 후 온도 값을 LCD 또는 7-세그먼트에 표시할 수 있다.

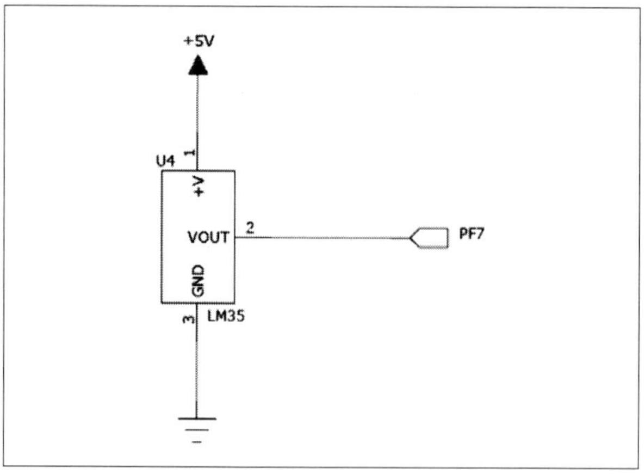

[그림 1-11] 온도 센서 회로

■ WiFi 모듈

USART1을 이용하여 WiFi가 가능한 모듈 또는 장치(컴퓨터, 스마트폰, 테블릿 PC 등)와 데이터 통신이 가능하다. 주의할 점은 블루투스 모듈에서도 USART1 단자를 사용하기 때문에 동시에 사용할 수 없다.

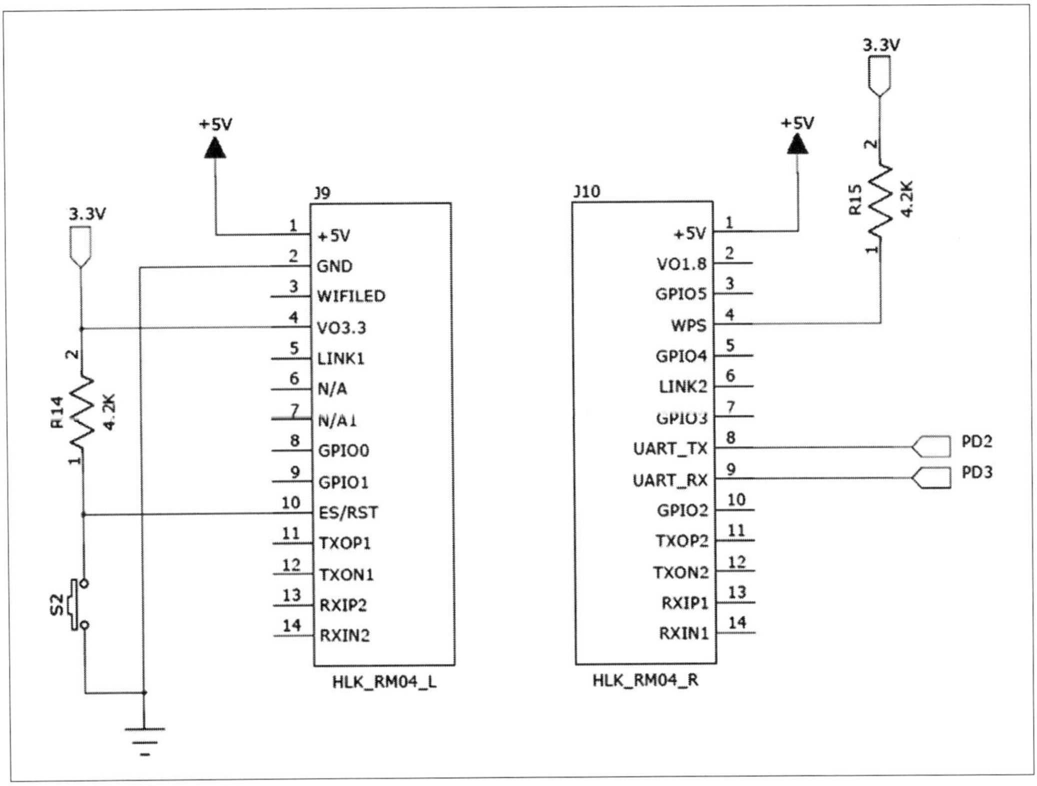

[그림 1-12] WiFi 모듈 회로

■ 블루투스부

USART1을 이용하여 무선 블루투스 통신 모듈을 연결할 수 있으며, 블루투스가 가능한 모듈 또는 장치(컴퓨터, 스마트폰, 테블릿 PC 등)와 데이터 통신이 가능하다. 블루투스는 단거리 무선통신 중 가장 많이 사용되는 통신방식으로 연결이 간편하고 1:1 방식으로 통신이 이루어지므로 신뢰도가 높다. 기본 통신거리는 10m 이내이며, USART1을 이용하여 컴퓨터, 스마트폰과 테블릿 PC와 통신이 가능하다. 또한 2개의 모듈을 마스터/슬레이브로 각각 지정하여 통신할 수도 있다.

주의할 점은 USART1을 사용하기 때문에 WiFi모듈과 통시에 사용할 수 없다.

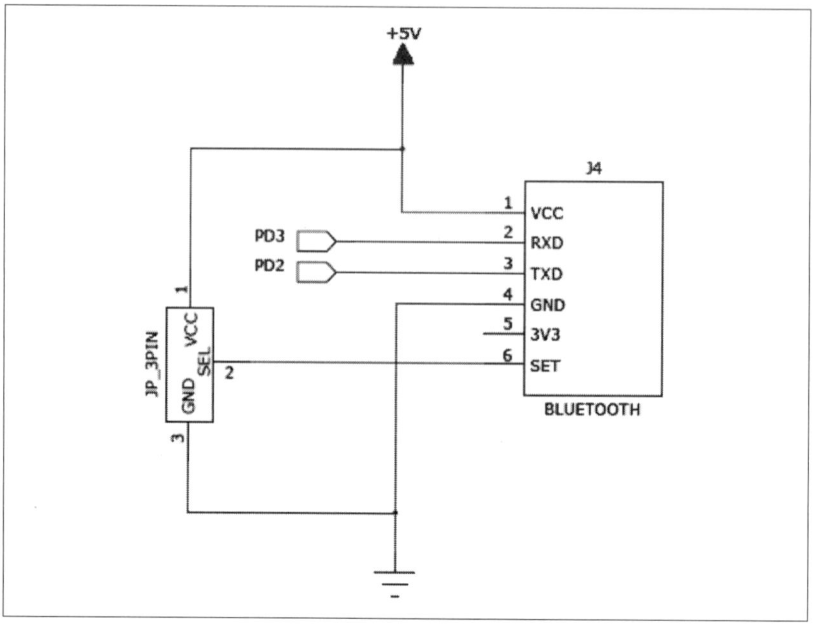

[그림 1-13] 블루투스 모듈 회로

■ 초음파 센서

HC-SR04는 초음파를 이용하여 장애물을 감지하거나 거리(2cm~4m)를 측정할 수 있으며, 전기적인 특성은 [표 1-4]와 같다.

[표 1-4] 초음파 센서 주요 특성

동작 전압	DC 5V
동작 전류	15mA
동작 주파수	40Hz
최대 거리	4m
최소 거리	2cm
측정 각도	15도
트리거 입력 신호	10us TTL Pulse
에코 출력 신호	입력 TTL 레벨 신호와 범위의 비율

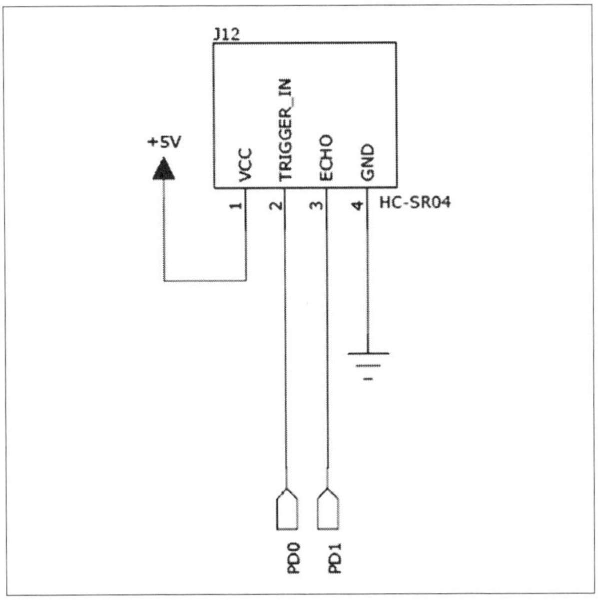

[그림 1-14] 초음파 센서 모듈 회로

■ TWI(I²C) 연결 커넥터

TWI 방식을 사용하는 모듈이나 장치와의 시리얼 통신을 하기 위한 연결 커넥터이다. 주의할 점은 TWI 단자인 PD0, PD1핀을 MPU-6050모듈과 HC-SR04모듈이 공용으로 사용하기 때문에 외부에 별도의 모듈을 연결하는 경우에는 2개의 모듈을 제거하고 사용하여야 한다.

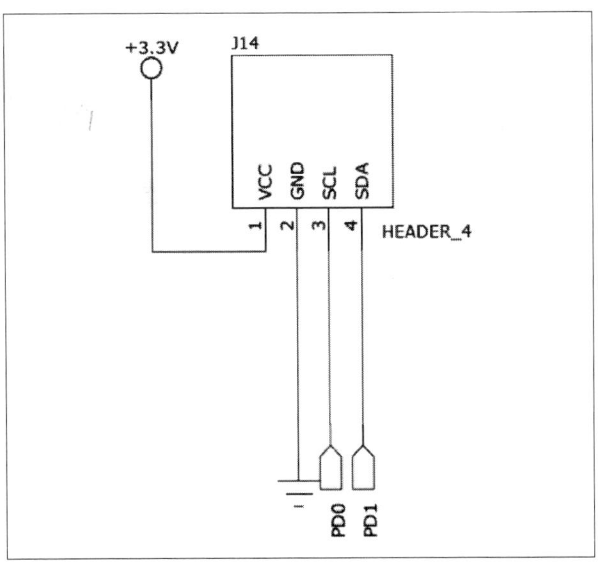

[그림 1-15] TWI 연결 커넥터

■ SPI 연결 커넥터

SPI 방식을 사용하는 모듈이나 장치와의 시리얼 통신을 하기 위한 연결 커넥터이며, SPI 통신으로 사용하지 않을 때는 일반 입출력핀으로 사용할 수 있다.

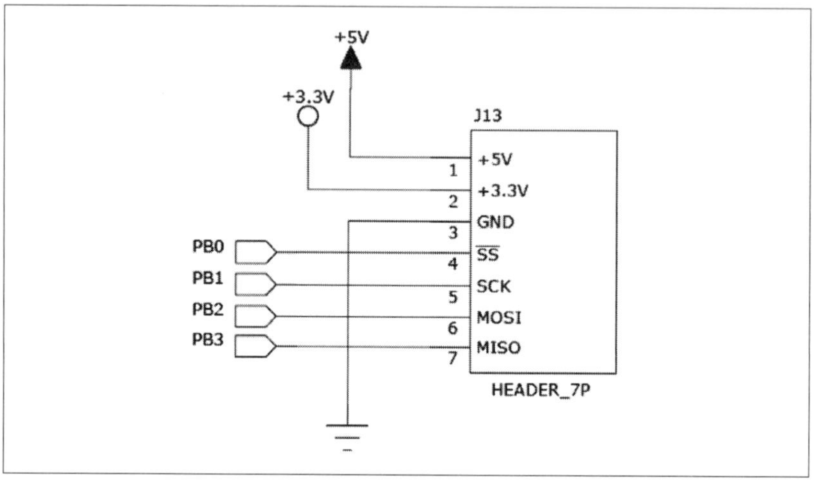

[그림 1-16] SPI 연결 커넥터

■ 확장 연결 커넥터

인터페이스 보드에서 사용하지 않는 핀들을 모아 6개의 핀으로 구성한 커넥터이다. 조이스틱이나 센서 모듈 등을 연결 할 수 있다.

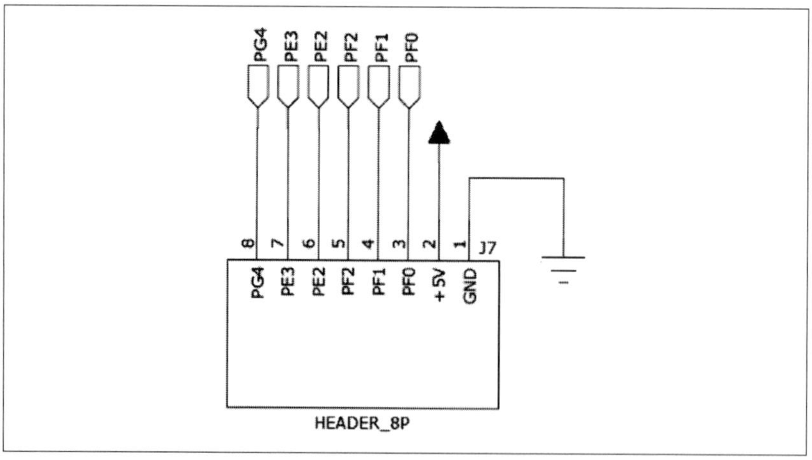

[그림 1-17] 확장 연결 커넥터

■ 3색 도트 매트릭스 연결 커넥터

도트 매트릭스 연결 10핀 커넥터(2 x 5)는 삼광반도체의 SMM-31616 모듈(SMM51616도 가능)을 사용하기 위한 커넥터이며, 포트 C를 사용한다. 도트 매트릭스의 연결은 플랫 케이블 10핀 커넥터를 이용하며, 전원은 보드의 5V 전압을 사용하면 된다. 그러나 소비전력이 다른 모듈보다 크기 때문에 여러 개의 모듈을 이용하는 경우에는 별도의 전원을 사용해야 한다.

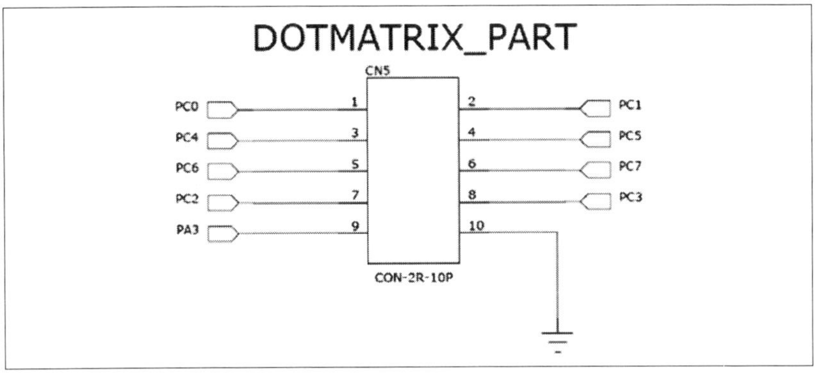

[그림 1-18] 3색 도트 매트릭스 연결 커넥터

■ 단색 도트매트릭스 연결 커넥터(1 x 10)

이 커넥터는 3개의 분리된 헤더 핀을 통해 전원과 신호를 입력받도록 되어 있으며, 간편하게 점퍼 케이블을 이용하여 전원과 신호의 공급이 가능하다. 이 모듈 역시 소비전력이 다른 모듈보다 크며, 2개 정도 확장해서 16 x 32로 사용하는 경우에는 무리가 없지만 이 이상 이용하는 경우에는 별도의 전원을 사용하여야 한다.

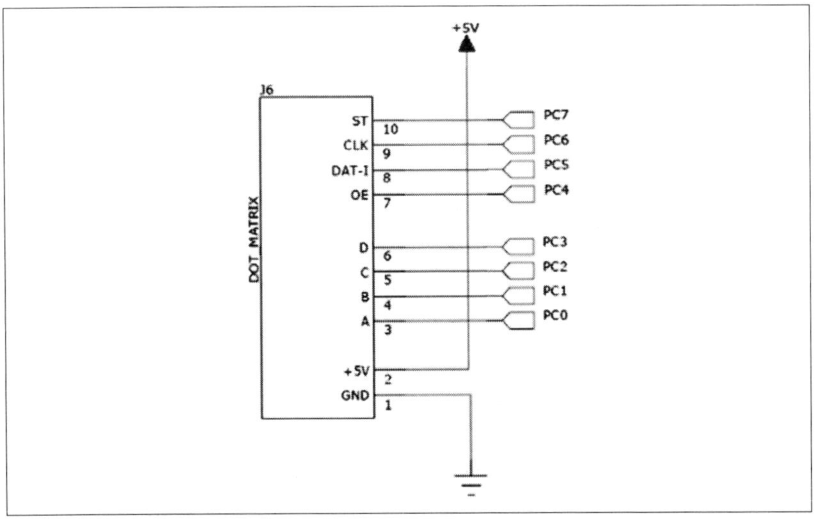

[그림 1-19] 단색 도트 매트릭스 연결 커넥터

■ 3축 가속도 센서

MMA-7361을 사용한 가속도 센서로 X,Y,Z 3축에 대한 가속도를 측정할 수 있으며, 아날로그 값을 출력하므로 ATmega128의 ADC를 통해 디지털값으로 변환하여야 한다.

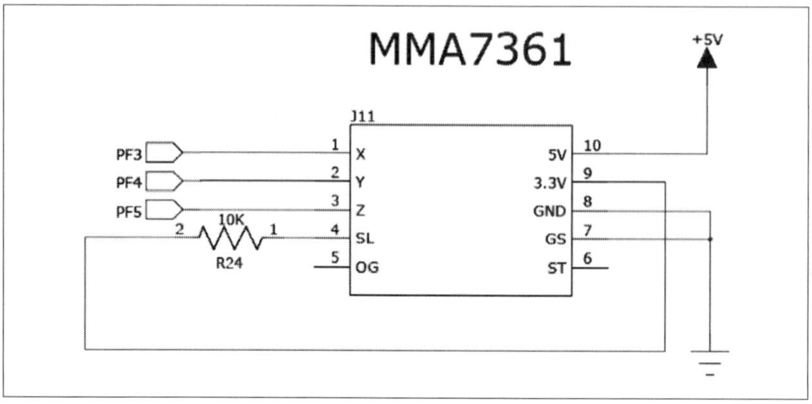

[그림 1-20] 가속도 센서 모듈 연결 회로

■ 자이로 센서 MPU-6050

MPU-6050은 가속도와 각속도 그리고 온도를 측정할 수 있는 센서로 TWI 인터페이스를 갖는다. 현재 아두이노와 쿼드콥터에서 많이 사용되고 있으며, 여러 가지 응용이 가능하다.

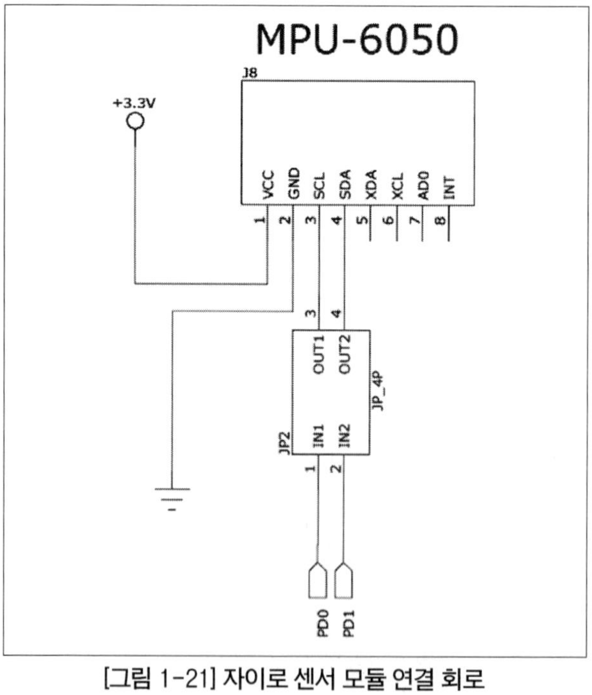

[그림 1-21] 자이로 센서 모듈 연결 회로

■ MCU 보드 연결 커넥터

[그림 1-22]는 KUT-128 MCU 보드와의 연결을 위한 커넥터를 보여준다.

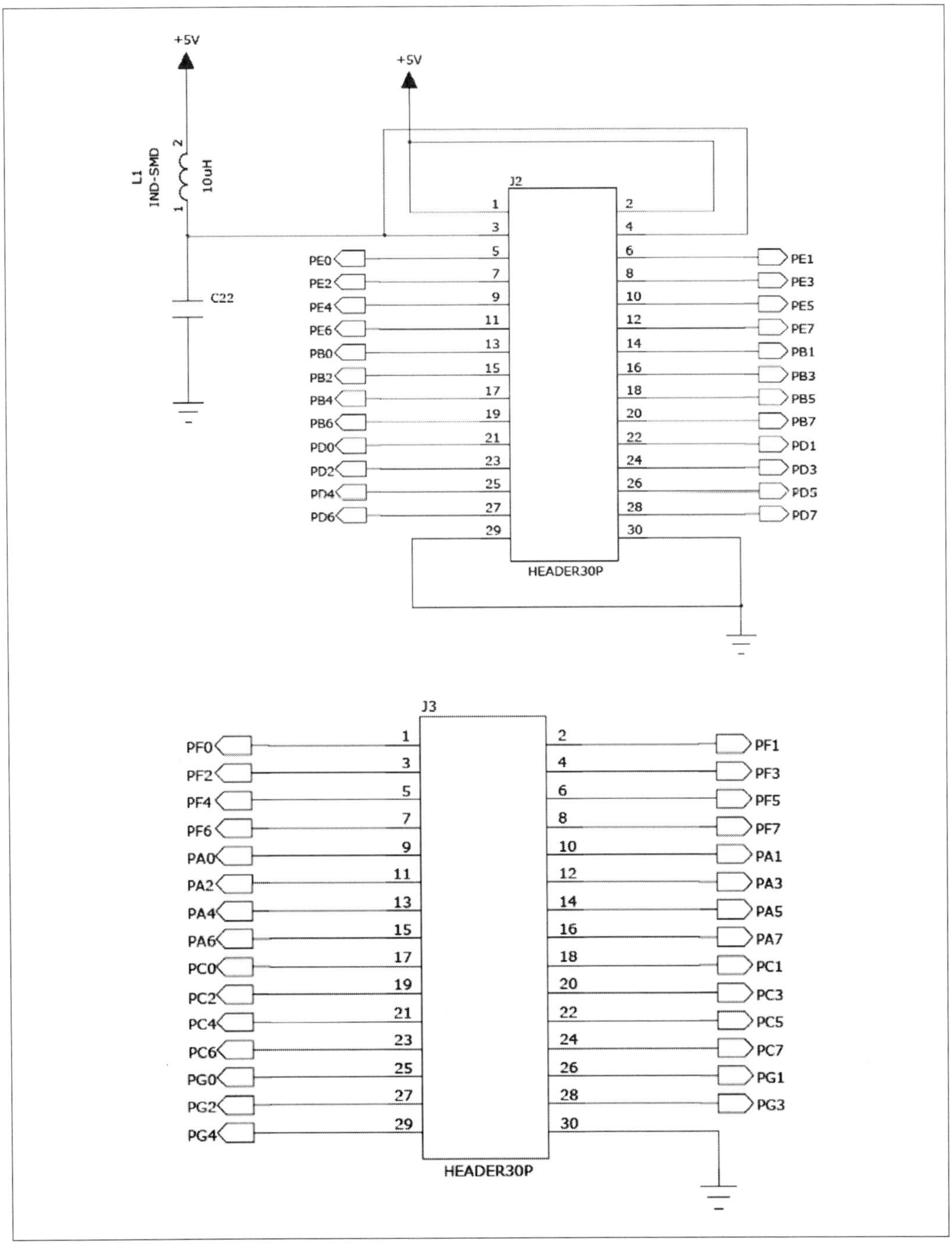

[그림 1-22] MCU 보드 연결 커넥터

■ 전원부

전원부 5V 어댑터와 LDO(Low Drop Out) Voltage Regulator를 이용하여 보드와 외부 모듈에 5V, 3.3V, 2.5V 1A를 공급한다. 주의할 점은 보드에서 제공하는 3색 도트 매트릭스 2개 이상, 단색 도트매트릭스 3개 이상 연결하면 과도하게 부하가 걸릴 수 있으므로 별도의 외부 전원 장치 사용을 권장한다. 3개의 전원부는 [그림 1-23]과 같이 3개의 커넥터를 통해 외부로 전압을 출력할 수 있다.

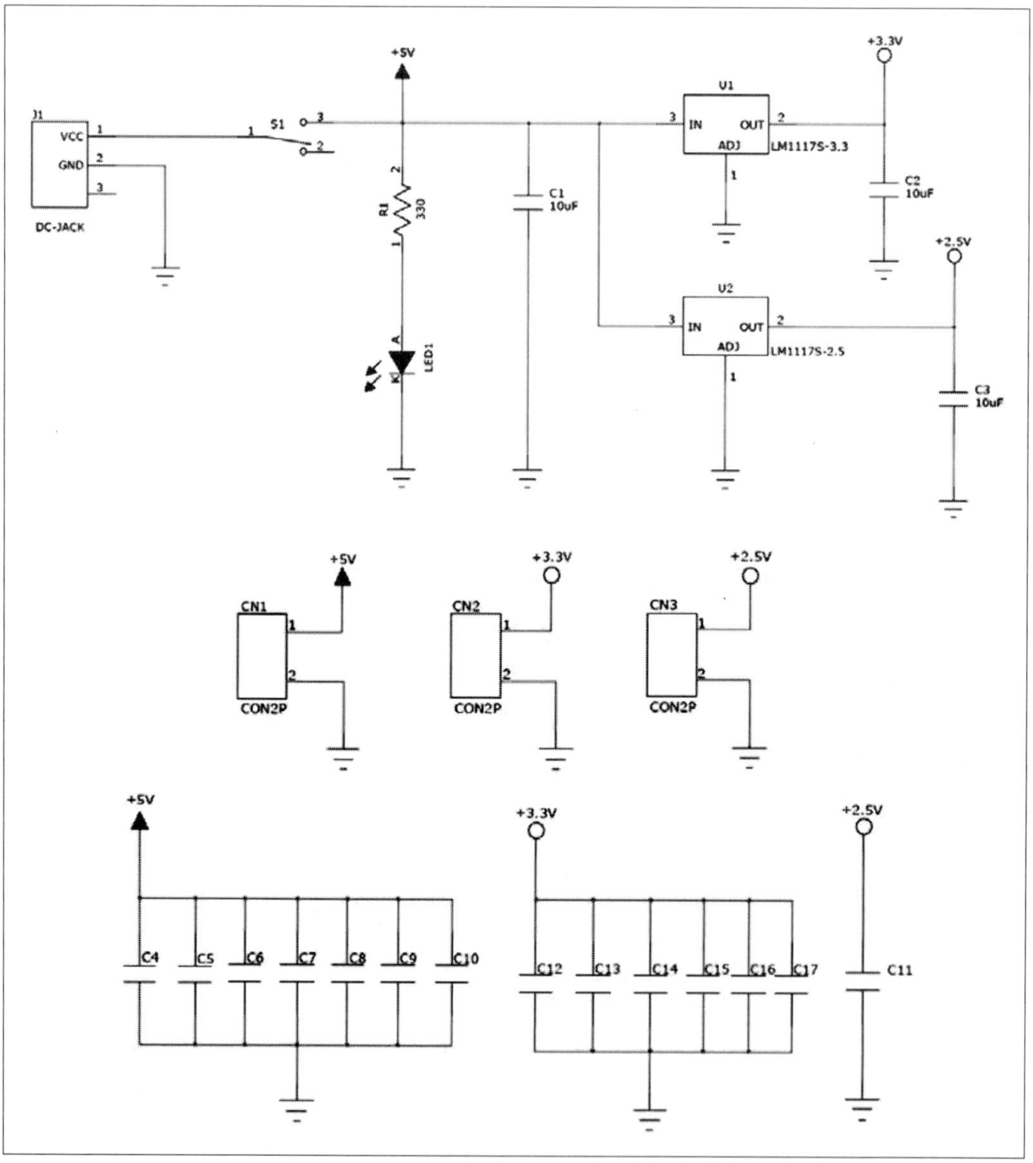

[그림 1-23] 전원부

■ 2 x 2 점퍼 JP2

HC-SR04모듈 또는 MPU6050을 선택하는 점퍼이며, 2개의 점퍼를 연결하면 PD0, PD1핀이 MPU605D에 연결된다.

■ 1 x 2 점퍼 JP1

LED부의 전원연결을 ON/OFF 선택하는 핀으로서 OFF시 LED에 전원공급이 차단된다.

■ RST 스위치

WiFi 모듈의 리셋기능을 가지며, 모듈을 사용하던 중 설정이 바뀌거나 기능이 동작하지 않게 될 때 이 스위치를 길게 누르면 모듈을 공장초기화 상태로 만들 수 있다.

■ 1 x 3 선택 스위치 JP3

블루투스의 마스터와 슬레이브를 선택할 수 있는 스위치로, 블루투스 모듈을 사용하는 경우 마스터 또는 슬레이브를 지정하여야 한다.

1.2 CodeVisionAVR C 컴파일러 사용법

(1) AVR MCU 보드와 컴퓨터와의 연결

컴퓨터를 이용하여 AVR MCU에 사용자가 작성한 프로그램을 다운로드 하기 위해서는 컴퓨터와 AVR MCU 보드를 연결하여야 한다. 연결법에는 프린터 포트 또는 USB 포트에 연결하는 2가지 방법이 있으나, 최근에는 대부분의 컴퓨터가 USB 포트만 외부 인터페이스 커넥터로 장착하고 있어 USB 포트를 통한 연결만이 가능하다.

최근 시판되는 컴퓨터에는 대부분 프린터 포트와 시리얼 포트를 가지고 있지 않으며, USB 포트만이 장착되어 있다. 따라서, 외부 기기와 컴퓨터를 연결하기 위해서는 USB 포트를 이용하여야 하며, MCU와 컴퓨터의 연결은 [그림 1-24]와 같은 AVRISP와 USB 케이블을 이용한다.

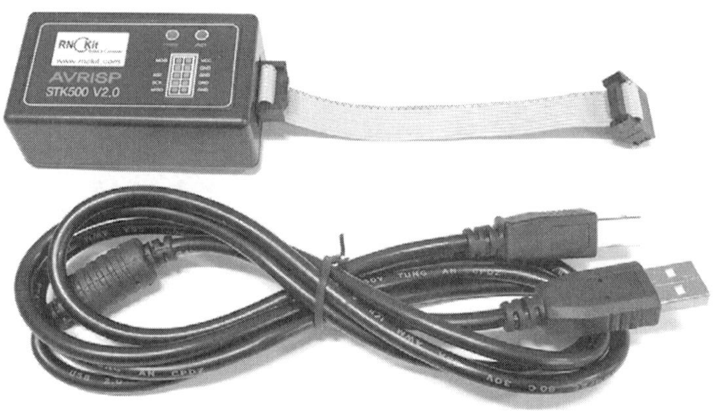

[그림 1-24] AVRISP 및 USB 케이블

AVRISP를 사용하는 경우에는 드라이버가 자동으로 설치되는 경우도 있지만, 만일 드라이버가 자동 설치되지 않는 경우에는 옴사 자료실에서 다운로드 받아 설치한다.

컴퓨터와 AVR MCU 보드를 연결하고, [그림 1-25]의 "장치관리자" 창을 열어 "USB Serial Port(COM7)"에서 <COM 포트 번호>를 확인한다. 이 <COM 포트 번호>는 CodeVisionAVR 컴파일러를 사용할 때 <Programmer Setting>에서 필요하기 때문에 반드시 확인해 두어야 한다.

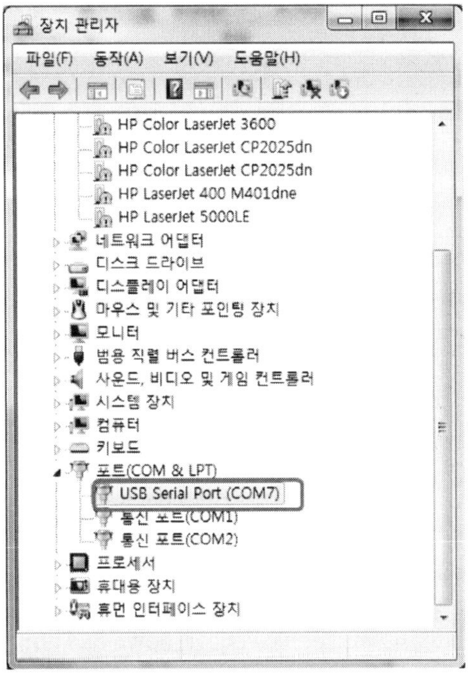

[그림 1-25] 할당된 COM 포트 번호 확인

(2) CodeVisionAVR 특징

이 책에서는 C언어로 프로그램을 작성하여 ATmega128을 학습하며, C 컴파일러는 사용하기 쉽고 편리한 통합 환경을 지원하는 HP InfoTech 사의 CodeVisionAVR을 사용하기로 한다. 여기서 사용하는 C 컴파일러는 웹사이트에서도 쉽게 다운받아 사용할 수 있는 평가판을 사용한다. 평가판은 컴파일된 코드 사이즈(4kByte)에 제한이 있을 뿐 대부분의 기능을 모두 사용할 수 있으며, 이 책의 예제나 기본적인 동작 실험에는 제약 없이 사용할 수 있다.

CodeVisionAVR은 Atmel사의 AVR MCU를 위해 설계된 통합 개발 환경 및 자동 프로그램 생성기(CodeWizardAVR)를 내장한 C 컴파일러이다. 즉, CodeVisionAVR은 에디터, 컴파일러, 프로그램 다운로드 기능을 모두 가지고 있기 때문에, 사용자가 작성한 프로그램을 컴파일한 후에 바로 ATmega128의 플래시 프로그램 메모리에 다운로드하여 실행시켜 볼 수가 있다. 또한, CodeVisionAVR은 윈도우즈에서 실행되는 32 비트 어플리케이션 프로그램이며, AVR 구조와 임베디드(embeded) 시스템에 가장 적합하도록 ANSI C 언어의 모든 구성요소와 거의 가깝게 구현되었다. 특히, CodeVisionAVR C 컴파일러는 표준 C 라이브러리뿐만 아니라 다음과 같은 인터페이싱(interfacing) 라이브러리를 가지고 있다.

① 캐릭터 LCD 모듈
② Philips 버스
③ National Semiconductor의 LM75 온도 센서
④ Philips PCF8563, PCF8583, Dallas Semiconductor DS1302와 DS1307 리얼-타임 클럭
⑤ Dallas Semiconductor 1-Wire 프로토콜
⑥ Dallas Semiconductor DS1820/DS1822 온도 센서
⑦ Dallas Semiconductor DS1621 온도계/온도조절장치
⑧ SPI
⑨ 전원 관리
⑩ 시간 지연 함수

(3) CodeVisionAVR 평가판 설치

① 최신 버전 평가판을 http://hpinfotech.ro/cvavr_download.html 에서 다운로드 한 후 압축 파일을 푼다.

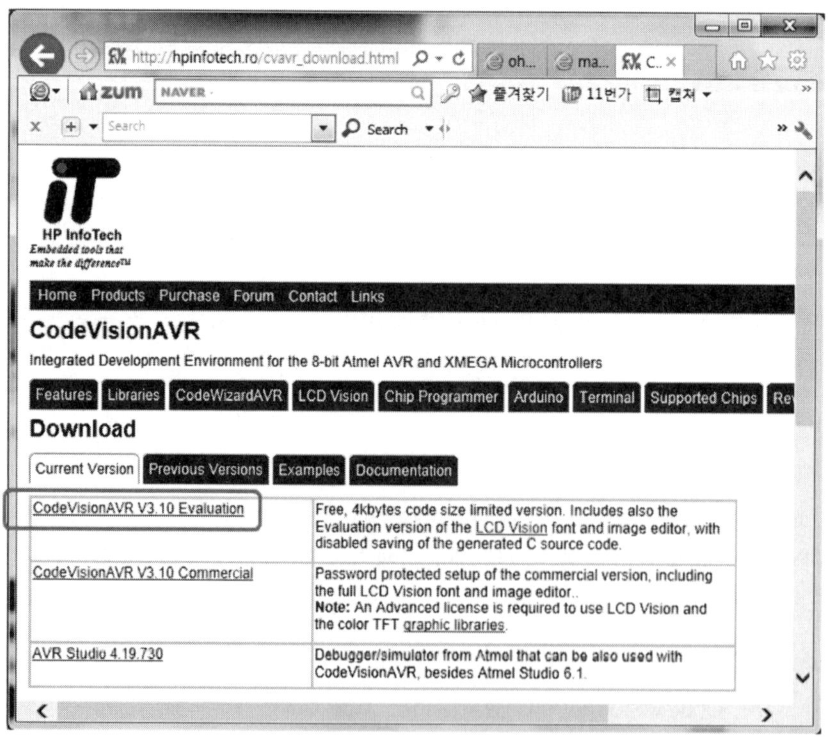

[그림 1-26] hpinfotech 다운로드 사이트

② 설치파일 CodeVisionAVR을 실행한다.(Next, 동의, Install 버튼 클릭)

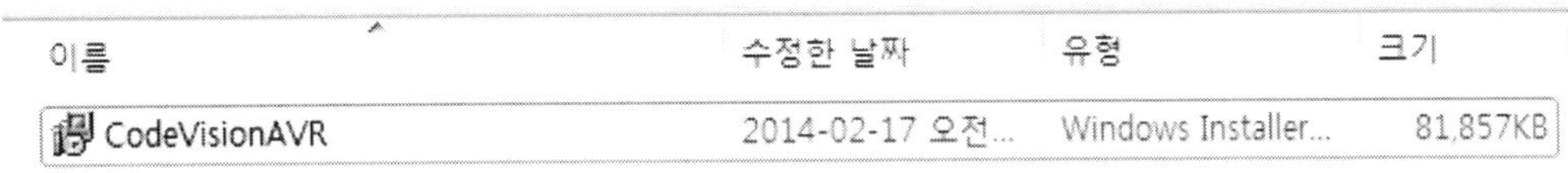

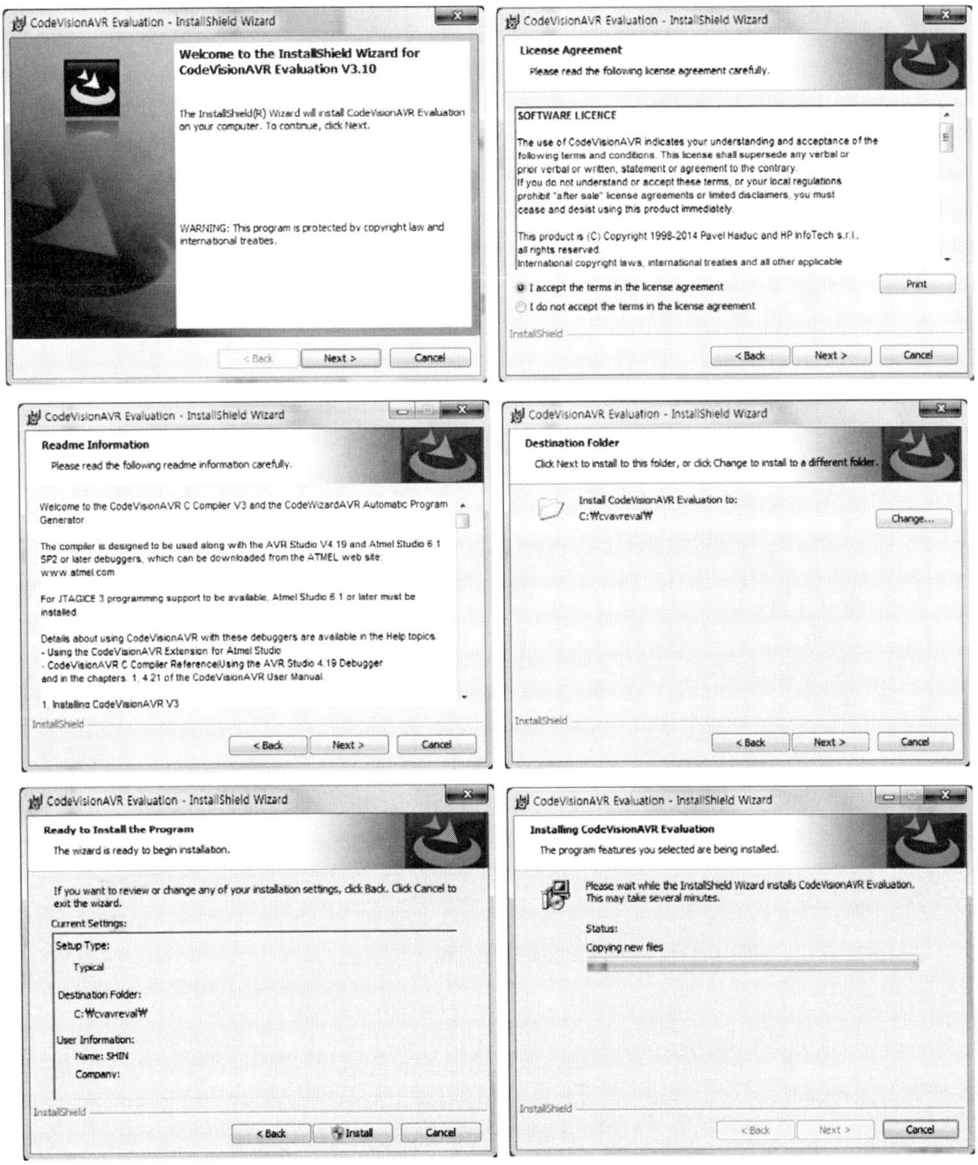

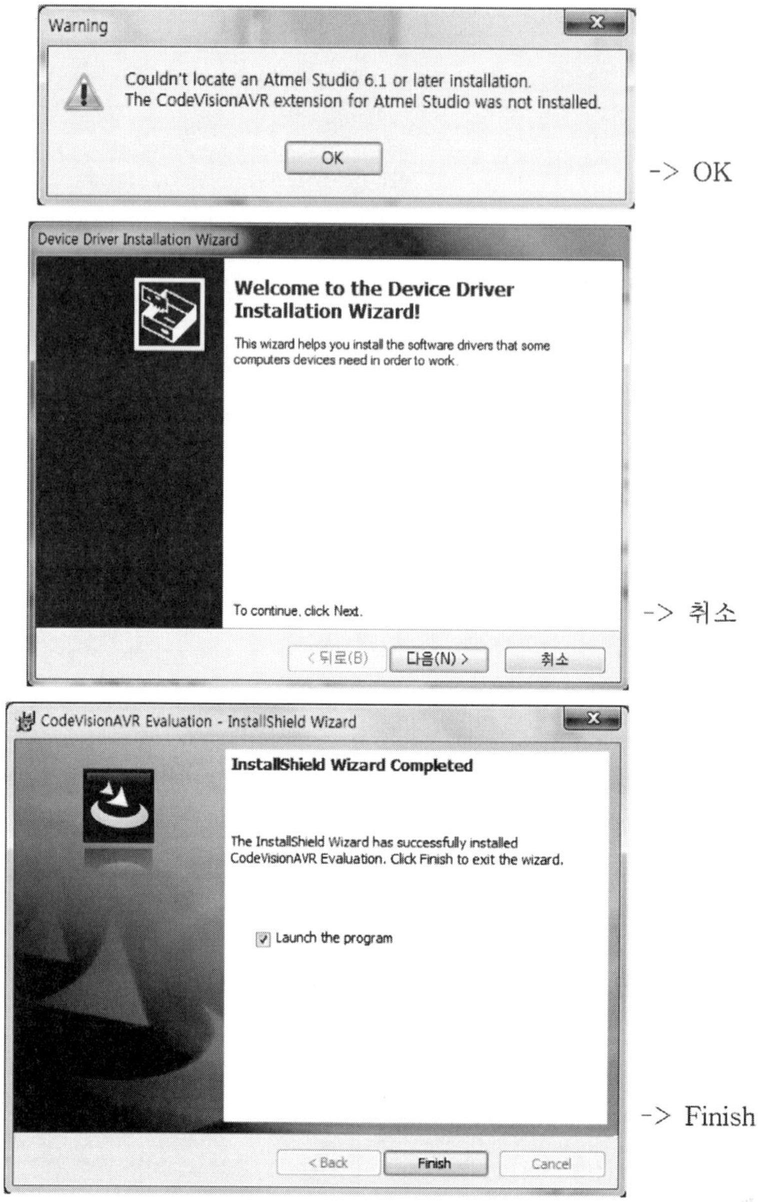

[그림 1-27] 설치 과정

③ [그림 1-28]의 CodeVisionAVR 실행 초기화면에서 “Code Information”, “Function Call Tree”, “Code Templates”, “Clipboard History” 창을 닫고, [그림 1-29]와 같이 “Navigator”, “Edit”, “Message” 창만 남긴다. (초기화면은 버전에 따라 다를 수 있음)

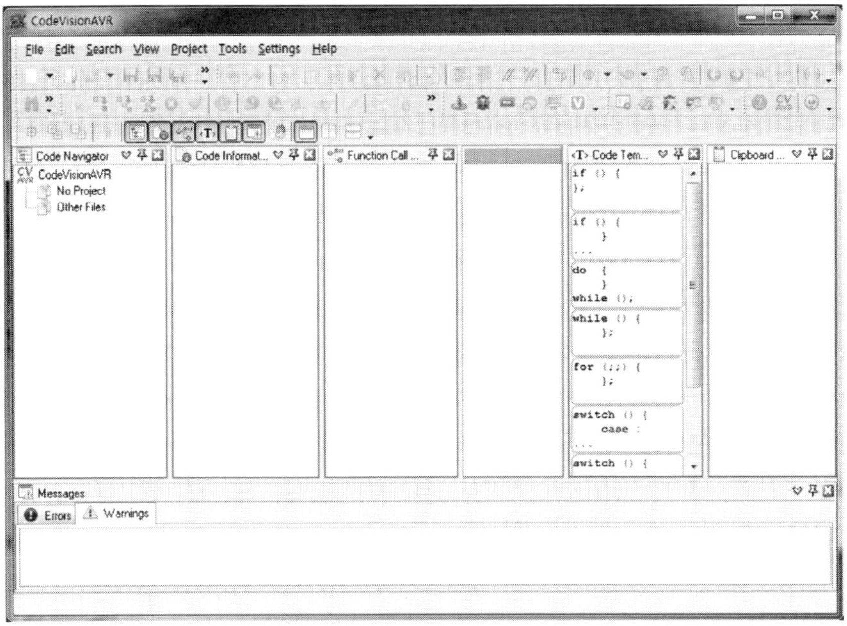

[그림 1-28] 실행 초기화면

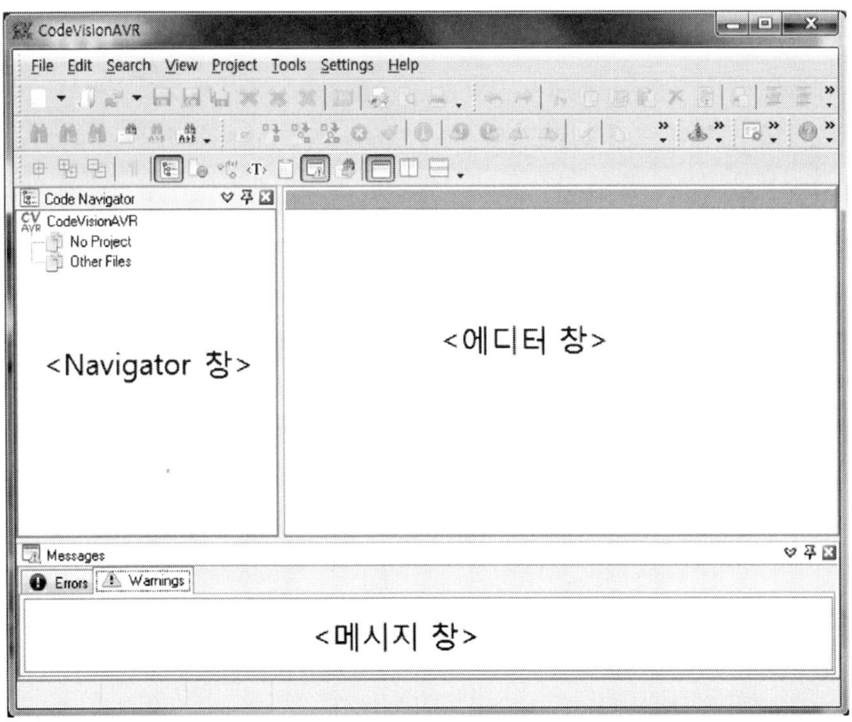

[그림 1-29] 작업 기초 화면

- **Navigator 창**은 소스 파일을 보다 쉽게 표시하거나 열 수 있게 하며, 파일 이름을 클릭하면 파일이 열리거나 최대화된다. Project 밑에 있는 파일들은 컴파일 대상파일을 보여주며, 컴파일 과정에서 에러나 경고(Warning)가 발생하면 Navigator 창과 메시지 창에서 확인할 수 있다. Others Files 밑에 있는 파일은 현재 편집창에 오픈 되어 있는 파일명을 보여줄 뿐이며, 컴파일과는 아무런 관계가 없다.

- **에디터 창**은 사용자가 C 소스 및 헤더 파일을 작성하거나 이미 존재하는 C 소스파일을 열면 화면상에 표시되는 창이다. 에디터 창의 맨 왼쪽에는 소스 코드의 라인 수가 표시되고, 주석, 코드, 함수, 정의어 등에 따라 각각 다른 색으로 표시되어 사용자가 이를 쉽게 구별할 수 있다.

- **메시지 창**은 컴파일 과정에서 에러나 경고가 발생했을 경우에 메시지가 표시되는 부분으로 Navigator 창에 표시되는 메시지와 같다.

- **Menu**는 CodeVisionAVR의 모든 기능을 사용할 수 있는 메뉴로 프로젝트 파일 및 소스 파일을 열거나 저장할 수 있으며, 컴파일이나 빌드(또는 메이크) 과정을 수행할 수 있다.

- **Toolbar**는 자주 사용하는 메뉴를 모아 놓은 부분으로 그 중에서 많이 사용되는 툴바만 정리하면 다음과 같다. 특히 <프로젝트 구성>, <Build the Project> 또는 <Build All Project Files> 툴바가 컴파일 할 때 가장 많이 사용되며, 파일 열기 또는 파일 저장에 대해서는 다른 유틸리티 프로그램의 동작과 같다.

[그림 1-30] 툴바 기능

(4) 컴파일러 사용법

① 프로젝트 생성

프로젝트 파일은 하나의 작업에 필요한 여러 개의 파일이나 목적 파일 등을 통합 관리하며, 또한 사용하는 MCU나 클럭, 출력파일 형식 등을 설정하기도 한다. 소스파일로부터 헥사 파일을 생성하기 위해서는 반드시 프로젝트 파일을 생성하거나 기존의 프로젝트 파일을 오픈하여야 한다.

File 메뉴의 New 항목을 클릭하고 [그림 1-31]에서와 같이 파일의 형태를 선택하는 창에서 Project 항목을 선택한다. 그리고 CodeWizardAVR의 사용여부를 묻는 대화상자가 나타나면 "No"를 선택하고, 작업하는 폴더를 선택한 후 프로젝트명을 입력한다.

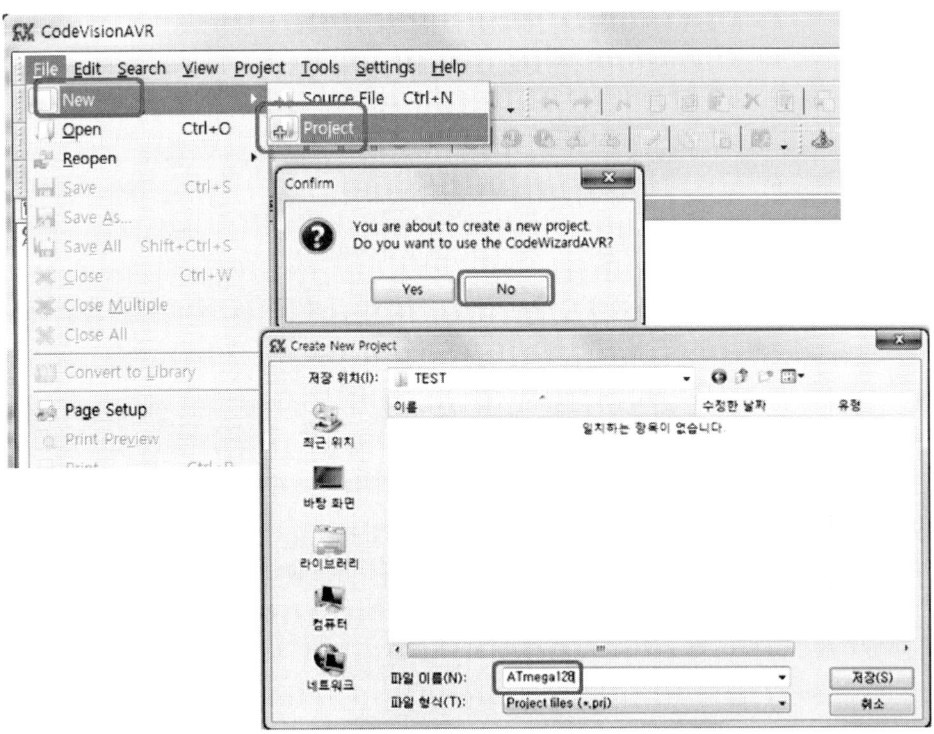

[그림 1-31] 프로젝트 생성

프로젝트 파일명을 입력하면 [그림 1-32]과 같은 <New Project ATmega128> 창이 표시되며, 여기서는 사용할 MCU를 선택하고 OK를 클릭하면 된다.

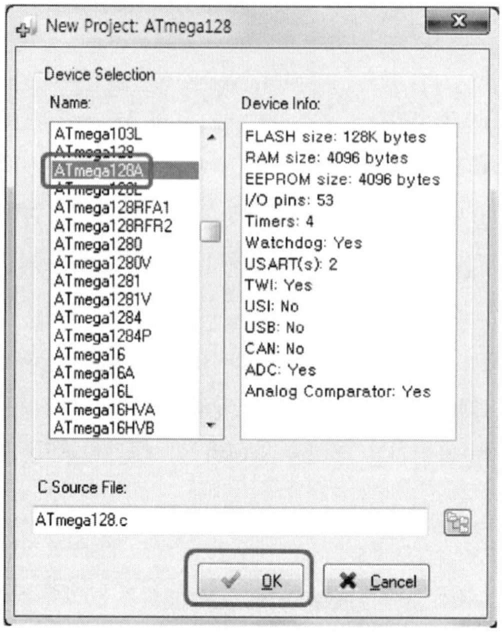

[그림 1-32] CPU 선택 창

MCU 선택 창에서 OK를 클릭하면 [그림 1-33]과 같은 <Configure Project)> 창이 나타나며, 여기에서 <C Compiler>를 선택하고 Clock 박스에 사용 보드의 주파수를 설정한다.

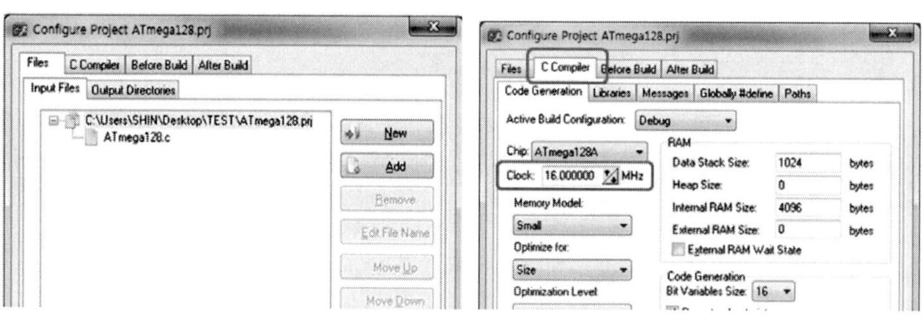

[그림 1-33] Configure Project 창

다음에는 <After Build>를 선택한 후 Action에서 "Program the Chip"을 선택한다. 이것은 프로그램을 컴파일한 후 프로그램에 에러가 없는 경우 MCU에 프로그램 쓰기까지 수행하는 것을 설정하는 것이다.

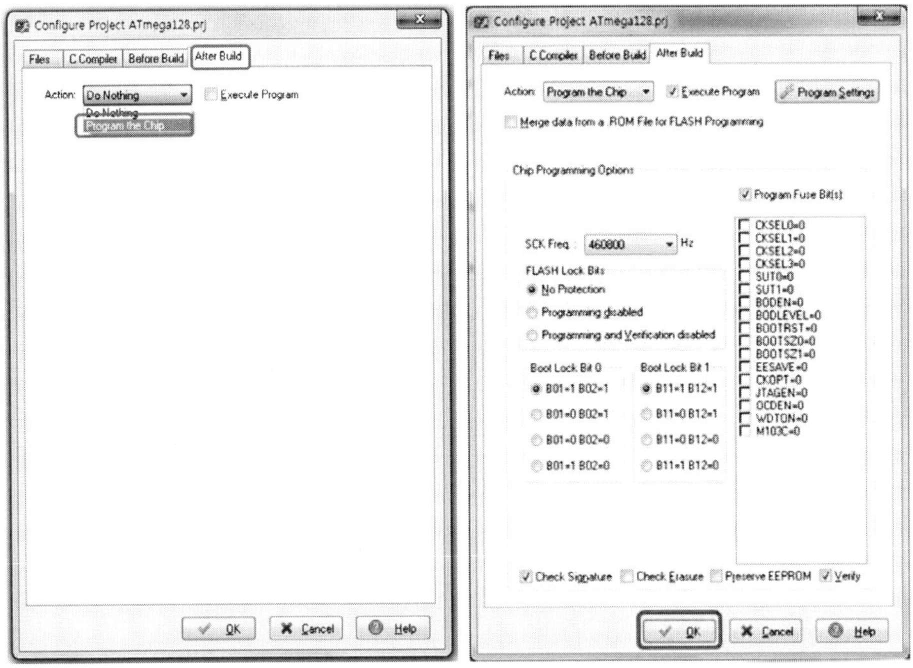

[그림 1-34] After Build 설정

프로젝트명을 입력하면 [그림 1-35]와 같이 Navigator 창에 입력한 프로젝트명이 표시된다.

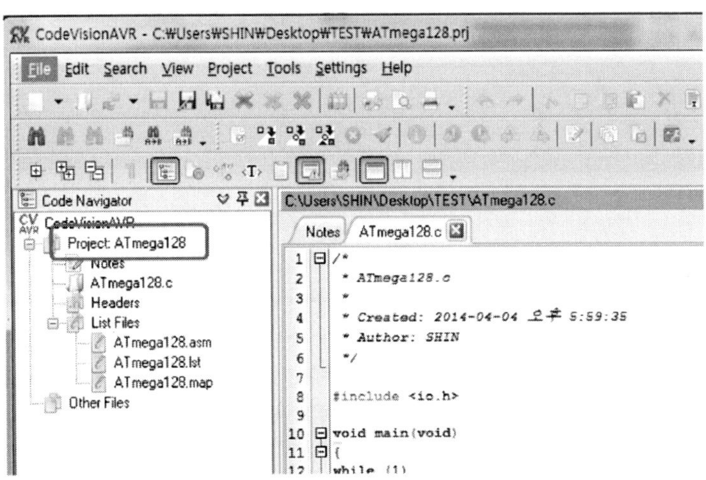

[그림 1-35] Navigator 창 프로젝트명 표시

② "Settings -> Programmer"를 클릭한 후 Programmer Type를 설정한다.

Programmer Type를 "Atmel STK500/AVRISP"을 선택하고, 컴퓨터와 AVRISP를 연결할 때 할당된 <COM 포트 번호>를 설정한다. <COM 포트 번호>는 장치관리자 창의 포트 부분에서 확인할 수 있다.

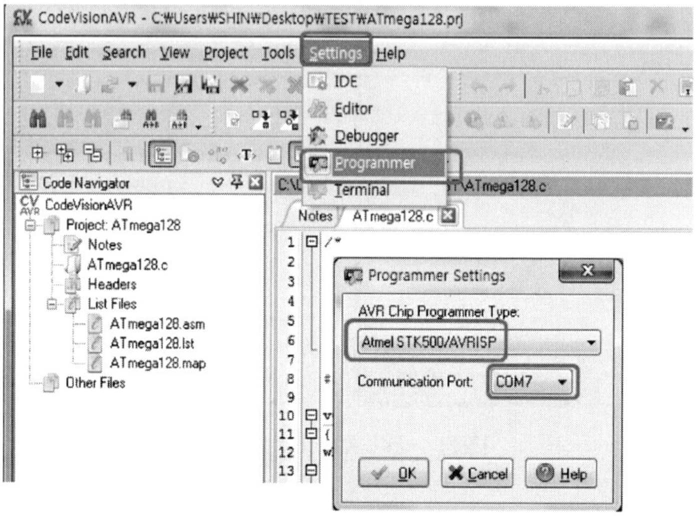

[그림 1-36] AVRISP 케이블 이용하는 경우에 대한 설정

③ 프로그램 작성

"FIle -> New -> Source"를 선택하면 [그림 1-37]과 같이 에디터 창에 "untitled.c" 라는 파일 입력창이 생성되며, Navigator 창에는 <Other Files> 밑에 "untitled.c"가 있는 것을 확인할 수 있다. <Other Files> 밑에 있는 파일들은 에디터 창에 오픈되어 있는 것을 나타내며, 컴파일과는 상관이 없다. "untitled.c" 파일 왼쪽 옆에 있는 파일 "ATmega128.c"는 프로젝트 파일을 생성할 때 자동으로 생성된 파일이며, 나중에 삭제할 것이다.

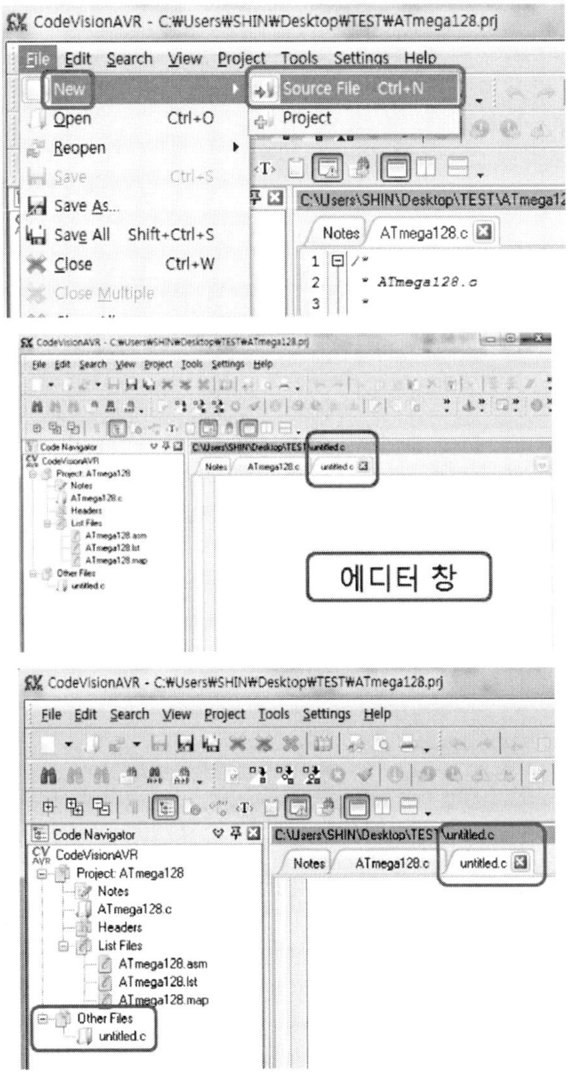

[그림 1-37] 소스파일 작성

"untitled.c" 입력창에 다음과 같이 프로그램을 작성한 후 [그림 1-38]과 같이 파일명을 변경한다. 이때 파일명 확장자는 입력하지 않도록 한다.

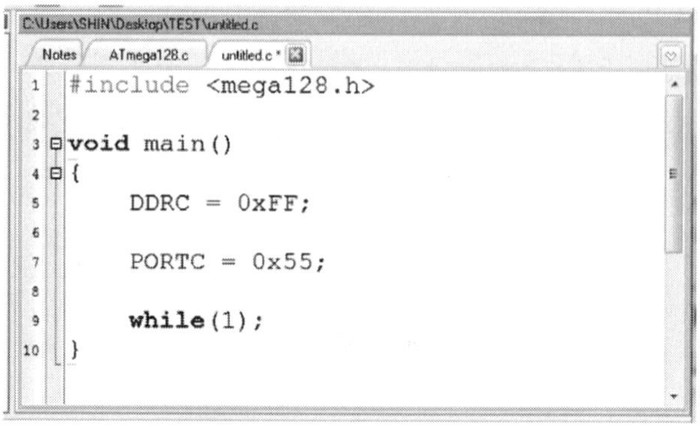

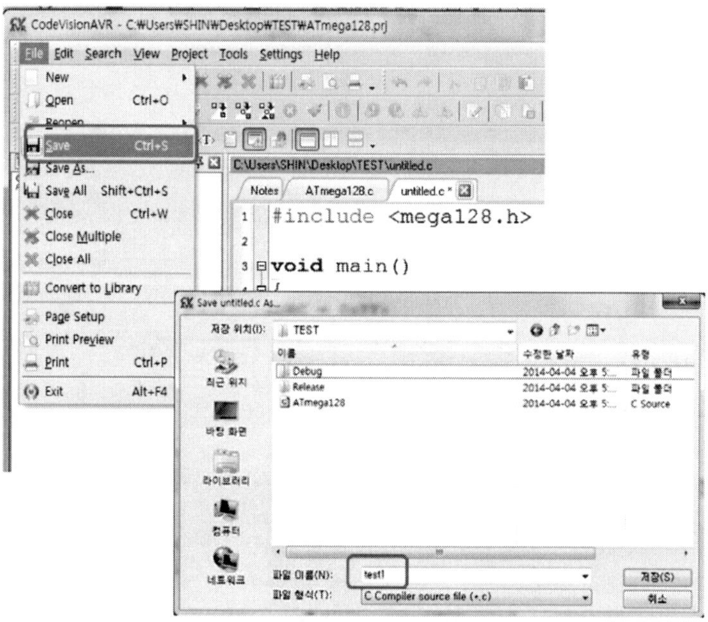

[그림 1-38] 소스 작성 및 파일명 변경

Navigator 창의 <Other Files> 밑과 에디터 창에서 파일명이 새로운 이름으로 변경된 것을 [그림 1-39]와 같이 확인할 수 있다.

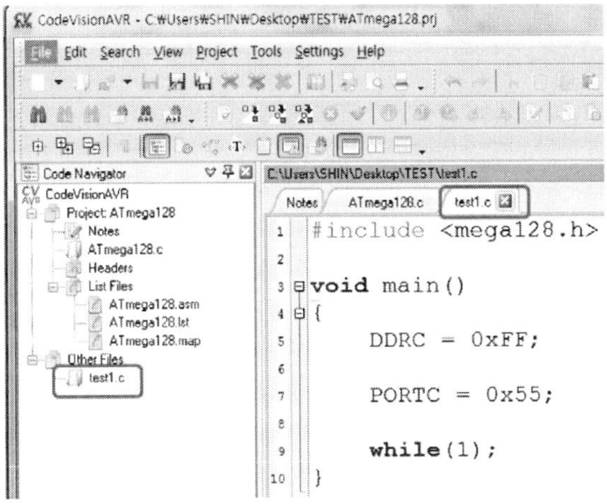

[그림 1-39] 변경된 소스 파일명 확인

④ 컴파일 대상 파일 설정 및 헥사파일 AVR MCU에 프로그램 하기

컴파일 대상 파일을 설정하기 위해 [그림 1-40]과 같이 <Configure Projetct> 툴바를 클릭하여 <Configure Project>창을 오픈 한 후 <Files>를 클릭한다.

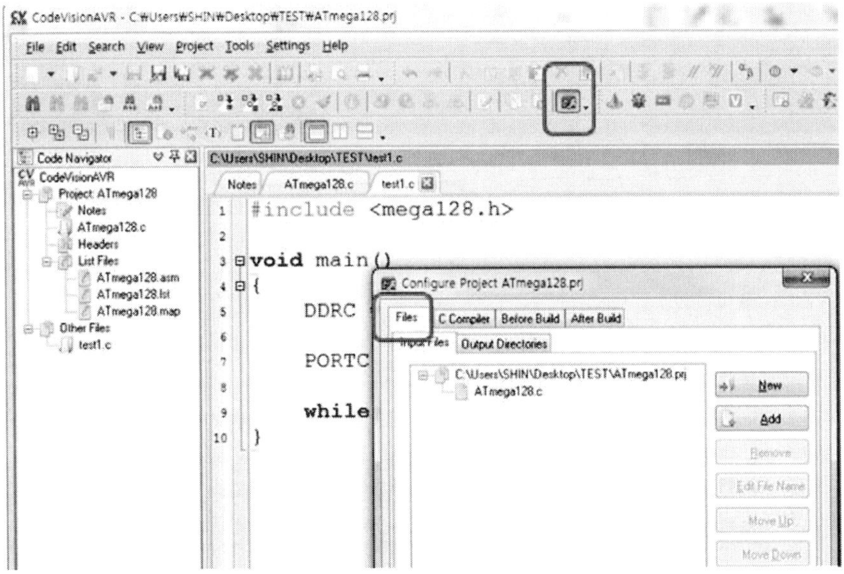

[그림 1-40] Configure-Files 창

프로젝트 파일을 생성할 때 자동으로 생성된 ATmega128.c를 클릭하면 <Remove>버튼과 <Edit File Name>버튼이 활성화 되는 것을 알 수 있다.

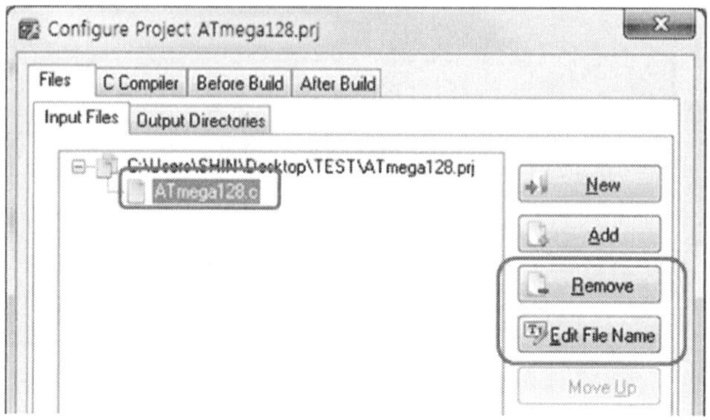

[그림 1-41] 컴파일 대상 파일 제거 전

여기서 <Remove>버튼을 클릭하면 파일이 사라지고 <Remove>버튼과 <Edit File Name>버튼이 비활성화 되는 것을 알 수 있다. OK를 클릭한다.

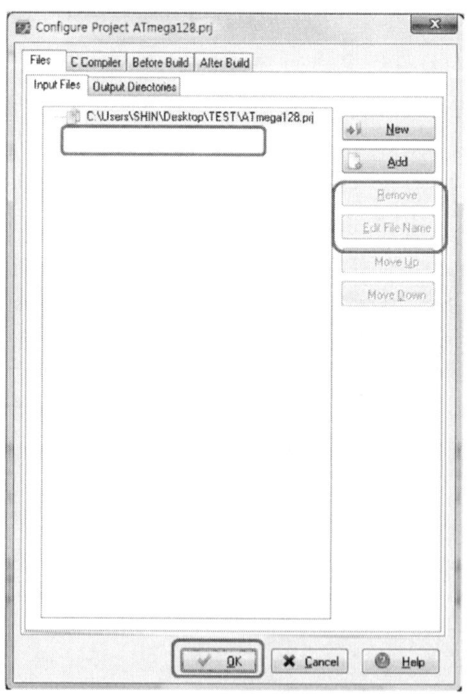

[그림 1-42] 컴파일 대상 파일 제거 후

컴파일 대상 파일을 제거한 후 Navigator창을 보면, Other Files 밑에는 두 개의 파일 test1.c와 방금 <Configure Project>창에서 제거했던 ATmega128.c가 있는 것을 알 수 있다. 반면에 Navigator 창에서 <Project ATmega128> 밑에는 소스 파일이 없는 것을 알 수 있다.

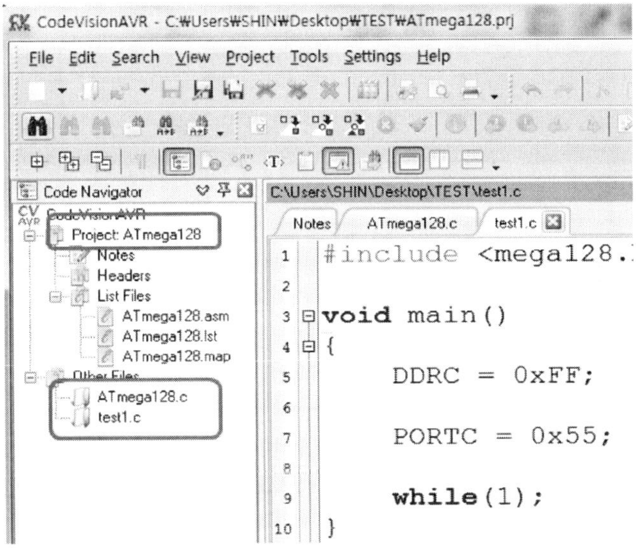

[그림 1-43] 컴파일 대상 파일 제거 후 Navigator 창

다시 [그림 1-44]와 같이 <Configure Project -> Files> 창을 열고, Add 버튼을 클릭한 후 <Add File to Projec> 창이 열리면 방금 전에 작성했던 파일 test1.c를 선택하고 열기 버튼을 클릭한다. [그림 1-45]와 같이 컴파일 대상이 추가된 후 OK를 클릭하고, Navigator 창을 보면 [그림 1-46]과 같이 test1.c 파일이 <Projec ATmega128> 밑에 있는 것을 확인할 수 있다. 이것은 tes1.c 가 컴파일 대상파일이라는 것을 의미한다.

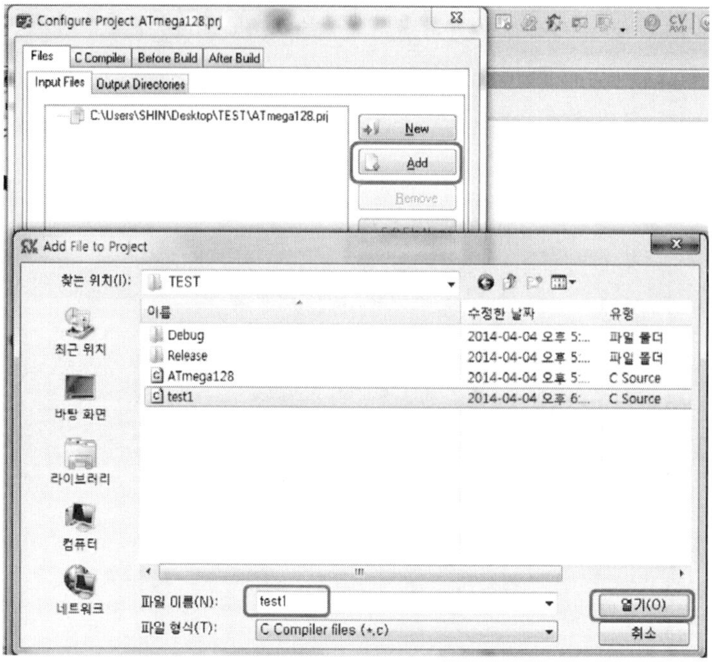

[그림 1-44] 컴파일 대상 파일 추가

[그림 1-45] 컴파일 대상 파일 추가 후 Configure Project 창

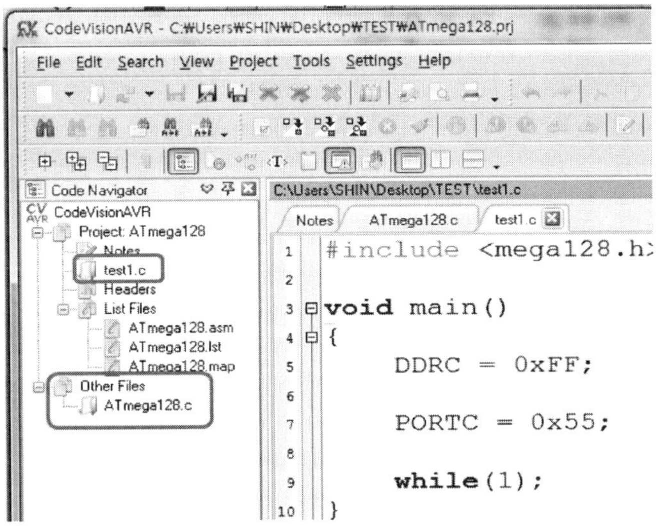

[그림 1-46] 컴파일 대상 파일 추가 후 Navigator 창

컴파일을 수행하기 위해 [그림 1-47]과 같이 "Build the project"(또는 바로 오른쪽 "Build all project files") 버튼을 클릭한다.

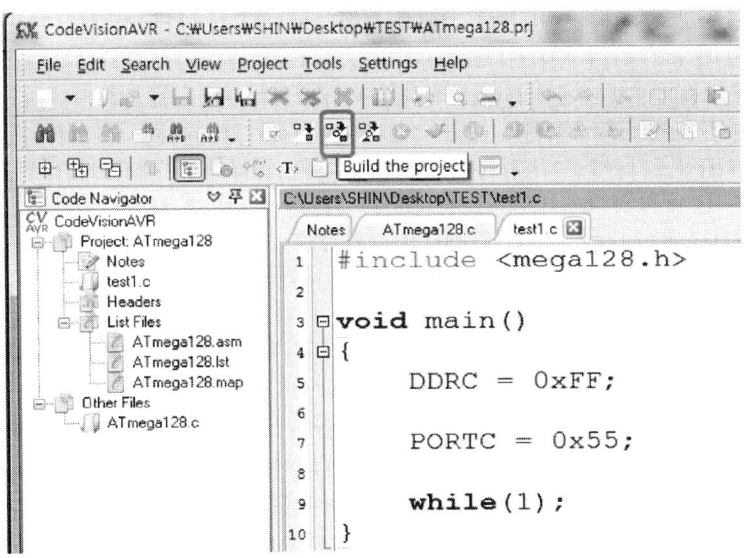

[그림 1-47] 컴파일 수행

컴파일 대상 파일에 에러가 없는 경우에는 [그림 1-48]과 같이 컴파일 결과 생성된 헥사파일을 AVR MCU에 Program 하기 위한 대화창이 열린다. 여기서 “Program the chip” 버튼을 클릭하면 MCU에 자동으로 프로그램 되며, 프로그램이 다운로드 되는 진행 상태가 표시된다.

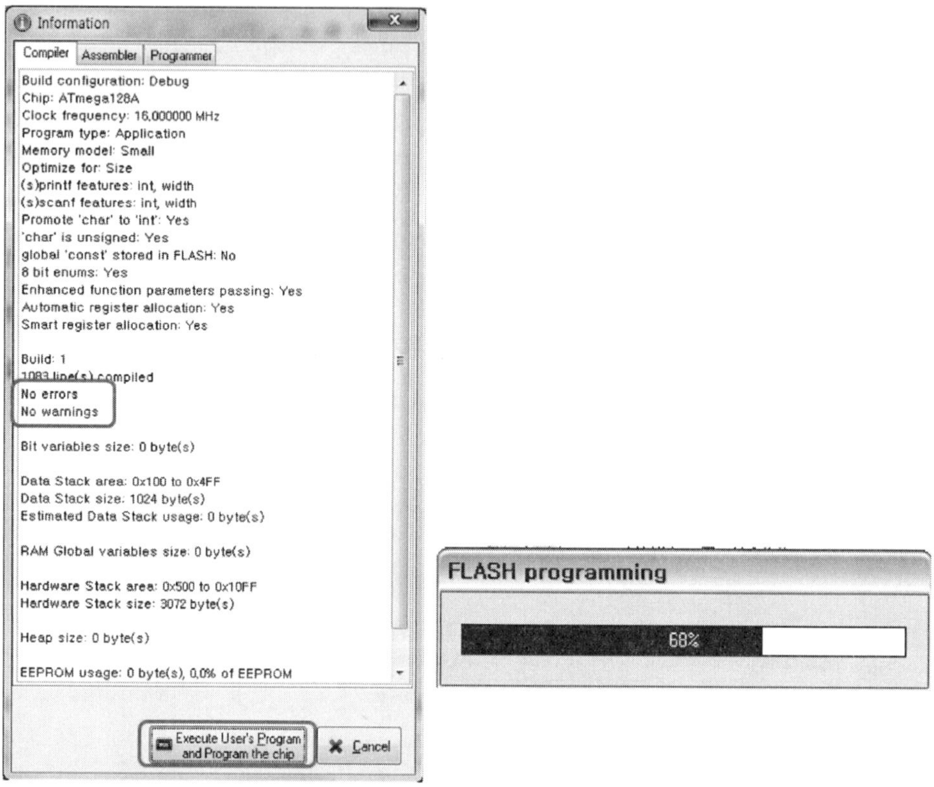

[그림 1-48] 헥사파일 Program 하기

[그림 1-49]는 프로젝트 및 소스파일이 있는 폴더를 보여주며, 프로젝트 파일이 있는 폴더 아래 <Debug>, <Release> 폴더가 자동 생성된다. 최종 파일은 [그림 1-50]과 같이 <Debug> 폴더 밑 <Exe> 폴더에 “프로젝트명.HEX” 파일로 생성되는 것을 알 수 있다.(버전에 따라 다를 수 있음)

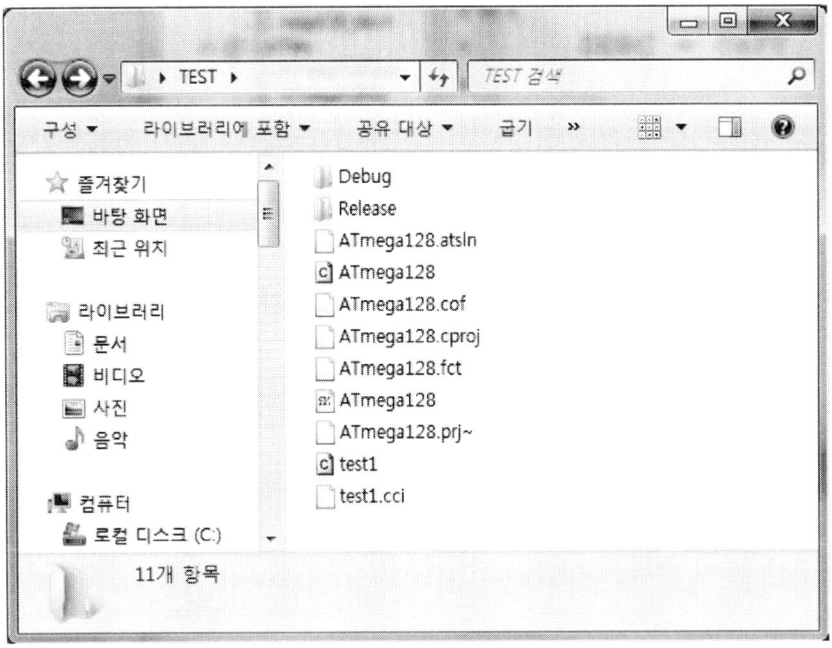

[그림 1-49] 프로젝트 및 소스파일이 있는 폴더

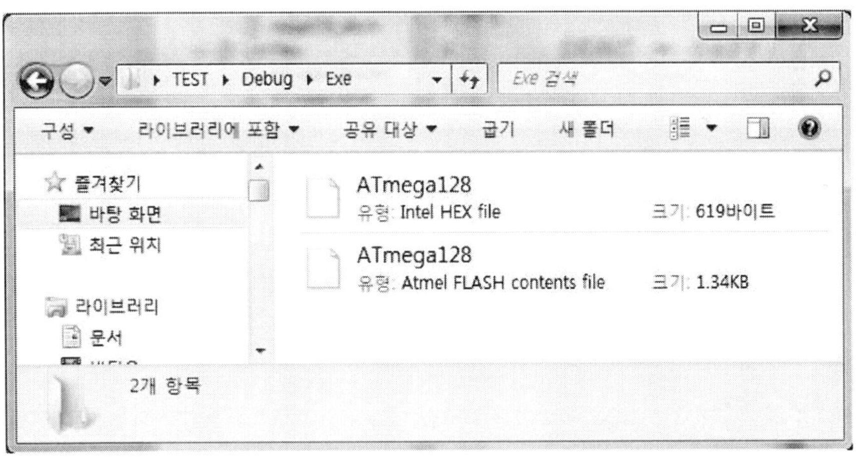

[그림 1-50] 컴파일 결과 생성된 헥사 파일

그러나, 소스파일에 에러가 있는 경우에는 [그림 1-51]과 같이 <Navigator> 창과 <Message> 창에 에러 메시지가 출력되며, 에러가 있는 경우에는 최종 헥사파일이 생성되지 않기 때문에 "Program the chip" 버튼이 표시되지 않는다.

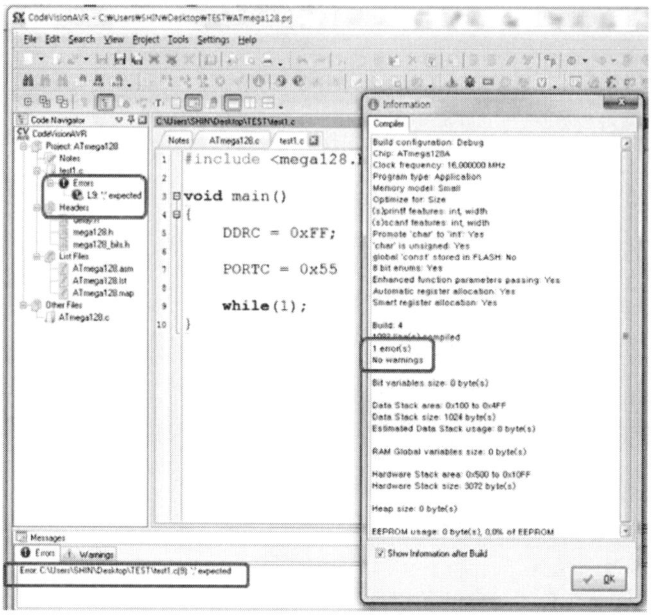

[그림 1-51] 소스파일에 에러가 있는 경우

따라서, 프로그램에 에러가 있는 경우에는 헥사 파일이 생성되지 않으므로 에러가 발생한 부분을 반드시 수정해야 한다. 이때 <Message>창에는 에러가 발생한 라인 번호와 함께 에러 내용이 표시되며, 에러 항목을 더블 클릭하게 되면 [그림 1-52]와 같이 <Edit> 창에서 에러가 발생한 부분이 검게 표시된다. 그러나, <Message> 창에 표시된 라인 번호는 올바른 경우도 있지만 그렇지 않은 경우도 있다는 점에 주의하여야 한다. 특히 문장의 끝부분에 세미콜론(;)이 없거나 괄호의 개수가 맞지 않는 경우에는 엉뚱한 위치를 지시할 수도 있기 때문에 에러 내용에 따라 경험적으로 에러 위치를 찾아야 한다.

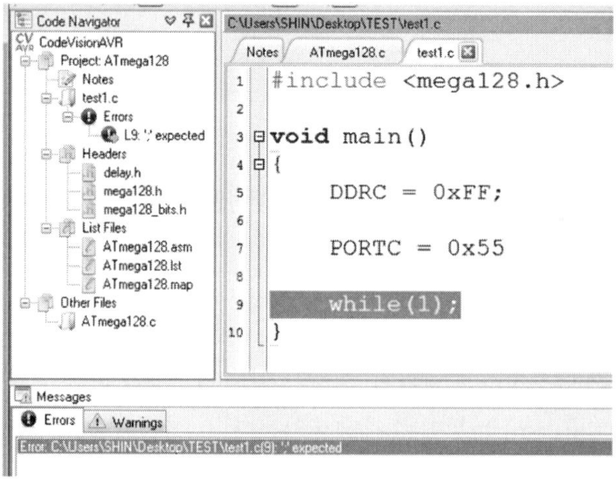

[그림 1-52] 에러 발생 위치 자동 표시

⑤ 소스파일 변경

프로그램을 작성하는 경우에는 앞에서와 같이 <File -> New -> Source>를 선택하여 수행할 수도 있지만, [그림 1-53]과 같이 기존의 소스 파일을 수정한 후 <File -> Save As...>를 이용할 수도 있다. 이렇게 하면 [그림 1-54]와 같이 <Navigator 창 Other Files> 밑과 <Edit> 창에서 소스파일명이 바뀐 것을 확인할 수 있다.

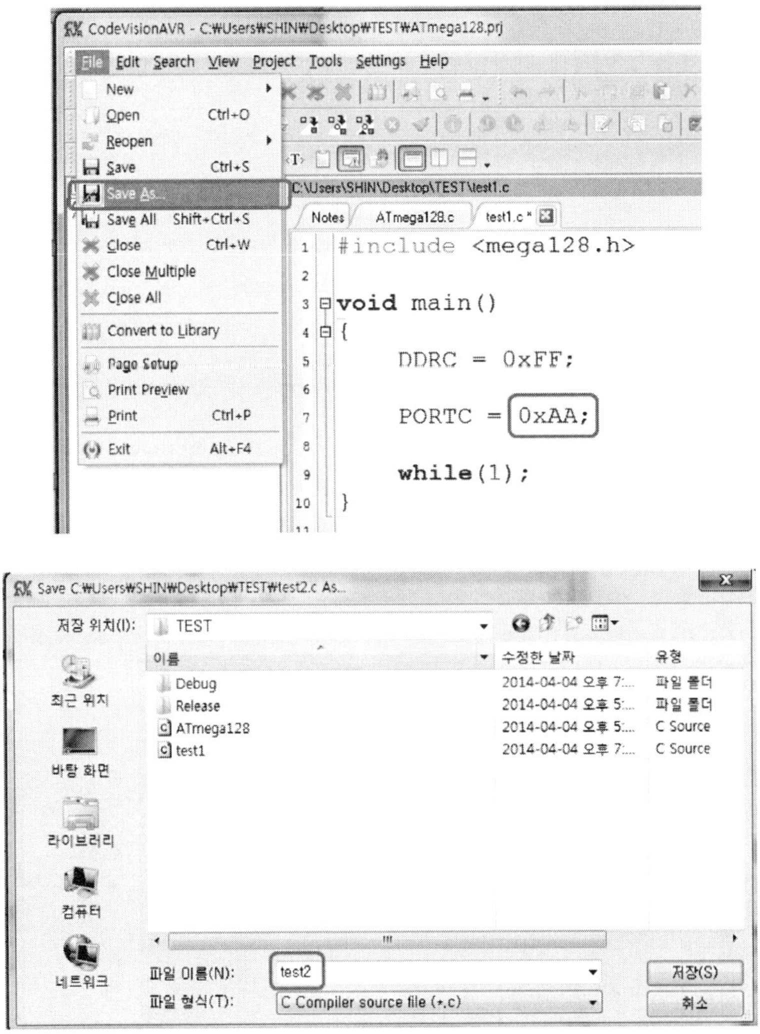

[그림 1-53] 기존의 소스파일 수정 및 파일명 변경

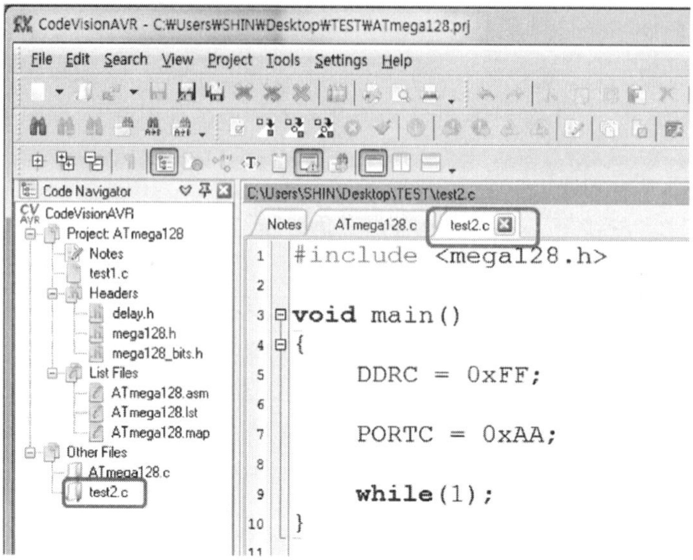

[그림 1-54] 변경된 소스파일명 확인

⑥ 컴파일 대상 파일 변경

[그림 1-55]는 “test1.c”이 컴파일 대상파일로 등록되어 있는 것을 확인할 수 있다.

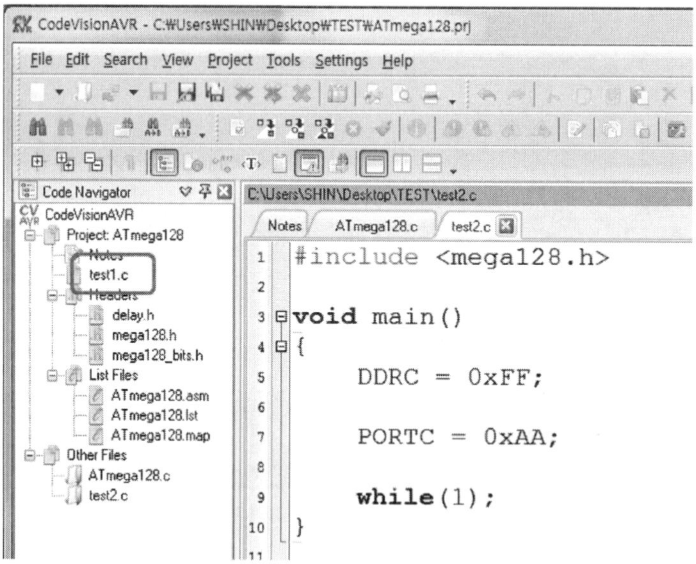

[그림 1-55] 컴파일 대상 파일 “test1.c”

<Configure Project>를 실행한 후 [그림 1-56]과 같이 "test1.c"를 클릭하면 <Remove> 버튼이 활성화된다.

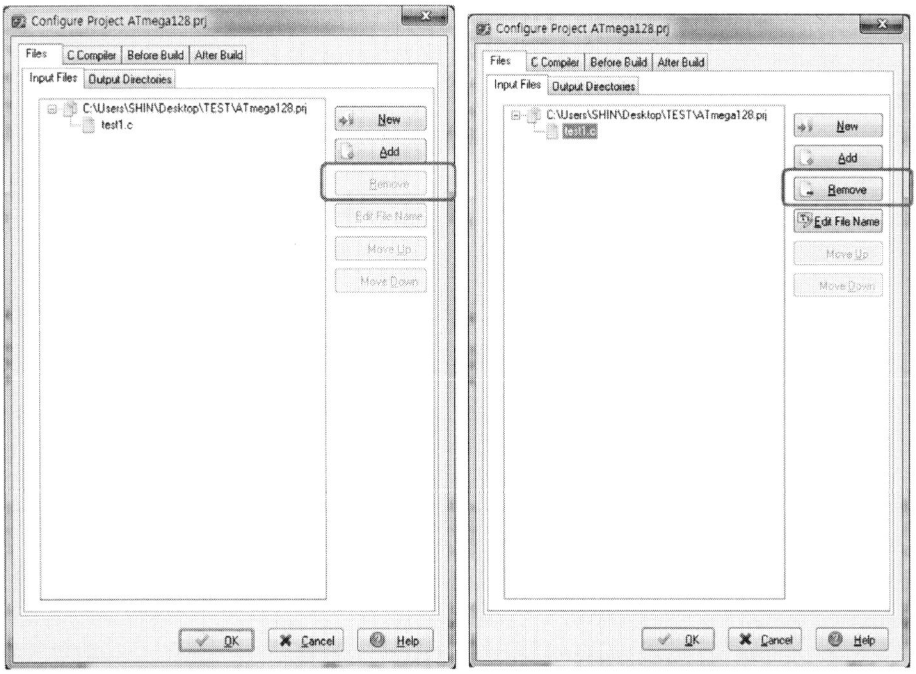

[그림 1-56] 컴파일 대상 파일 제거

<Remove> 버튼을 클릭하면 [그림 1-57]과 같이 <Configure Project> 창에서 "test1.c" 파일이 제거된다. 또한 이 창을 닫고 <Navigator> 창을 보면 [그림 1-57]에서 "Project Atmega128" 밑에 있던 "test1.c" 파일이 제거된 것도 확인할 수 있다.

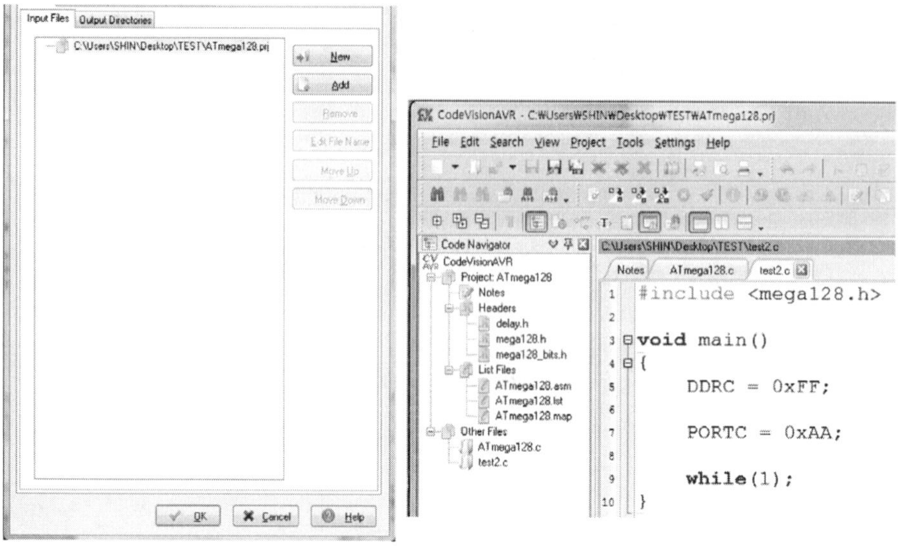

[그림 1-57] 제거된 컴파일 대상 파일

이 상태에서 새로운 소스파일을 컴파일 대상파일로 등록하는 것은 앞에서 서술한 대로 수행하면 된다. 즉, [그림 1-58]과 같이 <Configure project>를 실행하고 <Add> 버튼을 클릭한 후 컴파일 대상파일을 선택하면 된다. 따라서, 일반적으로 새로운 파일을 컴파일 대상 파일로 등록하는 경우에는 기존의 컴파일 대상 파일을 우선 제거한 후에 등록해야 한다. 물론 작성한 프로그램이 매우 커서 여러 개의 파일로 나누어 작성하는 경우에는 컴파일 대상 파일로 여러 개의 파일을 동시에 등록할 수도 있지만, 여러 개의 컴파일 대상 파일 내에서 main() 함수는 반드시 하나만 존재하여야 한다.

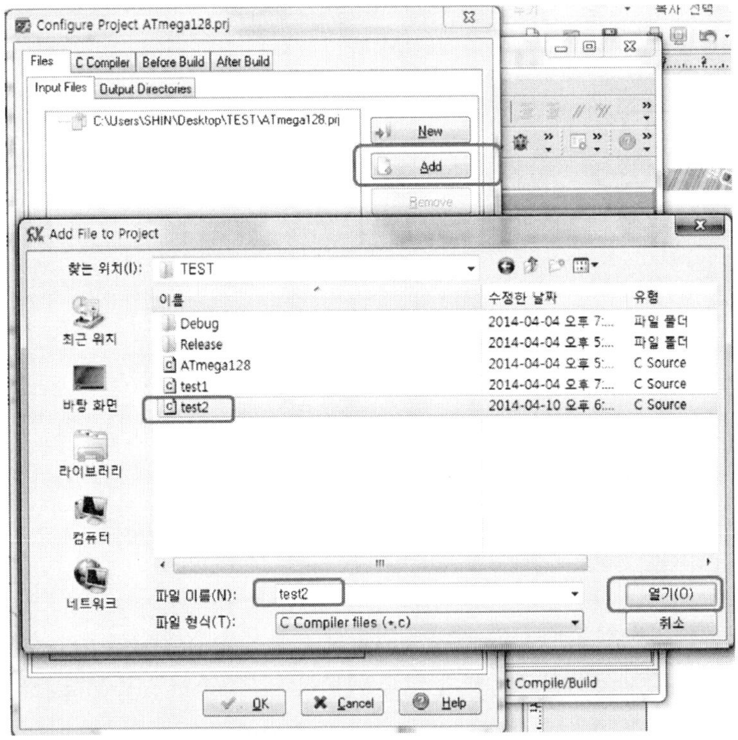

[그림 1-58] 컴파일 대상 파일 등록

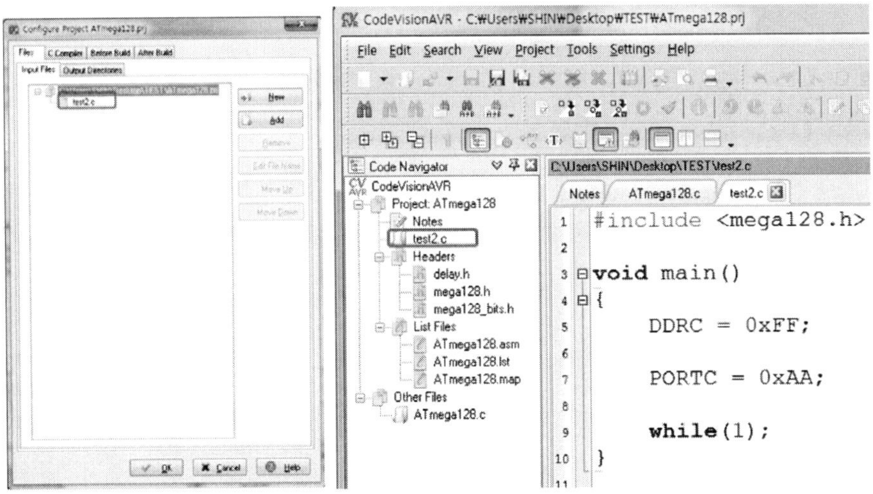

[그림 1-59] 새 컴파일 대상 등록 파일 확인

Chapter 02

ATmega128의 특징 및 구조

2.1 AVR 패밀리

Atmel사에서 생산하고 있는 AVR RISC 마이크로프로세서의 종류는 [표 2-1], [표 2-2]와 같으며, 그 특징들도 각각 다르다. AVR은 크게 Tiny 시리즈, Mega 시리즈로 나눌 수 있다. Tiny 시리즈는 대부분 핀 수가 적고 메모리 용량도 작아서 소형 제어기에 적당하다. 그러나 Mega 시리즈는 메모리 용량이 Tiny 시리즈에 비해 크기 때문에 시스템을 구동하는 코드의 양이 많거나 사용되는 주변기기가 많은 제어기에 적당하다.

[표 2-1] AVR 8비트 Tiny 시리즈

PART	FLASH	EEPROM	SRAM	핀수	명령어	I/O	인터럽트	외부인터럽트	UART	SPI	TWI	8비트 타이머	16비트 타이머	PWM	WDT	RTC 타이머	아날로그비교기	10비트AD컨버터	Pico Power	온도센서	동작전압 V	동작주파수 MHz
	bytes																					
ATtiny10	1K	0	32	8	54	4	10	1	0	-	-	-	1	2	Y	-	1	4	-	-	1.8-5.5	12
ATtiny13	1K	64	64	8	120	6	9	1	0	-	-	1	-	2	Y	-	1	4	-	-	1.8-5.5	20
ATtiny13A	1K	64	64	8	120	6	9	1	0	-	-	1	-	2	Y	-	1	4	Y	-	1.8-5.5	20
ATtiny1634	16K	256	1K	20	125	18	27	1	2	-	Y	1	1	9	Y	Y	0	12	Y	-	1.8-5.5	12
ATtiny167	16K	512	512	20	123	16	19	2	1	Y	Y	1	1	9	Y	Y	1	11	-	Y	1.8-5.5	16
ATtiny20	2K	0	128	14	112	12	16	1	0	Y	Y	1	1	3	Y	-	1	8	-	Y	1.8-5.5	12
ATtiny2313	2K	128	128	20	120	18	18	2	1	Y	Y	1	1	4	Y	-	1	0	-	-	1.8-5.5	20
ATtiny2313A	2K	128	128	20	120	18	20	2	1	Y	Y	1	1	4	Y	-	1	0	Y	-	1.8-5.5	20
ATtiny24	2K	128	128	14	120	12	16	1	0	Y	Y	1	1	4	Y	-	1	8	-	Y	1.8-5.5	20
ATtiny24A	2K	128	128	14	120	12	16	1	0	Y	Y	1	1	4	Y	-	1	8	Y	Y	1.8-5.5	20
ATtiny25	2K	128	128	8	120	6	14	1	0	Y	Y	2	-	6	Y	-	1	4	-	Y	1.8-5.5	20
ATtiny26	2K	128	128	20	118	16	11	1	0	Y	Y	2	-	4	Y	-	1	11	-	-	2.7-5.5	16
ATtiny261A	2K	128	128	20	123	16	18	2	0	Y	Y	-	2	6	Y	-	1	11	Y	Y	1.8-5.5	20
ATtiny28L	2K	0	32	28	90	11	5	2	0	-	-	1	-	0	Y	-	1	0	-	-	1.8-5.5	4

[표 2-1] AVR 8비트 Tiny 시리즈(계속)

PART	FLASH	EEPROM	SRAM	핀수	명령어	I/O	인터럽트	외부인터럽트	UART	SPI	TWI	8비트 타이머	16비트 타이머	PWM	WDT	RTC 타이머	아날로그비교기	10비트AD컨버터	Pico Power	온도센서	동작전압 V	동작주파수 MHz
	bytes																					
ATtiny4	512	0	32	6	54	4	10	1	0	-	-	-	1	2	Y	-	1	0	-	-	1.8-5.5	12
ATtiny40	4K	0	256	20 5	4	18	17	1	0	Y	Y	1	1	2	Y	-	1	11	-	Y	1.8-5.5	12
ATtiny4313	4K	256	256	20	120	18	20	2	1	Y	Y	1	1	4	Y	-	1	0	Y	-	1.8-5.5	20
ATtiny43U	4K	64	256	20	123	16	15	1	0	Y	Y	2	-	4	Y	-	1	4	Y	Y	0.7-5.5	8
ATtiny44	4K	256	256	14	120	12	16	1	0	Y	Y	1	1	4	Y	-	1	8	-	Y	1.8-5.5	20
ATtiny441	4K	256	256	14	120	12	30	1	2	Y	Y	1	2	6	Y	-	0	12	Y	Y	1.7-5.5	16
ATtiny44A	4K	256	256	14	120	12	16	1	0	Y	Y	1	1	4	Y	-	1	8	Y	Y	1.8-5.5	20
ATtiny45	4K	256	256	8	120	6	14	1	0	Y	Y	2	-	6	Y	-	1	4	-	Y	1.8-5.5	20
ATtiny461	4K	256	256	20	123	16	18	2	0	Y	Y	2	-	6	Y	-	1	11	-	Y	1.8-5.5	20
ATtiny461A	4K	256	256	20	123	16	18	2	0	Y	Y	-	2	6	Y	-	1	11	Y	Y	1.8-5.5	20
ATtiny48	4K	64	256	32	123	28	19	2	0	Y	Y	1	1	2	Y	-	1	8	Y	Y	1.8-5.5	12
ATtiny5	512	0	32	6	54	4	10	1	0				1	2	Y		1	4	-	-	1.8-5.5	12
ATtiny828	8K	256	512	32	123	26	25	2	1	Y	Y	1	1	4	Y	Y	1	28	Y	-	1.7-5.5	20
ATtiny84	8K	512	512	14	120	12	16	1	0	Y	Y	1	1	4	Y	-	1	8	-	Y	1.8-5.5	20
ATtiny841	8K	512	256	14	120	12	30	1	2	Y	Y	1	2	6	Y	-	2	12	Y	Y	1.7-5.5	16
ATtiny84A	8K	512	512	14	120	12	16	1	0	Y	Y	1	1	4	Y	-	1	8	-	Y	1.8-5.5	20
ATtiny85	8K	512	512	8	120	6	14	1	0	Y	Y	2	-	6	Y	-	1	4	-	Y	1.8-5.5	20
ATtiny861	8K	512	512	20	123	16	18	2	0	Y	Y	2	-	6	Y	-	1	11	-	Y	1.8-5.5	20
ATtiny861A	8K	512	512	20	123	16	18	2	0	Y	Y	-	2	6	Y	-	1	11	Y	Y	1.8-5.5	20
ATtiny87	8K	512	512	20	123	16	19	2	1	Y	Y	1	1	9	Y	Y	1	11	-	Y	1.8-5.5	16
ATtiny88	8K	64	512	32	123	28	19	2	0	Y	Y	1	1	2	Y	-	1	8	Y	Y	1.8-5.5	12
ATtiny9	1K	0	32	6	54	4	10	1	-	-	-	-	1	1	Y	-	1	-	-	-	1.8-5.5	12

[표 2-2] AVR 8비트 Mega 시리즈

PART	FLASH	EEPROM	SRAM	명령어	I/O	인터럽트	외부인터럽트	UART	SPI	TWI	8비트 타이머	16비트 타이머	PWM	WDT	RTC 타이머	아날로그비교기	10비트AD컨버터	DA 컨버터	동작전압 V	동작주파수 MHz
	bytes																			
ATmega48A	4K	256	0.5K	131	23	25	2	1	Y	Y	2	1	6	Y	Y	1	8	-	1.8-5.5	20
ATmega8A	8K	512	1K	130	23	18	2	1	Y	Y	2	1	3	Y	Y	1	-	-	2.7-5.5	16
ATmega88A	8K	512	1K	131	23	26	5	1	Y	Y	2	1	6	Y	Y	1	8	-	1.8-5.5	20
ATmega8U2	8K	512	512	125	22	28	8	1	Y	-	1	1	4	Y	-	1	-	-	2.7-5.5	16
ATmega8515	8K	512	512	130	35	16	3	1	Y	Y	1	1	3	Y	-	1	-	-	2.7-5.5	16
ATmega8535	8K	512	512	130	32	20	3	1	Y	Y	2	1	4	Y	Y	1	8	-	2.7-5.5	16
ATmega16A	16K	512	1K	131	27	20	3	1	Y	Y	2	1	4	Y	Y	4	8	-	2.7-5.5	16
ATmega162	16K	512	1K	131	35	27	3	2	Y	-	2	2	6	Y	Y	1	-	-	1.8-5.5	16
ATmega164A	16K	512	1K	131	32	30	3	2	Y	Y	2	1	6	Y	Y	1	8	-	1.8-5.5	20
ATmega165A	16K	512	1K	130	54	24	1	1	Y	Y	2	1	4	Y	Y	1	8	-	1.8-5.5	16
ATmega168A	16K	512	1K	131	23	26	5	1	Y	Y	2	1	6	Y	Y	1	8	-	1.8-5.5	20
ATmega169A	16K	512	1K	130	54	24	1	1	Y	Y	2	1	4	Y	Y	1	8	-	1.8-5.5	16
ATmega16M1	16K	512	1K	131	27	30	4	1	Y	-	1	1	10	Y	-	4	11	1	2.7-5.5	16
ATmega16U2	16K	512	512	125	22	28	8	1	Y	-	1	1	4	Y	-	1	-	-	2.7-5.5	16
ATmega16U4	16K	512	2.1K	135	26	42	5	1	Y	Y	2	2	8	Y	-	1	12	-	2.7-5.5	16
ATmega32A	32K	1K	2K	130	32	19	3	1	Y	Y	2	1	4	Y	Y	1	8	-	2.7-5.5	16
ATmega324A	32K	1K	2K	131	32	34	3	2	Y	Y	2	1	6	Y	Y	1	8	-	1.8-5.5	20
ATmega3250A	32K	1K	2K	130	69	24	1	1	Y	Y	2	1	4	Y	Y	1	8	-	1.8-5.5	20
ATmega325A	32K	1K	2K	130	54	24	1	1	Y	Y	2	1	4	Y	Y	1	8	-	1.8-5.5	20
ATmega328	32K	1K	2K	131	23	25	2	1	Y	Y	2	1	6	Y	Y	1	8	-	1.8-5.5	20
ATmega3290A	32K	1K	2K	130	69	24	1	1	Y	Y	2	1	4	Y	Y	1	8	-	1.8-5.5	20
ATmega329A	32K	1K	2K	130	54	24	1	1	Y	Y	2	1	4	Y	Y	1	8	-	1.8-5.5	20
ATmega32M1	32K	1K	2K	131	27	30	4	1	Y	-	1	1	10	Y	-	4	11	1	2.7-5.5	16
ATmega32U2	32K	1K	1K	125	22	28	8	1	Y	-	1	1	4	Y	-	1	-	-	2.7-5.5	16
ATmega32U4	32K	1K	2.5K	135	26	42	5	1	Y	Y	2	2	8	Y	-	1	12	-	2.7-5.5	16
ATmega64A	64K	2K	4K	133	53	34	8	2	Y	Y	2	2	8	Y	Y	1	8	-	2.7-5.5	16
ATmega640	64K	4K	8K	135	86	56	8	4	Y	Y	2	4	15	Y	Y	1	8	-	1.8-5.5	16
ATmega644A	64K	2K	4K	131	32	34	3	2	Y	Y	2	1	6	Y	Y	1	8	-	1.8-5.5	20
ATmega6450A	64K	2K	4K	130	69	24	1	1	Y	Y	2	1	4	Y	Y	1	8	-	1.8-5.5	20
ATmega645A	64K	2K	4K	130	54	24	1	1	Y	Y	2	1	4	Y	Y	1	8	-	1.8-5.5	16
ATmega6490A	64K	2K	4K	130	69	24	1	1	Y	Y	2	1	4	Y	Y	1	8	-	1.8-5.5	20
ATmega649A	64K	2K	4K	130	54	24	1	1	Y	Y	2	1	4	Y	Y	1	8	-	1.8-5.5	16
ATmega64M1	64K	2K	4K	131	27	30	4	1	Y	-	1	1	10	Y	-	4	11	1	2.7-5.5	16

[표 2-2] AVR 8비트 Mega 시리즈(계속)

PART	FLASH (bytes)	EEPROM (bytes)	SRAM (bytes)	명령어	I/O	인터럽트	외부인터럽트	UART	SPI	TWI	8비트 타이머	16비트 타이머	PWM	WDT	RTC 타이머	아날로그비교기	10비트AD컨버터	DA 컨버터	동작전압 V	동작주파수 MHz
ATmega128A	128K	4K	4K	133	53	34	8	2	Y	Y	2	2	8	Y	Y	1	8	–	2.7–5.5	16
ATmega1280	128K	4K	8K	135	86	57	11	4	Y	Y	2	4	15	Y	Y	1	16	–	1.8–5.5	16
ATmega1281	128K	4K	8K	135	54	48	11	2	Y	Y	2	4	8	Y	Y	1	8	–	1.8–5.5	16
ATmega1284	128K	4K	16K	131	32	30	3	2	Y	Y	2	4	6	Y	Y	1	8	–	1.8–5.5	20
ATmega2560	256K	4K	8K	135	86	57	11	4	Y	Y	2	4	16	Y	Y	Y	16	1	1.8–5.5	16
ATmega2561	256K	4K	8K	135	54	48	11	2	Y	Y	2	4	9	Y	Y	Y	8	1	1.8–5.5	16
AT90CAN128	128K	4K	4K	133	53	36	8	2	Y	Y	2	2	7	Y	Y	1	8	–	2.7–5.5	16
AT90CAN32	32K	1K	2	133	53	36	8	2	Y	Y	2	2	7	Y	Y	1	8	–	2.7–5.5	16
AT90CAN64	64K	2K	3	133	53	36	8	2	Y	Y	2	2	7	Y	Y	1	8	–	2.7–5.5	16
AT90PWM1	8K	512	512	131	19	31	4	–	Y	–	1	1	7	Y	–	2	8	–	2.7–5.5	16
AT90PWM161	16k	512	1	131	20	19	3	–	Y	–	–	1	6	Y	–	3	11	1	2.7–5.5	16
AT90PWM216	16K	512	1	129	19	31	4	1	Y	–	1	1	7	Y	–	2	8	1	2.7–5.5	16
AT90PWM2B	8K	512	512	129	19	31	4	1	Y	–	1	1	7	Y	–	2	8	1	2.7–5.5	16
AT90PWM316	16K	512	1	129	27	31	4	1	Y	–	1	1	12	Y	–	3	11	1	2.7–5.5	16
AT90PWM3B	8K	512	512	129	27	31	4	1	Y	–	1	1	12	Y	–	3	11	1	2.7–5.5	16
AT90PWM81	8K	512	256	131	20	31	4	–	Y	–	–	1	6	Y	–	3	11	1	2.7–5.5	16
AT90PWM1286	128K	4K	8	135	48	37	8	1	Y	Y	2	2	9	Y	Y	1	8	–	2.7–5.5	16
AT90PWM1287	128K	4K	8	135	48	37	8	1	Y	Y	2	2	9	Y	Y	1	8	–	2.7–5.5	16
AT90USB162	16K	512	512	125	22	28	8	1	Y	–	1	1	4	Y	–	1	–	–	2.7–5.5	16
AT90USB646	64K	2K	4	135	48	37	8	1	Y	Y	2	2	9	Y	Y	1	8	–	2.7–5.5	16
AT90USB647	64K	2K	4	135	48	37	8	1	Y	Y	2	2	9	Y	Y	1	8	–	2.7–5.5	16
AT90USB82	8K	512	512	125	22	28	8	1	Y	–	1	1	4	Y	–	1	–	–	2.7–5.5	16

2.2 ATmega128의 특징

[표 2-3]은 ATmega128의 특징을 나타낸다.

[표 2-3] ATmega128의 특징

고 성능의 저 전력 RISC 구조	• 133개의 명령어(대부분 한 클럭 사이클로 실행) • 32 x 8 비트 개의 범용 작업 레지스터 • 한 클럭에 한 명령어 실행(곱셈기 2클럭 실행)
데이터 및 비휘발성 메모리	• 128KB 바이트의 ISP 방식 프로그램용 플래시 메모리 내장 – 10,000번까지 쓰기/삭제 가능 • 4KB의 SRAM, 4KB의 EEPROM(100,000번 쓰기/삭제 가능) • 외부 64KB의 메모리 영역 • 소프트웨어와 EEPROM 데이터 보안을 위한 락(Lock)기능
주변장치	• ISP 기능을 위한 SPI 인터페이스 • 내장 메모리(플래시. EEPROM)의 프로그래밍과 On-chip 디버그 기능을 위한 JTAG 인터페이스(IEEE std. 1149.1) • 53개의 I/O 핀(A, B, C, D, E, F 포트 – 8 비트, G 포트 – 5 비트) • 리셋을 포함한 35개의 인터럽트 소스 • 별도의 프리스케일러를 갖는 2개의 8 비트 타이머/카운터(0, 2) • 별도의 프리스케일러를 갖는 2개의 16 비트 타이머/카운터(1, 3) • 2개의 8비트 PWM 채널과 6개의 8~16비트 PWM 채널 • 8채널 10비트 A/D 컨버터와 아날로그 비교기 • TWI, SPI 시리얼 인터페이스 • 2개의 프로그램이 가능한 시리얼 USART • 독립적인 내장 발진기에 의한 워치독 타이머
특수 기능	• 6개의 슬립모드 • 내부 RC 오실레이터와 외부 크리스탈을 연결하기 위한 발진회로 내장 • 외부, 내부 인터럽트(Interrupt) 소스
동작 전압	• 2.7–5.5V (ATmega128a), 4.5–5.5V (ATmega128)
동작 클럭	• 0 - 16MHz

2.3 ATmega128의 핀 구조

AVR RISC 구조에 기초한 ATmega128은 저전력 CMOS형의 8 비트 마이크로콘트롤러로서 ATmega128의 핀 구조는 [그림 2-1]과 같으며, 패키지형은 64핀의 TQFP형과 MLF형이 있다. 분기 명령 등을 제외한 대부분의 명령어는 한 클럭 사이클에 실행되며, ATmega128은 1MIPS/MHz에 가까운 처리속도를 낼 수 있기 때문에 전력 소모를 최적화 할 수 있다.

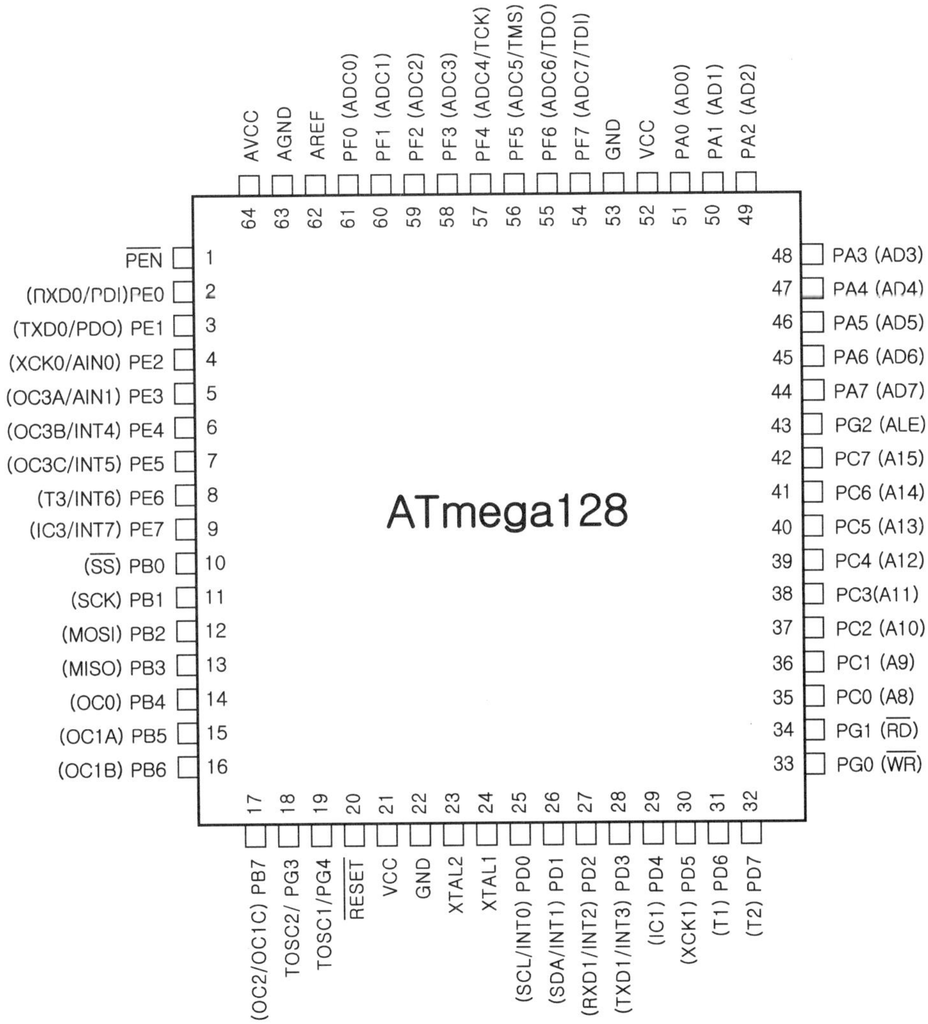

[그림 2-1] ATmega128의 핀 구조

2.3.1 내부 구조

AVR 코어는 32개의 범용 레지스터와 함께 풍부한 명령어를 갖는다. 32개의 모든 레지스터는 ALU(Arithmetic Logic Unit)와 직접 연결되어 있으며, 한 클럭 사이클에 실행되는 한 개의 명령어에서 두 개의 독립된 레지스터를 처리할 수 있다. 결과적으로 이러한 구조는 일반적인 CISC 마이크로콘트롤러에 비해 10배 이상의 빠른 속도로 효과적인 코딩이 가능하다. [그림 2-2]는 ATmega128의 내부 구조를 보여준다.

ATmega128은 프로그램 가능한 플래시 메모리 128K 바이트, EEPROM 4K 바이트, SRAM 4K 바이트, 53개의 범용 I/O 라인, 32개의 범용 레지스터, 비교 모드와 PWM 기능을 갖는 4개의 유연성 있는 타이머/카운터, 내부 및 외부 인터럽트, 프로그램 가능한 2개의 시리얼 USART, 내장 오실레이터에 의한 프로그램 가능한 워치독 타이머, SPI 및 TWI 시리얼 인터페이스와 IEEE std. 1149.1 JTAG 인터페이스, 소프트웨어적으로 선택 가능한 6개의 파워 절약 모드 기능이 있다.

프로그램 가능한 내장 플래시 메모리는 SPI 시리얼 인터페이스나 일반적인 메모리 프로그래머를 통해서 시스템에 장착된 상태로 재 프로그램이 가능하다.

2.3.2 핀 기능

- VCC – 전원

- GND – 접지

- 포트 A(PA7..PA0) – 포트 A는 내부 풀업저항(20kΩ–100kΩ)을 갖는 8비트 양방향 I/O 포트이며, 출력버퍼는 sink와 source 능력에 대해 대칭적으로 40mA의 구동특성을 갖는다. 리셋 상태에서는 3-스테이트 상태가 되며, 외부에 메모리 또는 I/O를 연결할 경우에는 하위 어드레스 버스와 데이터 버스로 사용된다.

- 포트 B(PB7..PB0) – 포트 B는 내부 풀업저항을 갖는 8비트 양방향 I/O 포트이며, 출력 버퍼는 sink와 source 능력에 대해 대칭적으로 40mA의 구동특성을 갖는다. 리셋 상태에서는 3-스테이트 상태가 되며, 포트 B는 [그림 2-1]의 핀 구성에서와 같이 다양한 기능을 갖는다.

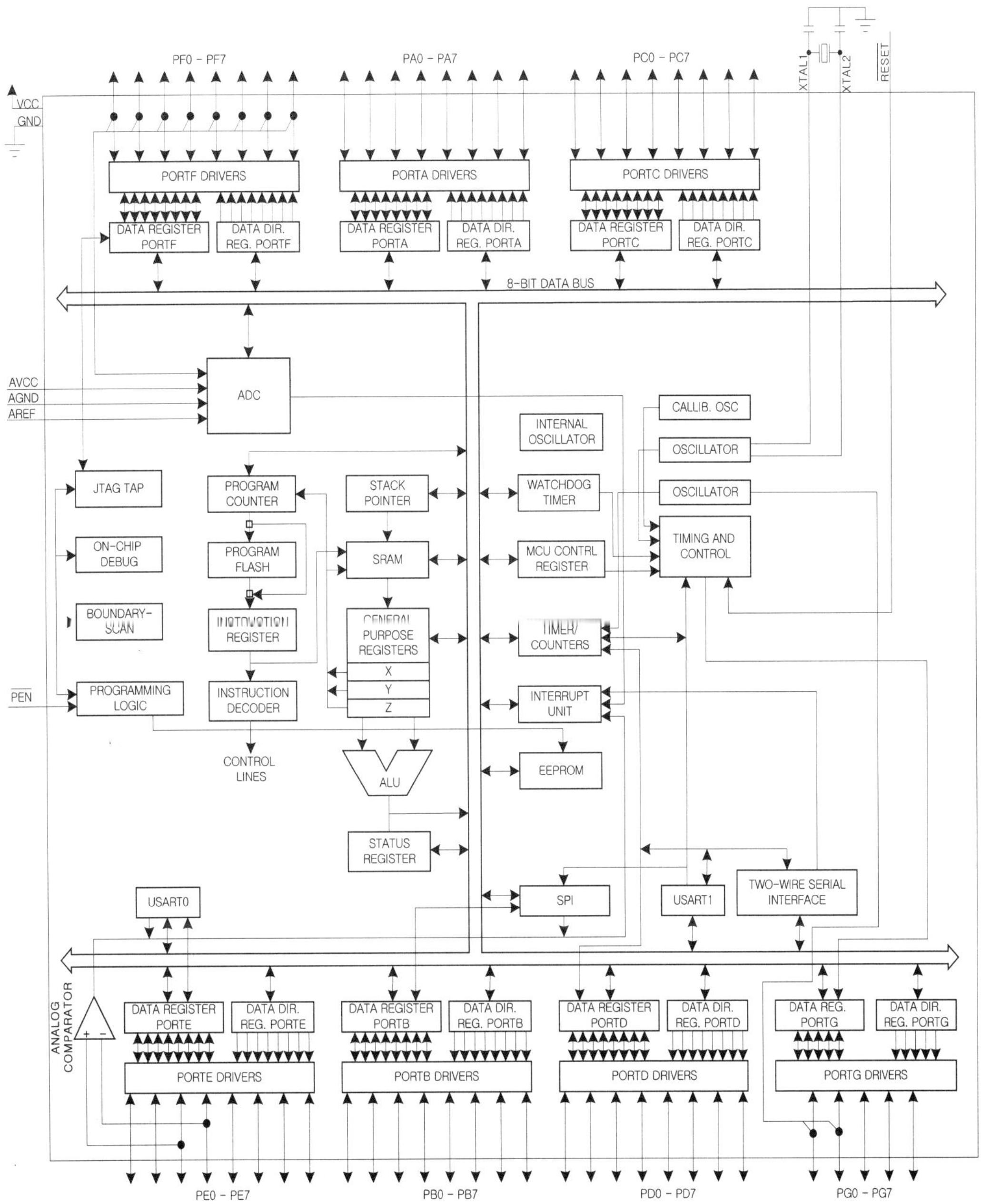

[그림 2-2] ATmega128의 블록도

- 포트 C(PC7..PC0) – 포트 C는 내부 풀업저항을 갖는 8비트 양방향 I/O 포트이며, 출력버퍼는 sink와 source 능력에 대해 대칭적인 구동특성을 갖는다. 리셋 상태에서는 3-스테이트 상태가 되며, 외부에 메모리 또는 I/O를 연결할 경우에는 상위 어드레스 버스로 사용된다.

- 포트 D(PD7..PD0) – 포트 D는 내부 풀업저항을 갖는 8비트 양방향 I/O 포트이며, 출력버퍼는 sink와 source 능력에 대해 대칭적인 구동특성을 갖는다. 리셋 상태에서는 3-스테이트 상태가 되며, [그림 2-1]의 핀 구성에서와 같이 다양한 기능을 제공한다.

- 포트 E(PE7..PE0) – 포트 E는 내부 풀업저항을 갖는 8비트 양방향 I/O 포트이며, 출력버퍼는 sink와 source 능력에 대해 대칭적인 구동특성을 갖는다. 리셋 상태에서는 3-스테이트 상태가 되며, [그림 2-1]의 핀 구성에서와 같이 다양한 기능을 제공한다.

- 포트 F(PF7..PF0) – 포트 F는 내부 풀업저항을 갖는 8비트 양방향 I/O 포트이며, 출력버퍼는 sink와 source 능력에 대해 대칭적인 구동특성을 갖는다. 리셋 상태에서는 3-스테이트 상태가 되며, JTAG 인터페이스가 인에이블 되어 있으면 리셋이 발생할지라도 PF7, PF4, PF5에 연결된 동작상태가 된다.

- 포트 G(PG4..PG0) – 포트 G는 내부 풀업저항을 갖는 5비트 양방향 I/O 포트이며, 출력버퍼는 sink와 source 능력에 대해 대칭적인 구동특성을 갖는다. 리셋 상태에서는 3-스테이트 상태가 되며, 외부에 메모리 또는 I/O를 연결할 경우에는 제어신호들(/RD, /WR, ALE)이 출력된다.

- $\overline{\text{RESET}}$ – 리셋 입력 단자이며, 리셋 동작을 확실하게 하기 위해서는 1.5us 이상의 low 신호가 인가되어야 한다.

- XTAL1 – 인버팅 오실레이터 증폭기와 내부 클록 동작회로에 대한 입력 단자이다.

- XTAL2 – 인버팅 오실레이터 증폭기의 출력 단자이다.

- AVCC – A/D 컨버터 및 포트 F의 전원 단자이다.

- AREF – A/D 컨버터에 대한 외부 아날로그 기준전압 입력 단자이다.

- AGND – AVCC에 대한 전원접지 단자이며, 반드시 GND와 접지하여 사용한다.

- $\overline{\text{PEN}}$(Programmng Enable) – SPI 모드를 위한 프로그램 인에이블 핀이며, 내부적으로 High로 풀업되어 있다. 전원 ON에 의한 파워온 리셋시에 Low 상태를 유지하면 MCU는 SPI 모드로 들어가게 된다. 이 핀은 정상동작 중에는 기능하지 않으며, 보통 5V에 접속한다.

- ALE(Address Latch Enable) – 외부에 메모리를 사용할 경우 포트 A를 통해 어드레스가 출력되고 있음을 나타내는 어드레스 래치 인에이블 출력 단자이다.

- $\overline{\text{RD}}$, $\overline{\text{WR}}$ – 외부 메모리를 액세스하기 위한 읽기/쓰기 제어신호 출력단자이다.

- SCK(Serial Clock) – ISP 직렬 프로그래밍 인터페이스에서 마스터(PC)가 ATmega128에 보내는 클럭신호이며, ATmega128의 직렬 프로그래밍에서 이 단자를 사용한다.

- PDI(Programming Data Input) – ISP 직렬 프로그래밍 인터페이스에서 마스터(PC)가 ATmega128에 보내는 데이터 신호 MOSI(Master Output/Slaver Input)이며, ATmega128의 직렬 프로그래밍에서 이 단자를 사용한다.

- PDO(Programming Data Output) – ISP 직렬 프로그래밍 인터페이스에서 ATmega128이 마스터(PC)에 보내는 데이터 신호 MISO(Master Input/Slaver Output)이며, ATmega128의 직렬 프로그래밍에서 이 단자를 사용한다.

- TCK(JTAG Test Clock) – JTAG ICE가 ATmega128에 보내는 클럭 신호 단자이다.

- TMS(JTAG Test Mode Select) – JTAG ICE가 ATmega128에 보내는 모드 선택 신호 단자이다.

- TDO(JTAG Test Data Output) – ATmega128이 JTAG ICE에 보내는 데이터 출력 신호 단자이다.

- TDI(JTAG Test Data Input) – JTAG ICE가 ATmega128에 보내는 데이터 입력 신호 단자이다.

- INT0~INT7 – 외부 인터럽트 입력 단자이다.
- TXD0, RXD0 – RS–232C 시리얼 통신 0을 위한 송/수신 단자이다.
- TXD1, RXD1 – RS–232C 시리얼 통신 1을 위한 송/수신 단자이다.
- XCK0 – 시리얼 통신 0이 동기모드로 동작할 때의 클럭 입출력 단자이다.
- XCK1 – 시리얼 통신 1이 동기모드로 동작할 때의 클럭 입출력 단자이다.
- $\overline{SS}$(SPI Slave Slect) – SPI 채널의 슬레이브 선택 입력 단자이다.
- SCK(SPI Serial Clock) – SPI 채널의 마스터 클럭 출력 또는 슬레이브 클럭 입력단자이다.
- MOSI(SPI Master Output Slave Input) – SPI 채널의 마스터 데이터 출력 또는 슬레이브 데이터 입력 단자이다.
- MISO(SPI Master Input Slave Output) – SPI 채널의 마스터 데이터 입력 또는 슬레이브 데이터 출력 단자이다.
- SCL(TWI Serial Clock) – TWI 채널의 클럭 입출력 단자이다.
- SDA(TWI Serial Data) – TWI 채널의 데이터 입출력 단자이다.
- TOSC1, TOSC2(Timer/Counter0 RTC Oscillator) – 타이머/카운터0의 RTC(Real Time Clock) 기능을 사용하는 경우의 클럭 발생을 위한 수정발진자 연결 단자이다.
- TOSC1, T1, T2, T3 – 타이머/카운터0, 1, 2, 3의 외부 클럭 입력 단자이다.
- OC0, OC1A, OC1B, OC1C, OC2, OC3A, OC3B, OC3C(Timer/Counter 0, 1, 2, 3 Output Compare Match and PWM Output) – 타이머/카운터 0, 1, 2, 3의 비교 출력 단자로서 타

이머/카운터를 PWM 모드로 설정하면 이 단자들을 통해 PWM 신호가 출력된다.

- IC1, IC3(Timer/Counter 1, 3 Input Capture Trigger) – 타이머/카운터 1과 3의 캡처 모드에서의 트리거 입력 신호 단자이다.

- ADC0~ADC7(ADC Channel 0~7) – A/D 컨버터의 아날로그 입력 단자이다.

- AIN0, AIN1 – 아날로그 비교기의 입력신호 단자로서, AIN0과 AIN1은 각각 (+)와 (–) 극성을 갖는다.

2.4 ATmega128의 구조 개요

[그림 2-3]은 AVR RISC의 내부구조를 보여준다. 고속 액세스가 가능한 32개의 8비트 범용 레지스터는 단일 클럭 사이클의 액세스 시간을 갖는다. 즉, 한 개의 클럭 사이클 동안 한 개의 ALU 동작이 가능하다는 것을 의미한다. 한 클럭 사이클 동안 레지스터 파일에서 두 개의 오퍼랜드가 출력되는 동시에 명령어는 실행되고 결과는 다시 레지스터 파일에 저장된다.

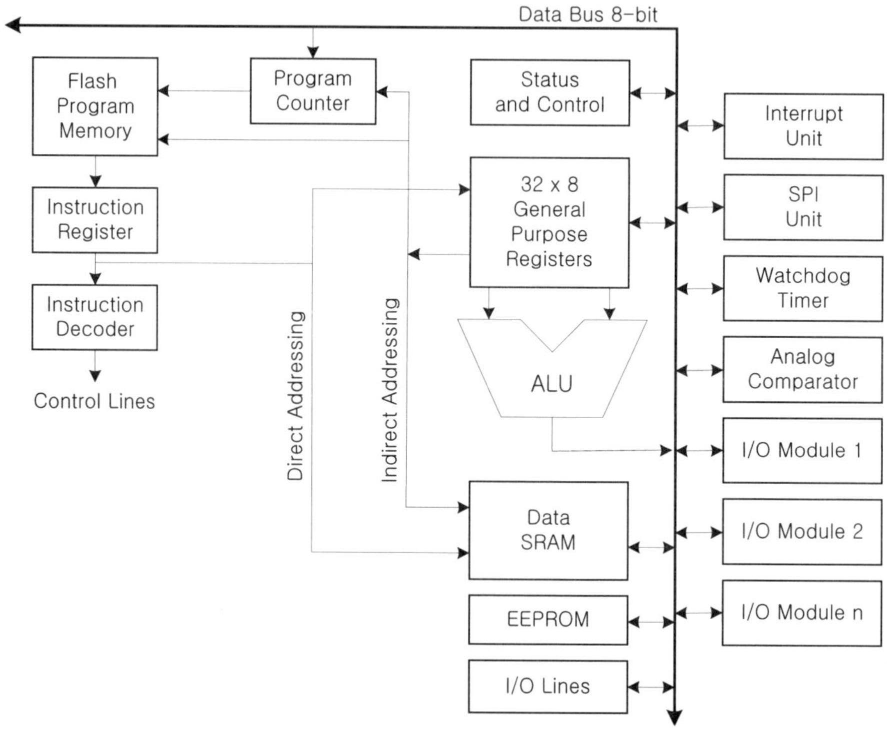

[그림 2-3] AVR RISC 구조

32개의 레지스터 중에 6개의 레지스터는 데이터 영역 주소를 지정하기 위한 16비트 간접 주소 포인터 레지스터로 사용할 수 있으며, 이러한 기능을 갖는 레지스터는 16비트의 X 레지스터, Y 레지스터, Z 레지스터이다.

ALU는 레지스터와 레지스터 또는 레지스터와 상수 사이의 산술 및 논리 연산을 지원하며, 단일 레지스터 연산도 ALU내에서 실행된다. 산술연산 후에는 연산결과에 따라 상태 레지스터의 값이 갱신된다.

2.4.1 ALU(Arithmetic Logic Unit)

ATmega128의 ALU는 32개의 범용 레지스터와 직접 연결되어 있다. 범용레지스터 사이의 산술연산 또는 레지스터와 상수의 연산은 단일 클럭 사이클에 실행되며, ALU 연산은 산술, 논리와 비트 연산의 세 범주로 나뉘어진다. ALU 연산이 실행되고 난 후에는 연산결과에 따라 MCU의 상태 레지스터 SREG의 비트값에 영향을 주게 된다.

■ SREG(Status Register) : 상태 레지스터

이 레지스터는 일반적으로 산술연산 명령어가 실행될 때마다 값이 변하는 레지스터로서, I/O 메모리 영역 0x3F(0x5F) 번지에 위치하며 각 비트는 다음과 같은 의미를 갖는다.

비트	7	6	5	4	3	2	1	0	
0x3F(0x5F)	I	T	H	S	V	N	Z	C	SREG
읽기/쓰기	읽기/쓰기	읽기/쓰기	읽기/쓰기	읽기/쓰기	읽기/쓰기	읽기/쓰기	읽기/쓰기	읽기/쓰기	
초기값	0	0	0	0	0	0	0	0	

• Bit 7-I : 전역 인터럽트 인에이블(Global Interrupt Enable) 비트

이 비트는 인터럽트를 인에이블 시키기 위해서 반드시 셋 되어야 한다. 각각의 인터럽트 인에이블 제어는 별도의 제어 레지스터에서 수행되며, 이 비트가 0이면 개별적인 인터럽트 인에이블의 설정이 의미가 없게 된다. 이 비트는 인터럽트가 발생된 후에 하드웨어적으로 클리어 되며, 다음 인터럽트 인에이블을 위해서 RETI 명령에 의해 자동적으로 셋 된다.

• Bit 6-T : 비트 복사 저장(Bit Copy Storage) 비트

이 비트는 비트 복사 저장 명령 BLD(Bit Load)와 BST(Bit Store)의 소스와 목적 비트로서 사용된다. BST 명령에 의해 레지스터 파일 내의 레지스터로부터 T 비트로 복사되며, BLD 명령에 의해 T 비트는 레지스터 파일내의 레지스터로 복사된다.

• Bit 5-H : 하프 캐리 플래그(Half Carry Flag) 비트

이 비트는 산술 연산에서 발생된 하프 캐리를 가리키며, 3비트째에서 4비트째로 자리 올림이나 자리 빌림이 있을 때 셋 된다.

- Bit 4–S : 부호 비트(Sign Bit), $S = N \oplus V$

  이 비트는 음수 플래그 N과 2의 보수 오버플로우 플래그 V와의 XOR 연산 결과와 같다.

- Bit 3–V : 2의 보수 오버플로우 플래그(2's Complement Overflow Flag) 비트

  이 비트는 2의 보수 연산에서 오버플로우가 발생했음을 나타낸다.

- Bit 2–N : 음수 플래그(Negative Flag) 비트

  이 비트는 산술 및 논리 연산 후에 음의 결과를 나타낸다.

- Bit 1–Z : 제로 플래그(Zero Flag) 비트

  이 비트는 산술 및 논리 연산 후에 결과가 0 임을 나타낸다.

- Bit 0–C : 캐리 플래그(Carry Flag) 비트

  이 비트는 산술 및 논리 연산에서 캐리의 발생을 나타낸다.

상태 레지스터는 인터럽트 처리 루틴에 들어갈 때 자동으로 저장되지 않으며, 또한 인터럽트 처리 루틴에서 복귀할 때도 자동 복귀되지 않는다는 점에 주의해야 한다. 이것은 사용자에 의해 소프트웨어적으로 처리되어야 한다.

2.4.2 범용 레지스터

[그림 2-4]는 CPU내의 32개 범용 레지스터의 구조를 보여준다. 범용 레지스터를 오퍼랜드로 사용하는 대부분의 명령어는 모든 레지스터들을 직접 액세스할 수 있으며, 대부분의 명령어들이 단일 사이클로 수행된다.

[그림 2-4]에서 보여진 것처럼 각 레지스터는 데이터 메모리 영역에서 직접 맵핑(mapping) 가능하도록 32개의 영역에 대한 데이터 메모리 주소가 할당되어 있다. 비록 SRAM 영역으로서 물리적인 구현이 되어 있지 않지만, 이런 메모리 구성은 유연한 레지스터의 액세스를 가능하게 한다.

레지스터 R26~R31은 범용적인 사용 이외에 추가된 기능을 가지고 있다. 이 레지스터들은 데이터 영역의 간접 주소 지정 방식을 위한 주소 포인터로 사용되며, 이 세 개의 간접 주소 레지

스터 X, Y, Z는 [그림 2-5]와 같다. 이 레지스터들은 다른 주소 지정 방식과 달리 고정 변위, 자동 증가 및 자동 감소 기능을 갖는다.

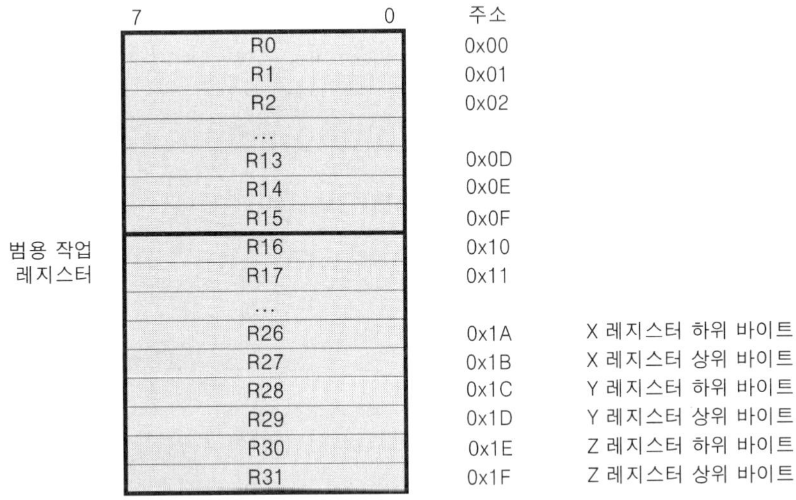

[그림 2-4] ATmega128의 범용 레지스터

X-레지스터, Y-레지스터, Z-레지스터

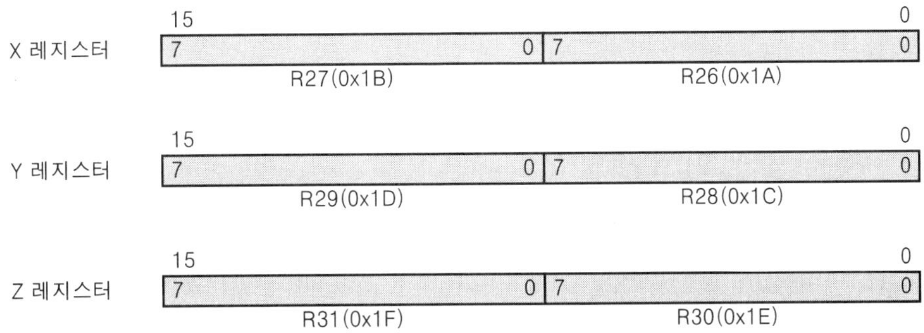

[그림 2-5] X, Y, Z 레지스터

2.4.3 스택 포인터(SP : Stack Pointer)

스택은 임시 데이터, 국소 변수, 인터럽트 또는 서브루틴을 실행할 때 리턴 주소를 저장하기 위한 영역이며, 스택 포인터는 이러한 스택을 관리하기 위한 포인터 레지스터이다.

ATmega128의 SP는 16비트의 길이를 가지며, I/O 영역내에 두 개의 8비트 레지스터 SPH와 SPL이라는 이름으로 0x3E(0x5E)와 0x3D(0x5D)에 지정되어 있다. 따라서, SP는 64K 바이트의 외부 SRAM을 지원할 수 있다.

비트	15	14	13	12	11	10	9	8	
0x3E(0x5E)	SP15	SP14	SP13	SP12	SP11	SP10	SP9	SP8	SPH
0x3D(0x5D)	P7	SP6	SP5	SP4	SP3	SP2	SP1	SP0	SPL
	7	6	5	4	3	2	1	0	
읽기/쓰기	읽기/쓰기	읽기/쓰기	읽기/쓰기	읽기/쓰기	읽기/쓰기	읽기/쓰기	읽기/쓰기	읽기/쓰기	
	읽기/쓰기	읽기/쓰기	읽기/쓰기	읽기/쓰기	읽기/쓰기	읽기/쓰기	읽기/쓰기	읽기/쓰기	
초기값	0	0	0	0	0	0	0	0	
	0	0	0	0	0	0	0	0	

스택 포인터는 서브루틴이 호출되거나 인터럽트가 인에이블 되기 전에 프로그램에 의해 미리 정의되어야 하며, 스택 포인터는 SRAM 영역인 0x100 번지 이상을 가리키도록 해야 한다. 스택 포인터는 PUSH 명령을 사용하여 스택에 데이터가 저장될 때 1씩 감소하며, 서브루틴 호출이나 인터럽트에 의해서 스택에 주소가 저장될 때 2씩 감소한다. 스택 포인터는 POP 명령을 사용하여 스택의 데이터를 가져올 때 1씩 증가하며, 서브루틴의 RET 명령이나 인터럽트의 RETI 명령에 의해 스택에서 주소를 가져오면 2씩 증가한다.

2.4.4 명령 실행 타이밍

이 절에서는 일반적인 명령 실행과 내부 메모리 액세스를 위한 액세스 타이밍 개념을 설명한다.

AVR MCU는 외부에 연결된 수정발진기에 의해 발생된 시스템 클럭으로 구동된다. [그림 2-6]은 하버드 아키텍처와 고속 액세스 레지스터 파일 개념에 의해 동작하는 병렬 방식의 명령 패치와 명령 실행을 보여준다. 이것은 1MHz에서 1MIPS 이상의 속도를 얻기 위한 기본 파이프라인(pipe-line) 개념이다.

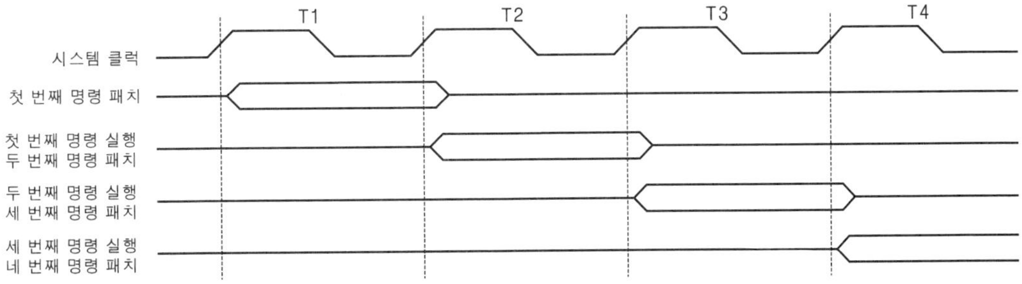

[그림 2-6] 병렬 명령 패치와 명령 실행

[그림 2-7]은 레지스터 파일에 대한 내부 타이밍 개념을 보여준다. 2개의 레지스터를 사용하는 ALU 연산은 단일 클럭 사이클에서 실행되고, 그 결과는 목적 레지스터에 저장된다.

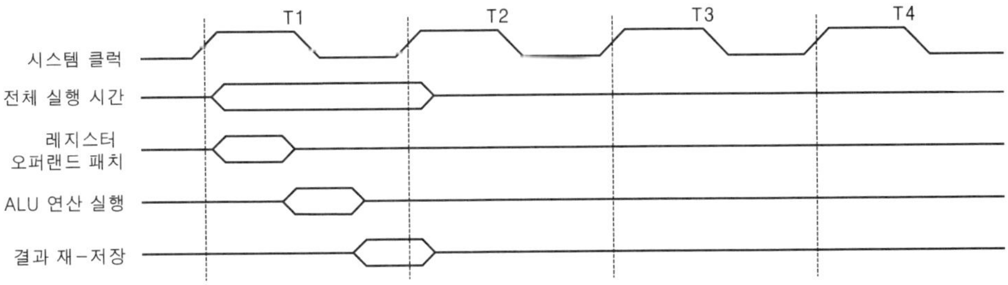

[그림 2-7] 단일 클럭 ALU 연산

2.4.5 플래시 프로그램 메모리

ATmega128은 프로그램 저장을 위해 ISP 기능을 갖는 플래시 메모리 128K 바이트를 내장하고 있고, 모든 명령어가 16비트나 32비트이기 때문에 플래시 메모리는 64K x 16 비트로 구성되어 있다. 프로그램 메모리는 부트 플래시 섹션과 어플리케이션 플래시 섹션으로 나누어지며, 사용자가 작성한 프로그램은 어플리케이션 플래시 섹션 0번지부터 저장된다. 그리고, 부트 플래시 섹션에는 컴퓨터로부터 프로그램을 다운받아 어플리케이션 섹션에 저장하는 프로그램이 미리 저장되어 있다. 이 프로그램 메모리는 SPI 시리얼 통신을 이용한 ISP(In-System Programming) 기능을 가지고 있으며, 적어도 10,000번의 쓰기 및 삭제가 가능하다. 플래시 프로그램 메모리의 프로그래밍은 SPI, JTAG, 병렬 프로그래밍 방식을 이용할 수 있다. 프로그램 메모리 영역에 정의된 상수를 액세스할 때 Z 레지스터가 사용되는데 128K x 8비트 형식으로 액세스하기 때문에 2개의 64K x 8비트 영역으로 나누어 액세스하여야 하며, 이를 위해 RAMPZ 레지스터의 RAMPZ0 비트가 미리 설정되어야 한다.

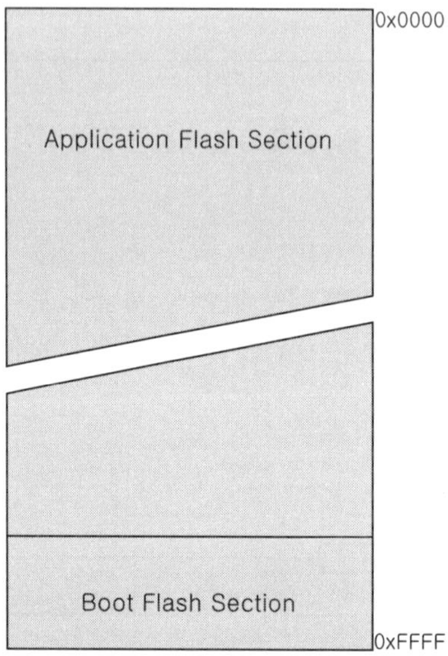

[그림 2-8] ATmega128 플래시 프로그램 메모리

■ RAMPZ(RAM Page Z Select Register) 레지스터 : RAM 페이지 선택 레지스터

이 레지스터는 ATmega128의 내부 플래시 프로그램 메모리에서 64KB 단위로 구분되는 2개의 페이지 중에서 어느 것을 사용할지를 지정한다. 프로그램 메모리 영역의 상수를 액세스할 때는 16비트의 Z 레지스터가 사용되어 64KB까지밖에 지정할 수 없기 때문에 현재 액티브 페이지가 0인지 1인지를 이 비트로 미리 지정해 주어야 한다.

비트	7	6	5	4	3	2	1	0	
0x3B (0x5B)	–	–	–	–	–	–	–	RAMPZ0	RAMPZ
읽기/쓰기	읽기	읽기	읽기	읽기	읽기	읽기	읽기	읽기/쓰기	
초기값	0	0	0	0	0	0	0	0	

- Bit0 – RAMPZ0 : 확장 RAM 페이지 Z 포인터(Extended Ram Page Z-Pointer) 비트

  RAMPZ0 = 0 : 0x0000 ~ 0x7FFF의 페이지 0 영역 선택

  RAMPZ0 = 1 : 0x8000 ~ 0xFFFF의 페이지 1 영역 선택

2.4.6 SRAM 데이터 메모리

ATmega128의 내부 데이터 메모리 구성은 정상적인 모드와 ATmega103 호환모드의 경우가 다르며, 여기서는 ATmega128 정상모드의 경우만 설명하기로 한다.

[그림 2-9]는 ATmega128의 데이터 메모리 구성을 보여주며, 데이터 메모리는 32개의 범용 레지스터, 64개의 I/O 레지스터, 160개의 확장 I/O 레지스터, 4kB의 내부 SRAM으로 구성되어 있다.

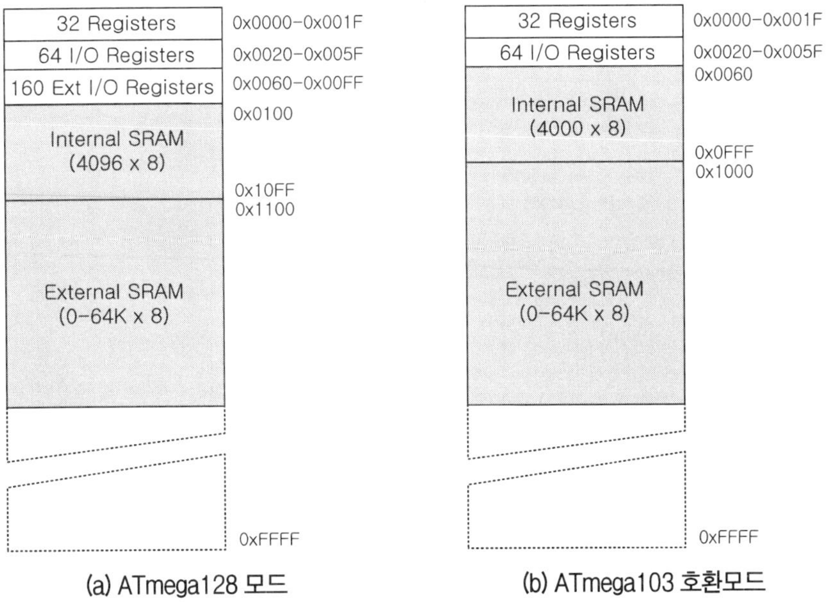

[그림 2-9] ATmega128 데이터 메모리

I/O 레지스터는 ATmega128에 내장된 I/O 기능들을 제어하기 위한 레지스터로서 64개의 영역이 할당되어 있다. 이 레지스터 영역은 [그림 2-9]와 같이 0x0020~0x005F의 어드레스를 갖지만, IN/OUT 입출력 명령을 사용하여 지정하는 경우에는 0x00~0x3F의 I/O 어드레스로 지정해야 한다. [표 2-4]는 I/O 레지스터를 보여주며, 이 영역의 레지스터들은 비트, 바이트, 워드(2바이트) 단위의 읽기/쓰기가 가능하다.

확장 I/O 레지스터는 ATmega128에 새로 추가된 I/O 기능들을 제어하기 위해 확장된 영역으로서 0x0060~0x00FF 번지에 할당되어 있으며, 이 영역은 외부 데이터 메모리처럼 사용하여야 한다. 따라서, 이 영역에 대해서는 IN/OUT 명령을 사용할 수 없으며, [표 2-5]는 확장 I/O 레지스터를 보여준다. 이 확장 I/O 레지스터들은 바이트 단위의 읽기/쓰기만 가능하다.

내부 SRAM은 0x0100~0x10FF 번지의 4KB를 가지며, 이 SRAM를 액세스하는 데는 [그림 2-10]과 같이 2개의 시스템 클럭 내에서 수행된다.

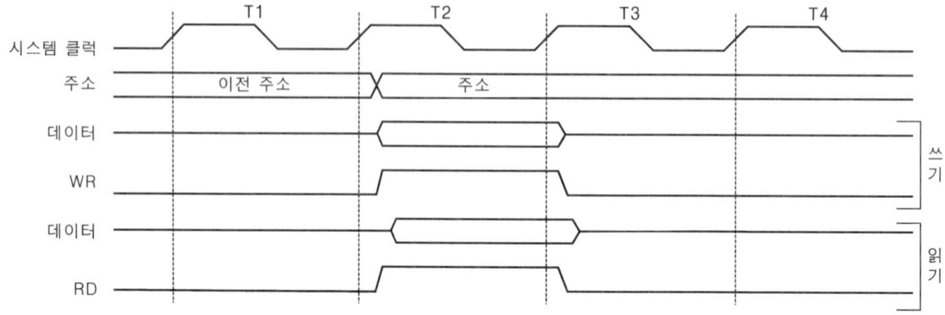

[그림 2-10] 내부 데이터 SRAM 액세스 사이클

ATmega128의 외부 데이터는 0x1100~0xFFFF번지의 약 60KB의 영역을 가지며, 이 영역은 사용자가 필요에 따라 RAM을 접속하여 사용하거나 I/O 영역으로 사용할 수가 있다. 이 외부 데이터 영역을 액세스하는 데는 ALE, $\overline{\text{RD}}$, $\overline{\text{WR}}$ 신호가 MCU로부터 출력되므로 이들 신호를 이용하여 회로를 설계하여야 한다.

[표 2-4] I/O 레지스터

주소	레지스터명	기능
0x00(0x20)	PINF	포트 F 데이터 입력 레지스터
0x01(0x21)	PINE	포트 E 데이터 입력 레지스터
0x02(0x22)	DDRE	포트 E 데이터 방향 레지스터
0x03(0x23)	PORTE	포트 E 데이터 출력 레지스터
0x04(0x24)	ADCL	A/D 변환 결과 하위 레지스터
0x05(0x25)	ADCH	A/D 변환 결과 상위 레지스터
0x06(0x26)	ADCSRA	A/D 변환기 제어 및 상태 레지스터
0x07(0x27)	ADMUX	A/D 변환기 멀티플렉서 레지스터
0x08(0x28)	ACSR	아날로그 비교기 제어 및 상태 레지스터
0x09(0x29)	UBR0OL	USART 0 보우 레지스터(하위 바이트)
0x0A(0x2A)	UCSR0B	USART 0 제어 및 상태 레지스터 B
0x0B(0x2B)	UCSR0A	USART 0 제어 및 상태 레지스터 A
0x0C(0x2C)	UDR0	USART 0 I/O 데이터 레지스터
0x0D(0x2D)	SPCR	SPI 제어 레지스터
0x0E(0x2E)	SPSR	SPI 상태 레지스터
0x0F(0x2F)	SPDR	SPI I/O 데이터 레지스터
0x10(0x30)	PIND	포트 D 데이터 입력 레지스터
0x11(0x31)	DDRD	포트 D 데이터 방향 레지스터
0x12(0x32)	PORTD	포트 D 데이터 출력 레지스터
0x13(0x33)	PINC	포트 C 데이터 입력 레지스터
0x14(0x34)	DDRC	포트 C 데이터 방향 레지스터
0x15(0x35)	PORTC	포트 C 데이터 출력 레지스터
0x16(0x36)	PINB	포트 B 데이터 입력 레지스터
0x17(0x37)	DDRB	포트 B 데이터 방향 레지스터
0x18(0x38)	PORTB	포트 B 데이터 출력 레지스터
0x19(0x39)	PINA	포트 A 데이터 입력 레지스터
0x1A(0x3A)	DDRA	포트 A 데이터 방향 레지스터
0x1B(0x3B)	PORTA	포트 A 데이터 출력 레지스터
0x1C(0x3C)	EECR	EEPROM 제어 레지스터
0x1D(0x3D)	EDDR	EEPROM 데이터 레지스터
0x1E(0x3E)	EEARL	EEPROM 주소 레지스터(하위 주소)
0x1F(0x3F)	EEARH	EEPROM 제어 레지스터(상위 주소)
0x20(0x40)	SFIOR	특수 기능 I/O 레지스터
0x21(0x41)	WDTCR	워치독 타이머 제어 레지스터
0x22(0x42)	OCDR	On-chip 디버그 레지스터
0x23(0x43)	OCR2	타이머/카운터2 출력비교 레지스터
0x24(0x44)	TCNT2	타이머/카운터2 레지스터
0x25(0x45)	TCCR2	타이머/카운터2 제어 레지스터

[표 2-4] I/O 레지스터(계속)

주 소	레지스터명	기 능
0x26(0x46)	ICR1L	타이머/카운터1 입력캡쳐 레지스터 상위 바이트
0x27(0x47)	ICR1H	타이머/카운터1 입력캡쳐 레지스터 상위 바이트
0x28(0x48)	OCR1BL	타이머/카운터1 출력 비교 B 레지스터 하위 바이트
0x29(0x49)	OCR1BH	타이머/카운터1 출력 비교 B 레지스터 상위 바이트
0x2A(0x4A)	OCR1AL	타이머/카운터1 출력 비교 A 레지스터 하위 바이트
0x2B(0x4B)	OCR1AH	타이머/카운터1 출력 비교 A 레지스터 상위 바이트
0x2C(0x4C)	TCNT1L	타이머/카운터1 하위 바이트
0x2D(0x4D)	TCNT1H	타이머/카운터1 상위 바이트
0x30(0x50)	ASSR	비동기 상태 레지스터
0x31(0x51)	OCR0	타이머/카운터0 출력비교 레지스터
0x32(0x52)	TCNT0	타이머/카운터0 레지스터
0x33(0x53)	TCCR0	타이머/카운터0 제어 레지스터
0x34(0x54)	MCUCSR	MCU 제어 및 상태 레지스터
0x35(0x55)	MCUCR	MCU 제어 레지스터
0x36(0x56)	TIFR	타이머/카운터 인터럽트 플래그 레지스터
0x37(0x57)	TIMSK	타이머/카운터 인터럽트 마스크 레지스터
0x38(0x58)	EIFR	확장 인터럽트 플래그 레지스터
0x39(0x59)	EIMSK	확장 인터럽트 인에이블 레지스터
0x3A(0x5A)	EICRB	외부 인터럽트 제어 레지스터 B
0x3B(0x5B)	RAMPZ	확장 인터럽트 플래그 레지스터
0x3C(0x5C)	XDIV	XTAL Divide 제어 레지스터
0x3D(0x5D)	SPL	스택 포인터 하위 바이트
0x3E(0x5E)	SPH	스택 포인터 상위 바이트
0x3F(0x5F)	SREG	상태 레지스터

[표 2-5] 확장 I/O 레지스터

주 소	레지스터명	기 능
0x60	Reserved	-
0x61	DDRF	F 포트 데이터 방향 레지스터
0x62	PORTF	F 포트 데이터 출력 레지스터
0x63	PING	G 포트 데이터 입력 레지스터
0x64	DDRG	G 포트 데이터 방향 레지스터
0x65	PORTG	G 포트 데이터 출력 레지스터
0x66	Reserved	-
0x67	Reserved	-
0x68 S	PMCSR	Store 프로그램 제어 및 상태 레지스터
0x69	Reserved	-
0x6A	EICRA	외부 인터럽트제어 레지스터 A
0x6B	Reserved	-
0x6C	XMCRB	외부 메모리 제어 레지스터 B
0x6D	XMCRA	외부 메모리 제어 레지스터 A
0x6E	Reserved	-
0x6F	OSCCAL	오실레이터 캘리브레이션 레지스터
0x70	TWBR	TWI 비트 레이트 레지스터
0x71	TWSR	TWI 상태 레지스터
0x72	TWAR	TWI 어드레스 레지스터
0x73	TWDR	TWI 데이터 레지스터
0x74	TWCR	TWI 제어 레지스터
0x75	Reserved	-
0x76	Reserved	-
0x77	Reserved	-
0x78	OCR1CL	타이머/카운터1 출력비교 C 레지스터 하위 바이트
0x79	OCR1CH	타이머/카운터1 출력비교 C 레지스터 상위 바이트
0x7A	TCCR1C	타이머/카운터1 제어 레지스터 C
0x7B	Reserved	-
0x7C	ETIFR	확장 타이머/카운터 인터럽트 플래그 레지스터
0x7D	ETIMSK	확장 타이머/카운터 인터럽트 마스크 레지스터
0x7E	Reserved	-
0x7F	Reserved	-

[표 2-5] 확장 I/O 레지스터(계속)

주 소	레지스터명	기 능
0x80	ICR3L	타이머/카운터3 입력캡쳐 레지스터 하위 바이트
0x81	ICR3H	타이머/카운터3 입력캡쳐 레지스터 하위 바이트
0x82	OCR3CL	타이머/카운터3 출력비교 C 레지스터 하위 바이트
0x83	OCR3CH	타이머/카운터3 출력비교 C 레지스터 상위 바이트
0x84	OCR3BL	타이머/카운터3 출력비교 B 레지스터 하위 바이트
0x85	OCR3BH	타이머/카운터3 출력비교 B 레지스터 상위 바이트
0x86	OCR3AL	타이머/카운터3 출력비교 A 레지스터 하위 바이트
0x87	OCR3AH	타이머/카운터3 출력비교 A 레지스터 상위 바이트
0x88	TCNT3L	타이머/카운터3 레지스터 하위 바이트
0x89	TCNT3H	타이머/카운터3 레지스터 상위 바이트
0x8A	TCCR3B	타이머/카운터3 제어 레지스터 B
0x8B	TCCR3A	타이머/카운터3 제어 레지스터 A
0x8C	TCCR3C	타이머/카운터3 제어 레지스터 C
0x8D	Reserved	–
0x8E	Reserved	–
0x8F	Reserved	–
0x90	UBRR0H	USART0 보우 레이트 레지스터(상위 바이트)
0x91	Reserved	–
0x92	Reserved	–
0x93	Reserved	–
0x94	Reserved	–
0x95	UCSR0C	USART0 제어 및 상태 레지스터 C
0x96	Reserved	–
0x97	Reserved	–
0x98	UBRR1H	USART1 보우 레이트 레지스터(상위 바이트)
0x99	UBRR1L	USART1 보우 레이트 레지스터(히위 바이트)
0x9A	UCSR1B	USART1 제어 및 상태 레지스터 B
0x9B	UCSR1A	USART1 제어 및 상태 레지스터 A
0x9C	UDR1	USART1 데이터 레지스터
0x9D	UCSR1C	USART1 제어 및 상태 레지스터 C
0x9E~0xFF	Reserved	–

2.4.7 EEPROM 데이터 메모리

ATmega128에는 4K 바이트의 데이터 EEPROM이 내장되어 있으며, 별도의 데이터 영역으로 구성되어 바이트 단위로 읽거나 쓸 수 있다. EEPROM은 적어도 100,000번 정도의 쓰기 및 삭제가 가능하다. EEPROM은 EEPROM 주소 레지스터, EEPROM 데이터 레지스터, EEPROM 제어 레지스터를 이용하여 액세스할 수 있다.

2.4.8 외부 메모리 인터페이스

ATmega128은 외부 메모리 영역 0x1100~0xFFFF 번지의 약 60KB 영역에 대해 SRAM, LCD, A/D, D/A 등과 같은 주변장치를 사용할 수 있으며, 이를 위한 외부 인터페이스에 대해 다음과 같은 특징을 갖는다.

① 4개의 다른 웨이트 상태 설정 가능
② 외부 데이터 메모리 영역을 2개의 섹터로 나눌 수 있고, 이들 섹터에 대해 각각 독립적인 웨이트 사이클 설정 가능
③ 어드레스 상위 바이트에서 필요한 비트만 동작 설정 가능
④ 전류소비를 최소화하기 위해 데이터 버스에 버스키퍼 기능 설정 가능

그리고, 외부 인터페이스에 사용되는 신호는

① AD0~AD7 : 어드레스 하위 및 데이터 신호 (PA 포트)
② A8~A15 : 어드레스 상위 신호 (PC 포트)
③ ALE : 어드레스 래치 인에이블 신호 (PG2)
④ $\overline{\text{RD}}$: 외부 메모리 읽기 신호 (PG1)
⑤ $\overline{\text{WR}}$: 외부 메모리 쓰기 신호 (PG0)

이며, [그림 2-11]은 이들 신호를 이용하여 구성한 외부 메모리 영역에 대한 기본 인터페이스를 보여준다. AD0~AD7은 시분할로 어드레스 버스와 데이터 버스로 사용되기 때문에, AD0~AD7은 ALE신호와 래치(D-플립플롭)를 이용하여 구성된 회로를 거쳐 외부 메모리에 연결되어 있는 것을 알 수 있다.

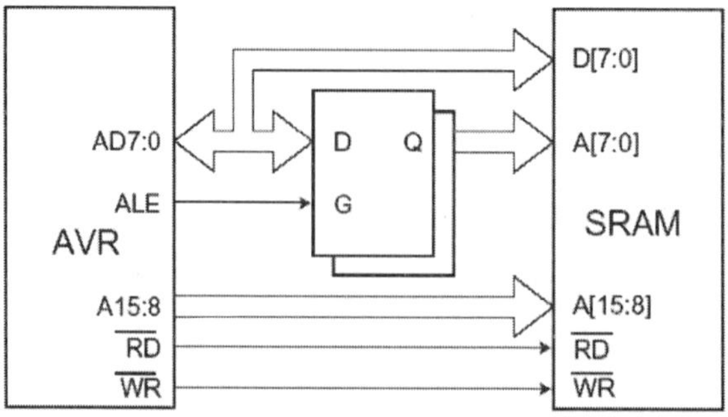

[그림 2-11] 외부 메모리 영역에 대한 기본 인터페이스

외부 메모리에 대한 제어는 3개의 레지스터 MCUCR, XMCRA, XMCRB에 의해 이루어지며, 각 레지스터의 기능은 다음과 같다.

■ MCUCR(MCU Control Register) : MCU 제어 레지스터

이 레지스터는 I/O 영역 0x35(0x55) 번지에 위치하며, 외부 메모리에 관련이 있는 비트의 기능은 다음과 같다.

비트	7	6	5	4	3	2	1	0	
0x35(0x55)	SRE	SRW10	SE	SM1	SM0	SM2	IVSEL	IVCE	MCUCR
읽기/쓰기	읽기/쓰기	읽기/쓰기	읽기/쓰기	읽기/쓰기	읽기/쓰기	읽기/쓰기	읽기/쓰기	읽기/쓰기	
초기값	0	0	0	0	0	0	0	0	

- Bit 7－SRE(External SRAM/XMEM Enable) : 외부 메모리 사용 인에이블

  1로 하면 외부 데이터 메모리 영역의 인터페이스 신호 AD0~AD7, A8~A15, ALE, $\overline{RD}$, $\overline{WR}$가 액티브되며, 0으로 하면 외부 메모리 인터페이스 신호가 아니라 일반 I/O 핀으로 동작하게 된다.

- Bit 6－SRW10 : 웨이트 사이클 수 설정 비트

  XMCRA 레지스터의 SRW11 비트와 조합하여 외부 데이터 메모리 영역을 액세스 할 때 부여하는 웨이트 사이클 수를 설정하는데 사용된다.

■ XMCRA(External Memory Control Register A) : 외부 메모리 제어 레지스터 A

이 레지스터는 I/O 영역 0x6D 번지에 위치하며, 외부 메모리에 관련이 있는 비트의 기능은 다음과 같다.

비트	7	6	5	4	3	2	1	0	
0x6D	–	SRL2	SRL1	SRL0	SRW01	SRW00	SRW11	–	XMCRA
읽기/쓰기	읽기	읽기/쓰기	읽기/쓰기	읽기/쓰기	읽기/쓰기	읽기/쓰기	읽기/쓰기	읽기	
초기값	0	0	0	0	0	0	0	*	

• Bit 6..4–SRL2, SRL1, SRL0 : Wait Sector Limit

이 비트들은 [그림 2-12]와 같이 외부 메모리 영역을 2개의 섹터로 분할하기 위한 선택 비트이며, 이렇게 나누어진 두개의 영역에는 서로 다른 웨이트 사이클 수를 지정할 수가 있다. [표 2-6]은 이 비트들에 의해 나누어진 영역을 보여준다.

• Bit 3..1–SRW01, SRW00, SRW11 : 웨이트 사이클 수 설정 비트

이 비트들은 외부 메모리 영역의 웨이트 사이클 수를 설정하는 비트로서, SRW01, SRW00은 [그림 2-12]에서 메모리의 하위 섹터에 대한 웨이트 사이클 수를 설정한다. 그리고, SRW11과 MCUCR의 6번째 비트 SRW10는 상위 섹터에 대한 웨이트 사이클 수를 설정한다. [표 2-7]은 이를 요약한 것이다.

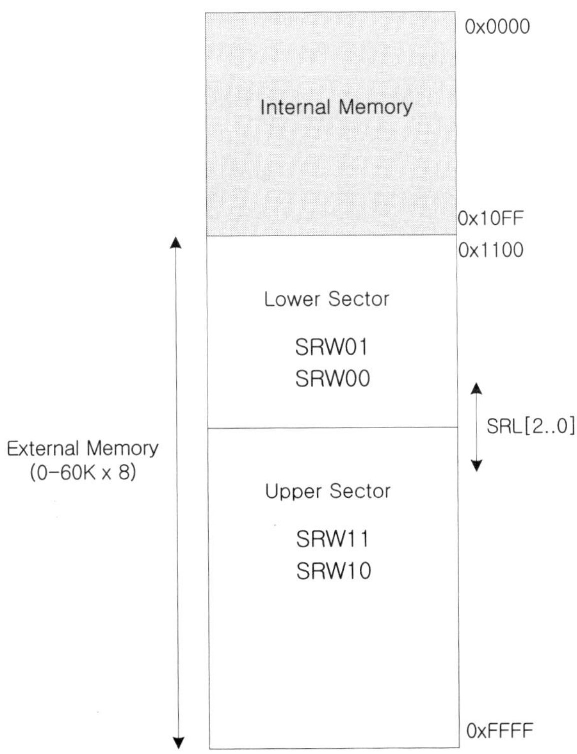

[그림 2-12] 외부 메모리 영역 섹터 분할

[표 2-6] 외부 메모리의 섹터 분할

SRL2	SRL1	SRL0	섹터 영역
0	0	0	lower sector = 없음 upper sector = 0x1100 – 0xFFFF
0	0	1	lower sector = 0x1100 – 0x1FFF upper sector = 0x2000 – 0xFFFF
0	1	0	lower sector = 0x1100 – 0x3FFF upper sector = 0x4000 – 0xFFFF
0	1	1	lower sector = 0x1100 – 0x5FFF upper sector = 0x6000 – 0xFFFF
1	0	0	lower sector = 0x1100 – 0x7FFF upper sector = 0x8000 – 0xFFFF
1	0	1	lower sector = 0x1100 – 0x9FFF upper sector = 0xA000 – 0xFFFF
1	1	0	lower sector = 0x1100 – 0xBFFF upper sector = 0xC000 – 0xFFFF
1	1	1	lower sector = 0x1100 – 0xDFFF upper sector = 0xE000 – 0xFFFF

[표 2-7] SRW11..10과 SRW01..00에 의한 웨이트 사이클 수 설정

SRWn1	SRWn0	웨이트 사이클수
0	0	웨이트 없음
0	1	리드/라이트 중에 1개의 웨이트
1	0	리드/라이트 중에 2개의 웨이트
1	1	리드/라이트 중에 2개의 웨이트와 다음 어드레스 출력 전에 1 개의 웨이트

(n : 0 또는 1)

■ XMCRB(External Memory Control Register B) : 외부 메모리 제어 레지스터 B

이 레지스터는 버스키퍼 기능의 설정과 외부 메모리 어드레스의 상위 바이트에서 필요한 비트만 동작하도록 설정하는데 사용된다.

비트	7	6	5	4	3	2	1	0	
0x6C	XMBK	–	–	–	–	XMM2	XMM1	XMM0	XMCRB
읽기/쓰기	읽기/쓰기	읽기	읽기	읽기	읽기	읽기/쓰기	읽기/쓰기	읽기/쓰기	
초기값	0	0	0	0	0	0	0	*	

• Bit 7–XMBK : 외부 메모리 버스키퍼 인에이블 비트

1로 하면 AD0~AD7 버스라인에 버스키퍼 기능이 인에이블 되어 이 버스에 마지막으로 출력한 값이 계속해서 출력된다. 이 버스키퍼 기능은 외부 메모리가 사용되지 않는 경우(MCUCR 레지스터의 7번째 비트 SRE=0의 경우)에도 XMBK가 1이면 버스키퍼 기능이 동작한다.

• Bit 2..0–XMM2, XMM1, XMM0 : 외부 메모리 High Mask

이 비트들은 외부 메모리의 어드레스 상위 바이트 A8~A15 중에서 어드레스 버스 신호로 어느 비트까지 사용할지를 설정하며, 어드레스 버스 신호로 사용하지 않는 비트들은 I/O 포트의 기능을 갖게 된다. 이것은 외부에 작은 용량의 메모리를 사용하는 경우에 일부의 버스신호를 I/O 포트로 사용할 수 있다는 장점을 갖는다. [표 2-8]은 이들 비트 값에 따라 어드레스 버스신호로 사용하는 비트와 I/O 포트로 사용할 수 있는 비트를 나타낸다.

[표 2-8] 외부 메모리 사용이 인에이블 되었을 때 I/O 포트로 사용할 수 있는 비트

XMM2	XMM1	XMM0	외부 메모리 어드레스로 사용하는 비트수 (어드레스 신호)	I/O 포트로 사용할 수 있는 비트
0	0	0	8 (A8–A15)	없음
0	0	1	7 (A8–A14)	PC7
0	1	0	6 (A8–A13)	PC6–PC7
0	1	1	5 (A8–A12)	PC5–PC7
1	0	0	4 (A8–A11)	PC4–PC7
1	0	1	3 (A8–A10)	PC3–PC7
1	1	0	2 (A8–A9)	PC2–PC7
1	1	1	0 (없음)	PC0–PC7

2.5 ATmega128 하드웨어 기본사항

이 절에서는 ATmega128을 이용하여 하드웨어를 구성할 때 기본적으로 알아두어야 할 사항에 대해 설명한다.

2.5.1 메모리 Lock 비트와 Fuse 비트

ATmega128은 메모리의 내용을 보호하기 위해 1바이트의 메모리 Lock 비트를 가지며, 시스템 설정을 위해 3바이트의 퓨즈 비트(Fuse bit)를 갖는다.

(1) 메모리 Lock 비트

ATmega128은 메모리의 내용을 보호하기 위해 [표 2-9]와 같이 6개의 메모리 Lock 비트를 가지며, 디폴트 값은 1(unprogrammed)로 되어 있다. 그리고, 칩 삭제(Chip erase) 명령에 의해 디폴트 값 1로 된다. 메모리 Lock 비트에 대한 기능은 [표 2-10]과 같다.

[표 2-9] 메모리 Lock 비트 바이트 값

비트 번호	Lock bit 명	기능	디폴트 값
7	–	–	1(unprogrammed)
6	–	–	1(unprogrammed)
5	BLB12	Boot Lock bit	1(unprogrammed)
4	BLB11	Boot Lock bit	1(unprogrammed)
3	BLB02	Boot Lock bit	1(unprogrammed)
2	BLB01	Boot Lock bit	1(unprogrammed)
1	LB2	Lock bit	1(unprogrammed)
0	LB1	Lock bit	1(unprogrammed)

[표 2-10] 메모리 Lock 비트에 대한 메모리 보호 기능

메모리 Lock 비트			기 능
LB Mode	LB2	LB1	플래시 및 EEPROM 메모리에 대한 Lock 설정
1	1	1	Lock 기능 설정 안함
2	1	0	메모리 및 퓨즈 비트에 대한 프로그램 금지
3	0	0	• 메모리에 대한 프로그램 및 확인(verify) 금지 • 퓨즈 비트에 대한 프로그램 금지
BLB0 MODE	BLB02	BLB01	응용프로그램 섹션에 대한 액세스 보호 설정
1	1	1	응용프로그램 섹션을 액세스하기 위한 LPM(load program memory)과 SPM(store program memory) 명령에 대한 제약 없음
2	1	0	SPM명령에 의한 응용프로그램 섹션 쓰기 금지
3	0	0	• SPM명령에 의한 응용프로그램 섹션 쓰기 금지 • 부트로더 섹션에서의 LPM명령에 의한 응용프로그램 섹션 읽기 금지 • 만일 부트로더 섹션에 인터럽트 벡터가 위치하면 응용 프로그램이 실행되는 동안 모든 인터럽트 금지
4	0	1	• 부트로더 섹션에서의 LPM명령에 의한 응용프로그램 섹션 읽기 금지 • 만일 부트로더 섹션에 인터럽트 벡터가 위치하면 응용 프로그램 섹션이 실행되는 동안 모든 인터럽트 금지
BLB1 Mode	BLB12	BLB11	부트로더 섹션에 대한 액세스 보호 설정
1	1	1	부트로더 섹션을 액세스하기 위한 SPM과 LPM 명령에 대한 제약 없음
2	1	0	SPM명령에 의한 부트로더 섹션 쓰기 금지
3	0	0	• SPM명령에 의한 부트로더 섹션 쓰기 금지 • 응용프로그램 섹션에서의 LPM명령에 의한 부트로더 섹션 읽기 금지 • 만일 응용프로그램 섹션에 인터럽트 벡터가 위치하면 부 트로더 섹션이 실행되는 동안 모든 인터럽트 금지
4	0	1	• 응용프로그램 섹션에서의 LPM명령에 의한 부트로더 섹션 읽기 금지 • 만일 응용프로그램 섹션에 인터럽트 벡터가 위치하면 부트로더 섹션이 실행되는 동안 모든 인터럽트 금지

(2) Fuse 비트

ATmega128은 3바이트의 퓨즈 비트를 가지며, 이 비트들은 프로그램하면 0(programmed)이 되며, 프로그램하지 않으면 1(unprogrammed)이 된다. 칩삭제 명령을 실행해도 퓨즈 비트는 영향을 받지 않으며, [표 2-10]에서 나타내듯이 LB1을 0으로 하면 변경할 수 없도록 설정이 가능하다.

퓨즈 비트의 첫 번째 바이트는 확장 퓨즈 바이트(Extended Fuse Byte)로서 [표 2-11]과 같이 ATmega103 호환모드와 워치독 타이머 설정을 위해 2개의 비트만 사용되며, 디폴트 상태에서 ATmega103 호환모드로 설정되어 있다.

[표 2-11] Extended Fuse 바이트

비트번호	비트명	기 능	디폴트값
7			
6			
5			
4			
3			
2			
1	M103C	ATmega103 호환모드	0(programmed)
0	WDTON	Watchdog Timer 동작	1(unprogrammed)

퓨즈 비트의 두 번째 바이트는 Fuse High 바이트이며, [표 2-12]와 같다. 디폴트 상태에서 JTAG와 SPI에 의한 직렬 프로그래밍이 가능한 상태이며, 부트로더 영역은 [표 2-13]에 나타낸 것과 같이 0xF000~0xFFFF로 4096워드 사이즈가 기본적으로 설정된다.

[표 2-12] Fuse High 바이트

비트번호	비트명	기 능	디폴트값
7	OCDEN	OCD 사용 가능	1(unprogrammed)
6	JTAGEN	JTAG 사용 가능	0(programmed)
5	SPIEN	SPI 직렬 프로그래밍 인에이블	0(programmed)
4	CKOPT	오실레이터 옵션	1(unprogrammed)
3	EESAVE	Chip Erase EEPROM 내용 보호	1(unprogrammed)
2	BOOTSZ1	부트로더 크기 선택	0(programmed)
1	BOOTSZ0		0(programmed)
0	BOOTRST	RESET 벡터 선택	1(unprogrammed)

[표 2-13] BOOTSZ1..0에 의한 부트로더 크기

BOOTSZ1	BOOTSZ0	부트로더 사이즈	응용프로그램 섹션	부트로더 섹션
0	0	4096워드	0x0000-0xEFFF	0xF000-0xFFFF
0	1	2048워드	0x0000-0xF7FF	0xF800-0xFFFF
1	0	1024워드	0x0000-0xFBFF	0xFC00-0xFFFF
1	1	512워드	0x0000-0xFDFF	0xFE00-0xFFFF

[표 2-14] Fuse Low 바이트

비트번호	비트명	기 능	디폴트값
7	BODLEVEL	브라운 아웃 검출기 트리거 레벨	1(unprogrammed)
6	BODEN	브라운 아웃 검출기 인에이블	1(unprogrammed)
5	SUT1	스타트 업 시간 선택	1(unprogrammed)
4	SUT0		0(programmed)
3	CKSEL3	클록 소스 선택 (1.5.2 시스템 클럭 참조)	0(programmed)
2	CKSEL2		0(programmed)
1	CKSEL1		0(programmed)
0	CKSEL0		1(unprogrammed)

퓨즈 비트의 세 번째 바이트는 Fuse Low 바이트이며, [표 2-14]와 같이 주로 시스템 클럭의 선택과 스타트 업 시간에 대한 설정 비트로 구성된다. 클럭 소스는 디폴트로 내부 RC 발진기 1MHz가 설정되며, 브라운 아웃 검출기는 동작하지 않도록 설정된다.

(3) Signature 바이트

Atmel사의 모든 MCU는 디바이스를 나타내는 3바이트의 코드를 가지고 있다. 이 코드는 Lock 설정에 관계없이 직렬 프로그램 모드나 병렬 프로그램 모드에서 읽을 수 있으며, 어드레스 공간 0x0000-0x0002에 저장된다.

ATmega128에 대한 이들 값은 다음과 같다.

0x0000 : 0x1E(Atmel을 의미)
0x0001 : 0x97(128KB 플래시 메모리 모델을 나타냄)
0x0002 : 0x02(ATmega128을 나타냄)

2.5.2 시스템 클럭

[그림 2-13]은 ATmega128의 클럭 시스템을 보여주며, 시스템 클럭은 5개의 소스원으로부터 선택되어 입력되어진다. 또한 ATmega128 내부에는 워치독 타이머를 위한 1MHz 발진기를 내장하고 있으며, 이것은 MCU가 리셋될 때 전원이 안정되기까지의 추가적인 지연시간을 주기 위해 사용되기도 한다.

[그림 2-13]에 보여진 시스템 클럭의 소스는 퓨즈비트 설정용의 3번째 바이트 (Fuse Low

Byte)에 있는 4비트의 플래시 퓨즈 비트 CKSEL3..0에 의해 [표 2-15]와 같이 선택되어진다. 디폴트로는 가장 긴 스타트 업 시간을 갖는 1MHz의 내부 RC 발진기가 설정되어 있으며, 사용자는 ISP나 병렬 프로그래머를 이용하여 희망하는 클럭 소스원을 선택할 수 있다.

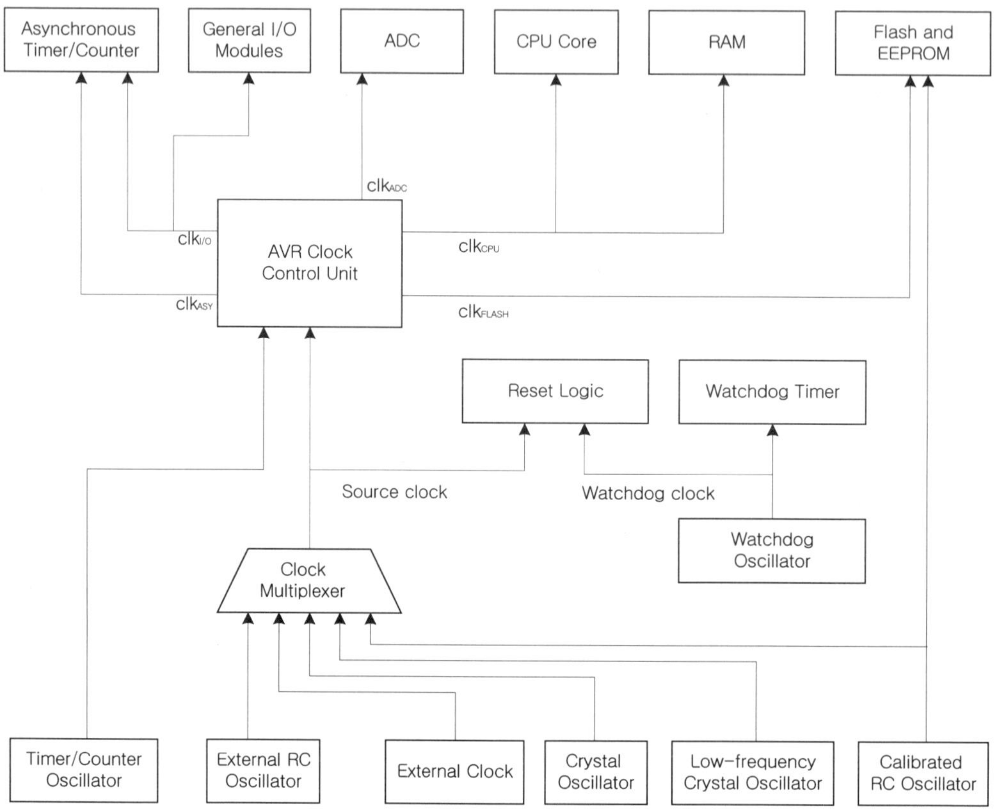

[그림 2-13] ATmega128 클럭 시스템

[표 2-15] 클럭 소스 선택

클럭 소스	CKSEL3..0
외부 크리스탈/세라믹 레조네이터	1111 – 1010
외부 저주파 크리스탈 발진기	1001
외부 RC 발진기	1000 – 0101
내부 RC 발진기	0100 – 0001
외부 클럭	0000

(1) 외부 크리스탈/세라믹 레조네이터 발진기

이것은 [그림 2-14]와 같이 외부에 크리스탈 또는 세라믹 레조네이터를 2개의 콘덴서와 함께 MCU의 XTAL1 단자와 XTAL2 단자에 연결하여 구성한다. 콘덴서 C1, C2 용량은 [표 2-16]에서와 같이 12pF~22pF이 권장값으로 되어 있다.

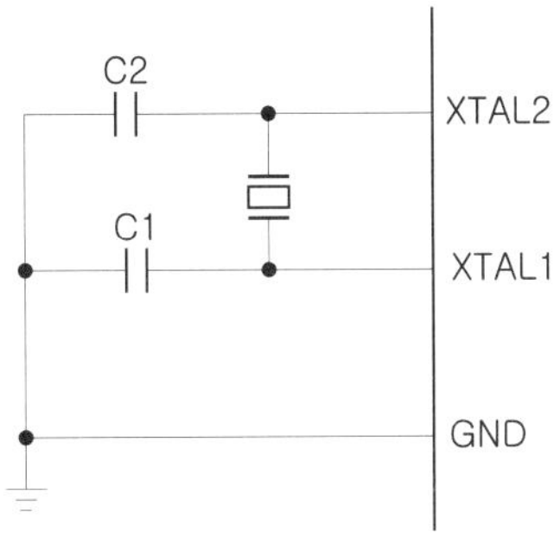

[그림 2-14] 외부 크리스탈/레조네이터 발진기

[표 2-16] 외부 크리스탈 발진기의 콘덴서 C1, C2 권장값

CKOPT	CKSLE3..1	주파수 범위(MHz)	콘덴서 C1, C2 권장값 (pF)
1	101	0.4 – 0.9	세라믹 레조네이터에서만 사용 (제조회사의 권장치 사용)
1	110	0.9 – 3.0	12 – 22
1	111	3.0 – 8.0	12 – 22
0	101,110,111	1.0 – 16.0	12 – 22

(2) 외부 저주파 크리스탈 발진기

이것은 32.768KHz의 낮은 주파수를 시스템 클럭으로 사용하는 경우로서 [표 2-15]에서와 같이 CKSEL3..0를 1001로 설정하며, 크리스탈은 외부 크리스탈과 마찬가지로 [그림 2-14]와 같이 연결한다. 그러나, CKOPT를 0으로 설정하는 경우에는 XTAL1과 XTAL2 단자에 내부 콘덴서(36pF)가 연결되므로 외부에 있는 콘덴서는 제거해야 한다.

(3) 외부 RC 발진기

외부 RC발진기는 정밀한 타이밍이 요구되지 않는 용도에 사용되며, [그림 2-15]와 같이 외부 저항 R과 콘덴서 C를 MCU의 XTAL1단자에 연결한다. 발진주파수는 대략 f = 1/(3RC)로 주어지며, C는 적어도 22pF 이상의 콘덴서를 사용해야 한다. CKOPT 퓨즈 비트를 0으로 하면

36pF의 내부 콘덴서가 XTAL1과 GND에 연결되므로 외부 콘덴서는 제거해야 한다. 발진기는 주파수 범위에 따라 [표 2-17]과 같이 4개의 다른 모드로 사용된다.

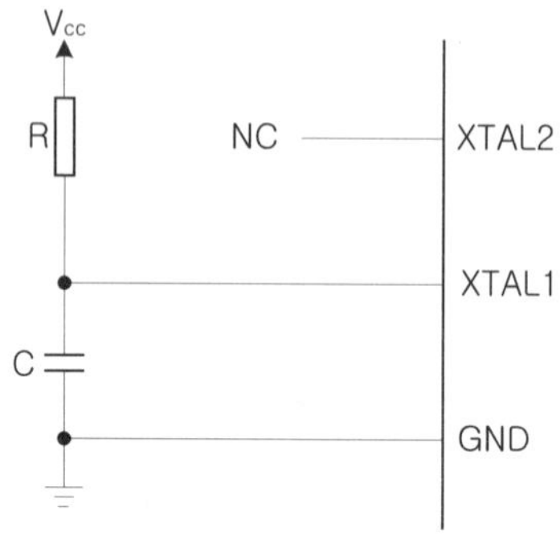

[그림 2-15] 외부 RC 발진기

[표 2-17] 외부 RC 발진기 동작모드

CKSLE3..0	클럭 주파수 (MHz)
0101	0.0~0.9
0110	0.9~3.0
0111	3.0~8.0
1000	8.0~12.0

(4) 내부 RC 발진기

내부 RC 발진기는 1.0, 2.0, 4.0, 8.0MHz 중에서 [표 2-18]에서와 같이 퓨즈 비트 CKSEL3..0의 값에 따라 하나의 클럭이 선택된다. 이때 CKOPT 퓨즈 비트값은 반드시 1이어야 한다.

[표 2-18] 내부 RC 발진기 동작모드

CKSLE3..0	클럭 주파수 (MHz)
0001	1.0
0010	2.0
0011	4.0
0100	8.0

내부 RC 발진기에서 출력되는 클럭은 시스템 클럭으로도 사용할 수 있지만, 플래시 메모리와 EEPROM을 액세스하는 클럭으로도 사용된다. 그리고, 내부 RC 발진기에서 출력되는 클럭의 주파수는 8비트 OSCCAL 레지스터를 이용하여 조정할 수 있다.

■ **OSCCAL(Oscillator Calibration) Register ; 발진기 조정 레지스터**

이 레지스터는 클럭 주파수를 조정하는데 사용되며, [표 2-18]에서 설정된 주파수의 50%에서 200%의 범위로 조정이 가능하다. 이 레지스터의 값이 0이면 가장 낮은 주파수로 발진하고, 값이 0xFF이면 가장 높은 주파수로 발진하게 된다. 확장 I/O 영역내 0x6F에 지정되어 있다.

비트	7	6	5	4	3	2	1	0	
0x6F	CAL7	CAL6	CAL5	CAL4	CAL3	CAL2	CAL1	CAL0	OSCCAL
읽기/쓰기	읽기/쓰기	읽기/쓰기	읽기/쓰기	읽기/쓰기	읽기/쓰기	읽기/쓰기	읽기/쓰기	읽기/쓰기	

(5) 외부 클럭 발진기

이것은 [그림 2-16]과 같이 외부로부터 클럭이 XTAL1단자로 직접 공급되며, XTAL2 단자는 오픈 상태로 둔다.

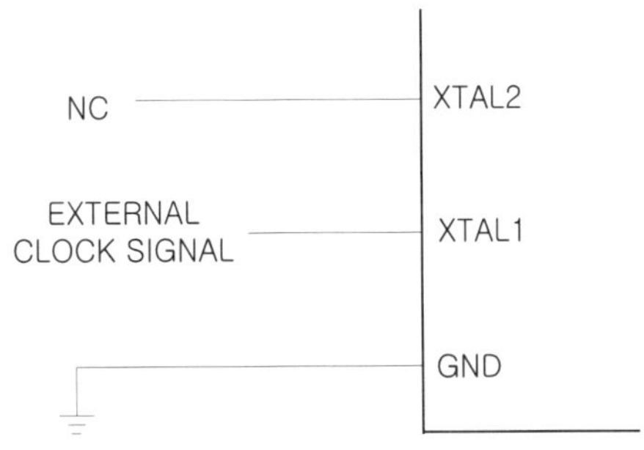

[그림 2-16] 외부 클럭 발진기

■ **XDIV(XTAL Divide Control) Register : 발진기 분주 제어 레지스터**

이 레지스터를 사용하면 소스 클럭을 2~129로 나누어 CPU와 모든 주변장치에 공급되는 클럭의 주파수를 낮출 수 있다.

비트	7	6	5	4	3	2	1	0	
0x3C(0x5C)	XDIVEN	XDIV6	XDIV5	XDIV4	XDIV3	XDIV2	XDIV1	XDIV0	XDIV
읽기/쓰기	읽기/쓰기	읽기/쓰기	읽기/쓰기	읽기/쓰기	읽기/쓰기	읽기/쓰기	읽기/쓰기	읽기/쓰기	

- Bit 7−XDIVEN : XDIV 인에이블 비트

  1로 하면 소스클럭의 분주가 허용되며, XDIV0~XDIV6의 값에 따라 분주비가 결정된다.

- Bit 6..0−XDIV6−XDIV0 : 분주비 설정비트

  이 비트들은 분주비를 설정하며, 이 값을 d라고 하면 CPU 및 주변장치에는 다음 식과 같이 분주되어 클럭이 공급된다.

$$f_{clk} = \frac{System\ Clock}{129 - d}$$

2.5.3 리셋(RESET)

ATmega128은 다음과 같이 5개의 리셋 소스를 가지며, [그림 2−17]은 리셋 로직을 보여준다.

1) 파워온 리셋 : 전원이 공급될 때 MCU에 걸리는 리셋
2) 외부 리셋 : $\overline{\text{RESET}}$ 핀에 1.5us 이상의 Low 신호가 인가되었을 때 MCU에 걸리는 리셋
3) 워치독 리셋 : 워치독 타이머에 의해 MCU에 걸리는 리셋
4) 브라운 아웃 검출(Brown−out detection) 리셋 : 전원전압 Vcc가 지정된 최소시간 2us 이상 브라운 아웃 리셋 임계 전압(2.7V 또는 4V)보다 낮은 경우 발생하는 리셋
5) JTAG AVR 리셋 : JTAG 시스템에서 리셋 레지스터가 논리값 1인 동안 MCU에 걸리는 리셋

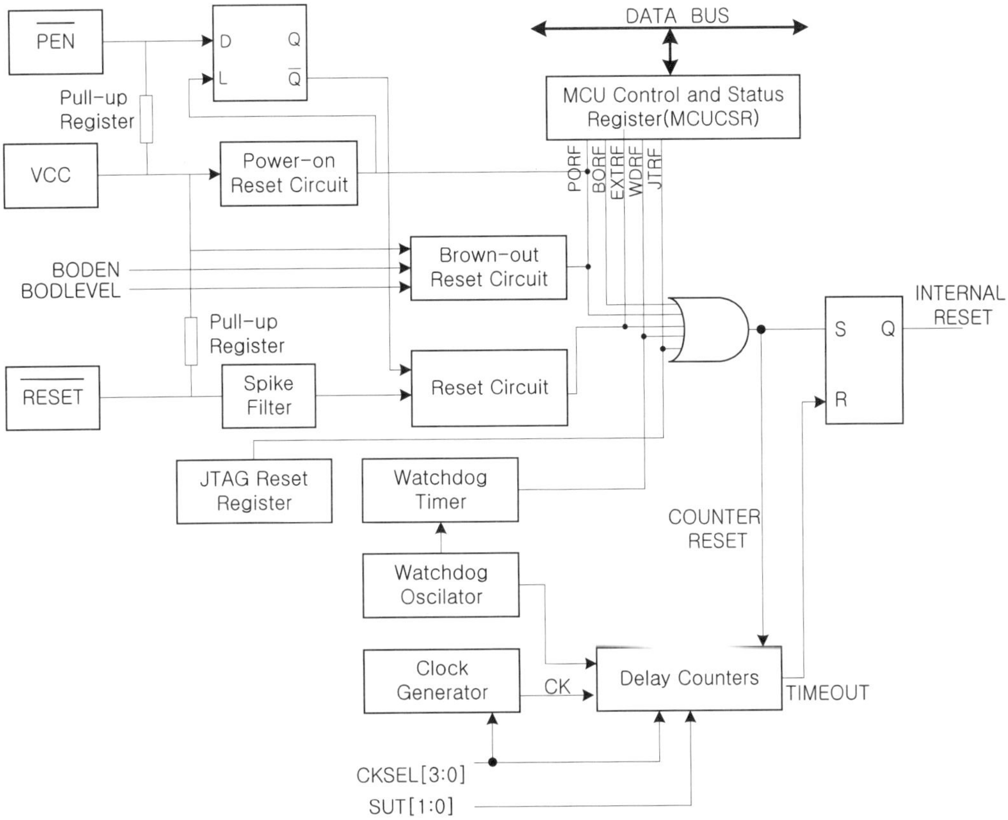

[그림 2-17] 리셋 로직

리셋이 어느 원인에 의해 발생되었는지는 MCUCSR 레지스터를 보면 확인할 수 있다.

■ **MCUCSR(MCU Control and Status Register) : MCU 제어 및 상태 레지스터**

이 레지스터는 I/O 영역 0x34(0x54) 번지에 위치하며, 각 비트의 기능은 다음과 같다.

비트	7	6	5	4	3	2	1	0	
0x34(0x54)	JTD	–	–	JTRF	WDRF	BORF	EXTRF	PORF	MCUCSR
읽기/쓰기	읽기/쓰기	읽기	읽기	읽기/쓰기	읽기/쓰기	읽기/쓰기	읽기/쓰기	읽기/쓰기	
초기값	0	0	0						

• **Bit 4 – JTRF : JTAG 리셋 플래그 비트**

JTAG 리셋이 발생했음을 나타낸다.

- Bit 3 – WDRF : 워치독 리셋 플래그 비트
  워치독 리셋이 발생했음을 나타낸다.

- Bit 2 – BORF : 브라운 아웃 리셋 플래그 비트
  브라운 아웃 리셋이 발생했음을 나타낸다.

- Bit 1 – EXTRF : 외부 리셋 플래그 비트
  외부 리셋이 발생했음을 나타낸다.

- Bit 0–PORF : 파워온 리셋 플래그 비트
  파워온 리셋이 발생했음을 나타내며, 직접 0을 쓰는 경우에만 리셋된다.

리셋이 걸리는 동안 모든 I/O 레지스터는 초기값으로 설정되고, 프로그램은 0x0000 번지부터 실행된다. 0x0000 번지의 명령은 리셋 처리 루틴에 대한 RJMP 명령이어야 한다. 만일 프로그램이 인터럽트 소스를 전혀 인에이블 하지 않거나 인터럽트 벡터를 사용하지 않으면 프로그램 코드는 0x0000 번지에 위치할 수도 있다.

(1) 파워온 리셋(POR : Power On Reset)

파워온 리셋(POR)은 전원전압 Vcc가 POR 임계전압(V_{POT})보다 낮을 때 발생한다. 이것은 전원이 공급되기 시작하면 바로 MCU를 리셋시키며, 전원전압이 임계전압에 도달하여도 일정 시간 동안 리셋이 유지된다. [그림 2-18]과 [그림 2-19]는 MCU 스타트 업의 파워온 리셋 동작을 보여준다.

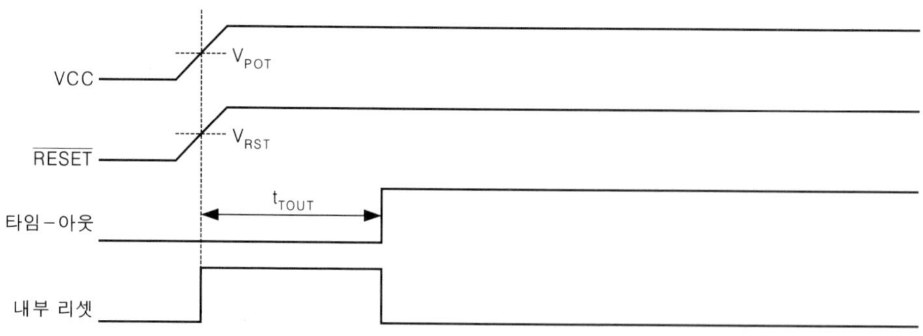

[그림 2-18] MCU 스타트 업, Vcc와 $\overline{RESET}$ 연결

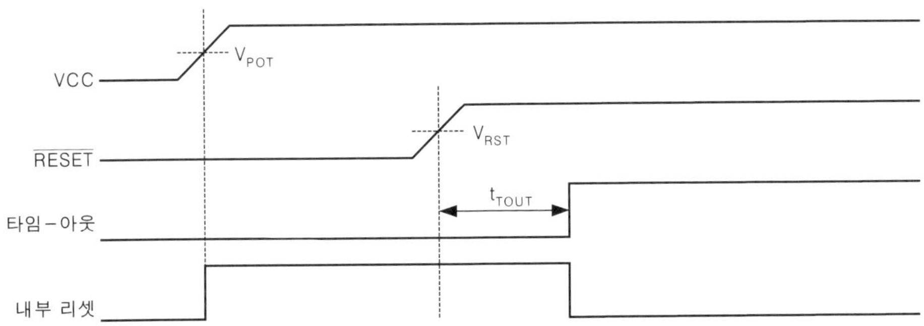

[그림 2-19] MCU 스타트 업, $\overline{RESET}$ 핀에 외부 리셋신호 연결

(2) 외부 리셋(External Reset)

외부 리셋은 $\overline{RESET}$ 핀에 1.5us 이상의 low 신호가 입력되면 발생하며, 짧은 리셋 펄스는 리셋 발생을 보증할 수 없다. 인가된 신호의 상승 에지에서 리셋 임계 전압 V_{RST}에 이르면 타임아웃 주기 t_{TOUT} 발생 후에 MCU가 동작을 시작한다.([그림 2-20])

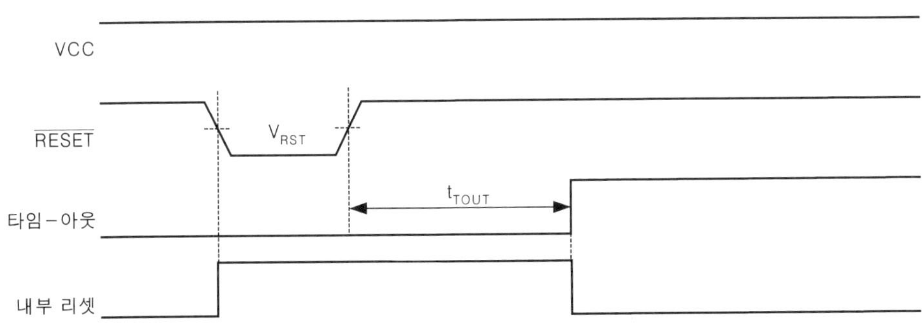

[그림 2-20] 외부 리셋 동작

(3) 워치독 리셋(Watchdog Reset)

워치독 타이머가 타임아웃이 될 때, [그림 2-21]과 같이 1 클럭 사이클 동안 리셋 펄스가 발생한다. 이 펄스의 상승 에지에서 지연 타이머가 타임아웃 주기 동안 유지된다.

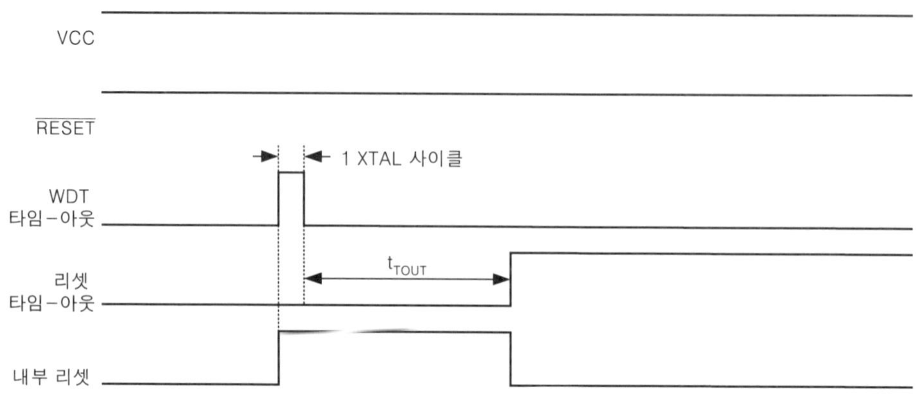

[그림 2-21] 워치독 리셋 동작

(4) 브라운 아웃 검출 리셋(Brown-out detection Reset)

브라운 아웃 검출 리셋은 [그림 2-22]와 같이 전원전압 Vcc가 브라운 리셋 임계전압 V_{BOT} 보다 2us 이상 낮을 때 발생한다. V_{BOT}는 Fuse Low 바이트의 BODLEVEL 비트값에 따라 2.7V(unprogrammed) 또는 4.0V(programmed)로 지정된다. 그리고, BOD 기능은 Fuse Low 바이트의 BODEN 비트로 동작시키거나 금지한다.

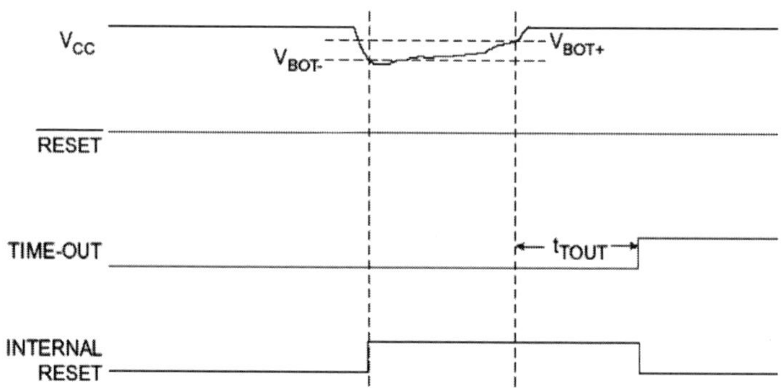

[그림 2-22] 브라운 아웃 리셋 동작

Chapter 03

I/O 포트

[그림 3-1]은 I/O 포트의 기능을 보여준다. 즉, 외부의 스위치 또는 센서의 상태를 입력 포트로 받아 사용자의 프로그램에 따라 출력 포트에 연결된 LED, 릴레이, 모터 등에 제어신호를 출력하여 구동하는 기능을 갖는다.

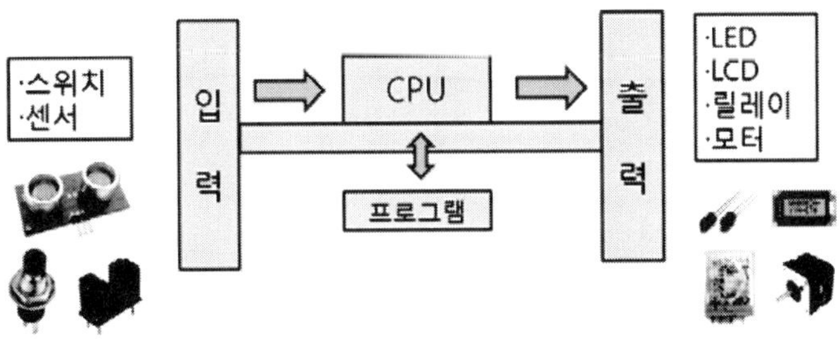

[그림 3-1] I/O 포트 기능

ATmega128은 8비트 양방향 병렬 I/O포트 6개(A, B, C, D, E, F)와 5비트 양방향 병렬 I/O 포트 1개(G)로 53개의 I/O 포트핀을 가지며, [그림 3-2]는 하나의 I/O핀에 대한 등가 구조를 보여준다. 각 I/O핀은 보호용 다이오드와 20kΩ~100kΩ의 내부 풀업저항을 가지고 있으며, LED를 직접 구동할 수 있는 40mA 정도의 출력 능력을 갖는다.

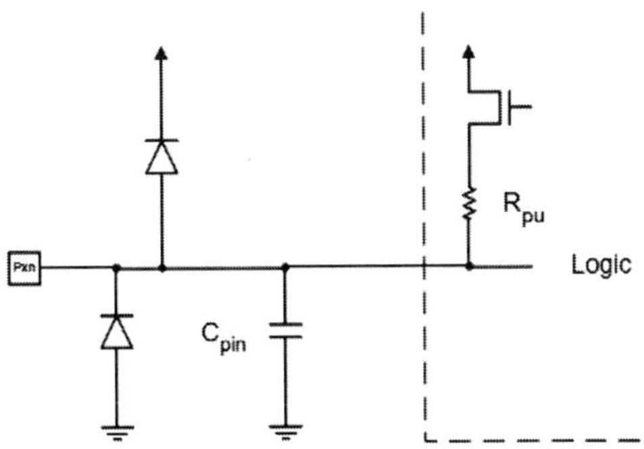

[그림 3-2] I/O 핀 등가 구조

[그림 3-3]은 기능적인 구조를 보여주며, 그림에서 핀이름은 Pxn으로 표시하였다. 여기서, x는 포트 A, B, C, D, E, F, G를 나타내며, n는 각 포트의 비트번호를 나타낸다. 각 포트는 [표 3-1]과 같이 관련된 레지스터를 3개씩 가지고 있으며, 레지스터명은 PORTx, DDRx, PINx이다. 여기서, PORTx는 데이터 출력 레지스터, DDRx는 포트의 입출력 방향을 설정하는 레지스터, PINx는 포트 입력 레지스터이다. PORTx와 DDRx는 읽기와 쓰기가 모두 가능하지만 PINx는 읽기만 가능하다.

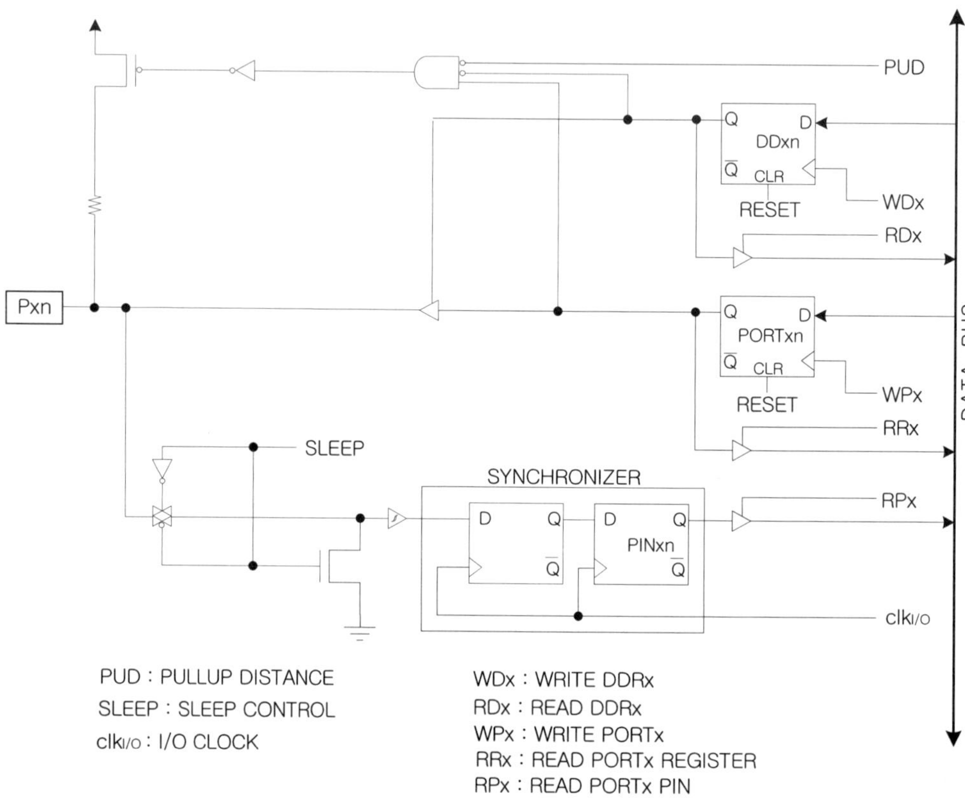

[그림 3-3] 범용 디지털 I/O 구조

[표 3-1] I/O 포트 레지스터(x=A, B, C, D, E, F. G)

레지스터명	기 능	비 고
DDRx	입출력 방향 설정	비트 단위 설정(1 : 출력, 0 : 입력)
PORTx	출력	출력처리 : PORTx 쓰기 동작
PINx	입력	입력처리 : PINx 읽기 동작

3.1 I/O 포트 관련 레지스터

■ SFIOR (Special Function I/O Register) : 특수 기능 레지스터

이 레지스터는 모든 I/O포트의 풀업 저항에 대한 사용여부를 설정하며, 또한 타이머/카운터의 프리스케일러에 대한 리셋 기능을 가지고 있다.

비트	7	6	5	4	3	2	1	0	
0x20(0x40)	TSM	–	–	–	ACME	PUD	PSR0	PSR321	SFIOR
읽기/쓰기	읽기/쓰기	읽기	읽기	읽기	읽기/쓰기	읽기/쓰기	읽기/쓰기	읽기/쓰기	
초기값	0	0	0	0	0	0	0	*	

- Bit 2–PUD : Pull–up disable 설정 비트

  1로 하면 모든 I/O포트에 대한 풀업 저항 기능이 없어진다. 반면에 0으로 하면 풀업 저항의 기능이 생기지만, 추가적으로 DDRx 레지스터의 해당비트를 0(입력)으로 하고 PORTx레지스터의 해당비트를 1로 하여야 한다.

DDRx 레지스터의 각 비트값(DDxn)은 해당비트(핀)의 입출력 방향을 설정하며, 1이면 출력이고 0이면 입력으로 설정된다.

Pxn이 입력 핀으로 설정되고 SFIOR 레지스터의 PUD 비트가 0인 경우 이 핀에 1을 출력하면 풀업 저항이 활성화된다. 풀업 저항이 동작하지 않도록 하기 위해서는 Pxn에 0을 출력하거나 또는 이 핀이 출력방향으로 설정되어 있어야 한다. [표 3–2]는 포트 핀의 동작 상태를 나타낸다.

[표 3-2] 포트 핀의 동작상태

DDxn	PORTxn	PUD	입출력방향	풀업저항	비 고
0	0	x	입력	No	하이 임피던스
0	1	0	입력	Yes	내부풀업
0	1	1	입력	No	하이 임피던스
1	0	x	출력	No	Low출력(Sink)
1	1	x	출력	No	High출력(Source)

(DDxn : DDRx 레지스터의 각 비트값, PUD : SFIOR 레지스터 2번째 비트)

각 포트의 레지스터들을 열거하면 다음과 같다.

■ PORTA (Port A Data Register) : 포트 A 데이터 출력 레지스터

비트	7	6	5	4	3	2	1	0	
0x1B(0x3B)	PORTA7	PORTA6	PORTA5	PORTA4	PORTA3	PORTA2	PORTA1	PORTA0	PORTA
읽기/쓰기	읽기/쓰기	읽기/쓰기	읽기/쓰기	읽기/쓰기	읽기/쓰기	읽기/쓰기	읽기/쓰기	읽기/쓰기	
초기값	0	0	0	0	0	0	0	0	

■ DDRA (Port A Data Direction Register) : 포트 A 데이터 방향 설정 레지스터

비트	7	6	5	4	3	2	1	0	
0x1A(0x3A)	DDA7	DDA6	DDA5	DDA4	DDA3	DDA2	DDA1	DDA0	DDRA
읽기/쓰기	읽기/쓰기	읽기/쓰기	읽기/쓰기	읽기/쓰기	읽기/쓰기	읽기/쓰기	읽기/쓰기	읽기/쓰기	
초기값	0	0	0	0	0	0	0	0	

■ PINA (Port A Pin Input Register) : 포트 A 핀 입력 레지스터

비트	7	6	5	4	3	2	1	0	
0x19(0x39)	PINA7	PINA6	PINA5	PINA4	PINA3	PINA2	PINA1	PINA0	PINA
읽기/쓰기	읽기	읽기	읽기	읽기	읽기	읽기	읽기	읽기	
초기값	N/A	N/A	N/A	N/A	N/A	N/A	N/A	N/A	

■ PORTB (Port B Data Register) : 포트 B 데이터 출력 레지스터

비트	7	6	5	4	3	2	1	0	
0x18(0x38)	PORTB7	PORTB6	PORTB5	PORTB4	PORTB3	PORTB2	PORTB1	PORTB0	PORTB
읽기/쓰기	읽기/쓰기	읽기/쓰기	읽기/쓰기	읽기/쓰기	읽기/쓰기	읽기/쓰기	읽기/쓰기	읽기/쓰기	
초기값	0	0	0	0	0	0	0	0	

■ DDRB (Port B Data Direction Register) : 포트 B 데이터 방향 설정 레지스터

비트	7	6	5	4	3	2	1	0	
0x17(0x37)	DDB7	DDB6	DDB5	DDB4	DDB3	DDB2	DDB1	DDB0	DDRB
읽기/쓰기	읽기/쓰기	읽기/쓰기	읽기/쓰기	읽기/쓰기	읽기/쓰기	읽기/쓰기	읽기/쓰기	읽기/쓰기	
초기값	0	0	0	0	0	0	0	0	

■ PINB (Port B Pin Input Register) : 포트 B 핀 입력 레지스터

비트	7	6	5	4	3	2	1	0	
0x16(0x36)	PINB7	PINB6	PINB5	PINB4	PINB3	PINB2	PINB1	PINB0	PINB
읽기/쓰기	읽기	읽기	읽기	읽기	읽기	읽기	읽기	읽기	
초기값	N/A	N/A	N/A	N/A	N/A	N/A	N/A	N/A	

■ PORTC (Port C Data Register) : 포트 C 데이터 출력 레지스터

비트	7	6	5	4	3	2	1	0	
0x15(0x35)	PORTC7	PORTC6	PORTC5	PORTC4	PORTC3	PORTC2	PORTC1	PORTC0	PORTC
읽기/쓰기	읽기/쓰기	읽기/쓰기	읽기/쓰기	읽기/쓰기	읽기/쓰기	읽기/쓰기	읽기/쓰기	읽기/쓰기	
초기값	0	0	0	0	0	0	0	0	

■ DDRC (Port C Data Direction Register) : 포트 C 데이터 방향 설정 레지스터

비트	7	6	5	4	3	2	1	0	
0x14(0x34)	DDC7	DDC6	DDC5	DDC4	DDC3	DDC2	DDC1	DDC0	DDRC
읽기/쓰기	읽기/쓰기	읽기/쓰기	읽기/쓰기	읽기/쓰기	읽기/쓰기	읽기/쓰기	읽기/쓰기	읽기/쓰기	
초기값	0	0	0	0	0	0	0	0	

■ PINC (Port C Pin Input Register) : 포트 C 핀 입력 레지스터

비트	7	6	5	4	3	2	1	0	
0x13(0x33)	PINC7	PINC6	PINC5	PINC4	PINC3	PINC2	PINC1	PINC0	PINC
읽기/쓰기	읽기	읽기	읽기	읽기	읽기	읽기	읽기	읽기	
초기값	N/A	N/A	N/A	N/A	N/A	N/A	N/A	N/A	

■ PORTD (Port D Data Register) : 포트 D 데이터 출력 레지스터

비트	7	6	5	4	3	2	1	0	
0x12(0x32)	PORTD7	PORTD6	PORTD5	PORTD4	PORTD3	PORTD2	PORTD1	PORTD0	PORTD
읽기/쓰기	읽기/쓰기	읽기/쓰기	읽기/쓰기	읽기/쓰기	읽기/쓰기	읽기/쓰기	읽기/쓰기	읽기/쓰기	
초기값	0	0	0	0	0	0	0	0	

■ DDRD (Port D Data Direction Register) : 포트 D 데이터 방향 설정 레지스터

비트	7	6	5	4	3	2	1	0	
0x11(0x31)	DDD7	DDD6	DDD5	DDD4	DDD3	DDD2	DDD1	DDD0	DDRD
읽기/쓰기	읽기/쓰기	읽기/쓰기	읽기/쓰기	읽기/쓰기	읽기/쓰기	읽기/쓰기	읽기/쓰기	읽기/쓰기	
초기값	0	0	0	0	0	0	0	0	

■ PIND (Port D Pin Input Register) : 포트 D 핀 입력 레지스터

비트	7	6	5	4	3	2	1	0	
0x10(0x30)	PIND7	PIND6	PIND5	PIND4	PIND3	PIND2	PIND1	PIND0	PIND
읽기/쓰기	읽기	읽기	읽기	읽기	읽기	읽기	읽기	읽기	
초기값	N/A	N/A	N/A	N/A	N/A	N/A	N/A	N/A	

■ PORTE (Port E Data Register) : 포트 E 데이터 출력 레지스터

비트	7	6	5	4	3	2	1	0	
0x03(0x23)	PORTE7	PORTE6	PORTE5	PORTE4	PORTE3	PORTE2	PORTE1	PORTE0	PORTE
읽기/쓰기	읽기/쓰기	읽기/쓰기	읽기/쓰기	읽기/쓰기	읽기/쓰기	읽기/쓰기	읽기/쓰기	읽기/쓰기	
초기값	0	0	0	0	0	0	0	0	

■ DDRE (Port E Data Direction Register) : 포트 E 데이터 방향 설정 레지스터

비트	7	6	5	4	3	2	1	0	
0x02(0x22)	DDE7	DDE6	DDE5	DDE4	DDE3	DDE2	DDE1	DDE0	DDRE
읽기/쓰기	읽기/쓰기	읽기/쓰기	읽기/쓰기	읽기/쓰기	읽기/쓰기	읽기/쓰기	읽기/쓰기	읽기/쓰기	
초기값	0	0	0	0	0	0	0	0	

■ PINE (Port E Pin Input Register) : 포트 E 핀 입력 레지스터

비트	7	6	5	4	3	2	1	0	
0x01(0x21)	PINE7	PINE6	PINE5	PINE4	PINE3	PINE2	PINE1	PINE0	PINE
읽기/쓰기	읽기	읽기	읽기	읽기	읽기	읽기	읽기	읽기	
초기값	N/A	N/A	N/A	N/A	N/A	N/A	N/A	N/A	

■ PORTF (Port F Data Register) : 포트 F 데이터 출력 레지스터

비트	7	6	5	4	3	2	1	0	
0x62	PORTF7	PORTF6	PORTF5	PORTF4	PORTF3	PORTF2	PORTF1	PORTF0	PORTF
읽기/쓰기	읽기/쓰기	읽기/쓰기	읽기/쓰기	읽기/쓰기	읽기/쓰기	읽기/쓰기	읽기/쓰기	읽기/쓰기	
초기값	0	0	0	0	0	0	0	0	

■ DDRF (Port F Data Direction Register) : 포트 F 데이터 방향 설정 레지스터

비트	7	6	5	4	3	2	1	0	
0x61	DDF7	DDF6	DDF5	DDF4	DDF3	DDF2	DDF1	DDF0	DDRF
읽기/쓰기	읽기/쓰기	읽기/쓰기	읽기/쓰기	읽기/쓰기	읽기/쓰기	읽기/쓰기	읽기/쓰기	읽기/쓰기	
초기값	0	0	0	0	0	0	0	0	

■ PINF (Port F Pin Input Register) : 포트 F 핀 입력 레지스터

비트	7	6	5	4	3	2	1	0	
0x00(0x20)	PINF7	PINF6	PINF5	PINF4	PINF3	PINF2	PINF1	PINF0	PINF
읽기/쓰기	읽기	읽기	읽기	읽기	읽기	읽기	읽기	읽기	
초기값	N/A	N/A	N/A	N/A	N/A	N/A	N/A	N/A	

■ PORTG (Port G Data Register) : 포트 G 데이터 출력 레지스터

비트	7	6	5	4	3	2	1	0	
0x65	–	–	–	PORTG4	PORTG3	PORTG2	PORTG1	PORTG0	PORTG
읽기/쓰기	읽기	읽기	읽기	읽기/쓰기	읽기/쓰기	읽기/쓰기	읽기/쓰기	읽기/쓰기	
초기값	0	0	0	0	0	0	0	0	

■ DDRG (Port G Data Direction Register) : 포트 G 데이터 방향 설정 레지스터

비트	7	6	5	4	3	2	1	0	
0x64	–	–	–	DDG4	DDG3	DDG2	DDG1	DDG0	DDRG
읽기/쓰기	읽기	읽기	읽기	읽기/쓰기	읽기/쓰기	읽기/쓰기	읽기/쓰기	읽기/쓰기	
초기값	0	0	0	0	0	0	0	0	

■ PING (Port G Pin Input Register) : 포트 G 핀 입력 레지스터

비트	7	6	5	4	3	2	1	0	
0x63	–	–	–	PING4	PING3	PING2	PING1	PING0	PING
읽기/쓰기	읽기	읽기	읽기	읽기	읽기	읽기	읽기	읽기	
초기값	N/A	N/A	N/A	N/A	N/A	N/A	N/A	N/A	

3.2 I/O 포트의 다른 기능

(1) 포트 A

포트 A는 외부 메모리를 인터페이스 할 때 시분할로 데이터 버스와 어드레스 하위 바이트로 동작하며, AD0~AD7로 표시된다.

[표 3-3] 포트 A 핀의 다른 기능

포트 핀	포트 C의 다른 기능
PA0	AD0 (외부 메모리 인터페이스 어드레스와 데이터 비트 0)
PA1	AD1 (외부 메모리 인터페이스 어드레스와 데이터 비트 1)
PA2	AD2 (외부 메모리 인터페이스 어드레스와 데이터 비트 2)
PA3	AD3 (외부 메모리 인터페이스 어드레스와 데이터 비트 3)
PA4	AD4 (외부 메모리 인터페이스 어드레스와 데이터 비트 4)
PA5	AD5 (외부 메모리 인터페이스 어드레스와 데이터 비트 5)
PA6	AD6 (외부 메모리 인터페이스 어드레스와 데이터 비트 6)
PA7	AD7 (외부 메모리 인터페이스 어드레스와 데이터 비트 7)

(2) 포트 B

포트 B는 [표 3-4]와 같이 타이머/카운터, SPI 직렬통신에 관련된 다른 기능을 갖는다.

[표 3-4] 포트 B 핀의 다른 기능

포트 핀	포트 B의 디른 기능
PB0	$\overline{\text{SS}}$ (SPI 슬레이브 선택 입력)
PB1	SCK (SPI 버스 직렬 클럭)
PB2	MOSI (SPI 버스 마스터 출력/슬레이브 입력)
PB3	MISO (SPI 버스 마스터 입력/슬레이브 출력)
PB4	OC0 (타이머/카운터0 출력비교 매치 및 PWM 출력)
PB5	OC1A (타이머/카운터1 출력비교 매치 및 PWM 출력 A)
PB6	OC1B (타이머/카운터1 출력비교 매치 및 PWM 출력 B)
PB7	OC2/OC1C (타이머/카운터2 출력비교 매치 및 PWM 출력 또는 타이머/카운터1 출력비교 매치 및 PWM 출력 C)

(3) 포트 C

포트 C는 외부 메모리를 인터페이스 할 때 어드레스 상위 바이트로 동작하며, A8~A15로 표시된다.

[표 3-5] 포트 C 핀의 다른 기능

포트 핀	포트 C의 다른 기능
PC0	A8 (외부 메모리 인터페이스 어드레스 비트 8)
PC1	A9 (외부 메모리 인터페이스 어드레스 비트 9)
PC2	A10 (외부 메모리 인터페이스 어드레스 비트 10)
PC3	A11 (외부 메모리 인터페이스 어드레스 비트 11)
PC4	A12 (외부 메모리 인터페이스 어드레스 비트 12)
PC5	A13 (외부 메모리 인터페이스 어드레스 비트 13)
PC6	A14 (외부 메모리 인터페이스 어드레스 비트 14)
PC7	A15 (외부 메모리 인터페이스 어드레스 비트 15)

(4) 포트 D

포트 D는 [표 3-6]과 같이 시리얼 통신, 외부 인터럽트, 타이머/카운터, TWI에 관련된 다른 기능을 갖는다.

[표 3-6] 포트 D 핀의 다른 기능

포트 핀	포트 D의 다른 기능
PD0	INT0/SCL (외부 인터럽트 0 또는 TWI 시리얼 클럭)
PD1	INT1/SDA (외부 인터럽트 1 또는 TWI 시리얼 데이터)
PD2	INT2/RXD1 (외부 인터럽트 2 또는 USART 1 수신)
PD3	INT3/TXD1 (외부 인터럽트 3 또는 USART 1 송신)
PD4	IC1 (타이머/카운터1 입력 캡쳐 트리거 입력)
PD5	XCK1 (USART 1 외부 클럭 입/출력)
PD6	T1 (타이머/카운터 1 클럭 입력)
PD7	T2 (타이머/카운터 2 클럭 입력)

(5) 포트 E

포트 E는 [표 3-7]과 같이 타이머/카운터나 외부 인터럽트 또는 USART 0, 타이머/카운터, 아날로그 비교기에 관련된 다른 기능을 갖는다.

[표 3-7] 포트 E 핀의 다른 기능

포트 핀	포트 E의 다른 기능
PE0	PDI/RXD0 (프로그래밍 데이터 입력 또는 USART 0 수신)
PE1	PDO/TXD0 (프로그래밍 데이터 출력 또는 USART 0 송신)
PE2	AIN0/XCK0 (아날로그 +입력 0 또는 USART 0 외부 클럭 입출력)
PE3	AIN1/OC3A (아날로그 -입력 1 또는 타이머/카운터 3 출력비교 매치 및 PWM 출력 A)
PE4	INT4/OC3B (외부 인터럽트 4 또는 타이머/카운터 3 출력비교 매치 및 PWM 출력 B)
PE5	INT5/OC3C (외부 인터럽트 5 또는 타이머/카운터 3 출력비교 매치 및 PWM 출력 C)
PE6	INT6/T3 (외부 인터럽트 6 또는 타이머/카운터 3 외부 클럭 입력)
PE7	INT7/IC3 (외부 인터럽트 7 또는 타이머/카운터 3 입력 캡쳐 트리거 입력)

(6) 포트 F

포트 F는 [표 3-8]과 같이 A/D 컨버터나 JTAG 인터페이스에 관련된 다른 기능을 갖는다.

[표 3-8] 포트 F 핀의 다른 기능

포트 핀	포트 F의 다른 기능
PF0	ADC0 (ADC 입력 채널 0)
PF1	ADC1 (ADC 입력 채널 1)
PF2	ADC2 (ADC 입력 채널 2)
PF3	ADC3 (ADC 입력 채널 3)
PF4	ADC4/TCK (ADC 입력 채널 4 또는 JTAG 테스트 클럭)
PF5	ADC5/TMS (ADC 입력 채널 5 또는 JTAG 테스트 모드 선택)
PF6	ADC6/TDO (ADC 입력 채널 6 또는 JTAG 테스트 데이터 출력)
PF7	ADC7/TDI (ADC 입력 채널 7 또는 JTAG 테스트 데이터 입력)

(7) 포트 G

포트 G는 [표 3-9]와 같이 타이머/카운터나 외부 메모리에 관련된 다른 기능을 갖는다.

[표 3-9] 포트 G 핀의 다른 기능

포트 핀	포트 G의 다른 기능
PG0	$\overline{\text{WR}}$ (외부 데이터 메모리 쓰기 신호)
PG1	$\overline{\text{RD}}$ (외부 데이터 메모리 읽기 신호)
PG2	ALE (외부 메모리 어드레스 래치 신호)
PG3	TOSC2 (타이머/카운터 0의 Real Time Clock 발진기 출력)
PG4	TOSC1 (타이머/카운터 0의 Real Time Clock 발진기 입력)

3.3 CodeVisionAVR 에서 레지스터 정의

CodeVisionAVR에서는 ATmega128의 레지스터명과 그 어드레스를 <mega128.h>에 정의해서 헤더 파일로 제공하고 있으며, 이 헤더 파일에는 레지스터명 이외에 인터럽트 함수를 정의할 때 사용하는 인터럽트 소스명도 함께 정의되어 있다. [표 3-10]은 헤더파일을 보여주며, 사용자는 프로그램을 작성할 때 프로그램의 선두에 #include 와 함께 사용하면 된다. 이렇게 해서 사용자는 헤더파일에 정의된 레지스터명을 프로그램 내에서 재정의 할 필요 없이 사용할 수 있다.

[표 3-10] <mega128.h> 헤더 파일

```
// CodeVisionAVR C Compiler
// (C) 1998-2004 Pavel Haiduc, HP InfoTech S.R.L.

// I/O registers definitions for the ATmega128

#ifndef _MEGA128_INCLUDED_
#define _MEGA128_INCLUDED_

#pragma used+
sfrb PINF=0;
sfrb PINE=1;
sfrb DDRE=2;
sfrb PORTE=3;
sfrb ADCL=4;
sfrb ADCH=5;
sfrw ADCW=4;     // 16 bit access
sfrb ADCSRA=6;
sfrb ADMUX=7;
sfrb ACSR=8;
sfrb UBRR0L=9;
sfrb UCSR0B=0xa;
sfrb UCSR0A=0xb;
sfrb UDR0=0xc;
sfrb SPCR=0xd;
sfrb SPSR=0xe;
sfrb SPDR=0xf;
sfrb PIND=0x10;
sfrb DDRD=0x11;
sfrb PORTD=0x12;
sfrb PINC=0x13;
sfrb DDRC=0x14;
sfrb PORTC=0x15;
sfrb PINB=0x16;
sfrb DDRB=0x17;
sfrb PORTB=0x18;
sfrb PINA=0x19;
```

```
sfrb DDRA=0x1a;
sfrb PORTA=0x1b;
sfrb EECR=0x1c;
sfrb EEDR=0x1d;
sfrb EEARL=0x1e;
sfrb EEARH=0x1f;
sfrw EEAR=0x1e;  // 16 bit access
sfrb SFIOR=0x20;
sfrb WDTCR=0x21;
sfrb OCDR=0x22;
sfrb OCR2=0x23;
sfrb TCNT2=0x24;
sfrb TCCR2=0x25;
sfrb ICR1L=0x26;
sfrb ICR1H=0x27;
sfrw ICR1=0x26;  // 16 bit access
sfrb OCR1BL=0x28;
sfrb OCR1BH=0x29;
sfrw OCR1B=0x28; // 16 bit access
sfrb OCR1AL=0x2a;
sfrb OCR1AH=0x2b;
sfrw OCR1A=0x2a; // 16 bit access
sfrb TCNT1L=0x2c;
sfrb TCNT1H=0x2d;
sfrw TCNT1=0x2c; // 16 bit access
sfrb TCCR1B=0x2e;
sfrb TCCR1A=0x2f;
sfrb ASSR=0x30;
sfrb OCR0=0x31;
sfrb TCNT0=0x32;
sfrb TCCR0=0x33;
sfrb MCUCSR=0x34;
sfrb MCUCR=0x35;
sfrb TIFR=0x36;
sfrb TIMSK=0x37;
sfrb EIFR=0x38;
sfrb EIMSK=0x39;
sfrb EICRB=0x3a;
sfrb RAMPZ=0x3b;
sfrb XDIV=0x3c;
sfrb SPL=0x3d;
sfrb SPH=0x3e;
sfrb SREG=0x3f;
#pragma used-
#define DDRF (*(unsigned char *) 0x61)
#define PORTF (*(unsigned char *) 0x62)
#define PING (*(unsigned char *) 0x63)
#define DDRG (*(unsigned char *) 0x64)
#define PORTG (*(unsigned char *) 0x65)
#define SPMCSR (*(unsigned char *) 0x68)
#define EICRA (*(unsigned char *) 0x6a)
```

```
#define XMCRB (*(unsigned char *) 0x6c)
#define XMCRA (*(unsigned char *) 0x6d)
#define OSCCAL (*(unsigned char *) 0x6f)
#define TWBR (*(unsigned char *) 0x70)
#define TWSR (*(unsigned char *) 0x71)
#define TWAR (*(unsigned char *) 0x72)
#define TWDR (*(unsigned char *) 0x73)
#define TWCR (*(unsigned char *) 0x74)
#define OCR1CL (*(unsigned char *) 0x78)
#define OCR1CH (*(unsigned char *) 0x79)
#define TCCR1C (*(unsigned char *) 0x7a)
#define ETIFR (*(unsigned char *) 0x7c)
#define ETIMSK (*(unsigned char *) 0x7d)
#define ICR3L (*(unsigned char *) 0x80)
#define ICR3H (*(unsigned char *) 0x81)
#define OCR3CL (*(unsigned char *) 0x82)
#define OCR3CH (*(unsigned char *) 0x83)
#define OCR3BL (*(unsigned char *) 0x84)
#define OCR3BH (*(unsigned char *) 0x85)
#define OCR3AL (*(unsigned char *) 0x86)
#define OCR3AH (*(unsigned char *) 0x87)
#define TCNT3L (*(unsigned char *) 0x88)
#define TCNT3H (*(unsigned char *) 0x89)
#define TCCR3B (*(unsigned char *) 0x8a)
#define TCCR3A (*(unsigned char *) 0x8b)
#define TCCR3C (*(unsigned char *) 0x8c)
#define UBRR0H (*(unsigned char *) 0x90)
#define UCSR0C (*(unsigned char *) 0x95)
#define UBRR1H (*(unsigned char *) 0x98)
#define UBRR1L (*(unsigned char *) 0x99)
#define UCSR1B (*(unsigned char *) 0x9a)
#define UCSR1A (*(unsigned char *) 0x9b)
#define UDR1 (*(unsigned char *) 0x9c)
#define UCSR1C (*(unsigned char *) 0x9d)
// Interrupt vectors definitions

#define EXT_INT0 2
#define EXT_INT1 3
#define EXT_INT2 4
#define EXT_INT3 5
#define EXT_INT4 6
#define EXT_INT5 7
#define EXT_INT6 8
#define EXT_INT7 9
#define TIM2_COMP 10
#define TIM2_OVF 11
#define TIM1_CAPT 12
#define TIM1_COMPA 13
#define TIM1_COMPB 14
#define TIM1_OVF 15
#define TIM0_COMP 16
```

```
#define TIM0_OVF 17
#define SPI_STC 18
#define USART0_RXC 19
#define USART0_DRE 20
#define USART0_TXC 21
#define ADC_INT 22
#define EE_RDY 23
#define ANA_COMP 24
#define TIM1_COMPC 25
#define TIM3_CAPT 26
#define TIM3_COMPA 27
#define TIM3_COMPB 28
#define TIM3_COMPC 29
#define TIM3_OVF 30
#define USART1_RXC 31
#define USART1_DRE 32
#define USART1_TXC 33
#define TWI 34
#define SPM_RDY 35

#endif
```

3.4 I/O 포트 실험

I/O 포트를 사용하기 위해서는 우선 방향 설정 레지스터(DDRx)를 이용하여 사용하는 포트에 대해 비트 단위로 입출력 방향을 설정해야 하며, 만일 입력으로 사용하는 포트에 대해서는 내부 풀업저항을 사용할 것인가를 SFIOR 레지스터를 이용하여 설정해 주어야 한다. 그리고, 포트에 값을 출력하는 경우에는 레지스터 PORTx를 이용하며, 포트 상태를 입력하는 경우에는 레지스터 PINx를 이용한다. 일반적으로 프로그램 작성 시 제일 먼저 해야 하는 부분이 바로 I/O 포트에 대한 방향 설정이고, 그 다음이 출력포트에 연결된 장치들에 대한 초기값 출력이라고 할 수 있다. I/O 포트에 대한 사용법을 간단히 요약하면 다음과 같으며, 요약된 내용에 따라 프로그램을 작성하면 된다.

☞ **I/O 포트 사용법 요약**

① 사용할 포트에 대한 비트 단위의 입출력 방향 설정(0 : 입력, 1 : 출력)
사용 레지스터 : DDRx (x : A, B, C, D, E, F, G)

– 내부 풀업저항을 사용하는 경우에는 추가적으로 사용 설정
사용 레지스터 : SFIOR, PORTx (x : A, B, C, D, E, F, G)

② 포트에 연결된 출력장치에 대한 초기상태 출력
사용 레지스터 : PORTx (x : A, B, C, D, E, F, G)

----------------- 여기까지 I/O포트 초기화 -----------------

(초기화 : MCU가 사용자의 의도대로 동작하도록 미리 기본적인 설정을 하는 것)

③ 사용자의 의도대로 MCU가 동작하도록 프로그램을 작성하면서 입출력에 따라 입력 레지스터 또는 출력 레지스터를 이용하여 외부 장치들을 제어한다.
– 포트에 값을 출력할 때 : PORTx(x : A, B, C, D, E, F, G) 이용
– 포트로부터 값을 입력할 때 : PINx(x : A, B, C, D, E, F, G) 이용

<KUT-128_COM 보드 LED 출력회로>

포트 출력에 대한 실험을 할 수 있도록 [그림 3-4]와 같이 포트 C에 8개의 LED를 연결하였으며, 풀업저항에 연결된 전원연결을 ON/OFF 할 수 있도록 점퍼 JP1을 장착하였다.

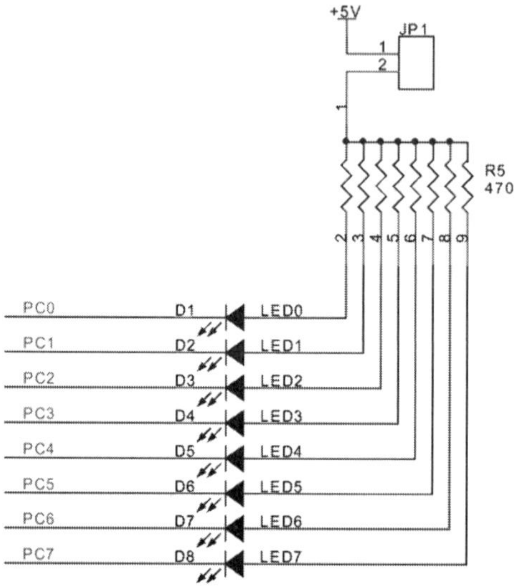

[그림 3-4] KUT-128_COM 보드 LED 출력 회로

포트의 출력값에 따른 LED의 ON/OFF 상태는 [그림 3-5]와 같으며, 기본적으로 LED가 ON이 되어 발광하기 위해서는 애노드의 전압이 캐소드의 전압보다 높아야 한다. 포트에 0V(논리값 0)가 출력된 경우에는 LED의 캐소드(K)가 애노드(A)의 5V보다 낮은 전압이 되므로 LED는 ON이 된다. 그러나, 포트에 5V(논리값 1)가 출력된 경우에는 LED의 캐소드(K)와 애노드(A)가 모두 5V이므로 LED는 OFF가 된다.

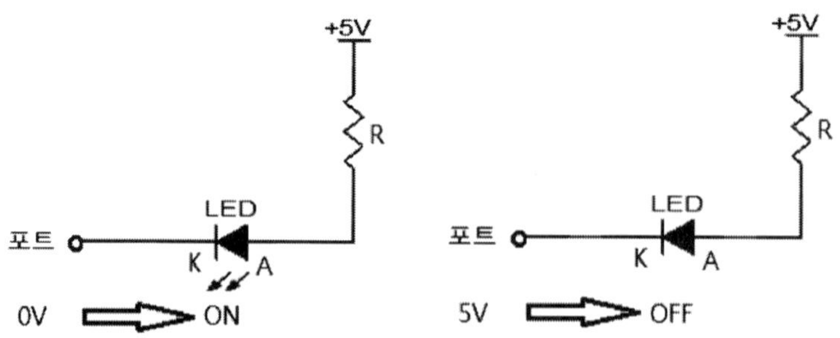

[그림 3-5] 포트 출력값에 따른 LED ON/OFF 동작

[예제 3-1] LED ON/OFF 하기

LED가 연결되어 있는 포트 C에 0x55(0b01010101)를 출력하여 다음과 같이 LED가 ON/OFF 되도록 프로그램을 작성하라.

포트	PC7	PC6	PC5	PC4	PC3	PC2	PC1	PC0
연결 LED	LED7	LED6	LED5	LED4	LED3	LED2	LED1	LED0
출력값	0	1	0	1	0	1	0	1
LED 상태	☼	●	☼	●	☼	●	☼	●

(☼ : ON, ● : OFF)

[예제 3-1] LED ON/OFF 하기

```
// ex3-1.c
// LED ON/OFF하기
#include <mega128.h>

void main(void)
{
   DDRC = 0xFF;            // 포트C 출력 설정

   PORTC = 0x55;           // 포트 C 0x55(또는 0b01010101) 출력

   while(1);               // 대기
}
```

[예제 3-2] LED ON/OFF 점멸하기

LED가 연결되어 있는 포트 C에 0x55(0b01010101)와 0xAA(0b10101010)를 번갈아 출력하면서 점멸시키는 프로그램을 작성하라.(라이브러리 함수 delay_ms() 사용)

[예제 3-2] LED ON/OFF 점멸하기2

```
// ex3-2.c
// LED 점멸하기(라이브러리 딜레이 함수 이용)

#include <mega128.h>
#include <delay.h>                // delay_ms(), delay_us() 정의 헤더파일

void main(void)
{
  DDRC = 0xFF;                    // 포트C 출력 설정

  while(1){                       // 무한 루프
    PORTC = 0x55;                 // 0x55 출력
    delay_ms(500);                // 500ms 대기
    PORTC = 0xAA;                 // 0xAA 출력
    delay_ms(500);                // 500ms 대기
  }
}
```

☞ **라이브러리 시간 지연 함수**

```
void delay_us(unsigned int n);    // us 단위 시간 지연 함수
void delay_ms(unsigned int n);    // ms 단위 시간 지연 함수
```

[예제 3-3] LED 쉬프트하면서 순차 점멸하기1

led = 0xFE(0b11111110)로 초기설정한 후 왼쪽으로 쉬프트하면서 led값을 포트 C에 출력하는 프로그램을 작성하라. 단, 쉬프트 8회를 한 주기로 하여 계속 반복하도록 한다.

[예제 3-3] LED 쉬프트하면서 순차 점멸하기1

```
// ex3-3.c
// LED 순차 점멸하기(쉬프트 연산자)
#include <mega128.h>
#include <delay.h>               // delay_ms(지연값), delay_us(지연값) 정의 헤더 파일

void main(void)
{
   int i;
   unsigned char led;

   DDRC = 0xFF;                 // 포트C 출력 설정

   while(1){                    // 무한 루프
      led = 0xFE;               // led 초기값

      for(i = 0;i < 8;i++){     // 8회 실행
         PORTC = led;           // led 값 출력
         delay_ms(500);         // 500ms 딜레이

         led = led << 1;        // 1비트 왼쪽 쉬프트
      }
   }
}
```

<쉬프트 연산에 따른 led 값>

i	led 값(포트C 출력값)	1비트 쉬프트 값(다음 출력값)
0	0b11111110	0b11111100
1	0b11111100	0b11111000
2	0b11111000	0b11110000
3	0b11110000	0b11100000
4	0b11100000	0b11000000
5	0b11000000	0b10000000
6	0b10000000	0b00000000
7	0b00000000	0b00000000

[예제 3-4] LED 쉬프트하면서 순차 점멸하기2

led = 0xFE(0b11111110)로 초기설정하고, 1비트씩 왼쪽으로 쉬프트 한 후 OR 연산을 통해 최하위 비트를 강제로 1로 하여 포트 C에 출력하는 프로그램을 작성하라. 단, 쉬프트 8회를 한 주기로 하여 계속 반복하도록 한다.

[예제 3-4] LED 쉬프트하면서 순차 점멸하기2

```
// ex3-4.c
// LED 순차 점멸하기(쉬프트 연산 + OR 연산자)
#include <mega128.h>
#include <delay.h>                    // 딜레이 함수 정의 헤더 파일

void main(void)
{
   int i;
   unsigned char led;

   DDRC = 0xFF;                       // 포트C 출력 설정

   while(1){                          // 무한 루프
      led = 0xFE;                     // led 초기값

      for(i = 0;i < 8;i++){           // 8회 실행
         PORTC = led;                 // led 값 출력
         delay_ms(500);               // 500ms 딜레이

         led = led << 1;              // 1비트 왼쪽 쉬프트
         led = led | 0x01;            // 최하위 비트 셋
      }
   }
}
```

<쉬프트 연산과 OR 연산에 따른 led 값>

i	led 값(포트C 출력값)	1비트 쉬프트 값	0x01 OR연산(다음 출력값)
0	0b11111110	0b11111100	0b11111101
1	0b11111101	0b11111010	0b11111011
2	0b11111011	0b11110110	0b11110111
3	0b11110111	0b11101110	0b11101111
4	0b11101111	0b11011110	0b11011111
5	0b11011111	0b10111110	0b10111111
6	0b10111111	0b01111110	0b01111111
7	0b01111111	0b11111110	0b11111111

[예제 3-4] LED 순차 점멸하기4(배열 이용하기)

```
// ex3-4_1.c
// 배열 이용하여 순차 점멸하기(Flash 형 : 값 고정 이용)

#include <mega128.h>
#include <delay.h>          // 딜레이 함수 정의 헤더 파일
                            // delay_ms(지연값), delay_us(지연값)
flash unsigned char led[8] = {0xFE, 0xFD, 0xFB, 0xF7, 0xEF, 0xDF, 0xBF, 0x7F};

void main(void)
{
  int i;

  DDRC = 0xFF;                  // 포트C 출력 설정

  while(1){                     // 무한 루프
    for(i = 0;i < 8;i++){
      PORTC = led[i];           // I번째 led값 출력
      delay_ms(500);            // 500ms 딜레이
    }
  }
}
```

☞ **상수형 변수**

프로그램이 실행되는 동안 값이 변하지 않는 상수형 변수는 플래시 메모리(Flash Memory)에 저장되며, 이를 위해 "flash" 또는 "const"를 데이터형 앞에 붙여 사용한다. 그리고 변수에는 사용할 값을 부여하고, 반드시 전역변수로 함수 밖에서 선언하여야 한다.

[예]

```
flash char c_const = 'a';
flash char c_int = 123;
```

[예제 3-5] LED 하나만 점멸하기

포트 C에 0x55를 출력하고, 포트 C의 0비트(PORTC.0)에 연결되어 있는 LED0만 점멸시키는 프로그램을 작성하라.

[예제 3-5] LED 하나만 점멸하기

```
// ex3-5.c
// 바이트 단위 제어
// 포트C의 0비트만 점멸

#include <mega128.h>
#include <delay.h>          // 딜레이 함수 정의 헤더 파일
                            // delay_ms(지연값), delay_us(지연값)

void main(void)
{
  DDRC = 0xFF;                      // 포트C 출력 설정

  PORTC = 0x55;                     // 포트C 0x55 출력

  while(1){                         // 무한 루프
    PORTC = PORTC ^ 0x01;           // PORTC의 0비트만 반전(XOR 연산)
    delay_ms(500);                  // 500ms 딜레이
  }
}
```

[예제 3-5] LED 하나만 점멸하기

```
// ex3-5_1.c
// 비트 단위 제어
// 포트C의 0비트만 점멸

#include <mega128.h>
#include <delay.h>

void main(void)
{
  DDRC = 0xFF;                      // 포트C 출력 설정

  PORTC = 0x55;                     // 포트C 0x55 출력

  while(1){                         // 무한 루프
    PORTC.0 = 1;                    // PORTC의 0비트 OFF
    delay_ms(500);                  // 500ms 딜레이

    PORTC.0 = 0;                    // PORTC의 0비트 ON
    delay_ms(500);                  // 500ms 딜레이
  }
}
```

☞ **비트 단위 지정**

비트 단위 조작은 64개의 I/O레지스터만 가능하며(데이터 메모리 멥 참조), 비트 지정은 [I/O 레지스터 어드레스.비트번호]의 형식을 갖는다. 그러나, 컴파일러의 헤더파일 (mega128.h)에는 레지스터의 어드레스가 레지스터명으로 모두 선언되어 있으므로 [I/O 레제스터명.비트번호]의 형식으로 비트를 지정하면 된다.

PORTC.0 <= 포트 C 출력 레지스터 0비트

PINE.4 <= 포트 E 입력 레지스터 4비트

[주의] 160개의 확장 I/O 레지스터들은 비트 지정이 안되는 점에 주의하여야 한다.

[예제 3-5] LED 하나만 점멸하기

```
// ex3-5_2.c
// 비트 단위 제어
// LED0, ON, OFF 심볼 정의(define문 이용)

#include <mega128.h>
#include <delay.h>

#define LED0  PORTC.0
#define ON    0
#define OFF   1

void main(void)
{
  DDRC = 0xFF;                  // 포트C 출력 설정

  PORTC = 0x55;                 // 포트C 0x55 출력

  while(1){
    LED0 = OFF                  // LED0 OFF
    delay_ms(500);              // 500ms 딜레이

    LED0 = ON                   // LED0 ON
    delay_ms(500);              // 500ms 딜레이
  }
}
```

[예제 3-5] LED 하나만 점멸하기

```
// ex3-5_3.c
// 비트 단위 제어
// 포트C의 0비트만 점멸(비트 반전 연산자 이용)

#include <mega128.h>
#include <delay.h>

void main(void)
{
  DDRC = 0xFF;                    // 포트C 출력 설정

  PORTC = 0x55;                   // 포트C 0x55 출력

  while(1){
    PORTC.0 = !PORTC.0;           // PORTC의 0비트 반전
    delay_ms(500);                // 500ms 딜레이
  }
}
```

[예제 3-5] LED 하나만 점멸하기

```
// ex3-5_4.c
// 비트 단위 제어
// LED0 정의(비트반전, 심볼 이용)

#include <mega128.h>
#include <delay.h>

#define LED0  PORTC.0

void main(void)
{
  DDRC = 0xFF;                    // 포트C 출력 설정

  PORTC = 0x55;                   // 포트C 0x55 출력

  while(1){
    LED0 = !LED0;                 // LED0 반전 출력
    delay_ms(500);                // 500ms 딜레이
  }
}
```

<스위치 입력회로 및 스위치 ON/OFF 동작에 따른 포트 값>

KUT-128_COM 보드에는 4개의 스위치가 [그림 3-6]과 같이 풀업저항과 콘덴서로 연결되어 있다. 콘덴서는 채터링(전자 회로 내의 스위치나 계전기의 접점이 붙거나 떨어질 때 기계적인 진동에 의해 매우 짧은 시간 안에 접점이 붙었다가 떨어지는 현상)을 방지하는 기능을 갖는다.

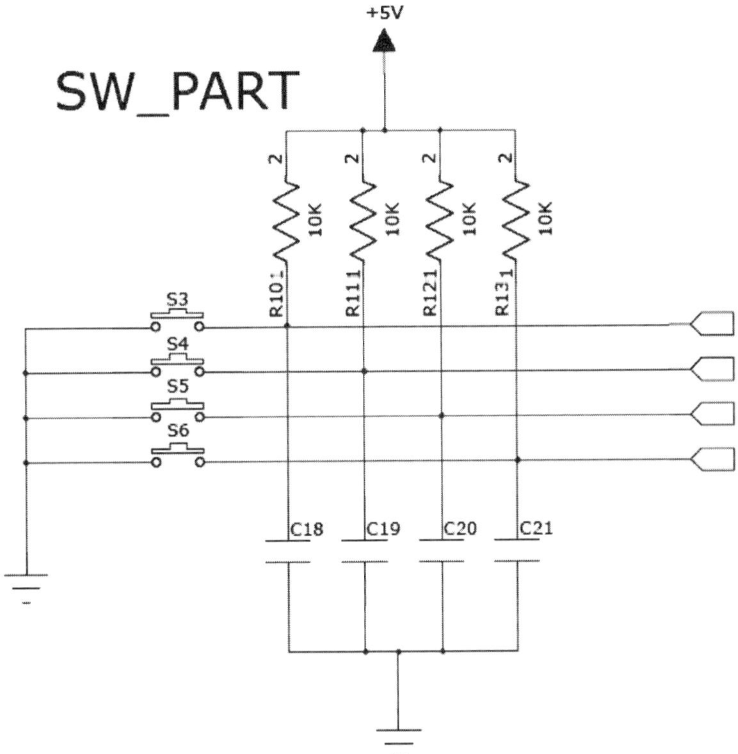

[그림 3-6] KUT-128_COM 보드 스위치 입력회로

스위치의 ON/OFF에 따른 포트의 입력값은 [그림 3-7]과 같다. 스위치가 OFF인 경우에는 풀업저항의 5V가 콘덴서에 충전된 상태로 포트에 입력되어 5V(논리값 1)가 되며, 스위치가 ON인 경우에는 스위치 양쪽의 전압이 같아지면서 0V(논리값 0)의 값이 포트에 입력된다. 따라서, 포트에 연결된 스위치의 ON/OFF 상태는 포트를 관리하는 레지스터를 읽어 0인지 아니면 1인지를 체크하여 판단할 수 있다. 즉, 포트의 스위치에 연결된 해당 비트 값이 0이면 스위치는 ON 상태이고, 1이면 스위치는 OFF 상태를 나타내게 된다.

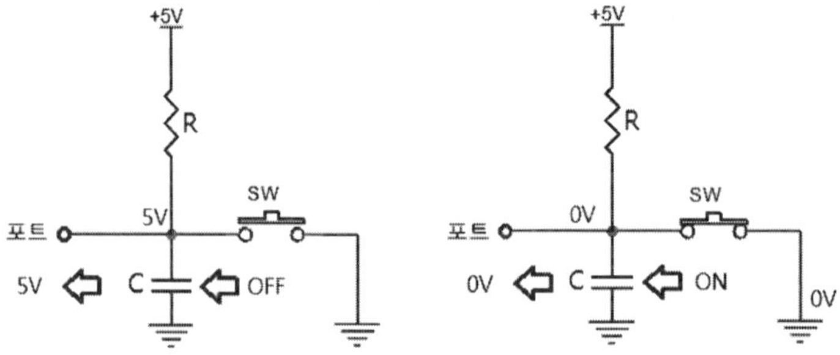

[그림 3-7] 스위치 ON/OFF 동작에 따른 포트 값

[예제 3-6] 스위치 상태 읽기

PE4에 연결되어 있는 SW1이 ON이면(0이 되면) 포트 C에 연결되어 있는 LED를 모두 ON시키고, SW1이 OFF이면 포트 C에 연결되어 있는 LED를 모두 OFF시키는 프로그램을 작성하라.

☞ **<힌트>**

* 초기설정

포트E –> 입력설정(SW)

포트C –> 출력설정(LED)

* 반복부분

– 포트E 읽기(PINE 이용)

– PE4 비트 조사 1(SW OFF)이면 LED 모두 OFF

0(SW ON)이면 LED 모두 ON

[예제 3-6] 스위치 상태 읽기

```
// ex3-6.c
// 바이트 단위 입력처리

#include <mega128.h>

void main(void)
{
   unsigned char   sw;

   DDRC = 0xFF;                          // 포트C 출력 설정
   DDRE = 0x0;                           // 포트E 입력 설정

   PORTC = 0xFF;                         // LED 모두 off
   while(1){
     sw = PINE & 0b00010000;             // PE4비트 추출

     if(sw != 0) PORTC = 0xFF;           // SW1 OFF –> LED 모두 OFF
     else PORTC = 0x0;                   // SW1 ON –> LED 모두 ON
   }
}
```

[예제 3-6] 스위치 상태 읽기

```
// ex3-6_1.c
// 비트 단위 입력처리

#include <mega128.h>

void main(void)
{
    DDRC = 0xFF;                        // 포트C 출력 설정
    DDRE = 0x0;                         // 포트E 입력 설정

    PORTC = 0xFF;                       // LED 모두 off

    while(1){
        if(PINE.4 == 1) PORTC = 0xFF;   // SW1 OFF -> LED 모두 OFF
        else PORTC = 0x0;               // SW1 ON -> LED 모두 ON
    }
}
```

[예제 3-6] 스위치 상태 읽기

```
// ex3-6_2.c
// 비트 단위 입력처리(심볼 사용)

#include <mega128.h>

#define SW1 PINE.4
#define ON 0

void main(void)
{
    DDRC = 0xFF;                        // 포트C 출력 설정
    DDRE = 0x0;                         // 포트E 입력 설정

    PORTC = 0xFF;                       // LED 모두 off

    while(1){
        if(SW1 != ON) PORTC = 0xFF;     // SW1 OFF -> LED 모두 OFF
        else PORTC = 0x0;               // SW1 ON -> LED 모두 ON
    }
}
```

[예제 3-7] 스위치 상태에 따라 다르게 출력하기

4개의 스위치 입력에 따라 다음과 같이 동작하는 프로그램을 작성하라.

SW4	SW3	SW2	SW1	LED
OFF	OFF	OFF	ON	All ON
OFF	OFF	ON	OFF	All OFF
OFF	ON	OFF	OFF	짝수 LED ON
ON	OFF	OFF	OFF	홀수 LED ON

[예제 3-7] 스위치 상태에 따라 다르게 출력하기

```
// ex3-7.c
// 스위치에 따라 LED가 다르게 켜기

#include <mega128.h>

void main(void)
{
  unsigned char key;

  DDRC = 0xFF;                                    // 포트 C 출력 설정
  DDRE = 0x0;                                     // 포트 E 입력 설정

  PORTC = 0xFF;                                   // LED 모두 OFF

  while(1){
    key = PINE & 0xF0;                            // 포트 E 읽어오기

    switch(key){
      case 0b11100000 :                           // SW1이 눌리면 LED 모두 ON
        PORTC = 0x00;
        break;
      case 0b11010000 :                           // SW2가 눌리면 LED 모두 OFF
        PORTC = 0xFF;
        break;
      case 0b10110000 :                           // SW3이 눌리면 짝수번째 LED ON
        PORTC = 0b01010101;
        break;
      case 0b01110000 :                           // SW4가 눌리면 홀수번째 LED ON
        PORTC = 0b10101010;
        break;
    }
  }
}
```

[예제 3-7] 스위치 상태에 따라 다르게 출력하기

```
// ex3-7_1.c(if...else if문 이용)
// 스위치에 따라 LED가 다르게 켜기

#include <mega128.h>

void main(void)
{
   unsigned char key;

   DDRC = 0xFF;                         // 포트 C 출력 설정
   DDRE = 0x0;                          // 포트 E 입력 설정

   PORTC = 0xFF;                        // LED 모두 OFF

   while(1){
      key = PINE & 0xF0;                // 포트 E 읽어오기

      if(key == 0b11100000) PORTC = 0x00;              // SW1이 눌리면 LED 모두 ON
      else if(key == 0b11010000)  PORTC = 0xFF;        // SW2가 눌리면 LED 모두 OFF
      else if(key == 0b10110000) PORTC = 0b01010101;   // SW3이 눌리면 짝수번째 LED ON
      else if(key == 0b01110000)  PORTC = 0b10101010;  // SW4가 눌리면 홀수번째 LED ON
   }
}
```

[예제 3-8] 스위치가 OFF에서 ON으로 될 때마다 LED 순차 점멸하기

PE4에 연결되어 있는 SW1이 OFF에서 ON으로 될 때마다 포트 C에 연결되어 있는 8개의 LED를 순차 점멸하는 프로그램을 작성하라.

<☞ 힌트>

짧은 시간차를 두고 스위치의 상태를 읽어 두 상태의 값으로부터 스위치의 상태를 [그림 3-8]과 [표 3-11]과 같이 파악한다. 시간차를 두고 연속해서 2회 읽어도 되지만, 실제 프로그램을 작성할 때는 [그림 3-9]와 같이 현재 상태를 이전 상태로 하고 새로 읽은 상태를 현재 상태로 하여 한 번씩만 읽는 방법을 사용한다. 따라서, 맨 처음에만 연속해서 두 번 스위치의 상태를 읽고 그 다음부터는 1회씩 읽으면서 스위치의 상태를 파악하게 된다.

[표 3-11] 스위치 상태 분류

스위치 상태	이전 상태	현재 상태	비 고
OFF	OFF	OFF	
OFF -> ON	OFF	ON	Falling Edge
ON	ON	ON	
ON -> OFF	ON	OFF	Rising Edge

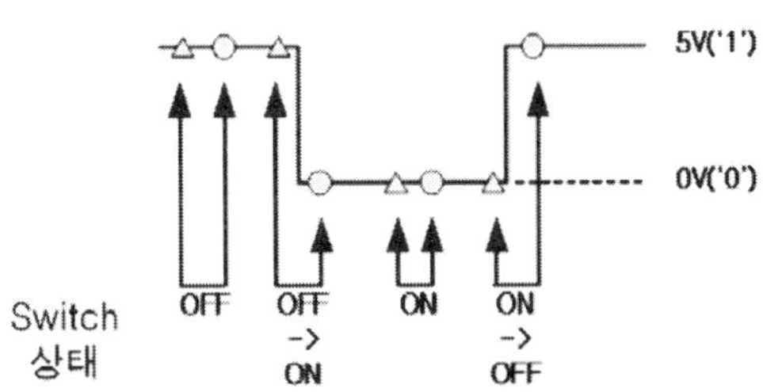

[그림 3-8] 스위치의 상태 파악하기

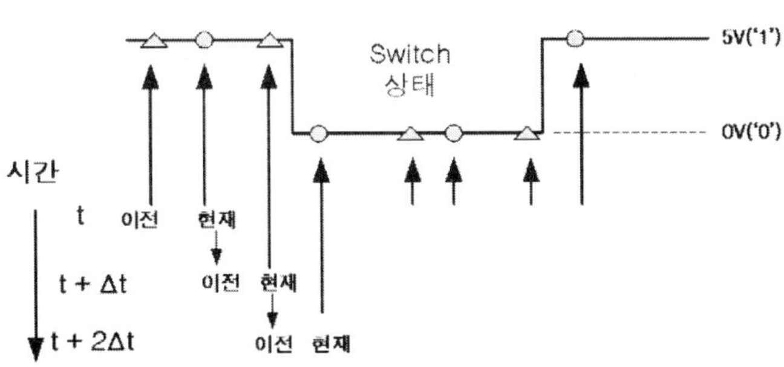

[그림 3-9] 스위치의 상태 파악하기2

[예제 3-8] 스위치 상태 OFF에서 ON으로 바뀌는 순간 파악하기

```
// ex3-8.c
// SW1이 OFF -> ON 되는 순간 LED 순차점멸

#include <mega128.h>

void main(void)
{
   unsigned char  o_sw, n_sw;
   unsigned char  led = 0xFE;

   DDRC = 0xFF;                          // 포트C 출력 설정
   DDRE = 0x0;                           // 포트E 입력 설정

   PORTC = led;                          // 포트C 초기값 출력

   o_sw = PINE & 0b00010000;             // SW1 상태값 추출

   while(1){
      n_sw = PINE  & 0b00010000;         // SW1 상태값 추출
      if(o_sw != 0 && n_sw == 0){        // OFF -> ON 되는 순간 체크
         led = (led << 1) | 0x01;        // 1비트 쉬프트, 0비트 1로 채움
         if(led == 0xFF) led = 0xFE;     // LED 모두 off상태이면 초기값 재설정

         PORTC = led;
      }
      o_sw = n_sw;                       // 이전상태 <- 현재상태
   }
}
```

[예제 3-8] 스위치 상태 OFF에서 ON으로 바뀌는 순간 파악하기

```
// ex3-8_1.c
// SW1이 OFF -> ON 되는 순간 LED 순차점멸(배열 이용)

#include <mega128.h>

flash unsigned char led[8] = {0xFE, 0xFD, 0xFB, 0xF7, 0xEF, 0xDF, 0xBF, 0x7F};

void main(void)
{
    unsigned char o_sw, n_sw;
    unsigned char st = 0;                    // LED 출력 상태(0번째)

    DDRC = 0xFF;                             // 포트C 출력 설정
    DDRE = 0x0;                              // 포트E 입력 설정

    PORTC = led[st];                         // 포트C 초기상태 출력

    o_sw = PINE & 0b00010000;                // SW1 상태값 추출
    while(1){
        n_sw = PINE  & 0b00010000;           // SW1 상태값 추출
        if(o_sw != 0 && n_sw == 0){          // OFF -> ON 되는 순간 체크
            st = (st + 1) % 8;               // st 다음 상태로 갱신(7 다음 0)
            PORTC = led[st];
        }
        o_sw = n_sw;                         // 이전상태 <- 현재상태
    }
}
```

☞ **st = (st + 1) % 8;**

st값	(st + 1) 값	st 새로운 값 = (st + 1) % 8
0	1	1
1	2	2
2	3	3
3	4	4
4	5	5
5	6	6
6	7	7
7	8	0

<대체 구문> 아래 2개의 문장으로 써줄 수 있다.

```
st = st + 1;
if(st == 8) st = 0;
```

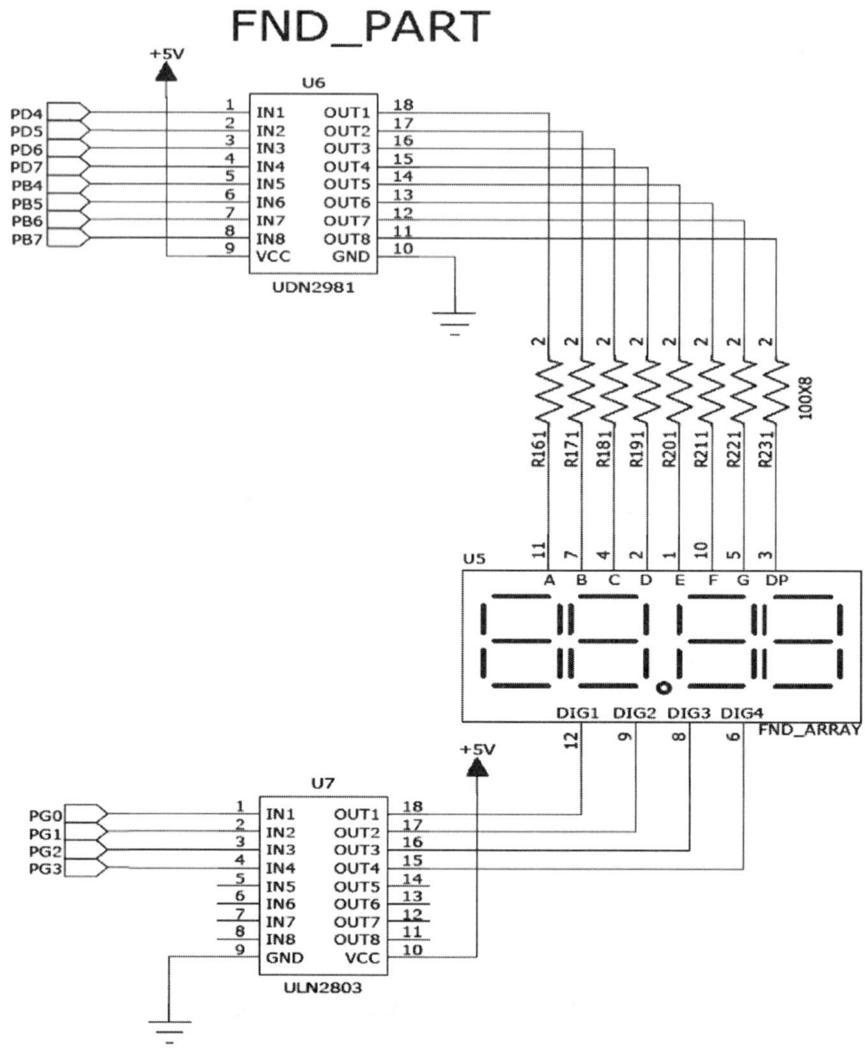

[그림 3-10] 7-Segment 구동회로

디지털시계의 제작 또는 A/D 변환기의 변환값 등을 표시할 수 있도록 Common Cathode 형의 7-Segment를 4개 장착하였다. 각 Segment의 LED(A,B,C,D,E,F,G,DP)는 UDN2981을 거쳐 포트 D의 상위 4비트와 포트 B의 상위 4비트에 연결되어 있으며, 각 Segment의 ON/OFF는 ULN2803을 거쳐 포트 G의 하위 4비트에 연결되어 동적 구동법에 의해 구동하도록 설계하였다.

- 각 Segment의 LED를 ON시키기 위해서는 포트 B, 포트 D의 해당비트에 1 출력
- Segment를 ON시키기 위해서는 PG0~PG3에 1을 출력시켜 ON

☞ 스위칭용 IC

<ULN2803>

달링톤(Darlingtom) 트랜지스터(TR)가 내장되어 있고, 출력핀 당 500mA의 전류를 구동할 수 있는 오픈 콜렉터형(전원 외부에서 공급) 스위칭용 IC이다. 달링턴 TR은 [그림 3-11]과 같이 2개의 트랜지스터를 직렬 연결하여 높은 전류가 흐르도록 만든 트랜지스터이다. ULN2803은 [그림 3-11]과 같이 18핀으로 구성되어 있으며, 왼쪽 1~8번핀은 제어신호를 입력하는 입력핀이고, 입력핀과 마주하는 11~18번핀은 외부 구동장치의 (-)쪽을 연결하는 출력핀이다. 따라서, 1번 입력핀은 18번 출력핀을 제어하며, 2번핀은 17번핀을,,,,8번핀은 11번핀을 각각 제어하게 된다.

입력핀에 5V가 입력되면 [그림 3-12]와 같이 해당 제어 출력핀이 9번핀의 GND와 연결되어 구동장치가 동작하게 되며, 반대로 입력핀에 0V가 입력되면 해당 제어 출력핀이 GND와 연결되지 않아 구동장치가 동작하지 않게 된다. 따라서, ULN2803은 제어 입력신호에 따라 제어 출력핀을 GND(0V)에 연결하거나 연결을 끊는 역할을 하는 스위치라 할 수 있다.

10번 핀은 출력핀에 릴레이, 솔레노이드, 모터 등의 코일성분을 갖는 소자를 연결하여 구동할 때 발생하는 역기전력으로부터 회로를 보호하기 위해 각 출력핀에 연결된 프리휠링(freewheeling) 다이오드에 부하전압을 연결하기 위한 단자이다. 따라서, 코일성분을 갖지 않는 LED와 같은 소자는 10번 핀을 아무것도 연결하지 않은 오픈상태로 사용한다.

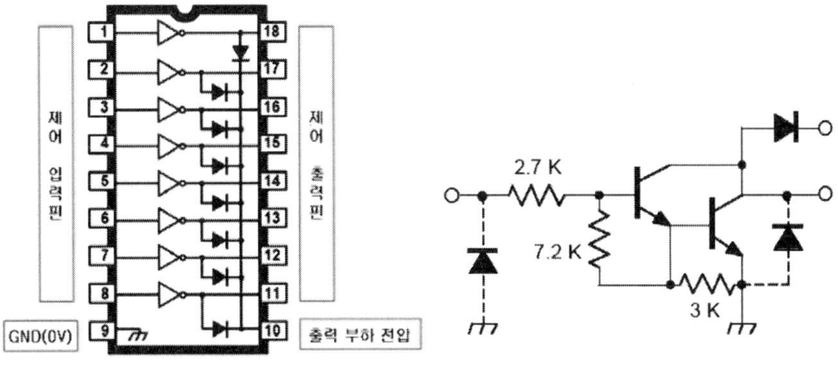

[그림 3-11] ULN2803 핀 구성 및 내부 회로

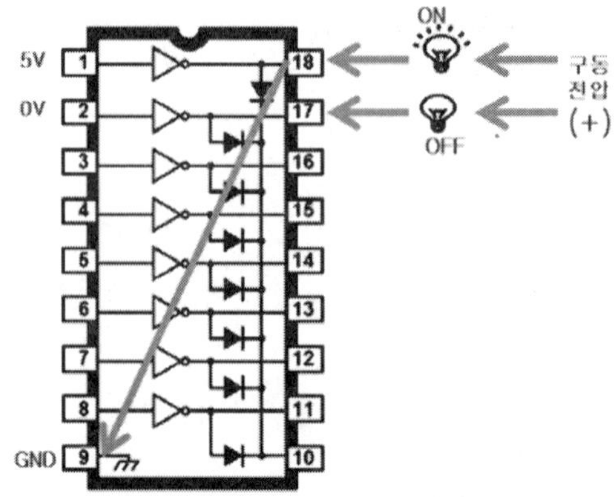

[그림 3-12] ULN2803 사용예

<UDN2981>

ULN2803과 같이 내부에 8개의 달링톤(Darlingtom) 트랜지스터(TR)가 내장되어 있고, 출력핀 당 500mA의 전류를 구동할 수 있는 오픈 에미터형 스위칭용 IC이다. UDN2981도 [그림 3-13]과 같이 18핀으로 구성되어 있으며, 왼쪽 1~8번핀은 제어신호를 입력하는 입력핀이고, 입력핀과 마주하는 11~18번핀은 외부 구동장치의 (+)쪽을 연결하는 출력핀이다. 따라서, 입력핀 1번핀은 출력핀 18번을 제어하며, 2번핀은 17번핀을,,,,8번핀은 11번핀을 각각 제어하게 된다.

입력핀에 5V가 입력되면 [그림 3-14]와 같이 해당 제어 출력핀이 10번핀의 제어장치 구동전압과 연결되어 구동장치가 동작하게 되며, 반대로 입력핀에 0V가 입력되면 해당 제어 출력핀은 구동전압과 연결되지 않아 제어장치가 동작하지 않게 된다. 따라서, UDN2981은 제어 입력신호에 따라 제어 출력핀을 제어장치 구동전압(Vs)에 연결하거나 연결을 끊는 역할을 하는 스위치라 할 수 있다.

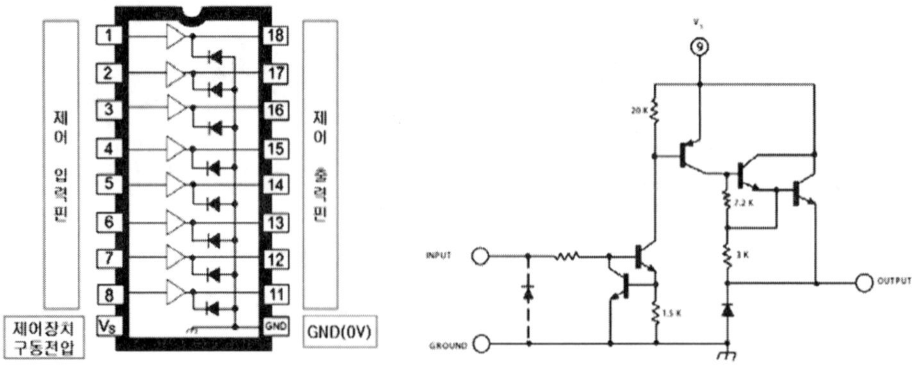

[그림 3-13] UDN2981 핀 구성 및 내부 회로

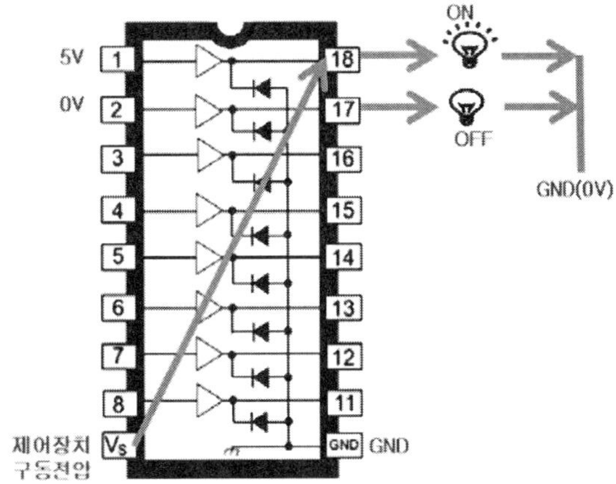

[그림 3-14] UDN2981 사용예

[예제 3-9] 7-Segment 구동연습 1

맨 우측 7-Segment의 8개 LED A,B,C,D,E,F,G,DP를 순차적으로 점멸시키는 프로그램을 작성하라.

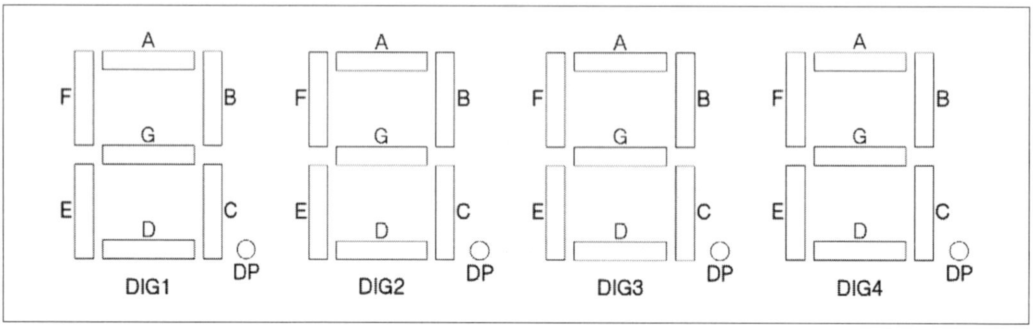

[표 3-12] LED 연결포트

7-Seg	A	B	C	D	E	F	G	DP
연결 포트	PD4	PD5	PD6	PD7	PB4	PB5	PB6	PB7
1의 값을 출력하면 세그먼트의 LED가 ON 된다. (UDN2981을 통해 제어)								

[표 3-13] 7-Segment COM 단자 연결포트

SEG COM(+) 단자	DIG1	DIG2	DIG3	DIG4
연결 포트	PG0	PG1	PG2	PG3
1을 출력하면 세그먼트의 COM(-) 단자에 GND가 연결된다. (ULN2803을 통해 제어)				

[예제 3-9] 7-Segment의 LED 순차 구동 1

```
// ex3-9.c
// 7-Segment의 각 LED 순차 구동

#include <mega128.h>
#include <delay.h>

void main(void)
{
   char i, val;

   DDRB = 0xF0;                    // 포트 B 상위 4비트 출력 설정
   DDRD = 0xF0;                    // 포트 D 상위 4비트 출력 설정
   DDRG = 0x0F;                    // 포트 G 하위 4비트 출력 설정

   PORTG = 0b00001000;             // 맨 우측 7-Segment DIG4 ON(PG3=1)
   PORTB = 0x0;
   PORTD = 0x0;

   while(1){
      val = 0b00000001;

      for(i = 0;i < 8;i++){
         PORTD = (val & 0x0F) << 4;          // PD4-PD7 : A-D
         PORTB = (val & 0xF0);               // PB4-PB7 : E,F,G,DP
         delay_ms(500);
         val = val << 1;           // 출력할 값 1비트 왼쪽 쉬프트
      }
   }
}
```

[예제 3-10] 7-Segment 구동연습 2

맨 우측의 7-Segment부터 좌측의 7-Segment 로 이동해가며 7-Segment의 모든 LED를 0.5초씩 ON 시키는 프로그램을 작성하라.

[예제 3-10] 7-Segment 구동연습 2

```
// ex3-10.c
// 4개의 7-Segment 구동연습

#include <mega128.h>
#include <delay.h>

void main(void)
{
   DDRB = 0xF0;                  // 포트 B 상위 4비트 출력 설정
   DDRD = 0xF0;                  // 포트 D 상위 4비트 출력 설정
   DDRG = 0x0F;                  // 포트 G 하위 4비트 출력 설정

   PORTB = 0b11110000;           // E, F, G, DP on
   PORTD = 0b11110000;           // A, B, C, D on

   while(1){
      PORTG = 0b00001000;        // DIG4 7-Segment ON (PG3=1)
      delay_ms(500);

      PORTG = 0b00000100;        // DIG3 7-Segment ON (PG2=1)
      delay_ms(500);

      PORTG = 0b00000010;        // DIG2 7-Segment ON (PG1=1)
      delay_ms(500);

      PORTG = 0b00000001;        // DIG1 7-Segment ON (PG0=1)
      delay_ms(500);
   }
}
```

☞ delay_ms(500)을 아래와 같이 수정해서 실행한 후 어떤 차이가 있는지 확인해 보세요.

(1) delay_ms(500) => delay_ms(10)

(2) delay_ms(500) => delay_ms(5) : 동적 구동법

[예제 3-11] 7-Segment 구동연습 3

맨 우측의 7-Segment에 대해 16진값 '0' ~ 'F'를 순차 표시하는 프로그램을 작성하라. [표 3-14]는 16진수의 문자를 표시하기 위해 포트 B와 포트 D에 출력할 값을 나타낸다.

[표 3-14] 16진 표시 출력값

표시문자	PB6	PB5	PB4	PD7	PD6	PD5	PD4
	G	F	E	D	C	B	A
0	0	1	1	1	1	1	1
1	0	0	0	0	1	1	0
2	1	0	1	1	0	1	1
3	1	0	0	1	1	1	1
4	1	1	0	0	1	1	0
5	1	1	0	1	1	0	1
6	1	1	1	1	1	0	1
7	0	0	0	0	1	1	1
8	1	1	1	1	1	1	1
9	1	1	0	1	1	1	1
A	1	1	1	0	1	1	1
b	1	1	1	1	1	0	0
C	0	1	1	1	0	0	1
d	1	0	1	1	1	1	0
E	1	1	1	1	0	0	1
F	1	1	1	0	0	0	1

[예제 3-11] 7-Segment 구동연습 3

```
// ex3-11.c
// 16진수 순차 표시

#include <mega128.h>
#include <delay.h>

flash unsigned char seg_pat[16]= {0x3f, 0x06, 0x5b, 0x4f, 0x66, 0x6d, 0x7d, 0x07,
                0x7f, 0x6f, 0x77, 0x7c, 0x39, 0x5e, 0x79, 0x71};

void main(void)
{
   int i;


   DDRB = 0xF0;              // 포트 B 상위 4비트 출력 설정
   DDRD = 0xF0;              // 포트 D 상위 4비트 출력 설정
   DDRG = 0x0F;              // 포트 G 하위 4비트 출력 설정

   PORTG = 0b00001000;       // 맨 우측 7-Segment DIG4 ON(PG3=1)
   PORTB = 0x0;              // E, F, G, DP off
   PORTD = 0x0;              // A, B, C, D off

   while(1){                 // 16진수 순차 표시
      for(i = 0;i < 16;i++){
         PORTD = ((seg_pat[i] & 0x0F) << 4) | (PORTD & 0x0F);      // A, B, C, D 표시
         PORTB = (seg_pat[i] & 0x70 ) | (PORTB & 0x0F);            // E, F, G 표시
         delay_ms(1000);
      }
   }
}
```

[예제 3-12] 7-Segment 구동연습 4

맨 우측 2개의 7-Segment를 이용하여 0부터 99까지 표시하는 프로그램을 작성하라.

[예제 3-12] 7-Segment 구동연습 4

```
// ex3-12.c
// 7-Segment에 0-99까지 출력하기

#include <mega128.h>
#include <delay.h>

flash char seg_pat[10]= {0x3f, 0x06, 0x5b, 0x4f, 0x66, 0x6d, 0x7d, 0x07, 0x7f, 0x6f};

void  Seg2_out(int);          // 두 자리 정수 출력

void main(void)
{
   int num = 0;

   DDRB = 0xF0;               // 포트 B 상위 4비트 출력 설정
   DDRD = 0xF0;               // 포트 D 상위 4비트 출력 설정
   DDRG = 0x0F;               // 포트 G 하위 4비트 출력 설정

   PORTB = 0x0;               // E, F, G, DP off
   PORTD = 0x0;               // A, B, C, D off
   while(1){
      Seg2_out(num);
      num++;
      if(num > 99) num = 0;
   }
}

// 두 자리 정수 출력
void Seg2_out(int num)
{
   int i, N10, N1;

   N10 = num / 10;                      // 10자리 추출
   N1 = num % 10;                       // 1자리 추출

   for(i = 0;i < 49;i++){
      PORTG = 0b00001000;               // 맨 우측 7-Segment DIG4 ON(PG3=1)
      PORTD = ((seg_pat[N1] & 0x0F) << 4) | (PORTD & 0x0F);          // A, B, C, D  표시
      PORTB = (seg_pat[N1] & 0x70 ) | (PORTB & 0x0F);                // E, F, G 표시
      delay_ms(10);

      PORTG = 0b00000100;              // 7-Segment DIG3 ON(PG2=1)
      PORTD = ((seg_pat[N10] & 0x0F) << 4) | (PORTD & 0x0F);         // A, B, C, D  표시
      PORTB = (seg_pat[N10] & 0x70 ) | (PORTB & 0x0F);               // E, F, G 표시
      delay_ms(10);
   }
}
```

[예제 3-13] 7-Segment 구동연습 5

모든 7-Segment를 이용하여 0부터 9999까지 표시하는 프로그램을 작성하라.

[예제 3-13] 7-Segment 구동연습 5

```
// ex3-13.c
// 7-Segment에 0-9999까지 출력하기

#include <mega128.h>
#include <delay.h>

flash unsigned char seg_pat[10]= {0x3f, 0x06, 0x5b, 0x4f, 0x66, 0x6d, 0x7d, 0x07, 0x7f, 0x6f};

void  Seg4_out(int);         // 네 자리 정수 출력

void main(void)
{
   int num = 0;

   DDRB = 0xF0;              // 포트 B 상위 4비트 출력 설정
   DDRD = 0xF0;              // 포트 D 상위 4비트 출력 설정
   DDRG = 0x0F;              // 포트 G 하위 4비트 출력 설정

   PORTB = 0x0;              // E, F, G, DP off
   PORTD = 0x0;              // A, B, C, D off

   while(1){
      Seg4_out(num);
      num++;
      if(num > 9999) num = 0;
   }
}

// 네 자리 정수 출력
void Seg4_out(int num)
{
   int i, N1000, N100, N10, N1, buf;

   N1000 = num / 1000;              // 1000자리 추출
   buf = num % 1000;

   N100 = buf / 100;                // 100자리 추출
   buf = buf % 100;

   N10 = buf / 10;                  // 10자리 추출
   N1 = buf % 10;
```

[예제 3-13] 7-Segment 구동연습 5(계속)

```
    for(i = 0;i < 2;i++){
      PORTG = 0b00001000;      // 맨 우측 7-Segment DIG4 ON(PG3=1)
      PORTD = ((seg_pat[N1] & 0x0F) << 4) | (PORTD & 0x0F);          // A, B, C, D  표시
      PORTB = (seg_pat[N1] & 0x70 ) | (PORTB & 0x0F);                // E, F, G 표시
      delay_ms(5);

      PORTG = 0b00000100;      // 7-Segment DIG3 ON(PG2=1)
      PORTD = ((seg_pat[N10] & 0x0F) << 4) | (PORTD & 0x0F);         // A, B, C, D  표시
      PORTB = (seg_pat[N10] & 0x70 ) | (PORTB & 0x0F);               // E, F, G 표시
      delay_ms(5);

      PORTG = 0b00000010;      // 7-Segment DIG2 ON(PG1=1)
      PORTD = ((seg_pat[N100] & 0x0F) << 4) | (PORTD & 0x0F);        // A, B, C, D  표시
      PORTB = (seg_pat[N100] & 0x70 ) | (PORTB & 0x0F);              //E, F, G 표시
      delay_ms(5);

      PORTG = 0b00000001;      // 7-Segment DIG1 ON(PG0=1)
      PORTD = ((seg_pat[N1000] & 0x0F) << 4) | (PORTD & 0x0F);       // A, B, C, D  표시
      PORTB = (seg_pat[N1000] & 0x70 ) | (PORTB & 0x0F);             // E, F, G 표시
      delay_ms(5);
    }
}
```

[예제 3-14] 입력에 따른 7-Segment 구동연습

SW1(PE4)이 눌려질 때마다 맨 우측 Segment에 표시되는 값이 0 -> 1 -> 2 -> 3 -> 4 -> ... -> 9 ->0 .. 가 표시되도록 하는 프로그램을 작성하라.

[예제 3-14] 포트 입력 실험3

```
/// ex3-14.c
// 포트 E의 SW1이 눌려질 때마다 7-세그먼트 0-9 순차 표시

#include <mega128.h>
#include <delay.h>

flash unsigned char seg_pat[10]= {0x3f, 0x06, 0x5b, 0x4f, 0x66, 0x6d, 0x7d, 0x07, 0x7f, 0x6f};

void main(void)
{
   unsigned char oldkey, key, num = 0;

   DDRB = 0xF0;                  // 포트 B 상위 4비트 출력 설정
   DDRD = 0xF0;                  // 포트 D 상위 4비트 출력 설정
   DDRG = 0x0F;                  // 포트 G 하위 4비트 출력 설정
   DDRE = 0x0;                   // 포트 E 입력설정

   PORTG = 0b00001000;           // 맨 우측 7-Segment DIG4 ON(PG3=1)
   PORTB = 0x0;                  // E, F, G, DP off
   PORTD = 0x0;                  // A, B, C, D off

   oldkey = PINE & 0b00010000;           // SW1 상태만 추출

   while(1){
      PORTD = ((seg_pat[num] & 0x0F) << 4) | (PORTD & 0x0F);      // A, B, C, D  표시
      PORTB = (seg_pat[num] & 0x70 ) | (PORTB & 0x0F);            // E, F, G 표시

      key = PINE & 0b00010000;           // SW1 상태만 추출

      if(oldkey != 0 && key == 0){       // 먼저 상태 OFF, 현 상태 ON ?
         num = (num + 1) % 10;           //num값 1증가(9 다음은 0)
      }
      oldkey = key;                      // 먼저 상태 <- 현상태
   }
}
```

[예제 3-15] 폴링 방식에 의한 네 자리 입력 실험

두 개의 스위치 SW1과 SW2만을 이용하여 네 자리의 값을 입력하도록 하라. 여기서, SW2는 입력될 자리(위치)를 선택하고, SW1이 눌려지면 현재 선택된 자리의 값을 +1하도록 한다. SW2가 눌려지면 입력될 위치를 1자리 -> 10자리 -> 100자리 -> 1000자리 -> 1자리 -> 10자리 ...로 이동하도록 한다.

[예제 3-15] 폴링 방식에 의한 네 자리 입력 실험

```
// ex3-15.c
// 폴링 방식에 의한 네 자리 입력 실험

#include <mega128.h>
#include <delay.h>

typedef unsigned char u_char;

flash u_char seg_pat[10]= {0x3f, 0x06, 0x5b, 0x4f, 0x66, 0x6d, 0x7d, 0x07, 0x7f, 0x6f};

u_char  N1 = 0, N10 = 0, N100 = 0, N1000 = 0;
u_char  pos = 0;            // 0 : 1자리, 1 : 10자리 , 2 : 100자리 , 3 : 1000자리

void Seg4_out(void);        // 네 자리 7-Segment 출력 함수
void sw_key1(void);         // SW1 입력 처리 함수
void sw_key2(void);         // SW2 입력 처리 함수

void main(void)
{
   unsigned char old_sw, sw;

   DDRB = 0xF0;             // 포트 B 상위 4비트 출력 설정
   DDRD = 0xF0;             // 포트 D 상위 4비트 출력 설정
   DDRG = 0x0F;             // 포트 G 하위 4비트 출력 설정
   DDRE = 0x0;              // 포트 E 입력설정

   PORTB = 0x0;             // E, F, G, DP off
   PORTD = 0x0;             // A, B, C, D off

   old_sw = (PINE & 0b00110000);          // 스위치 상태값 추출
   while(1) {
      Seg4_out();

      sw = (PINE & 0b00110000);           // 스위치 상태값 추출
      if(sw == old_sw) continue;          // 스위치 상태 변화 없으면 처음으로
```

[예제 3-15] 폴링 방식에 의한 네 자리 입력 실험(계속)

```
        if(old_sw == 0b00110000 && sw == 0b00100000){ // SW1 on 순간
           sw_key1();                           // SW1 입력 처리
        }
        else if(old_sw == 0b00110000 && sw == 0b00010000){// SW2 on순간
           sw_key2();                           // SW2 입력 처리
        }
        old_sw = sw;
    }
}

// 네 자리수 7-Segment 출력 함수
void Seg4_out(void)
{
    PORTG = 0b00001000;       // 7-Seg DIG4 ON(PG3=1), 1자리 표시
    PORTD = ((seg_pat[N1] & 0x0F) << 4) | (PORTD & 0x0F);    //A-D표시
    PORTB = (seg_pat[N1] & 0x70 ) | (PORTB & 0x0F);          // E, F, G 표시
    delay_ms(5);

    PORTG = 0b00000100;       // 7-Seg DIG3 ON(PG2=1), 10자리 표시
    PORTD = ((seg_pat[N10] & 0x0F) << 4) | (PORTD & 0x0F);
    PORTB = (seg_pat[N10] & 0x70 ) | (PORTB & 0x0F);
    delay_ms(5);

    PORTG = 0b00000010;       // 7-Seg DIG2 ON(PG1=1), 100자리 표시
    PORTD = ((seg_pat[N100] & 0x0F) << 4) | (PORTD & 0x0F);
    PORTB = (seg_pat[N100] & 0x70 ) | (PORTB & 0x0F);
    delay_ms(5);

    PORTG = 0b00000001;       // 7-Seg DIG1 ON(PG0=1), 1000자리 표시
    PORTD = ((seg_pat[N1000] & 0x0F) << 4) | (PORTD & 0x0F);
    PORTB = (seg_pat[N1000] & 0x70 ) | (PORTB & 0x0F);
    delay_ms(5);
}

// SW1 입력 처리 함수
void sw_key1(void)
{
    if(pos == 0) N1 = (N1 + 1) % 10;                  // 1자리 +1
    else if(pos == 1) N10 = (N10 + 1) % 10;           // 10자리 +1
    else if(pos == 2) N100 = (N100 + 1) % 10;         // 100자리 +1
    else N1000 = (N1000 + 1) % 10;                    // 1000자리 +1
}

// SW2 입력 처리 함수
void sw_key2(void)
{
    pos = (pos + 1) % 4;          // 입력 자리 이동
}
```

[예제 3-16] 간이 시계 제작

7-세그먼트를 이용하여 시간과 분을 표시하는 시계 프로그램을 작성하라. 시간 설정을 위한 스위치는 SW1과 SW2를 이용하며, 24시 표시형으로 한다.

시간 (10자리)	시간 (1자리)	분 (10자리)	분 (1자리)

SW1(PE4) : 선택된 자리의 값 +1(현재값 +1, 9 다음은 0)
SW2(PE5) : 자리이동

☞ **1초 측정**

아직 시간 측정 기능이 있는 타이머/카운터를 배우지 않았기 때문에 여기서 시간을 측정할 수 있는 방법은 CodeVisionAVR C 컴파일러에서 제공하는 delay_ms() 또는 delay_us() 함수를 이용하는 것이다. 그러나, 단순히 딜레이 함수를 이용해서 기다리기만 하면 7-세그먼트의 표시가 off될 수 있기 때문에 시간 측정을 위해 기다리는 동안 계속해서 7-Segment()를 표시해야 된다. 프로그램에서 time_Disp() 함수가 이 역할을 하며, 4개의 세그먼트를 표시하는데 20ms씩 사용하고 for문을 이용하여 5회 실시하면 100ms가 된다. 그리고 main() 함수에서 스위치를 체크하면서 10회 실행하면 대략 1초(100ms x 10회)가 경과하게 된다. 물론 보다 정확한 시간을 만들고자 한다면 delay_ms() 대신 delay_us()를 이용하여 시간 조정을 하면 충분히 정확한 시계를 만들 수도 있다.

☞ **시간 조정 시 주의 사항**

두 개의 스위치에 의해 시간을 조정할 때 시간의 1자리와 시간의 10자리에 대해서는 주의가 필요하다. sw_key1() 함수에서 이를 수행한다.

- 분 1자리 : 값의 범위 0~9
- 분 10자리 : 값의 범위 0~5
- 시간 1자리 : 시간의 10자리에 따라 값의 범위가 달라진다.

시간 10자리	가능한 시간 1자리
0 또는 1	0~9
2	0~3

- 시간 10자리 : 시간의 1자리에 따라 값의 범위가 달라진다.

시간 1자리	가능한 시간 10자리
0~3	0~2
4~9	0~1 (현재 시간 10자리가 1인 경우에는 스위치 입력에 의해 2가 되어 시간값이 24~29가 되므로 스위치 입력을 무시한다.)

[예제 3-16] 간이 시계

```
// ex3-16.c
#include <mega128.h>
#include <delay.h>

typedef unsigned char u_char;

flash u_char seg_pat[10]= {0x3f, 0x06, 0x5b, 0x4f, 0x66, 0x6d, 0x7d, 0x07, 0x7f, 0x6f};
u_char  hour = 12, min = 0, sec = 0;
u_char  N1000 = 0, N100 = 0, N10 = 0, N1 = 0;
u_char  pos = 0;         // 0 : 1자리, 1 : 10자리 , 2 : 100자리 , 3 : 1000자리

void time_Disp(void);  // 시간 표시
void sw_key1(void);    // SW1 입력 처리 함수
void sw_key2(void);    // SW2 입력 처리 함수

void main(void)
{
   u_char old_sw, sw, n;

   DDRB = 0xF0;          // 포트 B 상위 4비트 출력 설정
   DDRD = 0xF0;          // 포트 D 상위 4비트 출력 설정
   DDRG = 0x0F;          // 포트 G 하위 4비트 출력 설정
   DDRE = 0x0;           // 포트 E 입력설정

   PORTB = 0x0;          // E, F, G, DP off
   PORTD = 0x0;          // A, B, C, D off

   old_sw = PINE & 0b11110000;                // SW1 상태값 추출
   while(1){
     for(n = 0;n < 10;n++){                   // 약 1초 경과 루틴
       time_Disp();                           // 현재 시간 표시

       sw = PINE & 0b11110000;                // SW1 상태값 추출
       if(sw == old_sw) continue;             // 스위치 상태 변화 없으면 선두로

       if(old_sw == 0b11110000 &&
         sw == 0b11100000) sw_key1();         // SW1 입력 처리
       else if(old_sw == 0b11110000 &&
         sw == 0b11010000) sw_key2();         // SW2 입력 처리

       old_sw = sw;
     }
    sec++;               // 1초 증가
    if(sec == 60){       // 초값 =60이면 분값 증가
       sec = 0;
       min++;
```

[예제 3-16] 간이 시계(계속)

```
        if(min == 60) {    // 분값 =60이면 시간 증가
            min = 0;
            hour++;
            if(hour == 24) hour = 0;
        }
      }
    }
}
// 현재 시간 출력
void time_Disp()
{
    int i;

    N1000 = hour / 10;              // 시간 10자리 추출
    N100 = hour % 10;               // 시간 1자리 추출

    N10 = min / 10;                 // 분 10자리 추출
    N1 = min % 10;                  // 분 1자리 추출

    for(i = 0;i < 5;i++){
      PORTG = 0b00001000;   // 7-Seg DIG4 ON(PG3=1), 분 1자리 표시
      PORTD = ((seg_pat[N1] & 0x0F) << 4) | (PORTD & 0x0F);
      PORTB = (seg_pat[N1] & 0x70 ) | (PORTB & 0x0F);
      delay_ms(5);

      PORTG = 0b00000100;  // 7-Seg DIG3 ON(PG2=1), 분 10자리 표시
      PORTD = ((seg_pat[N10] & 0x0F) << 4) | (PORTD & 0x0F);
      PORTB = (seg_pat[N10] & 0x70 ) | (PORTB & 0x0F);
      delay_ms(5);

      PORTG = 0b00000010;  // 7-Seg DIG2 ON(PG1=1), 시간 1자리 표시
      PORTD = ((seg_pat[N100] & 0x0F) << 4) | (PORTD & 0x0F);
      PORTB = (seg_pat[N100] & 0x70 ) | (PORTB & 0x0F);
      delay_ms(5);

      PORTG = 0b00000001; // 7-Seg DIG1 ON(PG0=1), 시간 10자리 표시
      PORTD = ((seg_pat[N1000] & 0x0F) << 4) | (PORTD & 0x0F);
      PORTB = (seg_pat[N1000] & 0x70 ) | (PORTB & 0x0F);
      delay_ms(5);
    }
}
```

[예제 3-16] 간이 시계(계속)

```
// sw1 입력처리
void sw_key1(void)
{
    N1 = min % 10;                    // 현재 분 1자리 추출
    N10 = min / 10;                   // 현재 분 10자리 추출
    N100 = hour % 10;                 // 현재 시간 1자리 추출
    N1000 = hour / 10;                // 현재 시간 10자리 추출

    if(pos == 0) N1 = (N1 + 1) % 10;          // 분 1단위 +1
    else if(pos == 1) N10 = (N10 + 1) % 6;    // 분 10단위 +1
    else if(pos == 2) {                       // 시간 1단위 +1
        if(N1000 == 2) N100 = (N100 + 1) % 4;
        else N100 = (N100 + 1) % 10;
    }
    else {                                    // 시간 10단위 +1
        if(N100 < 4) N1000 = (N1000 + 1) % 3;
        else if(N1000 != 1) N1000 = (N1000 + 1) % 3;
    }

    hour = N1000 * 10 + N100;                 // 시간 계산
    min = N10 * 10 + N1;                      // 분 계산
}

// sw2 입력처리
void sw_key2(void)
{
    pos = (pos + 1) % 4;                      // 입력 자리 이동
}
```

[과제] 스톱워치 제작 : 7-Segment에 1/100초(10ms) 단위로 표시

(외부 인터럽트, 타이머/카운터 기능 사용없이)

초 (10단위)	초 (1단위)	1/10초	1/100초

SW1(PE4) : 시작/정지 토글 동작

SW2(PE5) : 리셋(클리어)

<힌트> 7-Segment에 4자리를 표시하는 시간이 1/100초(10ms) 정도 걸리게끔 하는 함수를 만들고, 동작 상태이면 10ms씩 증가시키며 현재의 시간을 표시한다. 그러나, 정지 상태이면 시간은 증가시키지 말고 현재의 시간을 표시하는 함수만 실행하도록 한다.

Chapter 04

외부 인터럽트

4.1 개요

4.1.1 인터럽트란?

일반적으로 MCU에서 입력을 받아들이는 방법에는 두 가지가 있다. 하나는 사용자가 명령어를 사용하여 입력핀의 값을 계속 또는 주기적으로 읽어서 변화를 알아내는 것(폴링 : polling)이고, 다른 하나는 MCU 자체가 하드웨어적으로 그 변화를 체크하여 변화 시에만 일정한 동작을 하는 것(interrupt)이다.

[그림 4-1]은 인터럽트의 개념도를 보여주며, 외부 또는 내부에서 인터럽트 소스(원인)에 의해 MCU에게 인터럽트 신호가 전달되면 MCU는 미리 정해진 작업(인터럽트 서비스 루틴)을 실행하게 된다. 인터럽트가 발생했을 때 MCU는 지금까지 실행하던 프로그램을 일단 중단하고 사용자에 의해 정해진 인터럽트 서비스 루틴을 실행하게 되며, 그 루틴의 실행이 끝나면 다시 원래 실행하던 프로그램으로 돌아가서 하던 일을 계속하게 된다.

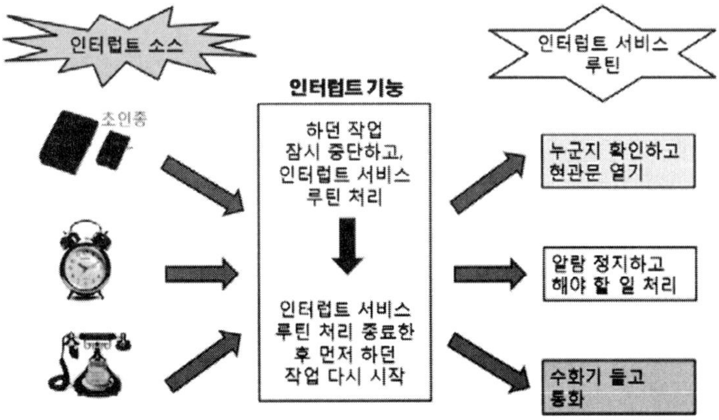

[그림 4-1] 인터럽트 개념도

폴링 방식에서는 입력핀의 변화가 있는지 확인하기 위해 계속 입력핀의 값을 읽을 필요가 있지만, 인터럽트 방식에서는 하드웨어적인 변화가 있으면 자동적으로 MCU에게 신호가 전달되므로 직접 입력핀의 값을 읽을 필요가 없게 된다.

폴링 방식은 모든 경우의 입력 또는 값의 변화에 대응하여 처리가 가능하지만 인터럽트는 하드웨어적으로 지원되는 몇 개의 입력 또는 값의 변화에만 대응 처리가 가능하며, 처리 속도는 일반적인 경우에 인터럽트가 더 빠르다고 할 수 있다.

인터럽트를 발생시킬 수 있도록 만들어진 것(외부 입력 핀, 타이머, 시리얼 포트 등)을 인터럽트 소스(interrupt source)라고 하고, 인터럽트 발생시 분기 장소를 기록해 놓은 특정 번지의 내용을 인터럽트 점프 테이블(interrupt jump table) 또는 인터럽트 벡터 테이블(interrupt vector table)이라고 한다. 그리고, 인터럽트 처리 프로그램을 인터럽트 핸들러(interrupt handler) 또는 인터럽트 서비스 루틴(interrupt service routine)이라고 한다.

4.2 인터럽트 처리

ATmega128은 리셋을 포함하여 35개의 인터럽트 소스를 제공하며, [표 4-1]은 그것을 요약한 것이다. 인터럽트와 리셋 벡터는 각각 프로그램 메모리 영역 내에 별도의 벡터를 가지며, 모든 인터럽트에는 인터럽트를 인에이블 시키기 위해 상태 레지스터 SREG의 I비트와 함께 각각의 개별적인 인터럽트 인에이블 비트가 할당되어 있다.

[표 4-1] 리셋과 인터럽트 벡터

벡터	프로그램 주소(2)	인터럽트 소스	인터럽트 설명
1	0x0000(1)	RESET	외부 리셋. 파워온 리셋/워치독 리셋
2	0x0002	INT0	외부 인터럽트 요구 0
3	0x0004	INT1	외부 인터럽트 요구 1
4	0x0006	INT2	외부 인터럽트 요구 2
5	0x0008	INT3	외부 인터럽트 요구 3
6	0x000A	INT4	외부 인터럽트 요구 4
7	0x000C	INT5	외부 인터럽트 요구 5
8	0x000E	INT6	외부 인터럽트 요구 6
9	0x0010	INT7	외부 인터럽트 요구 7

벡터	프로그램 주소(2)	인터럽트 소스	인터럽트 설명
10	0x0012	TIMER2 COMP	타이머/카운터2 비교 매치
11	0x0014	TIMER2 OVF	타이머/카운터2 오버플로
12	0x0016	TIMER1 CAPT	타이머/카운터1 캡쳐 이벤트
13	0x0018	TIMER1 COMP	A타이머/카운터1 비교 매치 A
14	0x001A	TIMER1 COMPB	타이머/카운터1 비교 매치 B
15	0x001C	TIMER1 OVF	타이머/카운터1 오버플로
16	0x001E	TIMER0 COMP	타이머/카운터0 비교 매치
17	0x0020	TIMER0 OVF	타이머/카운터0 오버플로
18	0x0022	SPI, STC	SPI 직렬 전송 완료
19	0x0024	USART0, RX	USART0 수신 완료
20	0x0026	USART0,	UDRE USART0 데이터 레지스터 빔
21	0x0028	USART0,TX	USART0 데이터 전송 완료
22	0x002A	ADC	A/D 변환 완료
23	0x002C	EE READY	EEPROM Ready
24	0x002E	ANALOG COMP	아날로그 비교기
25	0x0030(3)	TIMER1 COMPC	타이머/카운터1 비교 매치 C
26	0x0032(3)	TIMER3 CAPT	타이머/카운터3 캡쳐 이벤트
27	0x0034(3)	TIMER3 COMPA	타이머/카운터3 비교 매치 A
28	0x0036(3)	TIMER3 COMPB	타이머/카운터3 비교 매치 B
29	0x0038(3)	TIMER3 COMPC	타이머/카운터3 비교 매치 C
30	0x003A(3)	TIMER3 OVF	타이머/카운터3 오버플로
31	0x003C(3)	USART1, RX	USART1 수신 완료
32	0x003E(3)	USART1, UDRE	USART0 데이터 레지스터 빔
33	0x0040(3)	USART1, TX	USART0 데이터 전송 완료
34	0x0042(3)	TWI	Two-wire 직렬 인터페이스
35	0x0044(3)	SPM READY	Store Program Memory Ready

☞ (1) 퓨즈 비트의 BOOTRST비트를 0으로 하면, 리셋때 부트로더 번지로 점프함

(2) 레지스터 MCUCR의 IVSEL 비트가 1이면, 인터럽트 벡터는 부트 플래시 섹션의 스타트 번지로 이동한다. 따라서, 각 인터럽트 벡터 어드레스는 부트 플래시 섹션의 시작번지에 이 표의 프로그램 주소가 더해진 값이 된다.

(3) ATmega103 호환모드에서는 0x0030~0x0044는 존재하지 않는다.

리셋과 인터럽트 벡터는 [표 4-2]와 같이 퓨즈 비트 BOOTRST와 MCUCR 레지스터의 IVSEL 비트 값에 따라 다른 벡터값을 갖는다. 표에서 Boot Reset 어드레스는 2.5.1절의 [표 2-13]에 나타낸 BOOTSZ1..0값에 따른 부트로더 섹션의 시작번지를 나타낸다. [표 4-3]은 전형적인 경우(BOOTRST=1, IVSEL=0)의 어셈블리 프로그램을 보여주며, 리셋 어드레스는 0x0000이고 인터럽트 벡터 시작 어드레스는 0x0002인 것을 알 수 있다.

[표 4-2] 리셋 및 인터럽트 벡터 위치

BOOTRST	IVSEL	Reset 어드레스	인터럽트 벡터 시작 어드레스
1	0	0x0000	0x002
1	1	0x0000	Boot Reset address + 0x0002
0	0	Boot Reset address	0x002
0	1	Boot Reset address	Boot Reset address + 0x002

[표 4-3] 전형적인 (BOOTRST=1, IVSEL=0) 어셈블리 프로그램

```
Address   Labels    Code                        Comments
---------------------------------------------------------------------------
0x0000              rjmp RESET                  ; Reset Handler
0x0002              rjmp EXT_INT0               ; IRQ0 Handler
0x0004              rjmp EXT_INT1               ; IRQ1 Handler
0x0006              rjmp EXT_INT2               ; IRQ2 Handler
0x0008              rjmp EXT_INT3               ; IRQ3 Handler
0x000A              rjmp EXT_INT4               ; IRQ4 Handler
0x000C              rjmp EXT_INT5               ; IRQ5 Handler
0x000E              rjmp EXT_INT6               ; IRQ6 Handler
0x0010              rjmp EXT_INT7               ; IRQ7 Handler
0x0012              rjmp TIM2_COMP              ; Timer2 Compare Handler
0x0014              rjmp TIM2_OVF               ; Timer2 Overflow Handler
0x0016              rjmp TIM1_CAPT              ; Timer1 Capture Handler
0x0018              rjmp TIM1_COMPA             ; TImer1 Compare A Handler
0x001A              rjmp TIM1_COMPB             ; TImer1 Compare B Handler
0x001C              rjmp TIM1_OVF               ; TImer1 Overflow Handler
0x001E              rjmp TIM0_COMP              ; Timer0 Compare Handler
0x0020              rjmp TIM0_OVF               ; Timer0 Overflow Handler
0x0022              rjmp SPI_STC                ; SPI Transfer Complete Handler
0x0024              rjmp USART0_RXC             ; USART0 RX Complete Handler
0x0026              rjmp USART0_DRE             ; USART0 UDR Empty Handler
0x0028              rjmp USART0_TXC             ; USART0 TX Complete Handler
0x002A              rjmp ADC                    ; ADC Conversion Complete Handler
0x002C              rjmp EE_READY               ; EEPROM Ready Handler
0x002E              rjmp ANA_COMP               ; Analog Comparator Handler
0x0030              rjmp TIM1_COMPC             ; Timer1 Compare C Handler
0x0032              rjmp TIM3_CAPT              ; Timer3 Capture Handler
0x0034              rjmp TIM3_COMPA             ; Timer3 Compare A Handler
0x0036              rjmp TIM3_COMPB             ; Timer3 Compare B Handler
0x0038              rjmp TIM3_COMPC             ; Timer3 Compare C Handler
0x003A              rjmp TIM3_OVF               ; Timer3 Overflow Handler
0x003C              rjmp USART1_RXC             ; USART1 RX Complete Handler
0x003E              rjmp USART1_DRE             ; USART1 UDR Empty Handler
0x0040              rjmp USART1_TXC             ; USART1 TX Complete Handler
0x0042              rjmp TWI                    ; TWO-wire Serial Interface Handler
0x0044              rjmp SPM_RDY                ; SPM Ready Handler
;
0x046     RESET:    ldi r16,high(RAMEND)        ; Main program start
0x012               out SPH,r16                 ; Set Stack Pointer to top of RAM
0x013               <instr> xxx
...........................
```

[표 4-4]는 BOOTRST=1, IVSEL=1이고 부트로더 사이즈가 8K바이트인 경우(부드로더 섹션 0xF000~0xFFFF)의 어셈블리 프로그램을 보여주며, 리셋 어드레스는 0x000이고 인터럽트 벡터 시작 어드레스는 0xF002인 것을 알 수 있다.

[표 4-4] BOOTRST=1, IVSEL=1인 경우의 어셈블리 프로그램

```
Address   Labels    Code                              Comments
-----------------------------------------------------------------------
0x000     RESET:    ldi r16,high(RAMEND) ; Main program start
0x001               out SPH,r16                       ; Set Stack Pointer to top of RAM
0x002               ldi r16,low(RAMEND)
0x003               out SPL,r16
0x004               sei                               ; Enable interrupts
0x005               <instr> xxx

                    .org 0xF002
0xF002              rjmp EXT_INT0                     ; IRQ0 Handler
0xF004              rjmp EXT_INT1                     ; IRQ1 Handler
...       ....      ..                                ;
0xF044              rjmp SPM_RDY                      ; Store Program memory Ready
```

■ MCUCR(MCU Control Register) : MCU 제어 레지스터

이 레지스터는 I/O 레지스터 영역 0x35(0x55) 번지에 위치하며, 인터럽트에 관련이 있는 비트의 기능은 다음과 같다.

비트	7	6	5	4	3	2	1	0	
0x35(0x55)	SRE	SRW10	SE	SM1	SM0	SM2	IVSEL	IVCE	MCUCR
읽기/쓰기	읽기/쓰기	읽기/쓰기	읽기/쓰기	읽기/쓰기	읽기/쓰기	읽기/쓰기	읽기/쓰기	읽기/쓰기	
초기값	0	0	0	0	0	0	0	0	

- Bit 1 – IVSEL(Interrupt Vector Select) : 인터럽트 벡터 선택 비트

  이 비트가 0이면 인터럽트 벡터는 플래시 메모리의 시작에 위치하지만, 이 비트가 1이면 인터럽트 벡터는 [표 4-2]와 같이 플래시 메모리의 부트로더 섹션의 선두 위치로 이동하게 된다. 부트로더의 선두 어드레스는 퓨즈 비트 BOOTSZ1..0에 의해 결정된다. 이 비트에 새로운 값을 쓰기 위해서는 IVCE 비트를 우선적으로 1로 하고 4사이클 이내에 원하는 값을 써주어야 한다. 이 4사이클 동안 MCU는 인터럽트 금지상태가 된다.

- Bit 0 – IVCE(Interrupt Vector Change Enable) : 인터럽트 벡터 변경 인에이블 비트
  이 비트는 IVSEL 비트를 변경할 때 이를 가능하게 하기 위해 우선적으로 1로 하여야 하며, 이 비트가 1이 되고 4사이클 후 또는 IVSEL에 값이 셋 되었을 때 하드웨어적으로 클리어 된다. 따라서, IVCE 비트에 1을 쓰고 4사이클 이내에 IVSEL 비트에 원하는 값을 써야만 한다.

프로그램 메모리의 최하위 영역에 리셋과 인터럽트 벡터가 [표 4-1]과 같이 정의되어 있으며, 가장 낮은 주소를 갖는 인터럽트가 가장 높은 인터럽트 우선 순위를 갖는다. 즉, 외부 리셋에 대한 인터럽트가 가장 높은 우선 순위를 가지며, 외부 인터럽트 0은 두 번째로 높은 우선 순위를 갖는다.

인터럽트가 발생하여 인터럽트 서비스 루틴으로 점프하게 되면 전역 인터럽트 인에이블 비트인 SREG 레지스터의 I 비트는 0으로 되며, 모든 인터럽트가 무시된다. 사용자는 인터럽트를 인에이블 시키기 위해 I 비트를 셋 할 수도 있으며, 또한 인터럽트 서비스 루틴을 빠져 나오는 명령 RETI를 사용하면 I 비트가 자동적으로 셋 된다.

이벤트에 의해 발생되는 인터럽트는 이벤트가 발생했을 때 인터럽트 플래그가 셋 된다. 만일 인터럽트 플래그가 클리어 되고 인터럽트 조건이 유지된다면 인터럽트 플래그는 다음 이벤트가 발생할 때까지 셋 되지 않는다.

프로그램 카운터가 인터럽트 처리 루틴을 실행하기 위해 실제 인터럽트 벡터를 가리키게 되면 발생된 인터럽트에 대응하는 플래그는 하드웨어적으로 자동 클리어 된다.

인터럽트 인에이블 비트가 클리어 되어 있을 때 대응하는 인터럽트 조건이 발생되면 인터럽트 플래그는 셋 되며, 인터럽트가 인에이블 되거나 소프트웨어에 의해 클리어 될 때까지 유지된다.

전역 인터럽트 인에이블 비트 I가 클리어 되어 있을 때 한 개 이상의 인터럽트 조건이 발생되면 대응되는 인터럽트 플래그는 셋 되고 전역 인터럽트 인에이블 비트가 셋 될 때까지 유지되고 우선 순위에 의해서 실행된다.

외부 인터럽트 중 레벨 인터럽트는 플래그를 가지고 있지 않으며, 인터럽트 조건이 충족되어 있을 동안만 유지된다.

4.3 외부 인터럽트

ATmega128의 외부 인터럽트는 INT0~INT7 핀에 의해 발생되며, 외부 인터럽트가 인에이블 되어 있으면 이 핀들이 출력으로 설정되어 있더라도 인터럽트가 발생한다. 이것은 소프트웨어적으로 인터럽트를 발생시키는 방법을 제공한다.

외부 인터럽트 INT0~INT7은 에지 트리거(하강 에지 또는 상승 에지) 또는 레벨 트리거(Low 레벨)에 의해 인터럽트가 발생할 수 있으며, 레지스터 EICRA와 EICRB에 의해 설정되어진다.

■ EICRA(External Interrupt Control Register A) : 외부 인터럽트 제어 레지스터 A

비트	7	6	5	4	3	2	1	0	
0x6A	ISC31	ISC30	ISC21	ISC20	ISC11	ISC10	ISC01	ISC00	EICRA
읽기/쓰기	읽기/쓰기	읽기/쓰기	읽기/쓰기	읽기/쓰기	읽기/쓰기	읽기/쓰기	읽기/쓰기	읽기/쓰기	
초기값	0	0	0	0	0	0	0	0	

이 레지스터는 외부 인터럽트 INT0~INT3에 대한 인터럽트 트리거 방식을 설정하며 [표 4-5]와 같다.

[표 4-5] 외부 인터럽트 INT0~INT3 트리거 방식(n=0~3)

ISCn1	ISCn0	설 명
0	0	INTn의 Low 레벨에서 인터럽트 요구
0	1	-
1	0	INTn의 하강 에지에서 비동기적으로 인터럽트 요구
1	1	INTn의 상승 에지에서 비동기적으로 인터럽트 요구

INT0~INT3의 레벨 트리거와 에지 트리거 방식에 의한 외부 인터럽트는 클럭에 상관없이 비동기적으로 검출되며, 이것들은 슬립모드를 해제하는 수단으로 사용될 수 있다. 에지 트리거로 사용되는 인터럽트는 최소 50ns이상의 펄스폭을 가져야 한다.

■ EICRB(External Interrupt Control Register B) : 외부 인터럽트 제어 레지스터 B

비트	7	6	5	4	3	2	1	0	
0x3A(0x5A)	ISC71	ISC70	ISC61	ISC60	ISC51	ISC50	ISC41	ISC40 E	ICRB
읽기/쓰기	읽기/쓰기	읽기/쓰기	읽기/쓰기	읽기/쓰기	읽기/쓰기	읽기/쓰기	읽기/쓰기	읽기/쓰기	
초기값	0	0	0	0	0	0	0	0	

이 레지스터는 외부 인터럽트 INT4~INT7에 대한 인터럽트 트리거 방식을 설정하며 [표 4-6]과 같다.

[표 4-6] 외부 인터럽트 INT4~INT7 트리거 방식(n=4~7)

ISCn1	ISCn0	설 명
0	0	INTn의 Low 레벨에서 인터럽트 요구
0	1	INTn에 논리적인 변화가 있을 때 인터럽트 요구
1	0	INTn의 하강 에지에서 인터럽트 요구
1	1	INTn의 상승 에지에서 인터럽트 요구

INT4~INT7의 에지 트리거 방식에 의한 외부 인터럽트는 I/O 클럭을 필요로 하기 때문에 아이들 모드이외의 슬립모드에서는 슬립모드를 해제하는 수단으로 사용될 수 없다.

에지 트리거로 사용되는 인터럽트는 최소 1주기 이상의 펄스폭을 가져야 하며, 레벨 트리거를 사용하는 경우에는 현재 실행중인 명령어가 끝날 때까지 Low 레벨을 유지하여야 한다.

■ EIMSK(External Interrupt Mask Register) : 외부 인터럽트 마스크 레지스터

EIMSK는 8개의 외부 인터럽트를 인에이블시키는 비트로 구성된다.

비트	7	6	5	4	3	2	1	0	
0x39(0x59)	INT7	INT6	INT5	INT4	INT3	INT2	INT1	INT0	EIMSK
읽기/쓰기	읽기/쓰기	읽기/쓰기	읽기/쓰기	읽기/쓰기	읽기/쓰기	읽기/쓰기	읽기/쓰기	읽기/쓰기	
초기값	0	0	0	0	0	0	0	0	

- Bit 7..0 – INT7~INT0 : 외부 인터럽트 인에이블 비트

  INT0~INT7 비트가 셋 되어 있고 상태 레지스터 SREG의 I 비트가 셋 되어 있을 경우에 해당하는 외부 인터럽트가 인에이블 되며, 인터럽트 트리거 방식은 EICRA 레지스터와 EICRB 레지스터에 의해 설정된다.

■ EIFR(External Interrupt Flag Register) : 외부 인터럽트 플래그 레지스터

이 레지스터는 외부 인터럽트의 발생여부를 나타낸다.

비트	7	6	5	4	3	2	1	0	
0x38(0x58)	INTF7	INTF6	INTF5	INTF4	INTF3	INTF2	INTF1	INTF0	EIFR
읽기/쓰기	읽기/쓰기	읽기/쓰기	읽기/쓰기	읽기/쓰기	읽기/쓰기	읽기/쓰기	읽기/쓰기	읽기/쓰기	
초기값	0	0	0	0	0	0	0	0	

- Bit 7..0 – INTF7~INTF0 : 외부 인터럽트 플래그 비트

  INT0~INT7 핀에서 인터럽트 요구의 이벤트가 발생했을 때 이 비트가 셋 된다. SREG의 I 비트와 EIMSK 레지스터의 INT0~INT7 비트가 셋 되어 있으면 MCU는 해당하는 인터럽트 벡터로 점프한다. 인터럽트 루틴이 실행되면 플래그는 자동적으로 클리어 되거나 또는 플래그 비트에 1을 쓰면 클리어 된다. 레벨 트리거로 설정된 경우에는 항상 클리어 되어 있다.

■ SREG(Status Register) : 상태 레지스터

상태 레지스터(SREG)는 산술연산 결과에 대한 상태 플래그 비트와 전체 인터럽트를 제어하는 인에이블 비트를 가지며, I/O 레지스터 영역 0x3F(0x5F) 번지에 위치한다.

비트	7	6	5	4	3	2	1	0	
0x3F(0x5F)	I	T	H	S	V	N	Z	C	SREG
읽기/쓰기	읽기/쓰기	읽기/쓰기	읽기/쓰기	읽기/쓰기	읽기/쓰기	읽기/쓰기	읽기/쓰기	읽기/쓰기	
초기값	0	0	0	0	0	0	0	0	

- BIT 7–I : 전역 인터럽트 인에이블(Global Interrupt Enable) 비트

  이 비트는 인터럽트를 인에이블 시키기 위해서 반드시 셋 되어져야 한다. 각각의 인터럽트 인에이블 제어는 별도의 제어 레지스터에서 수행되며, 이 비트가 0이면 개별적인 인터럽트 인에이블의 설정이 의미가 없게 된다. 이 비트는 인터럽트가 발생된 후에 하드웨어적으로 자동 클리어 되며, 다음 인터럽트 인에이블을 위해서 RETI 명령에 의해 셋 된다.

4.4 외부 인터럽트 실험

4.4.1 CodeVisionAVR에서 인터럽트 사용법

CodeVisionAVR에서 인터럽트 함수는 다음과 같은 형식을 갖추어야 한다.

```
interrupt [인터럽트 소스명] void 함수명(void)
{
    인터럽트 서브루틴
}
```

여기서, 인터럽트 소스명은 CodeVisionAVR에서 제공하는 헤더 파일 <mega128.h>에 정의된 소스명을 사용하며, 함수명은 사용자가 임의로 정해주면 된다. [표 4-7]은 <mega128.h>에서 인터럽트 소스명 정의부분만 표시한 것이다.

[예] 외부 인터럽트 0

```
interrupt [EXT_INT0] void ext_int0(void)
{
        . . . . .

}
```

[예] 외부 인터럽트 4

```
interrupt [EXT_INT4] void ex_int4(void)
{
        .......
}
```

[표 4-7] <mega128.h>에서 정의된 외부 인터럽트 소스명

```
// Interrupt vectors definitions

#define EXT_INT0 2
#define EXT_INT1 3
#define EXT_INT2 4
#define EXT_INT3 5
#define EXT_INT4 6
#define EXT_INT5 7
#define EXT_INT6 8
#define EXT_INT7 9
#define TIM2_COMP 10
#define TIM2_OVF 11
#define TIM1_CAPT 12
#define TIM1_COMPA 13
#define TIM1_COMPB 14
#define TIM1_OVF 15
#define TIM0_COMP 16
#define TIM0_OVF 17
#define SPI_STC 18
#define USART0_RXC 19
#define USART0_DRE 20
#define USART0_TXC 21
#define ADC_INT 22
#define EE_RDY 23
#define ANA_COMP 24
#define TIM1_COMPC 25
#define TIM3_CAPT 26
#define TIM3_COMPA 27
#define TIM3_COMPB 28
#define TIM3_COMPC 29
#define TIM3_OVF 30
#define USART1_RXC 31
#define USART1_DRE 32
#define USART1_TXC 33
#define TWI 34
#define SPM_RDY 35

#endif
```

4.4.2 외부 인터럽트 실험

외부 인터럽트도 I/O 포트와 마찬가지로 사용하기 전에 사용하려고 하는 의도에 맞게 관련 레지스터에 대한 설정을 해 주어야 인터럽트 처리가 정상적으로 동작하게 된다. 일반적으로 프로그램 작성 시 I/O 포트에 대한 설정이 끝난 후에 외부 인터럽트나 타이머/카운터에 대한 설정을 하면 된다. 외부 인터럽트에 대한 사용법을 간단히 요약하면 다음과 같으며, 요약된 내용에 따라 프로그램을 작성하면 된다.

☞ **외부 인터럽트 사용법 요약**

① 사용하고자 하는 외부 인터럽트 인에이블 비트 셋
사용 레지스터 : EIMSK

② 트리거 방식 설정(하강에지/상승에지/레벨 트리거 중 선택)
사용 레지스터 : EICRA(INT0~INT3), EICRB(INT4~INT7)

③ 전역 인터럽트 인에이블 비트 I 셋
사용 레지스터 : SREG(최상위 비트)
-> 가능하면 모든 초기 설정이 끝난 후 제일 마지막에 I 비트를 셋 한다.

④ 인터럽트 함수 작성

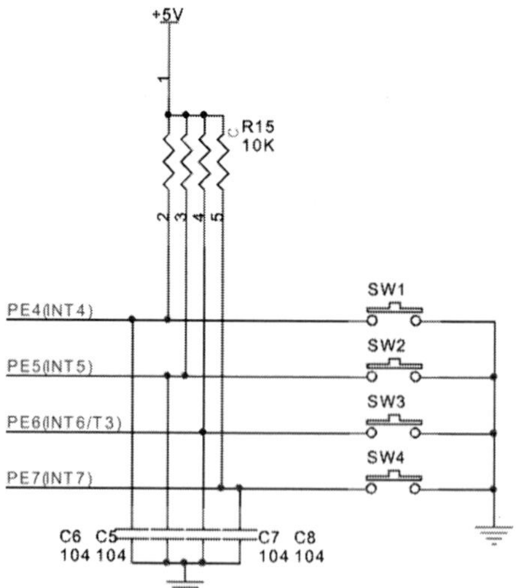

[그림 4-2] KUT-128_COM 보드 스위치 입력회로(INT4~INT7 사용)

[예제 4-1] 외부 인터럽트4에 의한 LED 점멸 실험(하강 에지)

KUT-128_COM 보드의 SW1/INT4이 눌려질 때마다 외부 인터럽트4가 발생하여 LED가 순차적으로 점멸하도록 프로그램을 작성하라. 외부 인터럽트4의 입력 트리거는 하강 에지에서 발생하도록 한다.

[예제 4-1] 외부 인터럽트4에 위한 LED 순차 점멸 실험(하강 에지)

```
// ex4-1.c
// 외부 인터럽트4에 대한 LED 순차 점멸 실험(하강 에지)

#include <mega128.h>

unsigned char led = 0xFE;

void main(void)
{
   // 포트 초기화
   DDRC = 0xFF;                          // 포트 C 출력 설정
   PORTC = led;                          // 포트 C에 초기값 출력

   // 외부 인터럽트 초기화
   EIMSK = 0b00010000;                   // 외부 인터럽트4 인에이블
   EICRB = 0b00000010;                   // 외부 인터럽트4 : 하강 에지
   SREG = 0x80;                          // 전역 인터럽트 인에이블 비트 셋

   while(1);
}

// 외부 인터럽트4 서비스 루틴
interrupt [EXT_INT4] void external_int4(void)
{
   led = led << 1;                       // 1비트 쉬프트
   led = led | 0b00000001;               // 최하위 비트 셋
   if(led == 0xFF) led = 0xFE;           // 모두 off 상태면 초기값 재설정
   PORTC = led;                          // 포트 출력
}
```

[예제 4-2] 외부 인터럽트4에 의한 LED 점멸 실험(상승 에지)

KUT-128_COM 보드의 SW1/INT4이 눌렸다 떼어지는 순간(상승 에지) 외부 인터럽트4가 발생하여 LED가 순차적으로 점멸되도록 프로그램을 작성하라.

[예제 4-2] 외부 인터럽트4에 위한 LED 순차 점멸 실험(상승 에지)

```
// ex4-2.c
// 외부 인터럽트4에 대한 LED 순차 점멸 실험(상승 에지)

#include <mega128.h>

unsigned char led = 0xFE;

void main(void)
{
    // 포트 초기화
    DDRC = 0xFF;                     // 포트 C 출력 설정

    PORTC = led;                     // 포트 C에 초기값 출력

    // 외부 인터럽트 초기화
    EIMSK = 0b00010000;              // 외부 인터럽트4 인에이블
    EICRB = 0b00000011;              // 외부 인터럽트4 : 상승 에지
    SREG = 0x80;                     // 전역 인터럽트 인에이블 비트 셋

    while(1);
}

// 외부 인터럽트4 서비스 루틴
interrupt [EXT_INT4] void external_int4(void)
{
    led = led << 1;                  // 1비트 쉬프트
    led = led | 0b00000001;          // 최하위 비트 셋
    if(led == 0xFF) led = 0xFE;      // 모두 off 상태면 초기값 재설정
    PORTC = led;                     // 포트 출력
}
```

☞ EICRB = 0b00000011; => EICRB = 0b00000001;
로 수정해서 실행한 후 어떻게 동작하는지 확인해 보세요.

[예제 4-3] 외부 인터럽트4에 의한 LED 전자 룰렛 실험(레벨 트리거)

외부 인터럽트4에 대한 실험으로 입력 트리거 방식을 레벨 트리거 방식으로 하여 SW1이 눌려지고 있는 동안에는 LED가 순차 점멸 하도록 하고, SW1에서 손을 떼면 순차 점멸하던 LED가 정지하도록 프로그램을 작성하라.

[예제 4-3] 외부 인터럽트4에 의한 LED 전자 룰렛 실험(레벨 트리거)

```
// ex4-3.c
// 외부 인터럽트4에 의한 LED 전자 룰렛 실험(레벨 트리거)

#include <mega128.h>
#include <delay.h>

unsigned char led = 0xFE;

void main(void)
{
   // 포트 초기화
   DDRC = 0xFF;                    // 포트 C 출력 설정

   PORTC = led;                    // 포트 C에 초기값 출력

   // 외부 인터럽트 초기화
   EIMSK = 0b00010000;             // 외부 인터럽트4 인에이블
   EICRB = 0b00000000;             // 외부 인터럽트4 : low 레벨
   SREG = 0x80;                    // 전역 인터럽트 인에이블 비트 셋

   while(1);                       // 무한 루프
}

// 외부 인터럽트4 서비스 루틴
interrupt [EXT_INT4] void external_int4(void)
{
   // LED 순차 점멸
   led = led << 1;                 // 1비트 쉬프트
   led = led | 0b00000001;         // 최하위 비트 셋
   if(led == 0xFF) led = 0xFE;     // 모두 off 상태면 초기값 재설정
   PORTC = led;                    // 포트 출력

   delay_ms(5);
}
```

[예제 4-4] 외부 인터럽트4에 의한 스위치 입력 실험

외부 인터럽트4를 이용하여 SW1/INT4를 누를 때마다 맨 우측 7-Segment의 표시값이 0->1->2-> ,,,->9->0->1,,, 이 표시되도록 프로그램을 작성하라.

[예제 4-4] 외부 인터럽트4에 의한 스위치 입력 실험

```
// ex4-4.c

#include <mega128.h>
#include <delay.h>

flash char seg_pat[10]= {0x3f, 0x06, 0x5b, 0x4f, 0x66, 0x6d, 0x7d, 0x07, 0x7f, 0x6f};

unsigned char  N1 = 0;

void main(void)
{
   DDRB = 0xF0;                         // 포트 B 상위 4비트 출력 설정
   DDRD = 0xF0;                         // 포트 D 상위 4비트 출력 설정
   DDRG = 0x0F;                         // 포트 G 하위 4비트 출력 설정

   // 인터럽트 초기화
   EIMSK = 0b00010000;                  // 외부 인터럽트4 인에이블
   EICRB = 0b00000010;                  // 외부 인터럽트4 : 하강 에지
   SREG = 0x80;                         // 전역 인터럽트 인에이블 비트 셋

   PORTG = 0b00001000;                  // 맨 우측 7-Segment DIG4 ON(PG3=1)

   while(1) {
      PORTD = ((seg_pat[N1] & 0x0F) << 4) | (PORTD & 0x0F); // A, B, C, D  표시
      PORTB = (seg_pat[N1] & 0x70 ) | (PORTB & 0x0F);         // E, F, G 표시
   }
}

// 외부 인터럽트4 서비스 루틴
interrupt [EXT_INT4] void external_int4(void)
{
   N1 = (N1 + 1) % 10;                  // 값 +1
}
```

[예제 4-5] 두 개의 외부 인터럽트를 이용한 10진 네 자리 입력 실험

두 개의 스위치 SW1/INT4과 SW2/INT5만을 이용하여 네 자리를 입력하는 프로그램을 작성하라. 여기서, SW2는 입력될 자리(위치)를 나타내고, SW1이 눌려지면 현재 선택된 자리의 값을 +1하도록 한다. SW2가 눌려지면 입력될 위치를 1자리 -> 10자리 -> 100자리 -> 1000자리 -> 1자리 -> 10자리 ...로 이동하도록 한다.

[예제 4-5] 두 개의 외부 인터럽트를 이용한 네 자리 입력 실험

```
// ex4-5.c
// 두 개의 스위치를 이용한 네 자리 입력 실험
#include <mega128.h>
#include <delay.h>

typedef unsigned char u_char;

flash u_char seg_pat[10]= {0x3f, 0x06, 0x5b, 0x4f, 0x66, 0x6d, 0x7d, 0x07,0x7f, 0x6f};

u_char N1 = 0, N10 = 0, N100 = 0, N1000 = 0;
u_char pos = 0;            // 0 : 1자리, 1 : 10자리 , 2 : 100자리 , 3 : 1000자리

void Seg4_out(void);       // 네 자리수 7-Segment 출력

void main(void)
{
   DDRB = 0xF0;                  // 포트 B 상위 4비트 출력 설정
   DDRD = 0xF0;                  // 포트 D 상위 4비트 출력 설정
   DDRG = 0x0F;                  // 포트 G 하위 4비트 출력 설정

   // 인터럽트 초기화
   EIMSK = 0b00110000;           // 외부 인터럽트 4,5 인에이블
   EICRB = 0b00001010;           // 외부 인터럽트 4,5 : 하강 에지
   SREG = 0x80;                  // 전역 인터럽트 인에이블 비트 셋

   while(1) Seg4_out();
}

// 네 자리수 7-Segment 출력 함수
void Seg4_out(void)
{
   PORTG = 0b00001000;      // 7-Seg DIG4 ON(PG3=1), 1자리 표시
   PORTD = ((seg_pat[N1] & 0x0F) << 4) | (PORTD & 0x0F);     // A, B, C, D 표시
   PORTB = (seg_pat[N1] & 0x70 ) | (PORTB & 0x0F);           // E, F, G 표시
   delay_ms(5);

   PORTG = 0b00000100;      // 7-Seg DIG3 ON(PG2=1), 10자리 표시
   PORTD = ((seg_pat[N10] & 0x0F) << 4) | (PORTD & 0x0F);    // A, B, C, D 표시
   PORTB = (seg_pat[N10] & 0x70 ) | (PORTB & 0x0F);          // E, F, G 표시
```

[예제 4-5] 두 개의 외부 인터럽트를 이용한 네 자리 입력 실험(계속)

```
    delay_ms(5);

    PORTG = 0b00000010;       // 7-Seg DIG2 ON(PG1=1), 100자리 표시
    PORTD = ((seg_pat[N100] & 0x0F) << 4) | (PORTD & 0x0F);         // A, B, C, D 표시
    PORTB = (seg_pat[N100] & 0x70 ) | (PORTB & 0x0F);               // E, F, G 표시
    delay_ms(5);

    PORTG = 0b00000001;       // 7-Seg DIG1 ON(PG0=1), 1000자리 표시
    PORTD = ((seg_pat[N1000] & 0x0F) << 4) | (PORTD & 0x0F);        // A, B, C, D 표시
    PORTB = (seg_pat[N1000] & 0x70 ) | (PORTB & 0x0F);              // E, F, G 표시
    delay_ms(5);
}

// 외부 인터럽트4 서비스 루틴
interrupt [EXT_INT4] void external_int4(void)
{
    if(pos == 0) N1 = (N1 + 1) % 10;                  // 1자리 +1
    else if(pos == 1) N10 = (N10 + 1) % 10;           // 10자리 +1
    else if(pos == 2) N100 = (N100 + 1) % 10;         // 100자리 +1
    else N1000 = (N1000 + 1) % 10;                    // 1000자리 +1
}

// 외부 인터럽트5 서비스 루틴
interrupt [EXT_INT5] void external_int5(void)
{
    pos = (pos + 1) % 4;                              // 입력 자리 이동
}
```

[예제 4-6] 외부인터럽트를 이용한 간이 시계 제작

delay_ms() 함수를 이용하여 시간과 분을 7-Segment에 출력하는 프로그램을 작성하라. 시간과 분의 조정은 [예제 4-5]와 같이 두 개의 스위치를 이용하여 입력하도록 한다.

[예제 4-6] 외부 인터럽트를 이용한 간이 시계 제작

```
// ex4-6.c
// 외부인터럽트를 이용한 간이 시계 제작
#include <mega128.h>
#include <delay.h>

typedef unsigned char u_char;

flash u_char seg_pat[10]= {0x3f, 0x06, 0x5b, 0x4f, 0x66, 0x6d, 0x7d, 0x07, 0x7f, 0x6f};

u_char  N1, N10, N100, N1000;
u_char  pos = 0;   // 0 : 1자리, 1 : 10자리 , 2 : 100자리 , 3 : 1000자리
u_char  hour = 12, min = 0, sec = 0;

void Time_out(void);                    // 시간 표시 함수

void main(void)
{
   char i;

   DDRB = 0xF0;          // 포트 B 상위 4비트 출력 설정
   DDRD = 0xF0;          // 포트 D 상위 4비트 출력 설정
   DDRG = 0x0F;          // 포트 G 하위 4비트 출력 설정

   // 인터럽트 초기화
   EIMSK = 0b00110000;               // 외부 인터럽트 4,5 인에이블
   EICRB = 0b00001010;               // 외부 인터럽트 4,5 : 하강 에지
   SREG = 0x80;                      // 전역 인터럽트 인에이블 비트 셋

   while(1) {
      for(i = 0;i < 49;i++) Time_out();        // 약 1초간 반복 표시

      sec = sec + 1;                            // 초값 +1
      if(sec == 60) {
         sec = 0;
         min = min + 1;                         // 분값 +1
         if(min == 60) {
            min = 0;
            hour = (hour + 1) % 24;             // 시간 +1
         }
      }
   }
}
```

[예제 4-6] 외부 인터럽트를 이용한 간이 시계 제작(계속)

```
// 시간 표시 함수
void Time_out(void)
{
    PORTG = 0b00001000;      // 7-Seg DIG4 ON(PG3=1), 분 1자리 표시
    PORTD = ((seg_pat[min % 10] & 0x0F) << 4) | (PORTD & 0x0F);
    PORTB = (seg_pat[min % 10] & 0x70 ) | (PORTB & 0x0F);
    delay_ms(5);

    PORTG = 0b00000100;      // 7-Seg DIG3 ON(PG2=1), 분 10자리 표시
    PORTD = ((seg_pat[min / 10] & 0x0F) << 4) | (PORTD & 0x0F);
    PORTB = (seg_pat[min / 10] & 0x70 ) | (PORTB & 0x0F);
    delay_ms(5);

    PORTG = 0b00000010;      // 7-Seg DIG2 ON(PG1=1), 시간 1자리 표시
    PORTD = ((seg_pat[hour % 10] & 0x0F) << 4) | (PORTD & 0x0F);
    PORTB = (seg_pat[hour % 10] & 0x70 ) | (PORTB & 0x0F);
    delay_ms(5);

    PORTG = 0b00000001;      // 7-Seg DIG1 ON(PG0=1), 시간 10자리 표시
    PORTD = ((seg_pat[hour / 10] & 0x0F) << 4) | (PORTD & 0x0F);
    PORTB = (seg_pat[hour / 10] & 0x70 ) | (PORTB & 0x0F);
    delay_ms(5);
}

// 외부 인터럽트 요구 4 서비스 루틴
interrupt [EXT_INT4] void external_int4(void)
{
    N1 = min % 10;                  // 현재 분 1자리 추출
    N10 = min / 10;                 // 현재 분 10자리 추출
    N100 = hour % 10;               // 현재 시간 1자리 추출
    N1000 = hour / 10;              // 현재 시간 10자리 추출

    if(pos == 0) N1 = (N1 + 1) % 10;                // 분 1단위 +1
    else if(pos == 1) N10 = (N10 + 1) % 6;          // 분 10단위 +1
    else if(pos == 2) {                             // 시간 1단위 +1
        if(N1000 == 2) N100 = (N100 + 1) % 4;
        else N100 = (N100 + 1) % 10;
    }
    else {                                          // 시간 10단위 +1
        if(N100 < 4) N1000 = (N1000 + 1) % 3;
        else if(N1000 != 1) N1000 = (N1000 + 1) % 3;
    }
    hour = N1000 * 10 + N100;                       // 시간 계산
    min = N10 * 10 + N1;                            // 분 계산
}

// 외부 인터럽트 요구 5 서비스 루틴
interrupt [EXT_INT5] void external_int5(void)
{
```

[예제 4-6] 외부 인터럽트를 이용한 간이 시계 제작(계속)

```
    pos = (pos + 1) % 4;                                    // 입력 자리 이동
  }
```

[과제] 스톱워치 제작 : 7-Segment에 1/100초 단위로 표시(외부 인터럽트 사용)

초 (10단위)	초 (1단위)	1/10초	1/100초

SW1(PE4) : 시작/정지 토글 동작

SW2(PE5) : 리셋(클리어)

〈힌트〉 7-Segment에 4자리를 표시하는 시간이 1/100초(10ms) 정도 걸리게끔 하는 함수를 만들어 동작 상태이면 10ms씩 증가시키며 현재의 시간을 표시한다. 그러나, 정지 상태이면 시간은 증가시키지 말고 현재의 시간을 표시하는 함수만 실행하도록 한다.

Chapter 05

타이머/카운터

ATmega128은 2개의 8비트 타이머/카운터 0과 2, 그리고 2개의 16비트 타이머/카운터 1과 3을 가지고 있다. 이들 타이머/카운터는 내부 클럭 $clk_{I/O}$(=clk_{CPU})을 카운트하는 타이머 또는 외부 클럭을 카운트하는 카운터로 동작하며, [표 5-1]과 같이 3가지 기능으로 동작한다.

[표 5-1] 타이머/카운터 기능 요약

타이머	카운터	PWM 신호 출력
	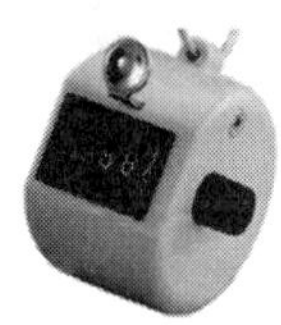	
– 시계 기능 – 내부 클럭 사용 – 일정 시간 반복처리 시 많이 사용(인터럽트)	– 계수기 기능 – 외부 클럭 사용 – 모터 회전수 카운트 시 사용(인터럽트)	– PWM 파형 자동 출력 – DC 모터 제어에 많이 사용

[표 5-2]는 ATmega128의 4개 타이머/카운터에 대해 요약한 것을 보여준다.

[표 5-2] 타이머/카운터 요약표

	타이머/카운터0	타이머/카운터1	타이머/카운터2	타이머/카운터3
구조	8비트	16비트	8비트	16비트
카운터 동작 시 외부클럭 입력핀	TOSC1	T1	T2	T3
프리스케일러	1, 8, 32, 64, 128, 256, 1024	1, 8, 64, 256, 1024	1, 8, 64, 256, 1024	1, 8, 64, 256, 1024
관련 레지스터	TCNT0, TCCR0, OCR0, ASSR, TIMSK, TIFR, SFIOR	TCNT1, TCCR1A, TCCR1B, TCCR1C, OCR1A OCR1B, OCR1C, ICR1, TIMSK, ETIMSK, TIFR, ETIFR, SFIOR	TCNT2, TCCR2, OCR2, TIMSK, TIFR, SFIOR	TCNT3, TCCR3A, TCCR3B, TCCR3C, OCR3A OCR3B, OCR3C, ICR3, TIMSK, ETIMSK, TIFR, ETIFR, SFIOR
관련 입력핀	TOSC1, TOSC2	T1, IC1	T2	T3, IC3
관련 출력핀	OC0	OC1A, OC1B, OC1C	OC2	OC3A, OC3B, OC3C
인터럽트	오버플로우, 출력 비교 매치	오버플로우, 출력 비교 매치, A/B/C, 입력 캡쳐	오버플로우, 출력 비교 매치	오버플로우, 출력 비교 매치, A/B/C, 입력 캡쳐
특징	RTC 기능, 타이머/카운터 모두 프리스케일러 사용	캡쳐 기능	-	캡쳐 기능

5.1 타이머/카운터0

타이머/카운터0은 8비트 업/다운 카운터로서 다음과 같은 특징을 갖는다.

- 10비트 프리스케일러 내장
- 카운터로 동작할 때의 클럭 입력 단자 : TOSC1
- 32kHz 시계 클럭 접속 단자 : TOSC1, TOSC2
- 오버플로우와 출력비교매치(Output Compare match) 2개의 인터럽트 소스 제공

[그림 5-1]은 타이머/카운터0의 블록도를 보여주며, 클럭은 시스템 클럭 또는 외부 클럭이 프리스케일러를 거쳐 타이머/카운터에 입력된다.

5.1.1 타이머/카운터0 관련 레지스터

타이머/카운터0에 관련된 레지스터에는 타이머/카운터0의 값을 저장하는 레지스터 TCNT0와 출력비교 레지스터 OCR0, 타이머/카운터0 제어 레지스터 TCCR0가 있으며, 그 밖에 타이머 인터럽트 플래그 레지스터 TIFR, 타이머 인터럽트 마스크 레지스터 TIMSK, 특수기능 I/O 레지스터 SFIOR이 있다. 그리고, 외부 클럭에 의하여 비동기 모드(카운터)로 동작하는 경우에 관련된 기능을 수행하는 비동기 상태 레지스터 ASSR이 있다.

타이머/카운터는 클럭 소스가 선택되지 않으면 정지하고, 출력 비교 레지스터 OCR0는 항상 TCNT0와 비교되어 일치하게 되면 비교 결과에 따라 OC0 핀을 통해 PWM 파형 또는 주파수가 변하는 파형이 출력된다.

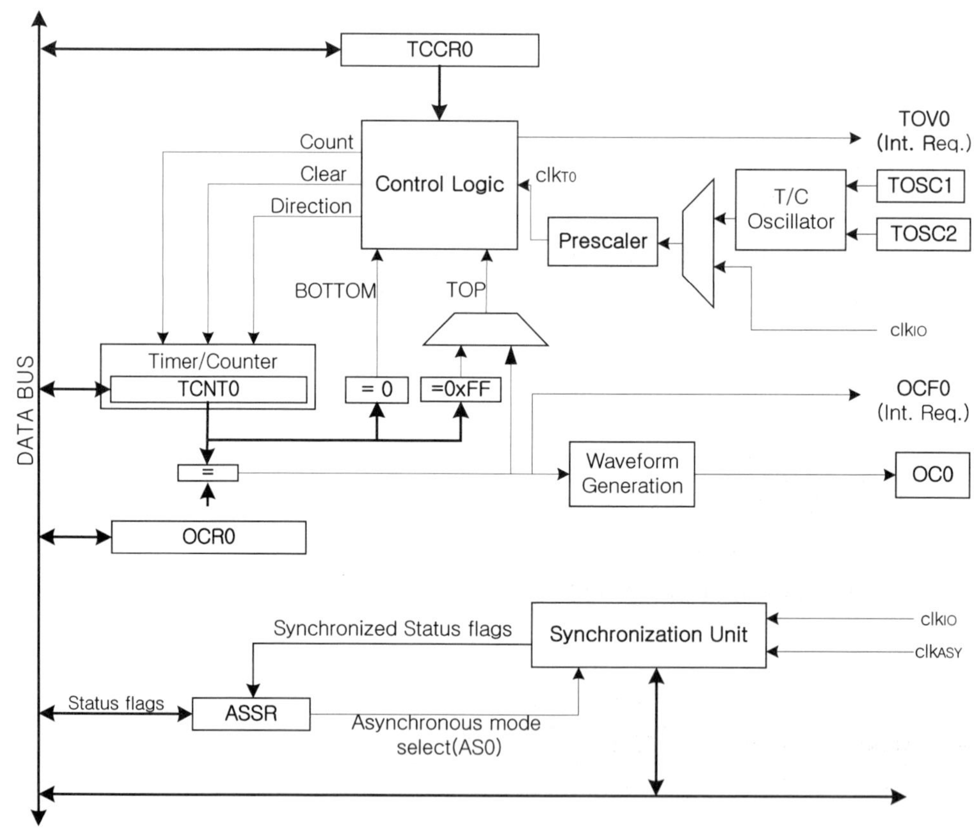

[그림 5-1] 8비트 타이머/카운터0 블록도

타이머/카운터에서는 다음과 같은 심볼이 정의되어 사용된다.

- BOTTOM : 타이머/카운터가 가질 수 있는 최소값(0x00)을 나타낸다.
- MAX : 타이머/카운터가 가질 수 있는 최대값으로, 8비트 타이머/카운터에서는 0xFF, 16비트 타이머/카운터에서는 0xFFFF를 나타낸다.
- TOP : 타이머/카운터가 동작모드에 따라 취할 수 있는 최대값으로, 0xFF(16비트의 경우는 0xFFFF)와 같은 고정값을 가질 수도 있고 또는 레지스터에 의해 지정될 수도 있다.
- 비교매치 : TCNTn과 OCRn이 같아지는 것을 나타낸다.

■ TCCR0(Timer/Counter0 Control Register) : 타이머/카운터0 제어 레지스터

비트	7	6	5	4	3	2	1	0	
0x33(0x53)	FOC0	WGM00	COM01	COM00	WGM01	CS02	CS01	CS00	TCCR0
읽기/쓰기	읽기/쓰기	읽기/쓰기	읽기/쓰기	읽기/쓰기	읽기/쓰기	읽기/쓰기	읽기/쓰기	읽기/쓰기	
초기값	0	0	0	0	0	0	0	0	

- Bit 7 – FOC0(Force Output Compare)

  이 비트는 PWM 모드가 아닌 경우에만 유효하며, 이 비트가 1이면 비교 출력 단자 OC0 핀을 통해 COM01:COM00 비트에 의해 설정된 값이 즉시 출력된다. 이 비트는 인터럽트를 발생시키지 않으며, 또한 OCR0 레지스터를 TOP으로 사용하는 CTC 모드에서 타이머를 클리어 시키지 않는다.

- Bit 6, Bit 3 – WGM00, WGM01(Waveform Generation Mode)

  이 비트들은 타이머/카운터0의 동작모드를 설정하며, 이 값에 따라 카운트 순서 및 최대 카운터값(TOP)이 [표 5-3]과 같이 결정된다. 여기서, TOP은 동작모드에 따라 타이머/카운터0이 카운트할 수 있는 최대값을 나타낸다.

[표 5-3] 타이머/카운터0 동작모드

모드	WGM01	WGM00	동작모드	TOP	OCR0 업데이트 시점	TOV0 플래그 셋 시점
0	0	0	Normal	0xFF	설정 즉시	MAX
1	0	1	Phase Correct PWM	0xFF	TOP	BOTTOM
2	1	0	CTC	OCR0	설정 즉시	MAX
3	1	1	Fast PWM	0xFF	TOP	MAX

• Bit 5, Bit 4 – COM01, COM00(Compare Match Output Mode)

이 비트들은 타이머/카운터0의 출력단자 OC0 핀의 동작을 제어하며, 동작모드에 따라 [표 5-4], [표 5-5], [표 5-6]과 같은 출력기능을 갖는다. 이 때 OC0 핀에 해당하는 데이터 방향 레지스터 DDRB의 4번째 비트는 출력이 되도록 셋 되어져야 한다.

[표 5-4] Normal 또는 CTC 모드인 경우의 출력기능

COM01	COM00	OC0핀의 출력기능
0	0	일반 I/O 포트 동작(OC0 차단)
0	1	비교 매치에서 OC0 출력값 토글(반전)
1	0	비교 매치에서 OC0 클리어
1	1	비교 매치에서 OC0 셋

[표 5-5] Phase Correct PWM 모드인 경우의 출력기능

COM01	COM00	OC0핀의 출력기능
0	0	일반 I/O 포트 동작(OC0 차단)
0	1	–
1	0	업 카운트 중의 비교 매치에서는 OC0 클리어, 다운 카운트 중의 비교 매치에서는 셋
1	1	업 카운트 중의 비교 매치에서는 OC0 셋, 다운 카운트 중의 비교 매치에서는 클리어

[표 5-6] Fast PWM 모드인 경우의 출력기능

COM01	COM00	OC0핀의 출력기능
0	0	일반 I/O 포트 동작(OC0 차단)
0	1	–
1	0	비교 매치에서 OC0 클리어, TOP에서 셋
1	1	비교 매치에서 OC0 셋, TOP에서 클리어

• Bit 2:0 – CS02:0(클럭 선택)

이 비트들은 [표 5-7]과 같이 타이머/카운터0의 분주비(프리스케일러)를 결정하며, [그림 5-2]는 타이머/카운터0의 프리스케일러 내부 구조를 보여준다.

[표 5-7] 타이머/카운터0의 클럭 선택

CS02	CS01	CS00	기 능
0	0	0	클럭입력 차단(타이머/카운터 정지)
0	0	1	clkTOS / 1
0	1	0	clkTOS / 8
0	1	1	clkTOS / 32
1	0	0	clkTOS / 64
1	0	1	clkTOS / 128
1	1	0	clkTOS / 256
1	1	1	clkTOS / 1024

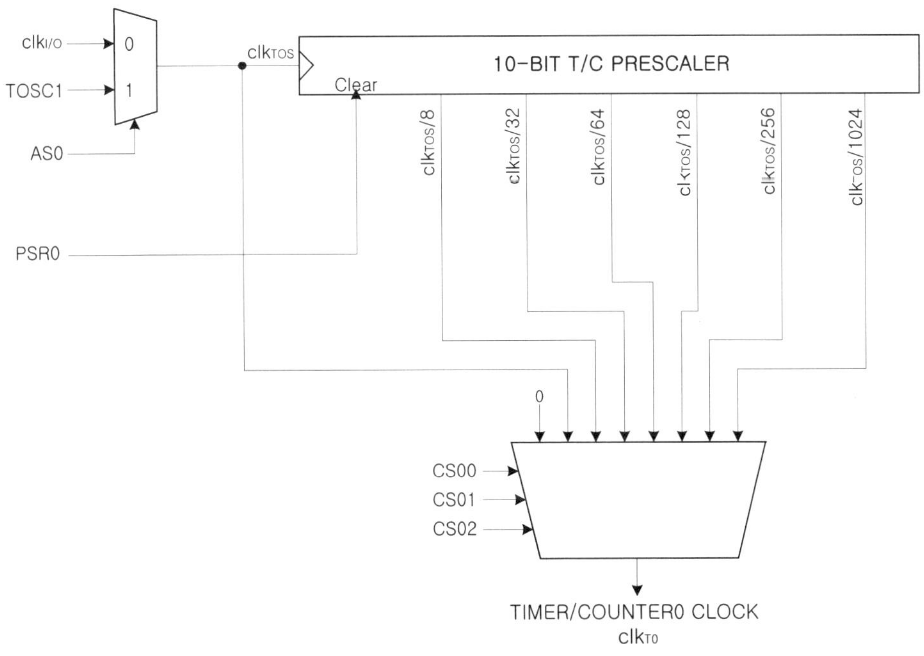

[그림 5-2] 타이머/카운터0 프리스케일러

■ TCNT0(Timer/Counter 0 Register) : 타이머 카운터0 레지스터

비트	7	6	5	4	3	2	1	0	
0x32(0x52)	MSB							LSB	TCNT0
읽기/쓰기	읽기/쓰기	읽기/쓰기	읽기/쓰기	읽기/쓰기	읽기/쓰기	읽기/쓰기	읽기/쓰기	읽기/쓰기	
초기값	0	0	0	0	0	0	0	0	

타이머/카운터0 레지스터는 읽기 및 쓰기가 가능한 업/다운 카운터로 동작하며, 타이머/카운터0이 동작하는 동안 TCNT0 값을 변경하면 OCR0 레지스터와의 비교 매치에 오류를 발생시킬 수도 있기 때문에 주의가 필요하다.

■ OCR0(Output Compare Register 0) : 출력비교 레지스터0

비트	7	6	5	4	3	2	1	0	
0x31(0x51)	MSB							LSB	OCR0
읽기/쓰기	읽기/쓰기	읽기/쓰기	읽기/쓰기	읽기/쓰기	읽기/쓰기	읽기/쓰기	읽기/쓰기	읽기/쓰기	
초기값	0	0	0	0	0	0	0	0	

이 레지스터는 TCNT0와 계속 비교되는 8비트 레지스터로서, 두 레지스터의 값이 일치했을 때 OC0 핀을 통해 설정된 값이 출력되거나 출력비교매치 인터럽트가 발생된다.

■ ASSR(Asynchronous Status Register) : 비동기 상태 레지스터

비트	7	6	5	4	3	2	1	0	
0x30(0x50)	–	–	–	–	AS0	TCN0UB	OCR0UB	TCR0UB	ASSR
읽기/쓰기	읽기	읽기	읽기	읽기	읽기/쓰기	읽기	읽기	읽기	
초기값	0	0	0	0	0	0	0	0	

이 레지스터는 타이머/카운터0이 외부 클럭에 의하여 비동기 모드로 동작하는 경우에 관련된 기능을 한다.

- Bit 3 – AS0(Asynchronous Timer/Counter 0) : 비동기 타이머/카운터0

  타이머/카운터0의 클럭 소스를 선택하는 비트로서 0이면 내부 클럭 $clk_{I/O}$가 선택되어 동기 모드(타이머)로 동작하고, 1이면 TOSC1 단자에 입력되는 클럭이 선택되어 비동기 모드(카운터)로 동작한다. 이 비트가 변화하면 TCNT0, OCR0, TCCR0의 값이 바뀔 수 있다.

- Bit 2 – TCN0UB(Timer/Counter 0 Update Busy) : 타이머/카운터0 갱신 비지 플래그 비트

  타이머/카운터0이 비동기 모드로 동작하고 있을 때 TCNT0에 새로운 값이 쓰여지면 셋 되며, TCNT0의 쓰기가 완료되면 이 비트는 자동적으로 클리어 된다.

• Bit 1 – OCR0UB(Output Compare Register 0 Update Busy) :

OCR0 갱신 비지 플래그 비트

타이머/카운터0이 비동기 모드로 동작하고 있을 때 OCR0에 새로운 값이 쓰여지면 셋 되며, OCR0의 쓰기가 완료되면 이 비트는 자동적으로 클리어 된다.

• Bit 0 – TCR0UB(Timer/Counter Control Register 0 Update Busy) :

타이머/카운터 제어 레지스터0 갱신 비지 플래그 비트

타이머/카운터0이 비동기 모드로 동작하고 있을 때 TCCR0에 새로운 값이 쓰여지면 셋 되며, TCCR0의 쓰기가 완료되면 이 비트는 자동적으로 클리어 된다.

타이머/카운터0을 동기 모드와 비동기 모드 사이에서 스위칭 하는 경우에는 TCNT0, TCCR0, OCR0에 영향을 줄 수 있으므로, 다음과 같은 안전한 절차에 의해 모드를 바꾸어야 한다.

① OC1E0와 TOIE0를 클리어하여 타이머/카운터0의 인터럽트를 금지시킨다.
② AS0 비트를 원하는 대로 설정한다.
③ TCNT0, OCR0, TCCR0에 새로운 값을 설정한다.
④ TCN0UB, OCR0UB, TCR0UB 비트가 0이 될 때까지 대기한다.
⑤ 타이머/카운터0의 인터럽트 플래그(OCF0, TOV0)를 클리어시킨다.
⑥ 필요하면 인터럽트를 인에이블 시킨다.

■ TIMSK(Timer/Counter Interrupt Mask Register) :

타이머/카운터 인터럽트 마스크 레지스터

비트	7	6	5	4	3	2	1	0	
0x37(0x57)	OCIE2	TOIE2	TICIE1	OC1E1A	OC1E1B	TOIE1	OCIE0	TOIE0	TIMSK
읽기/쓰기	읽기/쓰기	읽기/쓰기	읽기/쓰기	읽기/쓰기	읽기/쓰기	읽기/쓰기	읽기/쓰기	읽기/쓰기	
초기값	0	0	0	0	0	0	0	0	

• Bit 1 – OCIE0 : 타이머/카운터0 출력비교매치 인터럽트 인에이블 비트

이 비트가 셋 되고 상태 레지스터 SREG의 I 비트가 셋 되었을 때 타이머/카운터0의 출력비교매치 인터럽트는 인에이블 된다. TCNT0와 OCR0의 값이 일치하여 타이머/카운터 인터럽트 플래그 레지스터 TIFR의 OCF0 비트가 셋 되면 대응하는 인터럽트 서비스 루틴이 실행된다.

• Bit 0 – TOIE0 : 타이머/카운터0 오버플로우 인터럽트 인에이블 비트

이 비트가 셋 되고 상태 레지스터 SREG의 I 비트가 셋 되었을 때 타이머/카운터0의 오버플로우 인터럽트는 인에이블 된다. 타이머/카운터0에서 오버플로우(0xFF->0x00)가 발생하여 타이머/카운터 인터럽트 플래그 레지스터 TIFR의 TOV0 비트가 셋 되면 대응하는 인터럽트 서비스 루틴이 실행된다.

■ TIFR(Timer/Counter Interrupt Flag Register) : 타이머/카운터 인터럽트 플래그 레지스터

비트	7	6	5	4	3	2	1	0	
0x36(0x56)	OCF2	TOV2	ICF1	OCF1A	OCF1B	TOV1	OCF0	TOV0	TIFR
읽기/쓰기	읽기/쓰기	읽기/쓰기	읽기/쓰기	읽기/쓰기	읽기/쓰기	읽기/쓰기	읽기/쓰기	읽기/쓰기	
초기값	0	0	0	0	0	0	0	0	

• Bit 1 – OCF0 : 타이머/카운터0 출력비교매치 인터럽트 플래그 비트

이 비트는 타이머/카운터0 레지스터 TCNT0과 출력 비교 레지스터 OCR0의 값이 일치할 경우 셋 되며, 이 비트는 대응하는 인터럽트 처리 루틴이 실행될 경우 자동적으로 클리어 된다.

• Bit 0 – TOV0 : 타이머/카운터0 오버플로우 인터럽트 플래그 비트

이 비트는 타이머/카운터0에서 오버플로우가(0xFF-> 0x00) 발생하는 경우에 셋 되며, 대응하는 인터럽트 처리 루틴이 실행될 경우 이 비트는 자동적으로 클리어 된다.

■ SFIOR(Special Function I/O Register) : 특수 기능 I/O 레지스터

비트	7	6	5	4	3	2	1	0	
0x20(0x40)	TSM	–	–	–	ACME	PUD	PSR0	PSR321	SFIOR
읽기/쓰기	읽기/쓰기	읽기	읽기	읽기	읽기/쓰기	읽기/쓰기	읽기/쓰기	읽기/쓰기	
초기값	0	0	0	0	0	0	0	0	

• Bit 7 – TSM(Timer/Counter Synchronization Mode) : 타이머/카운터 동기 모드

이 비트는 모든 타이머/카운터를 동기화시키는 기능을 하며, 1로 설정하면 PSR0 및 PSR321 비트값이 그대로 유지된다. 이것은 PSR0과 PSR321이 모두 1인 경우 대응하는 프리스케일러를 계속해서 리셋 상태를 유지하게 해주어 모든 타이머/카

운터를 정지시켜 주는 역할을 하게 된다. 이와 같이 타이머/카운터가 정지된 상태에서 타이머/카운터에 초기값을 설정할 수 있다. 그리고, 이 비트를 0으로 하면 PSR0과 PSR321 비트는 하드웨어적으로 클리어 되어 타이머/카운터는 동시에 카운팅을 시작하게 되어 동기를 맞출 수 있게 된다.

- Bit 1 – PSR0 : 타이머/카운터 0의 프리스케일러 리셋

  이 비트를 1로 설정하면 타이머/카운터0의 프리스케일러가 리셋되며, 그 후 바로 자동적으로 클리어된다. 그러나 타이머/카운터0이 비동기 모드(카운터)로 동작할 때 이 비트를 1로 하면 프리스케일러가 리셋될 때까지 그대로 1을 유지하며, 또한 TSM 비트가 셋되면 이 비트는 자동적으로 클리어 되지 않는다.

4.1.2 타이머/카운터0 동작

(1) 일반 모드(Normal Mode)

타이머/카운터0의 가장 간단하면서도 가장 많이 사용되는 동작모드로서, 정해진 작업을 일정시간 간격으로 계속 수행할 때 사용한다. [그림 5-3]과 같이 이 모드에서는 항상 업 카운터로 동작하며, 타이머/카운터0의 값이 8비트 최대값 0xFF(TOP=0xFF)가 되면 0x00부터 다시 시작한다. 타이머/카운터0의 오버플로우 인터럽트 플래그 TOV0은 TCNT0 값이 0xFF에서 0x00으로 될 때 1이 되어 인터럽트를 발생시킨다.

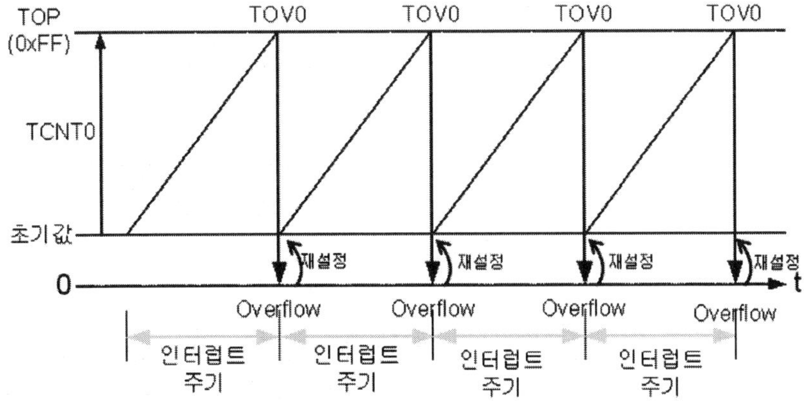

[그림 5-3] 타이머/카운터0 일반모드

일반모드에서는 TCNT0의 상한값이 0xFF(255)로 고정되어 있으며, 오버플로우 인터럽트 주기는 TCNT0의 초기값에 의해 다음 식과 같이 결정된다.

오버플로우 인터럽트 주기 = (1/16)us * 분주비 * (256 − TCNT0 초기값)

따라서, 오버플로우 인터럽트가 발생하면 TCNT0의 값이 0이 되기 때문에 일정시간 간격으로 계속 인터럽트를 발생시키기 위해 오버플로우 인터럽트가 발생할 때마다 같은 초기값으로 재설정해 주어야 한다. 예를 들면, 시스템 클럭이 16MHz인 ATmega128 시스템에서 TCCR0=0x02(8분주), TCNT0=156을 설정하면 인터럽트 주기는

(1/16)us * 8분주 * (256 − 156) = 50us

가 되며, 오버플로우 인터럽트가 발생할 때마다 TCNT0에 156을 설정하면 50us마다 계속해서 인터럽트를 발생할 수 있게 된다.

(2) CTC 모드(Clear Time on Compare Match Mode)

이 모드에서는 TCNT0의 값이 증가하여 OCR0의 값과 일치하면 다음 클럭에서 0으로 자동 클리어 되며, TCNT0의 값은 0~OCR0의 범위를 갖는다. 따라서, OCR0는 카운터의 최대값(TOP)을 나타내며, [그림 5-4]는 CTC 모드의 동작을 보여준다.

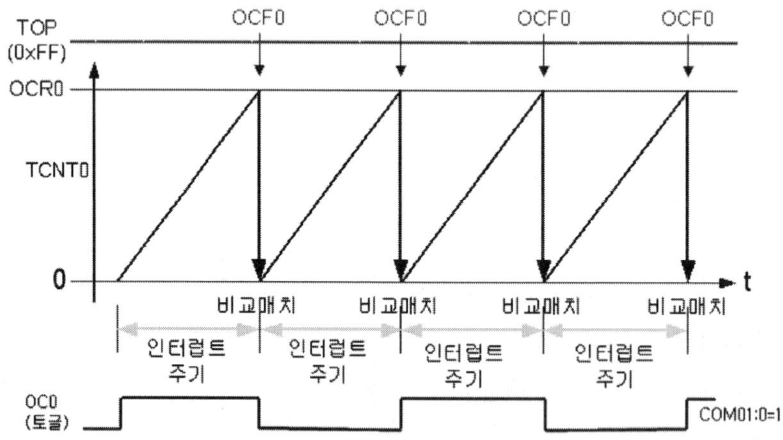

[그림 5-4] 타이머/카운터0 CTC 모드

일반모드는 상한값이 고정이지만, CTC 모드는 하한값이 0으로 고정되어 있다. 출력비교매치 인터럽트는 TCNT0가 OCR0와 일치한 후 다음 클럭에서 0으로 될 때 OCF0 플래그가 1이

되면서 발생한다. 따라서, CTC 모드에 의한 출력비교매치 인터럽트 주기는

출력비교매치 인터럽트 주기 = (1/16)us * 분주비 * (1+OCR0)

이 된다.

CTC 모드에서는 OC0 핀을 통해 파형을 발생시킬 수 있으며, [표 5-3]에서와 같이 토글 모드를 설정하면 구형파를 출력할 수 있다. 이 때 출력되는 파형의 주기는

$$f_{OC_0} = \frac{f_{clk(I/O)}}{2 \cdot N \cdot (1 + OCR0)}$$

가 된다. 여기서, N은 분주비로 1, 8, 32, 64, 128, 256, 1024의 값을 가지며, $f_{clk(I/O)}$ 는 시스템 클럭 주파수를 나타낸다. OC0 핀을 통해 파형을 출력할 때는 OC0 핀에 해당하는 PB4의 데이터 방향을 출력이 되도록 설정해야 한다.

(3) Fast PWM Mode(Fast Pulse Width Modulation Mode)

이 모드에서는 높은 주파수의 PWM 파형을 발생하는데 유용하며, [그림 5-5]와 같이 TCNT0 값은 0에서 0xFF까지 증가하다 다시 0부터 카운트하는 동작을 반복한다. 비반전 비교출력모드에서 TCNT0 값은 계속하여 OCR0와 비교되어 일치하면 OC0 핀을 통해 0이 출력되고, TOP 값에서 1이 출력된다. [그림 5-5]는 이를 보여주며, OCR0의 설정값에 따라 출력되는 PWM 파형의 High(또는 Low) 부분 펄스폭이 다른 것을 알 수 있다.

OCR0 값을 가변함에 따라 PWM 파형이 가변되어 출력되며, OC0 핀을 통해 출력되는 파형의 주파수는

$$f_{OC_0} = \frac{f_{clk(I/O)}}{N \cdot 256}$$

가 된다. 여기서, N은 분주비로 1, 8, 32, 64, 128, 256, 1024의 값을 가지며, $f_{clk(I/O)}$ 는 시스템 클럭 주파수를 나타낸다.

OC0 핀을 통해 파형을 출력할 때는 OC0에 해당하는 PB4의 데이터 방향을 출력이 되도록 설정해야 한다.

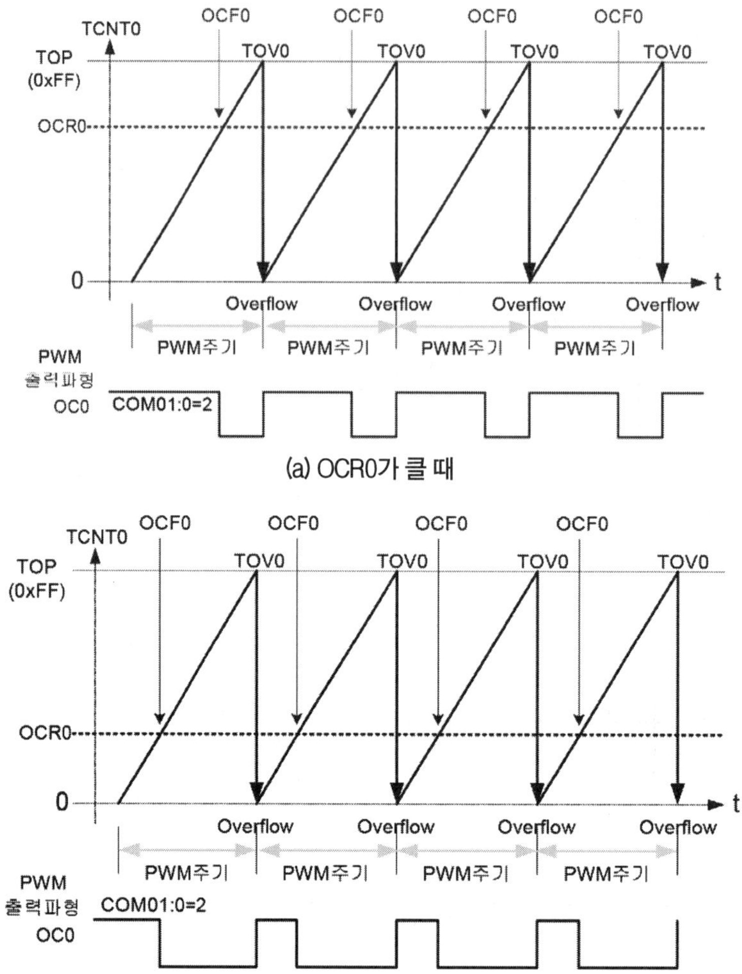

(a) OCR0가 클 때

(b) OCR0가 작을 때

[그림 5-5] 타이머/카운터0 Fast PWM 모드

이 모드에서 타이머/카운터0 오버플로우 인터럽트는 TCNT0 값이 0xFF에서 0x00이 될 때마다 발생하며, TCNT0와 OCR0의 값이 일치하면 출력비교매치 인터럽트가 발생하게 된다.

만약 극단적으로 OCR0 레지스터의 값을 0x00으로 설정하면 OC0 핀에는 TCNT0의 값이 0xFF에서 0x00으로 되는 1클럭 사이클 동안에만 좁은 스파이크로 파형이 출력된다. 그리고, OCR0 레지스터의 값을 0xFF로 설정하면 OC0 핀에는 계속 High 상태가 출력된다.

(4) PC PWM(Phase Correct PWM) Mode

이 모드는 높은 분해능의 PWM 파형을 발생하는데 유용하며, TCNT0 값은 [그림 5-6]과 같이 0에서 255까지 증가하였다가 0으로 감소하는 동작을 반복한다. 비반전 비교 출력모드에서 업 카운트 중에 TCNT0 값과 OCR0의 값이 일치하면 OC0 핀을 통해 0이 출력되고, 다운 카운트 중에 TCNT0 값과 OCR0 값이 일치하면 1이 출력된다.

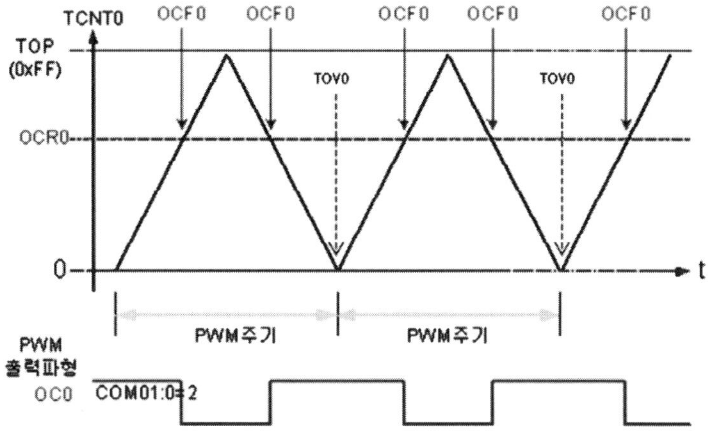

(a) OCR0가 클 때

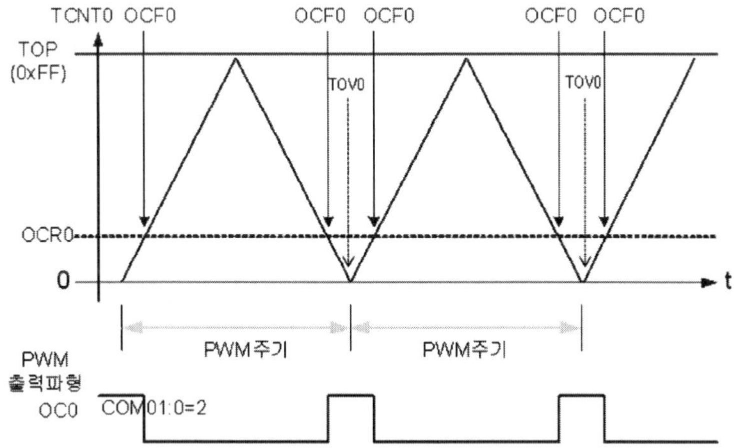

(b) OCR0가 작을 때

[그림 5-6] 타이머/카운터0 Phase Correct PWM 모드

OCR0의 설정값에 따라 출력되는 PWM 파형의 High(또는 Low) 부분 펄스폭이 다른 것을 알 수 있다. 즉, OCR0 값을 가변함에 따라 PWM 파형이 가변되어 출력되며, OC0 핀을 통해 출력되는 파형의 주파수는

$$f_{OC_0} = \frac{f_{clk(I/O)}}{N \cdot 510}$$

가 된다. 여기서, N은 분주비로 1, 8, 32, 64, 128, 256, 1024의 값을 가지며, $f_{clk(I/O)}$는 시스템 클럭 주파수를 나타낸다. 이처럼 PC PWM 모드에서의 주파수는 고속 PWM 모드에 비해 반으로 줄어든다.

OC0 핀을 통해 파형을 출력할 때는 OC0 핀에 해당하는 PB4의 데이터 방향을 출력이 되도록 설정해야 한다.

이 모드에서 타이머/카운터0 오버플로우 인터럽트는 TCNT0 값이 0x00이 될 때마다 발생하며, TCNT0와 OCR0 값이 일치하면 그 다음 클럭에서 출력비교매치 인터럽트가 발생하게 된다.

비반전 비교 출력모드에서 OCR0의 극단적인 값으로서 OCR0의 값이 0x00이면 0이 계속해서 OC0 핀에 출력되고, OCR0의 값이 0xFF이면 1이 계속해서 OC0 핀에 출력된다.

5.1.3 타이머/카운터 0 동작 타이밍

[그림 5-7]은 프리스케일러의 분주비가 1인 경우 PC PWM 모드를 제외한 모든 동작모드에서, 타이머/카운터0의 값이 MAX(0xFF)까지 증가하다 BOTTOM(0x00)으로 되면서 오버플로우 인터럽트 플래그 TOV0가 1이 되는 타이머/카운터0의 타이밍을 보여준다.

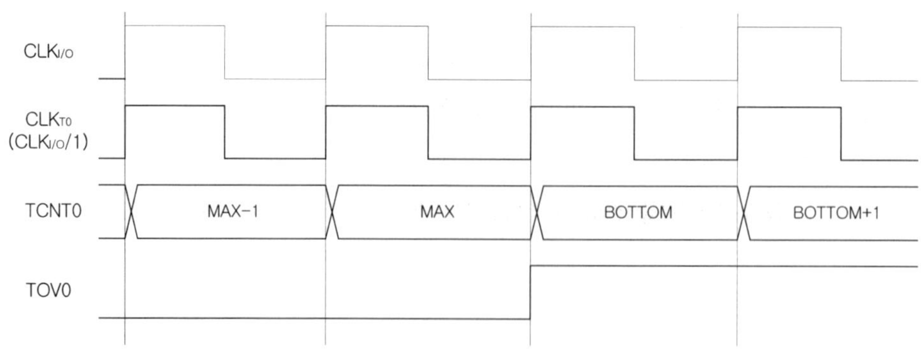

[그림 5-7] 타이머/카운터0 타이밍 (분주비=1)

[그림 5-8]은 프리스케일러의 분주비가 8인 경우의 타이머/카운터0의 타이밍을 보여주며, 클럭 $clk_{I/O}$ 8개마다 TCNT0의 값이 1씩 증가하는 것을 알 수 있다.

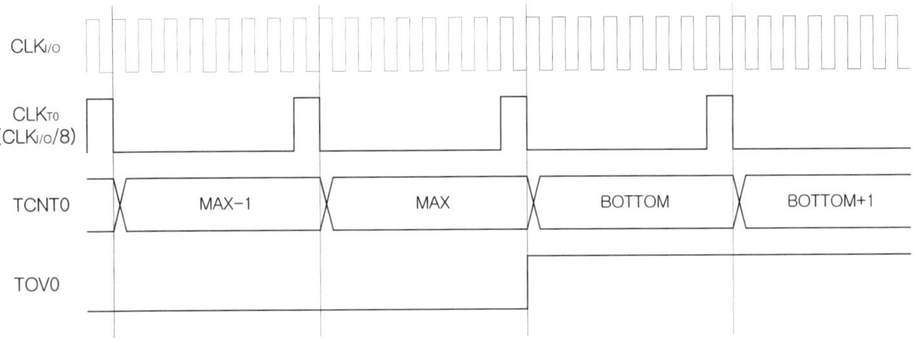

[그림 5-8] 타이머/카운터0 타이밍 (분주비=8)

[그림 5-9]는 TCNT0의 값이 증가하여 OCR0와 일치하고 OCF0가 1이 되는 타이밍을 보여주며, TCNT0가 OCR0와 일치한 후에 계속 증가하는 것을 볼 수 있다. 반면에, [그림 5-10]은 CTC 모드에서의 타이밍을 보여주며, TCNT0가 OCR0와 일치한 후에 0으로 리셋되는 것을 보여준다.

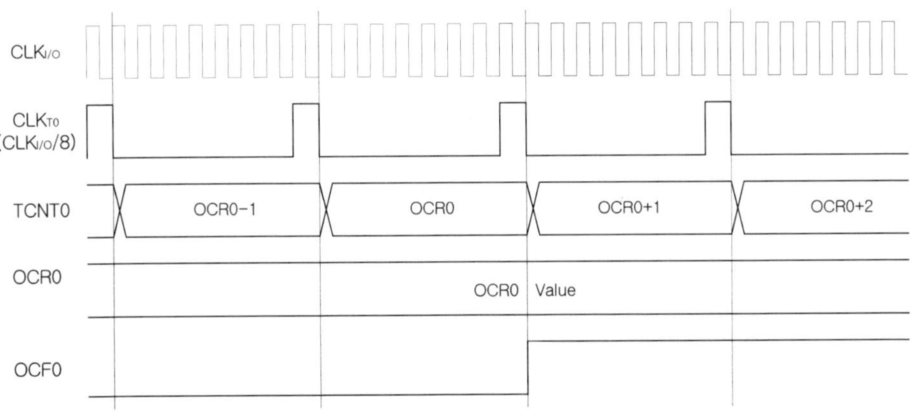

[그림 5-9] CTC를 제외한 동작모드에서의 OCF0 변화 타이밍 (분주비=8)

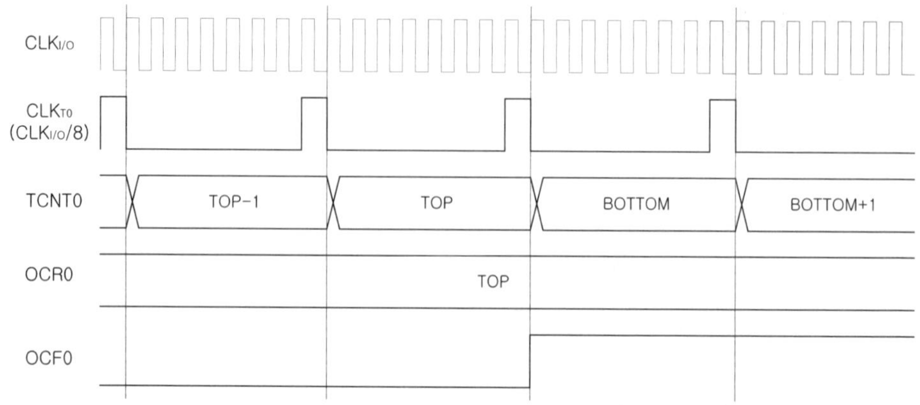

[그림 5-10] CTC 동작모드에서의 OCF0 변화 타이밍 (분주비=8, BOTTOM=0x00, TOP=OCR0)

5.1.4 출력비교 유닛(Output Compare Unit)

[그림 5-11]은 타이머/카운터0의 출력비교 유닛 블록도를 보여주며, 레지스터 TCNT0와 OCR0는 8비트 비교기에 의해 계속 비교된다. TCNT0와 OCR0의 값이 일치하면 OCF0 플래그 비트가 다음 클럭에서 셋 되어 인터럽트를 요청하게 된다. OCF0는 인터럽트 처리가 실행되면 자동적으로 클리어 되지만, 소프트웨어적으로 0을 써주어 클리어 시킬 수도 있다. TCNT0와 OCR0의 값이 일치하면 WGM01..00비트에 의해 설정된 파형 출력모드에 따라 OC0 핀을 통해 파형이 출력된다.

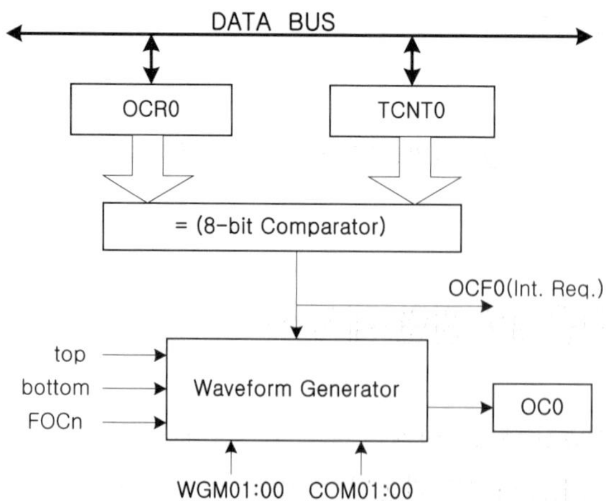

[그림 5-11] 타이머/카운터0 출력비교 유닛 블록도

5.2 타이머/카운터2

타이머/카운터2는 8비트 업/다운 카운터로서 다음과 같은 특징을 갖는다.

- 10비트 프리스케일러 내장
- 카운터로 동작할 때의 클럭 입력 단자 : T2
- 오버플로우와 출력비교매치(Output Compare match)에 의한 2개의 인터럽트 소스 제공

[그림 5-12]는 타이머/카운터2의 블록도를 보여주며, 클럭은 외부 클럭 또는 프리스케일러를 거친 시스템 클럭이 타이머/카운터에 입력된다.

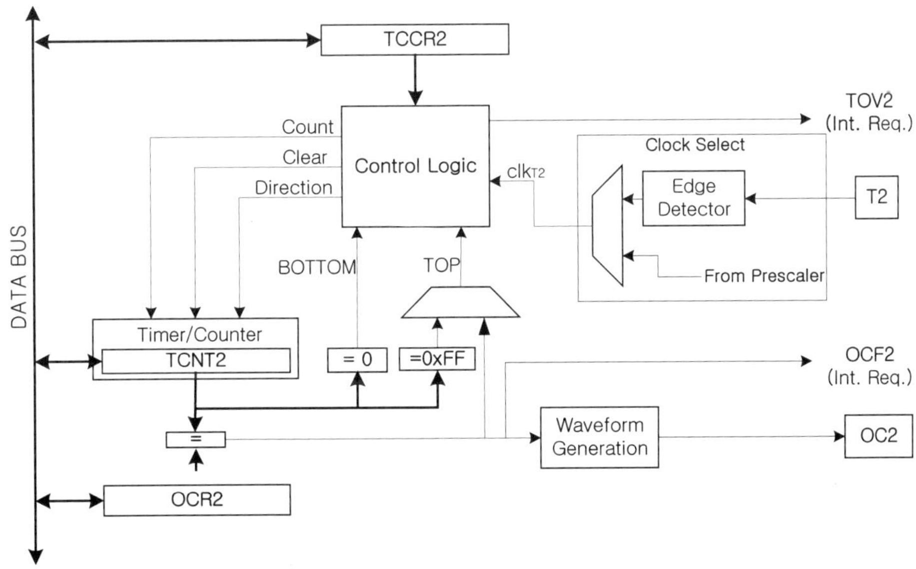

[그림 5-12] 8비트 타이머/카운터2 블록도

5.2.1 타이머/카운터2 관련 레지스터

타이머/카운터2에 관련된 레지스터에는 타이머/카운터2의 값을 저장하는 레지스터 TCNT2와 출력비교 레지스터 OCR2, 타이머/카운터2 제어 레지스터 TCCR2가 있으며, 그 밖에 타이머 인터럽트 플래그 레지스터 TIFR, 타이머 인터럽트 마스크 레지스터 TIMSK, 특수기능 I/O 레지

스터 SFIOR이 있다.

타이머/카운터는 클럭 소스가 선택되지 않으면 정지하고, 출력 비교 레지스터 OCR2는 항상 TCNT2와 비교되어 일치하게 되면 비교 결과에 따라 OC2핀을 통해 PWM 파형 또는 주파수가 변하는 파형이 출력된다.

■ TCCR2(Timer/Counter2 Control Register) : 타이머/카운터2 제어 레지스터

비트	7	6	5	4	3	2	1	0	
0x25(0x45)	FOC2	WGM20	COM21	COM20	WGM21	CS22	CS21	CS20	TCCR2
읽기/쓰기	읽기/쓰기	읽기/쓰기	읽기/쓰기	읽기/쓰기	읽기/쓰기	읽기/쓰기	읽기/쓰기	읽기/쓰기	
초기값	0	0	0	0	0	0	0	0	

- Bit 7 – FOC2(Force Output Compare)

  이 비트는 PWM 모드가 아닌 경우에만 유효하며, 이 비트가 1이면 비교 출력 단자 OC2 핀을 통해 COM21:COM20 비트에 의해 설정된 값이 즉시 출력된다. 이 비트는 인터럽트를 발생시키지 않으며, 또한 OCR2 레지스터를 TOP으로 사용하는 CTC 모드에서 타이머를 클리어 시키지 않는다.

- Bit 6, Bit 3 – WGM20, WGM21(Waveform Generation Mode)

  이 비트들은 타이머/카운터2의 동작모드를 설정하며, 이 값에 따라 카운트 순서 및 최대 카운터값(TOP)이 [표 5-8]과 같이 결정된다. 여기서, TOP은 동작모드에 따라 타이머/카운터2가 카운트할 수 있는 최대값을 나타낸다.

[표 5-8] 타이머/카운터2 동작모드

모드	WGM21	WGM20	동작모드	TOP	OCR2 업데이트 시점	TOV2 플래그 셋 시점
0	0		0 Normal	0xFF	설정 즉시	MAX
1	0	1	Phase Correct PWM	0xFF	TOP	BOTTOM
2	1	0	CTC OCR2	설정 즉시	MAX	
3	1	1	Fast PWM	0xFF	TOP	MAX

- Bit 5, Bit 4 – COM21, COM20(Compare Match Output Mode)

  이 비트들은 타이머/카운터2의 출력단자 OC2 핀의 동작을 제어하며, 동작모드에 따라 [표 5-9], [표 5-10], [표 5-11]과 같은 출력기능을 갖는다. 이 때 OC2 핀에 해당하는 데이터 방향 레지스터 DDRB의 7비트째는 출력이 되도록 셋 되어져야 한다.

[표 5-9] Normal 또는 CTC 모드인 경우의 출력기능

COM21	COM20	OC2핀의 출력기능
0	0	일반 I/O 포트 동작(OC2 차단)
0	1	비교 매치에서 OC2 출력값 토글(반전)
1	0	비교 매치에서 OC2 클리어
1	1	비교 매치에서 OC2 셋

[표 5-10] Phase Correct PWM 모드인 경우의 출력기능

COM21	COM20	OC2핀의 출력기능
0	0	일반 I/O 포트 동작(OC2 차단)
0	1	–
1	0	업 카운트 중의 비교 매치에서는 OC2 클리어, 다운 카운트 중의 비교 매치에서는 셋
1	1	업 카운트 중의 비교 매치에서는 OC2 셋, 다운 카운트 중의 비교 매치에서는 클리어

[표 5-11] Fast PWM 모드인 경우의 출력기능

COM21	COM20	OC2핀의 출력기능
0	0	일반 I/O 포트 동작(OC2 차단)
0	1	–
1	0	비교 매치에서 OC2 클리어, TOP에서 셋
1	1	비교 매치에서 OC2 셋, TOP에서 클리어

• Bit 2:0 – CS22:0(클럭 선택)

이 비트들은 [표 5-12]와 같이 타이머/카운터2의 분주비(프리스케일러)를 결정하며, [그림 5-13]은 타이머/카운터2의 프리스케일러 내부 구조를 보여준다.

[표 5-12] 타이머/카운터2의 클럭 선택

CS22	CS21	CS20	클럭 소스	동작
0	0	0	클럭입력 차단(타이머/카운터 정지)	정지
0	0	1	clkI/O / 1	타이머
0	1	0	clkI/O / 8	
0	1	1	clkI/O / 64	
1	0	0	clkI/O / 256	
1	0	1	clkI/O / 1024	
1	1	0	T2 핀을 통해 입력되는 외부 클럭(하강 에지에서 동작)	카운터
1	1	1	T2 핀을 통해 입력되는 외부 클럭(상승 에지에서 동작)	

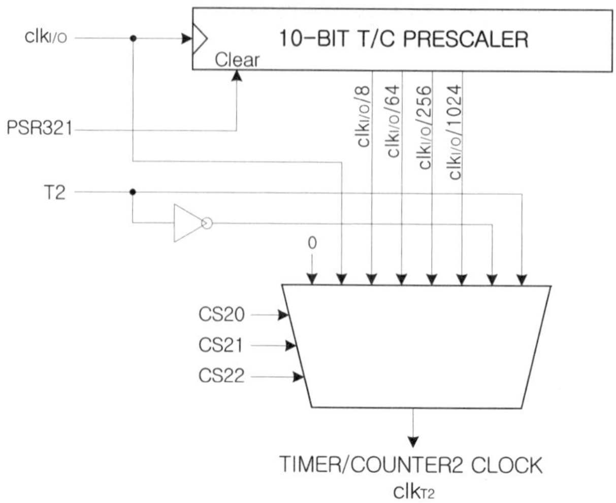

[그림 5-13] 타이머/카운터2 프리스케일러

■ TCNT2(Timer/Counter 2 Register) : 타이머 카운터2 레지스터

비트	7	6	5	4	3	2	1	0	
0x24(0x44)	MSB							LSB	TCNT2
읽기/쓰기	읽기/쓰기	읽기/쓰기	읽기/쓰기	읽기/쓰기	읽기/쓰기	읽기/쓰기	읽기/쓰기	읽기/쓰기	
초기값	0	0	0	0	0	0	0	0	

타이머/카운터2 레지스터는 읽기 및 쓰기가 가능한 업/다운 카운터로 동작하며, 타이머/카운터2가 동작하는 동안 TCNT2 값을 변경하면 OCR2 레지스터와의 비교 매치에 오류를 발생시킬 수도 있기 때문에 주의가 필요하다.

■ OCR2(Output Compare Register 2) : 출력비교 레지스터2

비트	7	6	5	4	3	2	1	0	
0x23(0x43)	MSB							LSB	OCR2
읽기/쓰기	읽기/쓰기	읽기/쓰기	읽기/쓰기	읽기/쓰기	읽기/쓰기	읽기/쓰기	읽기/쓰기	읽기/쓰기	
초기값	0	0	0	0	0	0	0	0	

이 레지스터는 TCNT2와 계속적으로 비교되는 8비트 레지스터로서, 두 레지스터의 값이 일치했을 때 OC2 핀을 통해 설정된 값이 출력되거나 출력비교매치 인터럽트가 발생된다.

■ TIMSK(Timer/Counter Interrupt Mask Register) : 타이머/카운터 인터럽트 마스크 레지스터

비트	7	6	5	4	3	2	1	0	
0x37(0x57)	OCIE2	TOIE2	TICIE1	OC1E1A	OC1E1B	TOIE1	OCIE0	TOIE0	TIMSK
읽기/쓰기	읽기/쓰기	읽기/쓰기	읽기/쓰기	읽기/쓰기	읽기/쓰기	읽기/쓰기	읽기/쓰기	읽기/쓰기	
초기값	0	0	0	0	0	0	0	0	

- Bit 7 – OCIE2 : 타이머/카운터2 출력비교매치 인터럽트 인에이블 비트

  이 비트가 셋 되고 상태 레지스터 SREG의 I 비트가 셋 되었을 때 타이머/카운터2의 출력비교매치 인터럽트는 인에이블 된다. TCNT2와 OCR2의 값이 일치하여 타이머/카운터 인터럽트 플래그 레지스터 TIFR의 OCF2 비트가 셋 되면 대응하는 인터럽트 서비스 루틴이 실행된다.

- Bit 6 – TOIE2 : 타이머/카운터2 오버플로우 인터럽트 인에이블 비트

  이 비트가 셋 되고 상태 레지스터 SREG의 I 비트가 셋 되었을 때 타이머/카운터2의 오버플로우 인터럽트는 인에이블 된다. 타이머/카운터2에서 오버플로우가 발생하여 타이머/카운터 인터럽트 플래그 레지스터 TIFR의 TOV2 비트가 셋 되면 대응하는 인터럽트 서비스 루틴이 실행된다.

■ TIFR(Timer/Counter Interrupt Flag Register) : 타이머/카운터 인터럽트 플래그 레지스터

비트	7	6	5	4	3	2	1	0	
0x36(0x56)	OCF2	TOV2	ICF1	OCF1A	OCF1B	TOV1	OCF0	TOV0	TIFR
읽기/쓰기	읽기/쓰기	읽기/쓰기	읽기/쓰기	읽기/쓰기	읽기/쓰기	읽기/쓰기	읽기/쓰기	읽기/쓰기	
초기값	0	0	0	0	0	0	0	0	

- Bit 7 – OCF2 : 타이머/카운터2 출력비교매치 인터럽트 플래그 비트

  이 비트는 타이머/카운터2 레지스터 TCNT2와 출력 비교 레지스터 OCR2의 값이 일치할 경우 셋 되며, 대응되는 인터럽트 처리 루틴이 실행되면 자동적으로 클리어 된다.

- Bit 7 – TOV2 : 타이머/카운터2 오버플로우 인터럽트 플래그 비트

  이 비트는 타이머/카운터2에서 오버플로우(0xFF-> 0x00)가 발생하는 경우에 셋 되며, 대응되는 인터럽트 처리 루틴이 실행되면 자동적으로 클리어 된다.

■ SFIOR(Special Function I/O Register) : 특수 기능 I/O 레지스터

비트	7	6	5	4	3	2	1	0	
0x20(0x40)	TSM	–	–	–	ACME	PUD	PSR0	PSR321	SFIOR
읽기/쓰기	읽기/쓰기	읽기	읽기	읽기	읽기/쓰기	읽기/쓰기	읽기/쓰기	읽기/쓰기	
초기값	0	0	0	0	0	0	0	0	

- Bit 7 – TSM(Timer/Counter Synchronization Mode) : 타이머/카운터 동기 모드

  이 비트는 모든 타이머/카운터를 동기화시키는 기능을 하며, 1로 설정하면 PSR0 및 PSR321 비트값이 그대로 유지된다. 이것은 PSR0과 PSR321이 모두 1인 경우 대응하는 프리스케일러를 계속해서 리셋 상태를 유지하게 해주어 모든 타이머/카운터를 정지시켜 주는 역할을 하게 된다. 이와 같이 타이머/카운터가 정지된 상태에서 타이머/카운터에 초기값을 설정할 수 있다. 그리고, 이 비트를 0으로 하면 PSR0와 PSR321 비트는 하드웨어적으로 클리어 되어 타이머/카운터는 동시에 카운팅을 시작하게 되어 동기를 맞출 수 있게 된다.

- Bit 0 – PSR321 : 타이머/카운터 1, 2, 3의 프리스케일러 리셋

  이 비트를 1로 설정하면 타이머/카운터 1~3이 공통으로 사용하고 있는 프리스케일러를 리셋시키며, TSM 비트가 0이면 이 비트는 자동적으로 클리어 된다.

5.2.2 타이머/카운터2 동작

타이머/카운터2에 대한 동작모드는 타이머/카운터0과 동일하며, 타이머/카운터0에 대한 설명에서 레지스터와 플래그 비트만 [표 5-13]과 같이 바꾸어 참조하면 된다.

[표 5-13] 타이머/카운터0/2 레지스터 및 인터럽트 플래그 비트 대조표

	타이머/카운터0	타이머/카운터2
타이머/카운터 레지스터	TCNT0	TCNT2
출력비교레지스터	OCR0	OCR2
오버플로우 인터럽트 플래그 비트	TOV0	TOV2
출력비교매치 인터럽트 플래그	OCF0	OCF2
PWM 출력핀	OC0	OC2

5.3 타이머/카운터1, 3

타이머/카운터1과 3은 16비트 업/다운 카운터이며, 다음과 같은 특징을 갖는다.

- 10비트 프리스케일러 내장
- 입력캡쳐 유닛 내장
- 가변 PWM 주기파형 출력
- 6개의 출력비교 유닛 내장
- 6개의 PWM 출력
- 타이머 또는 카운터로 동작하며 다양한 모드 내장
- T1, T3핀에 의한 카운터 동작
- 캡쳐 기능
- 10개의 독립적인 인터럽트 소스
  - TOV1, OCF1A, OCF1B, OCF1C, ICF1
  - TOV3, OCF3A, OCF3B, OCF3C, ICF3

[그림 5-14]는 타이머/카운터1과 3의 블록도를 보여주며, 클럭은 프리스케일러를 거친 내부클럭 또는 Tn(n=1,3)핀을 통해 입력된 클럭이 사용된다. 출력파형은 OCnA, OCnB, OCnC 핀을 통해 출력되며, ICn은 타이머/카운터n의 TCNTn 값을 ICRn에 저장할 때 사용되는 트리거 입력핀이다.

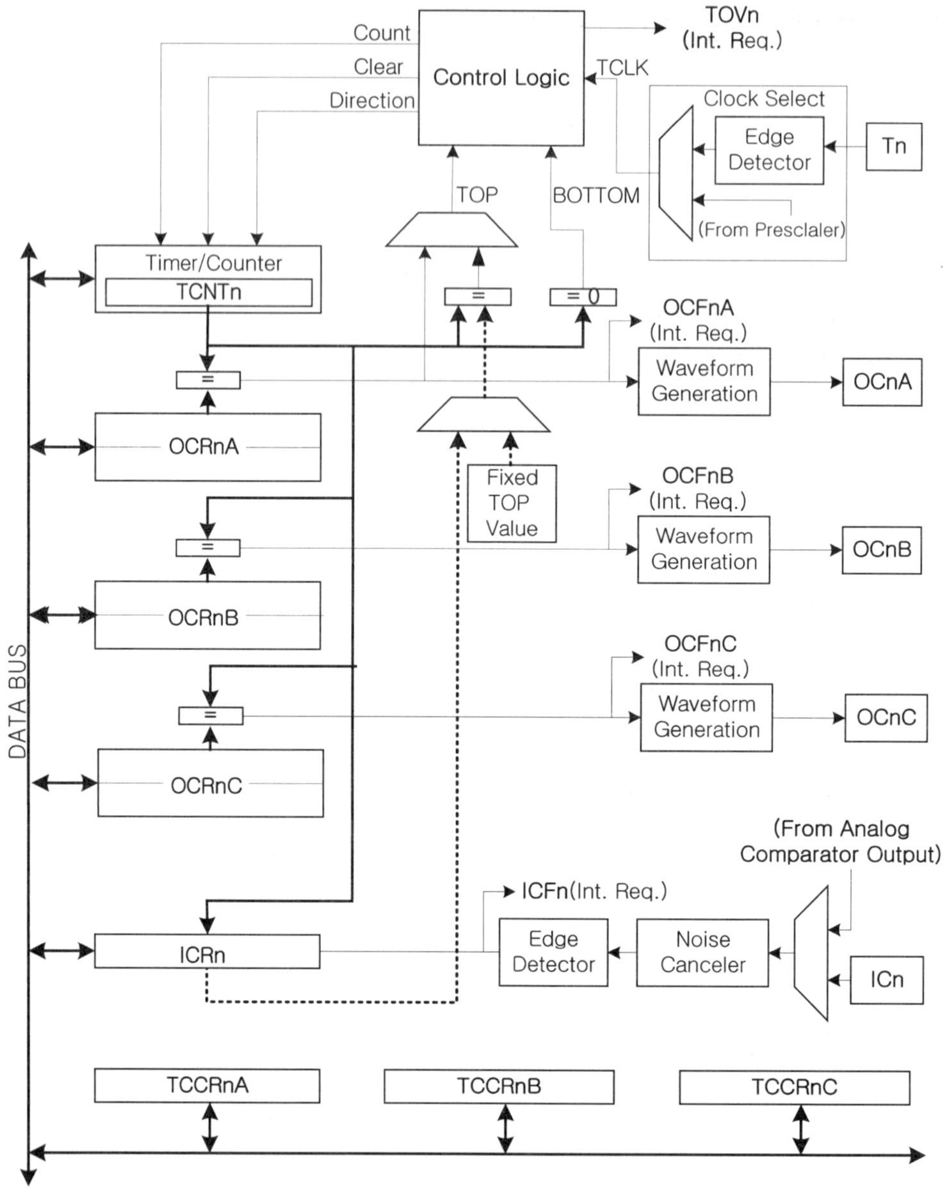

[그림 5-14] 타이머/카운터1 블록도 (n=1, 3)

5.3.1 타이머/카운터1, 3 관련 레지스터

타이머/카운터1과 3에는 [그림 5-14]와 같이 많은 레지스터가 관련되어 있으며 다음과 같다.

- 타이머/카운터 레지스터 TCNT1, TCNT3 – 16비트
- 출력비교 레지스터(16비트)
  - OCR1A, OCR1B, OCR1C
  - OCR3A, OCR3B, OCR3C
- 타이머/카운터 제어 레지스터(8비트)
  - TCCR1A, TCCR1B, TCCR1C
  - TCCR3A, TCCR3B, TCCR3C
- 입력캡쳐 레지스터 ICR1, ICR3 – 16비트
- 타이머/카운터 인터럽트 플래그 레지스터 TIFR, ETIFR – 8비트
- 타이머/카운터 인터럽트 마스크 레지스터 TIMSK, ETIMSK – 8비트
- 특수기능 I/O 레지스터 SFIOR – 8비트

■ TCNT1(Timer/Counter1 Register) : 타이머/카운터1 레지스터
TCNT3(Timer/Counter3 Register) : 타이머/카운터3 레지스터

비트	15	14	13	12	11	10	9	8	
0x2D(0x4D)	MSB								TCNT1H
0x2C(0x4C)								LSB	TCNT1L
	7	6	5	4	3	2	1	0	
읽기/쓰기	읽기/쓰기	읽기/쓰기	읽기/쓰기	읽기/쓰기	읽기/쓰기	읽기/쓰기	읽기/쓰기	읽기/쓰기	
	읽기/쓰기	읽기/쓰기	읽기/쓰기	읽기/쓰기	읽기/쓰기	읽기/쓰기	읽기/쓰기	읽기/쓰기	
초기값	0	0	0	0	0	0	0	0	
	0	0	0	0	0	0	0	0	

비트	15	14	13	12	11	10	9	8	
0x89	MSB								TCNT3H
0x88								LSB	TCNT3L
	7	6	5	4	3	2	1	0	
읽기/쓰기	읽기/쓰기	읽기/쓰기	읽기/쓰기	읽기/쓰기	읽기/쓰기	읽기/쓰기	읽기/쓰기	읽기/쓰기	
	읽기/쓰기	읽기/쓰기	읽기/쓰기	읽기/쓰기	읽기/쓰기	읽기/쓰기	읽기/쓰기	읽기/쓰기	
초기값	0	0	0	0	0	0	0	0	
	0	0	0	0	0	0	0	0	

TCNT1과 TCNT3은 타이머/카운터1과 3의 16비트 레지스터 값을 저장하며, I/O 영역에 각각 다른 어드레스를 가지고 있는 8비트 레지스터 TCNT1H와 TCNT1L, TCNT3H와 TCNT3L 2개로 각각 구성되어 있다.

TCNT1과 TCNT3에 값을 쓰거나 읽는 프로그램을 작성할 때는 다음과 같은 주의가 필요하다.

16비트 레지스터 TCNT1은 64개의 I/O 레지스터 영역에 있기 때문에 비트, 바이트, 워드(2바이트) 단위의 읽기/쓰기 조작이 모두 가능하지만, TCNT3 레지스터는 확장 I/O 레지스터 영역에 있기 때문에 1바이트 단위의 읽기/쓰기만이 가능하다. 따라서, C언어로 프로그램을 작성할 때 TCNT1은 2바이트 단위로 값을 설정하거나 읽을 수 있지만, TCNT3은 TCNT3H와 TCNT3L 레지스터를 이용하여 1바이트 단위로 읽기와 쓰기를 수행하여야 한다. 1바이트 단위로 쓰는 경우에는 값이 쉽게 변할 수 있는 하위 바이트를 나중에 써주어야 하며, 반대로 읽는 경우에는 값이 쉽게 변하는 하위 바이트부터 먼저 읽어야 한다. 이와 같은 규칙은 OCRnA, OCRnB, OCRnC, ICRn(n=1, 3)에 대해서도 동일하게 적용된다.

```
// 2바이트(16비트 레지스터) 다루기(읽기/쓰기)
    unsigned int  n;
    unsigned char  nh, nl;

    TCNT1 = 0x1234;              // TCNT1에 값 쓰기
    .....
    n = TCNT1;                   // TCNT1 읽기
    .....
    TCNT3H = 0x12;               // TCNT3 상위 바이트에 값 쓰기
    TCNT3L = 0x34;               // TCNT3 하위 바이트에 값 쓰기
    .....
    nl = TCNT3L;                 // TCNT3 하위 바이트 읽기
    nh = TCNT3H;                 // TCNT3 상위 바이트 읽기
    n = (unsigned int) nl + (unsigned int)nh<<8
```

■ OCR1x(Timer/Counter1 Output Compare Register) : 타이머/카운터1 출력 비교 레지스터
OCR3x(Timer/Counter3 Output Compare Register) : 타이머/카운터3 출력 비교 레지스터

타이머/카운터1 출력 비교 레지스터 OCR1A - OCR1AH와 OCR1AL

비트	15	14	13	12	11	10	9	8	
0x2B(0x4B)	MSB								OCR1AH
0x2A(0x4A)								LSB	OCR1AL
	7	6	5	4	3	2	1	0	
읽기/쓰기	읽기/쓰기	읽기/쓰기	읽기/쓰기	읽기/쓰기	읽기/쓰기	읽기/쓰기	읽기/쓰기	읽기/쓰기	
	읽기/쓰기	읽기/쓰기	읽기/쓰기	읽기/쓰기	읽기/쓰기	읽기/쓰기	읽기/쓰기	읽기/쓰기	
초기값	0	0	0	0	0	0	0	0	
	0	0	0	0	0	0	0	0	

타이머/카운터1 출력 비교 레지스터 OCR1B - OCR1BH와 OCR1BL

비트	15	14	13	12	11	10	9	8	
0x29(0x49)	MSB								OCR1BH
0x28(0x48)								LSB	OCR1BL
	7	6	5	4	3	2	1	0	
읽기/쓰기	읽기/쓰기	읽기/쓰기	읽기/쓰기	읽기/쓰기	읽기/쓰기	읽기/쓰기	읽기/쓰기	읽기/쓰기	
	읽기/쓰기	읽기/쓰기	읽기/쓰기	읽기/쓰기	읽기/쓰기	읽기/쓰기	읽기/쓰기	읽기/쓰기	
초기값	0	0	0	0	0	0	0	0	
	0	0	0	0	0	0	0	0	

타이머/카운터1 출력 비교 레지스터 OCR1C - OCR1CH와 OCR1CL

비트	15	14	13	12	11	10	9	8	
0x79	MSB								OCR1CH
0x78								LSB	OCR1CL
	7	6	5	4	3	2	1	0	
읽기/쓰기	읽기/쓰기	읽기/쓰기	읽기/쓰기	읽기/쓰기	읽기/쓰기	읽기/쓰기	읽기/쓰기	읽기/쓰기	
	읽기/쓰기	읽기/쓰기	읽기/쓰기	읽기/쓰기	읽기/쓰기	읽기/쓰기	읽기/쓰기	읽기/쓰기	
초기값	0	0	0	0	0	0	0	0	
	0	0	0	0	0	0	0	0	

타이머/카운터3 출력 비교 레지스터 OCR3A - OCR3AH와 OCR3AL

비트	15	14	13	12	11	10	9	8	
0x87	MSB								OCR3AH
0x86								LSB	OCR3AL
	7	6	5	4	3	2	1	0	
읽기/쓰기	읽기/쓰기	읽기/쓰기	읽기/쓰기	읽기/쓰기	읽기/쓰기	읽기/쓰기	읽기/쓰기	읽기/쓰기	
	읽기/쓰기	읽기/쓰기	읽기/쓰기	읽기/쓰기	읽기/쓰기	읽기/쓰기	읽기/쓰기	읽기/쓰기	
초기값	0	0	0	0	0	0	0	0	
	0	0	0	0	0	0	0	0	

타이머/카운터3 출력 비교 레지스터 OCR3B - OCR3BH와 OCR3BL

비트	15	14	13	12	11	10	9	8	
0x85	MSB								OCR3BH
0x84								LSB	OCR3BL
	7	6	5	4	3	2	1	0	
읽기/쓰기	읽기/쓰기	읽기/쓰기	읽기/쓰기	읽기/쓰기	읽기/쓰기	읽기/쓰기	읽기/쓰기	읽기/쓰기	
	읽기/쓰기	읽기/쓰기	읽기/쓰기	읽기/쓰기	읽기/쓰기	읽기/쓰기	읽기/쓰기	읽기/쓰기	
초기값	0	0	0	0	0	0	0	0	
	0	0	0	0	0	0	0	0	

타이머/카운터3 출력 비교 레지스터 OCR3C - OCR3CH와 OCR3CL

비트	15	14	13	12	11	10	9	8	
0x83	MSB								OCR3CH
0x82								LSB	OCR3CL
	7	6	5	4	3	2	1	0	
읽기/쓰기	읽기/쓰기	읽기/쓰기	읽기/쓰기	읽기/쓰기	읽기/쓰기	읽기/쓰기	읽기/쓰기	읽기/쓰기	
	읽기/쓰기	읽기/쓰기	읽기/쓰기	읽기/쓰기	읽기/쓰기	읽기/쓰기	읽기/쓰기	읽기/쓰기	
초기값	0	0	0	0	0	0	0	0	
	0	0	0	0	0	0	0	0	

출력 비교 레지스터 OCRnA, OCRnB, OCRnC(n=1, 3)는 TCNTn과의 값이 일치할 때 OCnA, OCnB, OCnC 핀을 통해 파형을 출력시키기 위해 비교값을 저장하기 위한 16비트 레지스터이다. 이 레지스터들도 TCNTn과 마찬가지로 I/O 영역에 각기 다른 어드레스를 가지고 있는 8비트 레지스터 OCRnAH와 OCRnAL, OCRnBH와 OCRnBL, OCRnCH와 OCRnCL로 각각 구성되어 있으며, 이 레지스터들에 값을 쓰거나 읽는 프로그램을 작성할 때는 TCNTn의 경우와

같이 주의가 필요하다.

■ ICR1(Timer/Counter1 Input Capture Register) : 타이머/카운터1 입력 캡쳐 레지스터
ICR3(Timer/Counter3 Input Capture Register) : 타이머/카운터3 입력 캡쳐 레지스터

타이머/카운터1 입력 캡쳐 레지스터 ICR1- ICR1H와 ICR1L

비트	15	14	13	12	11	10	9	8	
0x27(0x47)	MSB								ICR1H
0x26(0x46)								LSB	ICR1L
	7	6	5	4	3	2	1	0	
읽기/쓰기	읽기/쓰기	읽기/쓰기	읽기/쓰기	읽기/쓰기	읽기/쓰기	읽기/쓰기	읽기/쓰기	읽기/쓰기	
	읽기/쓰기	읽기/쓰기	읽기/쓰기	읽기/쓰기	읽기/쓰기	읽기/쓰기	읽기/쓰기	읽기/쓰기	
초기값	0	0	0	0	0	0	0	0	
	0	0	0	0	0	0	0	0	

타이머/카운터3 입력 캡쳐 레지스터 ICR3- ICR3H와 ICR3L

비트	15	14	13	12	11	10	9	8	
0x81	MSB								ICR3H
0x80								LSB	ICR3L
	7	6	5	4	3	2	1	0	
읽기/쓰기	읽기/쓰기	읽기/쓰기	읽기/쓰기	읽기/쓰기	읽기/쓰기	읽기/쓰기	읽기/쓰기	읽기/쓰기	
	읽기/쓰기	읽기/쓰기	읽기/쓰기	읽기/쓰기	읽기/쓰기	읽기/쓰기	읽기/쓰기	읽기/쓰기	
초기값	0	0	0	0	0	0	0	0	
	0	0	0	0	0	0	0	0	

입력 캡쳐 핀 ICn(n=1,3)에 이벤트가 발생할 때마다(또는 선택적으로 아날로그 비교기의 출력에 따라) TCNTn 값으로 갱신되는 16비트 레지스터이며, 타이머/카운터1과 3의 동작모드에 따라 TOP 값을 정의하는데도 이용된다.

이 레지스터들도 TCNTn과 마찬가지로 I/O 영역에 각기 다른 어드레스를 가지고 있는 8비트 레지스터 ICRnH와 ICRnL로 각각 구성되어 있으며, 이 레지스터들에 값을 쓰거나 읽는 프로그램을 작성할 때는 TCNTn의 경우와 같이 주의가 필요하다.

■ TCCR1A(Timer/Counter1 Control Register A) : 타이머/카운터1 제어 레지스터 A
TCCR3A(Timer/Counter3 Control Register A) : 타이머/카운터3 제어 레지스터 A

비트	7	6	5	4	3	2	1	0	
0x2F(0x4F)	COM1A1	COM1A0	COM1B1	CM1B0	COM1C1	COM1C0	WGM11	WGM10	TCCR1A
읽기/쓰기	읽기/쓰기	읽기/쓰기	읽기/쓰기	읽기/쓰기	읽기/쓰기	읽기/쓰기	읽기/쓰기	읽기/쓰기	
초기값	0	0	0	0	0	0	0	0	

비트	7	6	5	4	3	2	1	0	
0x8B	COM3A1	COM3A0	COM3B1	CM3B0	COM3C1	COM3C0	WGM31	WGM30	TCCR3A
읽기/쓰기	읽기/쓰기	읽기/쓰기	읽기/쓰기	읽기/쓰기	읽기/쓰기	읽기/쓰기	읽기/쓰기	읽기/쓰기	
초기값	0	0	0	0	0	0	0	0	

• Bit 1..0 – WGMn1, WGMn0 : 파형 발생 모드(Waveform Generation Mode)

이 비트들은 TCCRnB 레지스터의 WGMn3, WGMn2비트와 함께 타이머/카운터1과 3의 동작모드를 [표 5-14]와 같이 설정한다.

[표 5-14] 타이머/카운터1과 3의 동작모드(n=1,3, x=A, B, C)

모드	WGM n3	WGM n2	WGM n1	WGM n0	동 작 모 드	TOP값	OCRnx의 업데이트 시점	TOVn 플래그 셋 시점
0	0	0	0	0	일반모드	0xFFFF	설정즉시	0xFFFF
1	0	0	0	1	Phase Correct PWM(8비트)	0x00FF	TOP	0x0000
2	0	0	1	0	Phase Correct PWM(9비트)	0x01FF	TOP	0x0000
3	0	0	1	1	Phase Correct PWM(10비트)	0x03FF	TOP	0x0000
4	0	1	0	0	CTC	OCRnA	설정즉시	0xFFFF
5	0	1	0	1	Fast PWM(8비트)	0x00FF	TOP	TOP
6	0	1	1	0	Fast PWM(9비트)	0x01FF	TOP	TOP
7	0	1	1	1	Fast PWM(10비트)	0x03FF	TOP	TOP
8	1	0	0	0	Phase and Frequency Correct PWM	ICRn	0x00	0x0000
9	1	0	0	1	Phase and Frequency Correct PWM	OCRnA	0x00	0x0000
10	1	0	1	0	Phase Correct PWM	ICRn	TOP	0x0000
11	1	0	1	1	Phase Correct PWM	OCRnA	TOP	0x0000
12	1	1	0	0	CTC	ICRn	설정즉시	0xFFFF
13	1	1	0	1	reserved	–	–	–
14	1	1	1	0	Fast PWM	ICRn	TOP	TOP
15	1	1	1	1	Fast PWM	OCRnA	TOP	TOP

• Bit 7..2 – COMnx1, COMnx0 : OCnx 핀의 출력 모드 선택 비트(n=1,3, x=A, B, C)
COMnx1과 COMnx0 제어 비트는 타이머/카운터1과 3에서 비교 매치 동작에 따른 출력 핀의 동작을 결정하며, [표 5-15], [표 5-16], [표 5-17]과 같다. 출력 핀의 동작은 출력 비교 x핀 OCnx에 영향을 주며, 이 핀에 대응되는 비트는 출력으로 설정되어야 한다.

[표 5-15] 일반모드와 CTC 동작모드에서 OCnx 핀의 출력 동작 (n=1,3, x=A,B,C)

COMnx1	COMnx0	OCnx 핀의 출력값
0	0	일반 I/O 포트로 사용(OCnx 핀 차단)
0	1	비교 매치에서 OCnx 출력 토글(toggle)
1	0	OCnx 출력 클리어
1	1	OCnx 출력 셋

[표 5-16] Fast PWM 동작모드에서 OCnx 핀의 출력동작

COMnx1	COMnx0	OCnx 핀의 출력값
0	0	일반 I/O 포트로 사용(OCnx 핀 차단)
0	1	모드 15인 경우에만 비교 매치에서 OCnA 출력을 토글(toggle)하며, OCnB 핀은 차단된다. 그 밖의 모드에서는 일반 I/O 포트로 사용(OCnA/OCnB 출력 차단)
1	0	비교 매치에서 OCnx 출력 클리어, TOP에서 OCnx 출력 셋
1	1	비교 매치에서 OCnx 출력 셋, TOP에서 OCnx 출력 클리어

[표 5-17] Phase (and Frequency) Correct PWM 동작모드에서 OCnx 핀의 출력동작

COMnx1	COMnx0	OCnx 핀의 출력값
0	0	일반 I/O 포트로 사용(OCnx 핀 차단)
0	1	모드 9, 11인 경우에만 비교 매치에서 OCnA 출력을 토글(toggle)하며, OCnB 핀은 차단된다. 그 밖의 모드에서는 일반 I/O 포트로 사용(OCnx 출력 차단)
1	0	업 카운트 중의 비교 매치에서 OCnx 출력 클리어 다운 카운트 중의 비교 매치에서 OCnx 출력 셋
1	1	업 카운트 중의 비교 매치에서 OCnx 출력 셋 다운 카운트 중의 비교 매치에서 OCnx 출력 클리어

■ TCCR1B(Timer/Counter1 Control Register B) : 타이머/카운터1 제어 레지스터 B
TCCR3B(Timer/Counter3 Control Register B) : 타이머/카운터3 제어 레지스터 B

비트	7	6	5	4	3	2	1	0	
0x2E(0x4E)	ICNC1	ICES1	–	WGM13	WGM12	CS12	CS11	CS10	TCCR1B
읽기/쓰기	읽기/쓰기	읽기/쓰기	읽기/쓰기	읽기/쓰기	읽기/쓰기	읽기/쓰기	읽기/쓰기	읽기/쓰기	
초기값	0	0	0	0	0	0	0	0	

비트	7	6	5	4	3	2	1	0	
0x8A	ICNC3	ICES3	–	WGM33	WGM32	CS32	CS31	CS30	TCCR3B
읽기/쓰기	읽기/쓰기	읽기/쓰기	읽기/쓰기	읽기/쓰기	읽기/쓰기	읽기/쓰기	읽기/쓰기	읽기/쓰기	
초기값	0	0	0	0	0	0	0	0	

• Bit 7 – ICNCn : 입력캡쳐 n 노이즈 제거기(Input Capture Noise Canceler)

이 비트가 1이면, 입력캡쳐 노이즈 제거기가 동작하여 ICn(n=1, 3) 핀으로 입력되는 신호가 필터링 된다. 이 필터에는 출력이 변화하는데 있어 같은 입력 신호값이 4클럭 동안 지속되는 것이 요구되며, 이에 따라 입력캡쳐는 4클럭 만큼 지연되어 동작하게 된다.

• Bit 6 – ICESn : 입력캡쳐 에지 선택(Input Capture Edge Select)

이 비트가 0이면 입력캡쳐 핀 ICn에 입력되는 신호의 하강 에지에서 타이머/카운터 레지스터 TCNTn의 값이 입력캡쳐 레지스터 ICRn에 전달된다. 반면에 이 비트가 1이면 ICn에 입력되는 신호의 상승 에지에서 TCNTn의 값이 ICRn에 전달된다.

ICESn의 설정에 따라 캡쳐 신호가 입력되면 TCNTn의 값이 ICRn에 저장되며, 입력캡쳐 인터럽트 플래그 ICFn이 1이 되어 인터럽트가 발생하게 된다.

그러나, 레지스터 ICRn이 타이머/카운터n의 최대값(TOP)으로 사용되는 동작모드에서는 ICn 핀은 차단되고 입력캡쳐 기능은 사용할 수 없게 된다.

• Bit 4, Bit 3 – WGMn3, WGMn2 : 파형 발생 모드

이 비트들은 TCCRnA 레지스터의 WGMn1, WGMn0 비트와 함께 타이머/카운터n의 동작모드를 [표 5-14]와 같이 설정한다.

• Bit 2, 1, 0 – CSn2, CSn1, CSn0 : 클럭 선택(Clock Select)

타이머/카운터n의 클럭 소스를 선택하며, [표 5-18]과 같다.

[표 5-18] 타이머/카운터n 클럭 소스 (n=1, 3)

CSn2	CSn1	CSn0	클럭 소스 동작	
0	0	0	타이머/카운터n 정지	정지
0	0	1	clkI/O / 1 (clkI/O는 시스템 주파수와 같음)	타이머
0	1	0	clkI/O / 8	
0	1	1	clkI/O / 64	
1	0	0	clkI/O / 256	
1	0	1	clkI/O / 1024	
1	1	0	Tn 핀에 입력되는 외부 클럭(하강 에지에서 동작)	카운터
1	1	1	Tn 핀에 입력되는 외부 클럭(상승 에지에서 동작)	

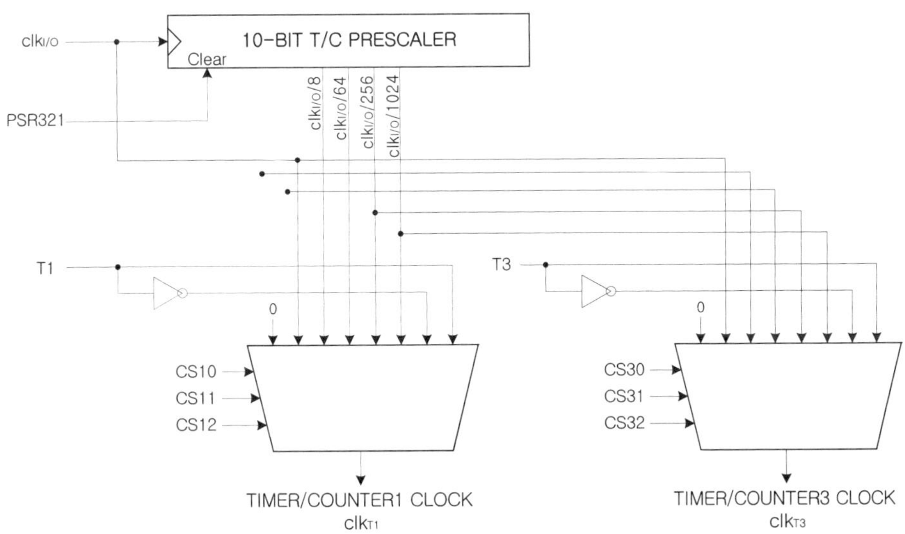

[그림 5-15] 타이머/카운터1과 3의 프리스케일러

■ TCCR1C(Timer/Counter1 Control Register C) : 타이머/카운터1 제어 레지스터 C
TCCR3C(Timer/Counter3 Control Register C) : 타이머/카운터3 제어 레지스터 C

비트	7	6	5	4	3	2	1	0	
7A	FOC1A	FOC1B	FOC1C						TCCR1C
읽기/쓰기	쓰기	쓰기	쓰기	읽기	읽기	읽기	읽기	읽기	
초기값	0	0	0	0	0	0	0	0	

비트	7	6	5	4	3	2	1	0	
8C	FOC3A	FOC3B	FOC3C						TCCR3C
읽기/쓰기	쓰기	쓰기	쓰기	읽기	읽기	읽기	읽기	읽기	
초기값	0	0	0	0	0	0	0	0	

- Bit 7..5 – FOCnx(Force Output Compare) (n=1,3, x=A,B,C)

  이 비트는 PWM 모드가 아닌 경우에만 유효하며, 이 비트가 1이면 비교 출력 단자 OCnx 핀을 통해 COMnx1:COMnx0 비트에 의해 설정된 값이 즉시 출력된다. 이 비트는 인터럽트를 발생시키지 않으며, 또한 OCRnx 레지스터를 TOP으로 사용하는 CTC 모드에서 타이머를 클리어시키지 않는다.

■ TIMSK(Timer/Counter Interrupt Mask Register) : 타이머/카운터 인터럽트 마스크 레지스터

비트	7	6	5	4	3	2	1	0	
0x37(0x57)	OCIE2	TOIE2	TICIE1	OCIE1A	OCIE1B	TOIE1	OCIE0	TOIE0	TIMSK
읽기/쓰기	읽기/쓰기	읽기/쓰기	읽기/쓰기	읽기/쓰기	읽기/쓰기	읽기/쓰기	읽기/쓰기	읽기/쓰기	
초기값	0	0	0	0	0	0	0	0	

- Bit 5 – TICIE1 : 타이머/카운터1 입력캡쳐(Capture) 인터럽트 인에이블 비트

  이 비트가 1이고 상태 레지스터 SREG의 I 비트가 1이면 타이머/카운터1 입력캡쳐 인터럽트가 인에이블된다. 대응되는 인터럽트는 IC1 핀에서 캡쳐 트리거(trigger) 이벤트가 발생했을 경우 즉, 타이머/카운터 인터럽트 플래그 레지스터 TIFR의 ICF1 비트가 셋 되었을 때 인터럽트가 실행된다.

- Bit 4 – OCIE1A : 타이머/카운터1 출력비교 A 매치 인터럽트 인에이블 비트

  이 비트가 1이고 상태 레지스터 SREG의 I 비트가 1이면 타이머/카운터1의 출력비교 A 매치 인터럽트가 인에이블 된다. 대응되는 인터럽트는 타이머/카운터1의 비교 A 매치가 발생했을 경우 즉, 타이머/카운터 인터럽트 플래그 레지스터 TIFR의 OCF1A 비트가 셋 되면 인터럽트가 실행된다.

- Bit 3 – OCIE1B : 타이머/카운터1 출력비교 B 매치 인터럽트 인에이블 비트

  이 비트가 1이고 상태 레지스터 SREG의 I 비트가 1이면 타이머/카운터1의 출력비교 B 매치 인터럽트가 인에이블 된다. 대응되는 인터럽트는 타이머/카운터1의 비교 B 매치가 발생했을 경우 즉, 타이머/카운터 인터럽트 플래그 레지스터 TIFR

의 OCF1B 비트가 셋 되었을 때 인터럽트 벡터가 실행된다.

- Bit 2 – TOIE1 : 타이머/카운터1 오버플로우 인터럽트 인에이블 비트

  이 비트가 1이고 상태 레지스터 SREG의 I 비트가 1이면 타이머/카운터1의 오버플로우 인터럽트가 인에이블 된다. 대응되는 인터럽트는 타이머/카운터 오버플로우가 발생했을 경우 즉, 타이머/카운터 인터럽트 플래그 레지스터 TIFR의 TOV1 비트가 셋 되었을 때 인터럽트가 실행된다.

■ ETIMSK(Extended Timer/Counter Interrupt Mask Register) : 확장 타이머/카운터 인터럽트 마스크 레지스터

비트	7	6	5	4	3	2	1	0	
0x7D	–	–	TICIE3	OCIE3A	OCIE3B	TOIE3	OCIE3C	OCIE1C	ETIMSK
읽기/쓰기	읽기	읽기	읽기/쓰기	읽기/쓰기	읽기/쓰기	읽기/쓰기	읽기/쓰기	읽기/쓰기	
초기값	0	0	0	0	0	0	0	0	

- Bit 5 – TICIE3 : 타이머/카운터3 입력캡쳐(Capture) 인터럽트 인에이블 비트

  이 비트가 1이고 상태 레지스터 SREG의 I 비트가 1이면 타이머/카운터3 입력캡쳐 인터럽트가 인에이블된다. 대응되는 인터럽트는 IC3 핀에서 캡쳐 트리거(trigger) 이벤트가 발생했을 경우 즉, 확장 타이머/카운터 인터럽트 플래그 레지스터 ETIFR의 ICF3 비트가 셋 되었을 때 인터럽트가 실행된다.

- Bit 4 – OCIE3A : 타이머/카운터3 출력비교 A 매치 인터럽트 인에이블 비트

  이 비트가 1이고 상태 레지스터 SREG의 I 비트가 1이면 타이머/카운터3의 출력비교 A 매치 인터럽트가 인에이블 된다. 대응되는 인터럽트는 타이머/카운터3의 비교 A 매치가 발생했을 경우 즉, 확장 타이머/카운터 인터럽트 플래그 레지스터 ETIFR의 OCF3A 비트가 셋 되면 인터럽트가 실행된다.

- Bit 3 – OCIE3B : 타이머/카운터3 출력비교 B 매치 인터럽트 인에이블 비트

  이 비트가 1이고 상태 레지스터 SREG의 I 비트가 1이면 타이머/카운터3의 출력비교 B 매치 인터럽트가 인에이블 된다. 대응되는 인터럽트는 타이머/카운터3의 비교 B 매치가 발생했을 경우 즉, 확장 타이머/카운터 인터럽트 플래그 레지스터 ETIFR의 OCF3B 비트가 셋 되었을 때 인터럽트가 실행된다.

• Bit 2 – TOIE3 : 타이머/카운터3 오버플로우 인터럽트 인에이블 비트

이 비트가 1이고 상태 레지스터 SREG의 I 비트가 1이면 타이머/카운터3의 오버플로우 인터럽트가 인에이블 된다. 대응되는 인터럽트는 타이머/카운터 오버플로우가 발생했을 경우 즉, 확장 타이머/카운터 인터럽트 플래그 레지스터 ETIFR의 TOV3 비트가 셋 되었을 때 인터럽트가 실행된다.

• Bit 1 – OCIE3C : 타이머/카운터3 출력비교 C 매치 인터럽트 인에이블 비트

이 비트가 1이고 상태 레지스터 SREG의 I 비트가 1이면 타이머/카운터3의 출력비교 C 매치 인터럽트가 인에이블 된다. 대응되는 인터럽트는 타이머/카운터3의 비교 C 매치가 발생했을 경우 즉, 확장 타이머/카운터 인터럽트 플래그 레지스터 ETIFR의 OCF3C 비트가 셋 되었을 때 인터럽트가 실행된다.

• Bit 0 – OCIE1C : 타이머/카운터1 출력비교 C 매치 인터럽트 인에이블 비트

이 비트가 1이고 상태 레지스터 SREG의 I 비트가 1이면 타이머/카운터1의 출력비교 C 매치 인터럽트가 인에이블 된다. 대응되는 인터럽트는 타이머/카운터1의 비교 C 매치가 발생했을 경우 즉, 확장 타이머/카운터 인터럽트 플래그 레지스터 ETIFR의 OCF1C 비트가 셋 되었을 때 인터럽트가 실행된다.

■ TIFR(Timer/Counter Interrupt Flag Register) : 타이머/카운터 인터럽트 플래그 레지스터

비트	7	6	5	4	3	2	1	0	
0x36(0x56)	OCF2	TOV2	ICF1	OCF1A	OCF1B	TOV1	OCF0	TOV0	TIFR
읽기/쓰기	읽기/쓰기	읽기/쓰기	읽기/쓰기	읽기/쓰기	읽기/쓰기	읽기/쓰기	읽기/쓰기	읽기/쓰기	
초기값	0	0	0	0	0	0	0	0	

• Bit 5 – ICF1 : 타이머/카운터1 입력캡쳐 플래그 비트

이 비트는 IC1 핀에 입력캡쳐 이벤트가 발생했을 때 셋 되며, 입력캡쳐 인터럽트가 발생한다. 그리고, ICR1 레지스터가 TOP 값으로 사용되는 동작모드에서는 TCNT1의 값이 TOP 값이 될 때 이 비트가 셋 된다. SREG의 I 비트, TIMSK의 TICIE1 비트와 이 비트가 셋 되었을 때 타이머/카운터1 입력캡쳐 인터럽트가 실행되며, 이 비트는 대응되는 인터럽트 처리 루틴이 실행되면 자동적으로 클리어 된다.

• Bit 4 – OCF1A : 출력비교매치 플래그 비트 1A

이 비트는 TCNT1과 출력비교 레지스터 OCR1A가 일치했을 경우에 셋 된다. OCF1A는 대응되는 인터럽트 처리 루틴을 실행할 경우에 하드웨어적으로 자동 클리어 되거나 이 비트에 1을 쓸 경우 클리어 된다. SREG의 I 비트, TIMSK의 OCIE1A 비트와 이 비트가 셋 되었을 때 타이머/카운터1 출력비교 A 매치 인터럽트가 실행된다.

• Bit 3 – OCF1B : 출력비교매치 플래그 비트 1B

이 비트는 TCNT1과 출력비교 레지스터 OCR1B가 일치했을 경우에 셋 된다. OCF1B는 대응되는 인터럽트 처리 루틴을 실행할 경우에 하드웨어적으로 자동 클리어 되거나 이 비트에 1을 쓸 경우 클리어 된다. SREG의 I 비트, TIMSK의 OCIE1B 비트와 이 비트가 셋 되었을 때 타이머/카운터1 출력비교 B 매치 인터럽트가 실행된다.

• Bit 2 – TOV1 : 타이머/카운터1 오버플로우 플래그 비트

이 비트는 타이머/카운터1에서 오버플로우가 발생했을 경우에 셋 된다. TOV1은 대응되는 인터럽트 처리 루틴을 실행할 경우에 하드웨어적으로 자동 클리어 되거나, 이 비트에 1을 쓰면 클리어 된다. SREG의 I 비트, TIMSK의 TOIE1 비트와 이 비트가 셋 되었을 때 타이머/카운터1 오버플로우 인터럽트가 실행된다. Phase Correct PWM 모드에서 이 비트는 타이머/카운터1의 카운터 값이 0x0000에서 카운터 방향이 바뀔 때 셋 된다.

■ ETIFR(Extended Timer/Counter Interrupt Flag Register) : 확장 타이머/카운터 인터럽트 플래그 레지스터

비트	7	6	5	4	3	2	1	0	
0x7C	–	–	ICF3	OCF3A	OCF3B	TOV3	OCF3C	OCF1C	TIFR
읽기/쓰기	읽기	읽기	읽기/쓰기	읽기/쓰기	읽기/쓰기	읽기/쓰기	읽기/쓰기	읽기/쓰기	
초기값	0	0	0	0	0	0	0	0	

• Bit 5 – ICF3 : 타이머/카운터3 입력캡쳐 플래그 비트

이 비트는 IC3 핀에 입력캡쳐 이벤트가 발생했을 때 셋 되며, 입력캡쳐 인터럽트가 발생한다. 그리고, ICR3 레지스터가 TOP 값으로 사용되는 동작모드에서는 TCNT3

의 값이 TOP값이 될 때 이 비트가 셋 된다. SREG의 I 비트, ETIMSK의 TICIE3 비트와 이 비트가 셋 되었을 때 타이머/카운터3 입력캡쳐 인터럽트가 실행되며, 이 비트는 대응되는 인터럽트 처리 루틴이 실행되면 자동적으로 클리어 된다.

• Bit 4 – OCF3A : 출력비교매치 플래그 비트 3A

이 비트는 TCNT3과 출력비교 레지스터 OCR3A가 일치했을 경우에 셋 된다. OCF3A는 대응되는 인터럽트 처리 루틴을 실행할 경우에 하드웨어적으로 자동 클리어 되거나 이 비트에 1을 쓸 경우 클리어 된다. SREG의 I 비트, ETIMSK의 OCIE3A 비트와 이 비트가 셋 되었을 때 타이머/카운터3 출력비교 A 매치 인터럽트가 실행된다.

• Bit 3 – OCF3B : 출력비교매치 플래그 비트 3B

이 비트는 TCNT3과 출력비교 레지스터 OCR3B가 일치했을 경우에 셋 된다. OCF3B는 대응되는 인터럽트 처리 루틴을 실행할 경우에 하드웨어적으로 자동 클리어 되거나 이 비트에 1을 쓸 경우 클리어 된다. SREG의 I 비트, ETIMSK의 OCIE3B 비트와 이 비트가 셋 되었을 때 타이머/카운터3 출력비교 B 매치 인터럽트가 실행된다.

• Bit 2 – TOV3 : 타이머/카운터3 오버플로우 플래그 비트

이 비트는 타이머/카운터3에서 오버플로우가 발생했을 경우에 셋 된다. TOV3은 대응되는 인터럽트 처리 루틴을 실행할 경우에 하드웨어적으로 자동 클리어 되거나, 이 비트에 1을 쓰면 클리어 된다. SREG의 I 비트와 ETIMSK의 TOIE3 비트와 이 비트가 셋 되었을 때 타이머/카운터3 오버플로우 인터럽트가 실행된다. Phase Correct PWM 모드에서 이 비트는 타이머/카운터3의 카운터 값이 0x0000에서 카운터 방향이 바뀔 때 셋 된다.

• Bit 1 – OCF3C : 출력비교매치 플래그 3C 비트

이 비트는 TCNT3과 출력비교 레지스터 OCR3C가 일치했을 경우에 셋 된다. OCF3C는 대응되는 인터럽트 처리 루틴을 실행할 경우에 하드웨어적으로 자동 클리어 되거나 이 비트에 1을 쓸 경우 클리어 된다. SREG의 I 비트, ETIMSK의 OCIE3C 비트와 이 비트가 셋 되었을 때 타이머/카운터3 출력비교 C 매치 인터럽트가 실행된다.

• Bit 0 – OCF1C : 출력비교매치 플래그 1C 비트

이 비트는 TCNT1과 출력비교 레지스터 OCR1C가 일치했을 경우에 셋 된다. OCF1C는 대응되는 인터럽트 처리 루틴을 실행할 경우에 하드웨어적으로 자동 클리어 되거나 이 비트에 1을 쓸 경우 클리어 된다. SREG의 I 비트, ETIMSK의 OCIE1C 비트와 이 비트가 셋 되었을 때 타이머/카운터1 출력비교 C 매치 인터럽트가 실행된다.

■ SFIOR(Special Function I/O Register) : 특수 기능 I/O 레지스터

비트	7	6	5	4	3	2	1	0	
0x20(0x40)	TSM	–	–	–	ACME	PUD	PSR0	PSR321	SFIOR
읽기/쓰기	읽기/쓰기	읽기	읽기	읽기	읽기/쓰기	읽기/쓰기	읽기/쓰기	읽기/쓰기	
초기값	0	0	0	0	0	0	0	0	

• Bit 7 – TSM(Timer/Counter Synchronization Mode) : 타이머/카운터 동기 모드

이 비트는 모든 타이머/카운터를 동기화시키는 기능을 하며, 1로 설정하면 PSR0 및 PSR321 비트값이 그대로 유지된다. 이것은 PSR0과 PSR321이 모두 1인 경우 대응하는 프리스케일러를 계속해서 리셋 상태를 유지하게 해주어 모든 타이머/카운터를 정지시켜 주는 역할을 하게 된다. 이와 같이 타이머/카운터가 정지된 상태에서 타이머/카운터에 초기값을 설정할 수 있다. 그리고, 이 비트를 0으로 하면 PSR0와 PSR321 비트는 하드웨어적으로 클리어 되어 타이머/카운터는 동시에 카운팅을 시작하게 되어 동기를 맞출 수 있게 된다.

• Bit 0 – PSR321 : 타이머/카운터 1, 2, 3의 프리스케일러 리셋

이 비트를 1로 설정하면 타이머/카운터 1~3이 공통으로 사용하고 있는 프리스케일러를 리셋시키며, TSM 비트가 0이면 이 비트는 자동적으로 클리어 된다.

5.3.2 타이머/카운터n의 동작 (n=1, 3)

타이머/카운터n의 동작은 앞절에서 설명했듯이 레지스터 TCCRnA와 TCCRnB의 WGMn3..n0 4비트값에 의해 결정되며, [표 5-14]에서처럼 일반 모드, CTC 모드, Fast PWM 모드, Phase Correct PWM 모드, Phase and Frequency Correct PWM 모드가 있다. 이 절에서

는 각각의 모드에 대해 설명한다.

(1) 일반 모드(Normal Mode)

타이머/카운터n의 가장 간단하면서도 가장 많이 사용하는 동작모드로서, 정해진 작업을 일정시간 간격으로 계속 수행할 때 사용한다. [그림 5-16]과 같이 이 모드에서는 항상 업 카운터로 동작한다. 타이머/카운터값이 16비트 최대값 0xFFFF(TOP=0xFFFF)가 되면 0x0000부터 다시 시작한다. 타이머/카운터n의 오버플로우 인터럽트 플래그 TOVn은 TCNTn값이 0xFFFF에서 0x0000으로 될 때 1이 되어 인터럽트를 발생시킨다.

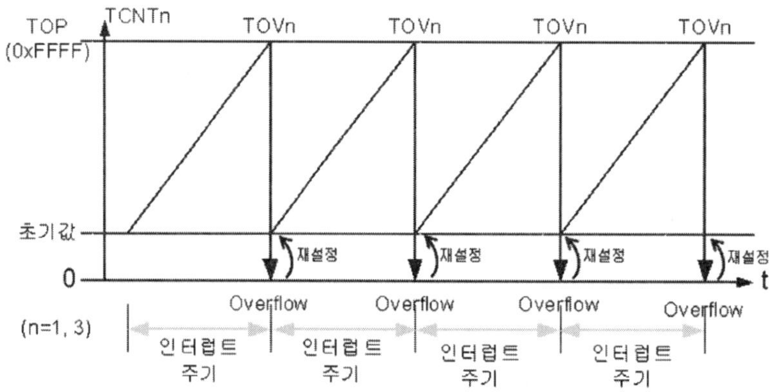

[그림 5-16] 일반모드

일반모드에서는 TCNTn의 상한값이 0xFFFF(65535)로 고정되어 있으며, 오버플로우 인터럽트 주기는 TCNTn의 초기값에 의해 다음 식과 같이 결정된다.

오버플로우 인터럽트 주기 = (1/16)us * 분주비 * (65536 - TCNTn 초기값)

따라서, 오버플로우 인터럽트가 발생하면 TCNTn의 값이 0이 되기 때문에 계속적으로 일정시간 간격으로 인터럽트를 발생시키기 위해서는 오버플로우 인터럽트가 발생할 때마다 같은 초기값으로 재설정해 주어야 한다. 예를 들면, 시스템 클럭이 16MHz인 ATmega128 시스템에서 TCCRnA=0x00, TCCRnB=0x02(8분주), TCNTn=55536을 설정하면, 인터럽트 주기는

(1/16)us * 8분주 * (65536 - 55536) = 5000us = 5ms

가 된다. 즉, 오버플로우 인터럽트가 발생할 때마다 TCNTn에 55536을 넣어 주면 5ms마다 계속해서 인터럽트를 발생할 수 있게 된다.

(2) CTC 모드(Clear Time on Compare Match Mode)

타이머/카운터n에서의 CTC 모드는 모드 4와 모드 12가 있다. CTC 모드에서 TCNTn 값은 OCRnA와 일치하거나(모드 4) 또는 ICRn과 일치할 때(모드 12)까지 증가하며, 일치한 후에 다음 클럭에서 TCNTn은 0x0000로 클리어 된다. [그림 5-17]은 CTC 모드에 대한 동작을 보여주며, OCRnA 또는 ICRn은 TCNTn에 대한 TOP값을 나타낸다.

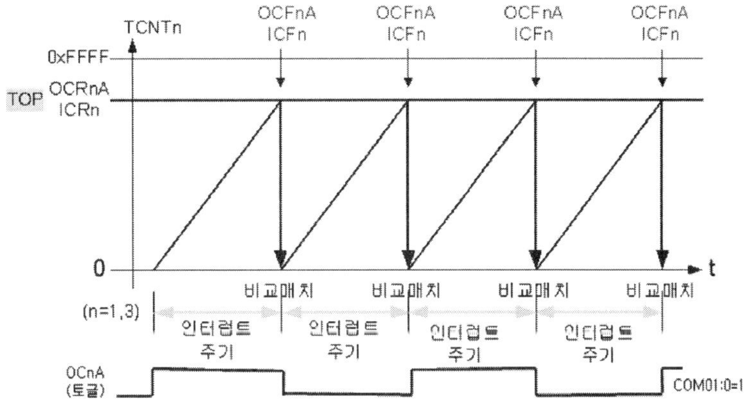

[그림 5-17] 타이머/카운터n CTC 모드

일반모드는 상한값이 고정이지만, CTC 모드는 하한값이 0으로 고정되어 있다. OCRnA를 TOP 값으로 사용하는 모드 4에서는 TCNTn이 OCRnA와 일치할 때마다 OCFnA가 셋 되어 출력비교매치 인터럽트가 발생하며, ICRn을 TOP 값으로 사용하는 모드 12에서는 TCNTn이 ICRn과 일치할 때마다 ICFn이 셋 되어 입력캡쳐 인터럽트가 발생한다.

출력비교매치 인터럽트 주기 = (1/16)us * 분주비 * (1+OCRnA) : 모드 4
입력캡쳐 인터럽트 주기 = (1/16)us * 분주비 * (1+ICRn) : 모드 12

CTC 모드에서 파형 출력모드를 토글 모드로 하면, TCNTn이 TOP과 같을 때마다 OCnA 핀을 통해 토글된 값이 계속해서 출력된다. 이때 출력되는 파형의 주파수는

$$f_{OC_nA} = \frac{f_{clk(I/O)}}{2 \cdot N \cdot (1+TOP)}$$

(N : 분주비 1, 8, 64. 256, 1024, $f_{clk(I/O)}$: 시스템 클럭의 주파수)

(모드 4에서 TOP = OCRnA, 모드 12에서 TOP = ICRn)

이 되며, TOP이 0일 때 $f_{OC_nA} = \frac{f_{clk(I/O)}}{2}$ 의 최대 주파수를 갖게 된다. 이때 OCnA 핀을 통해 파형을 출력하기 위해서는 OCnA 핀에 대응하는 비트의 입출력방향을 출력으로 설정하여야 한다.

(3) 고속 PWM 모드(Fast Pulse Width Modulation Mode)

이 모드에서는 높은 주파수의 PWM 파형을 발생하는데 유용하며, [표 5-14]에서와 같이 모드 5, 6, 7, 14, 15의 동작모드를 갖는다. 이 모드에서는 TCNTn 값이 0에서 TOP까지 증가하다 다시 0부터 카운트하는 동작을 반복하며, TOP 값은 [표 5-14]에서와 같이 0x00FF(8비트), 0x01FF(9비트), 0x03FF(10비트), ICRn, OCRnA로 지정된다.

비반전 비교 출력모드에서 TCNTn 값은 계속하여 증가하다 OCRnx와 일치하면 OCnx 핀을 통해 0이 출력되고, TCNTn이 TOP 다음에 0x0000로 되면서 1이 출력된다. [그림 5-18]은 이를 보여주며, 설정된 TOP 값에 따라 OCnx 핀에 출력되는 펄스의 주기가 결정되며, OCRnx 레지스터의 값에 따라 High(또는 Low) 부분의 펄스폭이 결정되어 PWM의 파형을 출력하게 된다.

이 모드에서 OCnx 핀을 통해 출력되는 파형의 주파수는

$$f_{OC_{nx}PWM} = \frac{f_{clk(I/O)}}{N \cdot (1 + TOP)}$$

가 된다. 여기서, N은 분주비로 1, 8, 64, 256, 1024의 값을 가지며, $f_{clk(I/O)}$ 는 시스템 클럭과 같은 주파수를 나타낸다.

OCnx 핀을 통해 파형을 출력할 때 이 핀에 해당하는 데이터 방향 레지스터의 비트를 출력이 되도록 설정해야 한다.

이 모드에서는 TCNTn의 값이 TOP과 일치할 때 타이머/카운터n의 오버플로우 인터럽트 플래그 TOVn이 셋 되면서 오버플로우 인터럽트가 요청되며, 또한 TOP으로 사용하는 레지스터에 따라 OCFnx 및 ICFn 플래그도 TOVn과 같은 클럭 사이클에서 셋 되어 해당 인터럽트가 요청된다. OCRnA를 TOP으로 이용하는 모드 15에서 파형 출력을 토글 모드로 설정하면, 듀티비 50%를 갖는 구형파를 출력할 수 있다.

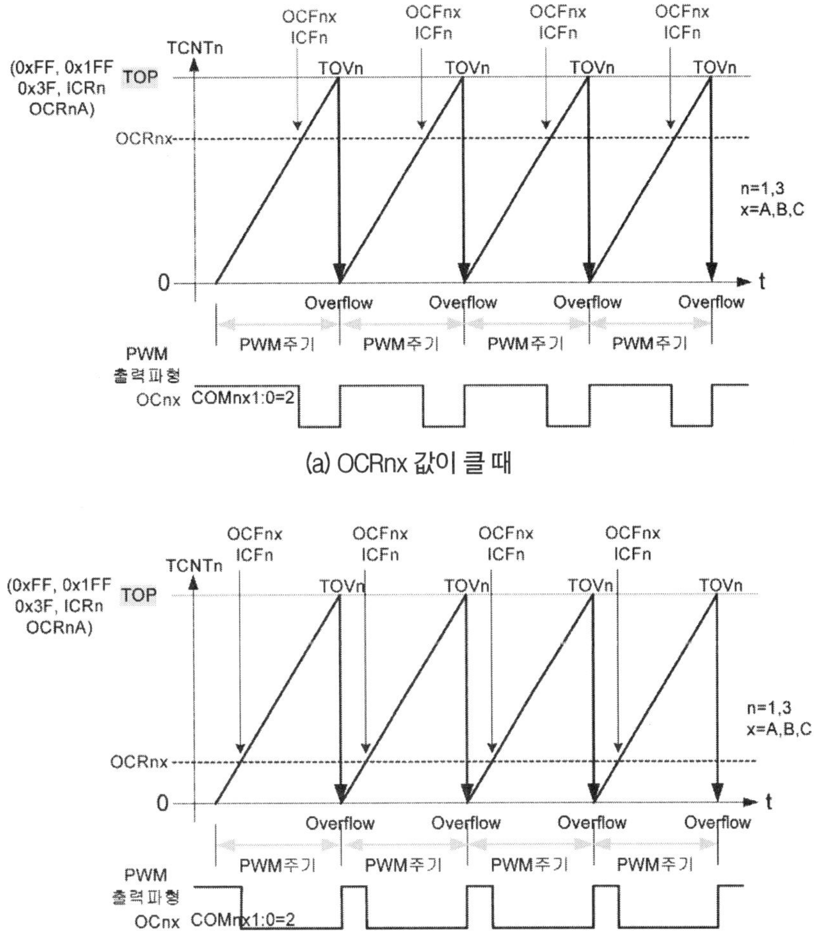

(a) OCRnx 값이 클 때

(b) OCRnx 값이 작을 때

[그림 5-18] 타이머/카운터n의 Fast PWM 모드(n=1,3, x=A,B,C)

(4) PC PWM(Phase Correct PWM) Mode

이 모드는 높은 분해능의 PWM 파형을 발생하는데 유용하며, [표 5-14]에서와 같이 모드 1, 2, 3, 10, 11의 동작모드를 갖는다. 이 모드에서는 TCNTn 값이 0에서 TOP까지 증가하다 0으로 감소하는 카운트 동작을 반복하며, TOP 값은 [표 5-14]에서와 같이 0x00FF(8비트), 0x01FF(9비트), 0x03FF(10비트), ICRn, OCRnA로 지정된다.

비반전 비교 출력모드에서 업 카운트 중에 TCNTn과 출력 비교 레지스터 OCRnx의 값이 일치하면 OCnx 핀을 통해 0이 출력되고, 다운 카운트 중에 일치하면 1이 출력된다. [그림 5-19]는 이를 보여주며, 반전 비교 출력모드에서는 반대의 값이 OCnx 핀을 통해 출력된다.

그림으로부터 알 수 있듯이 TOP으로 설정되는 값에 따라 OCnx 핀에 출력되는 펄스의 주기가 결정되며, OCRnx 레지스터의 값에 따라 High(또는 Low) 부분의 펄스폭이 결정되어 PWM의 파형을 출력하게 된다.

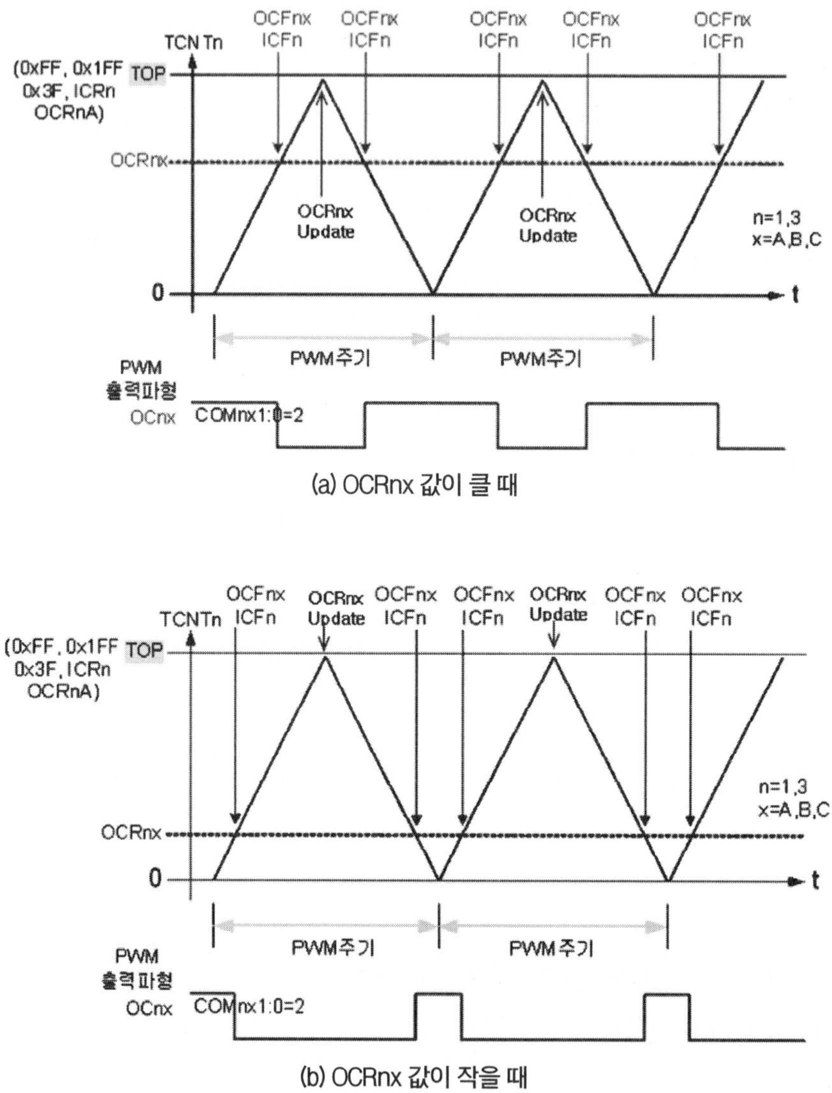

[그림 5-19] 타이머/카운터n의 Phase Correct PWM 모드(n=1,3, x=A,B,C)

이 모드에서 OCnx 핀을 통해 출력되는 파형의 주파수는

$$f_{OC_{nx}PWM} = \frac{f_{clk(I/O)}}{2 \cdot N \cdot TOP}$$

가 된다. 여기서, N은 분주비로 1, 8, 64, 256, 1024의 값을 가지며, $f_{clk(I/O)}$는 시스템 클럭과 같은 주파수를 나타낸다. 이처럼 PC PWM 모드에서의 주파수는 고속 PWM 모드에 비해 반으로 줄어든다.

OCnx 핀을 통해 파형을 출력할 때는 이 핀에 해당하는 데이터 방향 레지스터의 비트를 출력이 되도록 설정해야 한다.

이 모드에서는 TOP으로 사용하는 레지스터에 따라 TCNTn의 값이 TOP과 일치할 때 OCFnx 또는 ICFn 플래그 비트가 셋 되면서 해당 인터럽트가 요청되며, 또한 TCNTn 값이 0x0000으로 될 때마다 TOVn이 셋 되면서 오버플로우 인터럽트가 요청된다.

OCRnA를 TOP으로 이용하는 모드 11에서 파형 출력을 토글 모드로 설정하면 듀티비 50%를 갖는 구형파를 출력할 수 있다.

(5) PFC PWM(Phase and Frequency Correct PWM) Mode

이 모드도 PC PWM 모드와 같이 높은 분해능의 PWM 파형을 발생하는데 유용하며, [표 5-14]에서와 같이 모드 8, 9의 동작 모드를 갖는다. 이 모드는 PC PWM 동작 모드와 거의 같지만, TOP으로 설정되는 레지스터의 값이 [표 5-19]와 같이 PC PWM 모드에서는 TCNTn이 TOP일 때 갱신되고, PFC PWM 모드에서는 0x0000에서 갱신된다. 이 모드에서도 TCNTn 값이 0에서 TOP까지 증가하다 0으로 감소하는 카운트 동작을 반복하며, TOP 값은 ICRn, OCRnA로 지정된다.

[표 5-19] PC PWM 모드와 PFC PWM 모드와의 비교

모드	WGM n3	WGM n2	WGM n1	WGM n0	동작모드	TOP값	OCRnx의 업데이트 시점	TOVn 플래그 셋 시점
1	0	0	0	1	Phase Correct PWM(8비트)	0x00FF	TOP	0x0000
2	0	0	1	0	Phase Correct PWM(9비트)	0x01FF	TOP	0x0000
3	0	0	1	1	Phase Correct PWM(10비트)	0x03FF	TOP	0x0000
10	1	0	1	0	Phase Correct PWM	ICRn	TOP	0x0000
11	1	0	1	1	Phase Correct PWM	OCRnA	TOP	0x0000
8	1	0	0	0	Phase and Frequency Correct PWM	ICRn	0x00	0x0000
9	1	0	0	1	Phase and Frequency Correct PWM	OCRnA	0x00	0x0000

비반전 비교 출력모드에서 업 카운트 중에 TCNTn과 출력 비교 레지스터 OCRnx의 값이 일치하면 OCnx 핀을 통해 0이 출력되고, 다운 카운트 중에 일치하면 1이 출력된다. [그림 5-20]은 이를 보여주며, 반전 비교 출력모드에서는 반대의 값이 OCnx 핀을 통해 출력된다. 그림으로부터 알 수 있듯이, OCRnx 레지스터의 설정되는 값에 따라 High(또는 Low)인 부분의 펄스폭이 가변되어 PWM의 파형을 출력하게 된다.

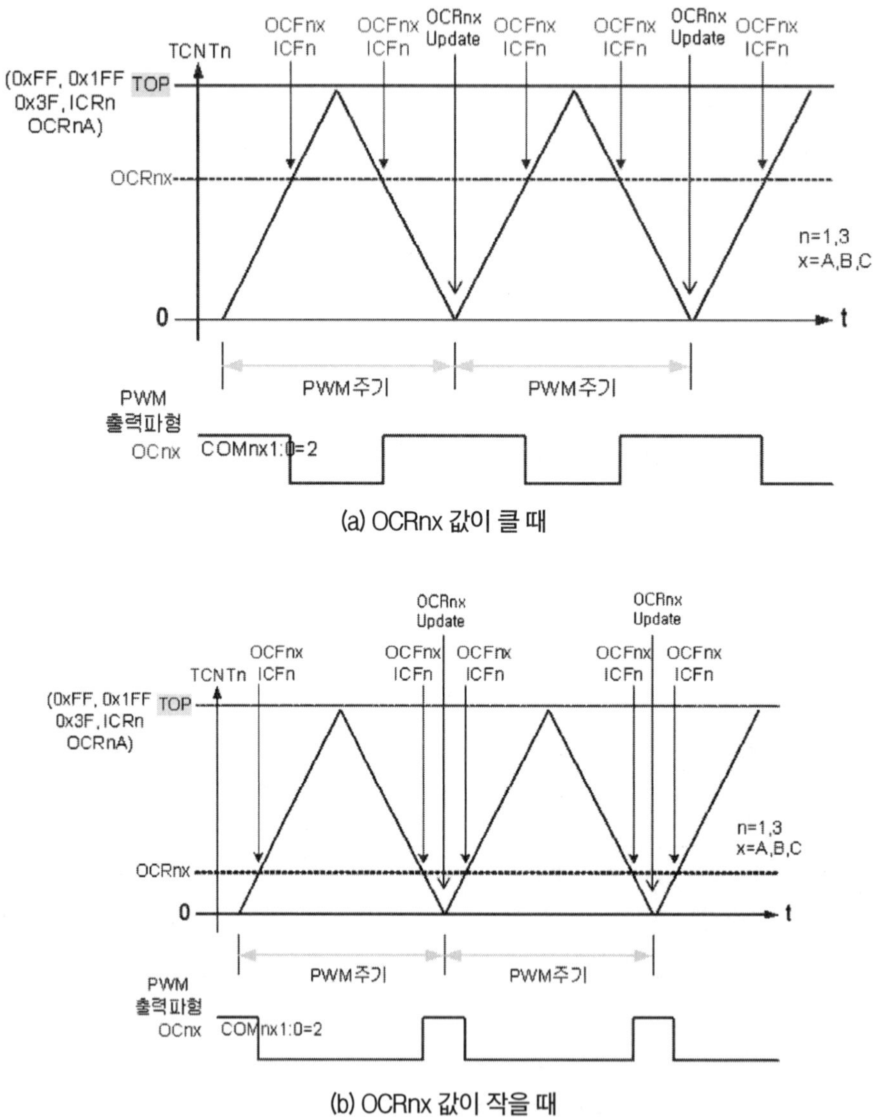

(a) OCRnx 값이 클 때

(b) OCRnx 값이 작을 때

[그림 5-20] 타이머/카운터n의 Phase and Frequency Correct PWM 모드(n=1,3, x=A,B,C)

이 모드에서 OCnx 핀을 통해 출력되는 파형의 주파수는

$$f_{OC_{nx}PWM} = \frac{f_{clk(I/O)}}{2 \cdot N \cdot TOP}$$

가 된다. 여기서, N은 분주비로 1, 8, 64, 256, 1024의 값을 가지며, $f_{clk(I/O)}$는 시스템 클럭과 같은 주파수를 나타낸다.

OCnx 핀을 통해 파형을 출력할 때는 이 핀에 해당하는 데이터 방향 레지스터의 비트를 출력이 되도록 설정해야 한다.

이 모드에서는 TOP으로 사용하는 레지스터에 따라 TCNTn의 값이 TOP과 일치할 때 OCFnx 또는 ICFn 플래그 비트가 셋 되면서 해당 인터럽트가 요청되며, 또한 TCNTn 값이 0x0000이 될 때마다 TOVn이 셋 되면서 오버플로우 인터럽트가 요청된다.

OCRnA를 TOP으로 이용하는 모드 9에서 파형 출력을 토글 모드로 설정하면, 듀티비 50%를 갖는 구형파를 출력할 수 있다.

5.3.3 입력캡쳐 유닛(Input Capture Unit)

ATmega128에는 타이머/카운터n의 값을 캡쳐하여 레지스터 ICRn(n=1,3)에 저장하는 기능을 가지고 있으며, [그림 5-21]은 이러한 입력캡쳐 유닛의 블록도를 보여준다.

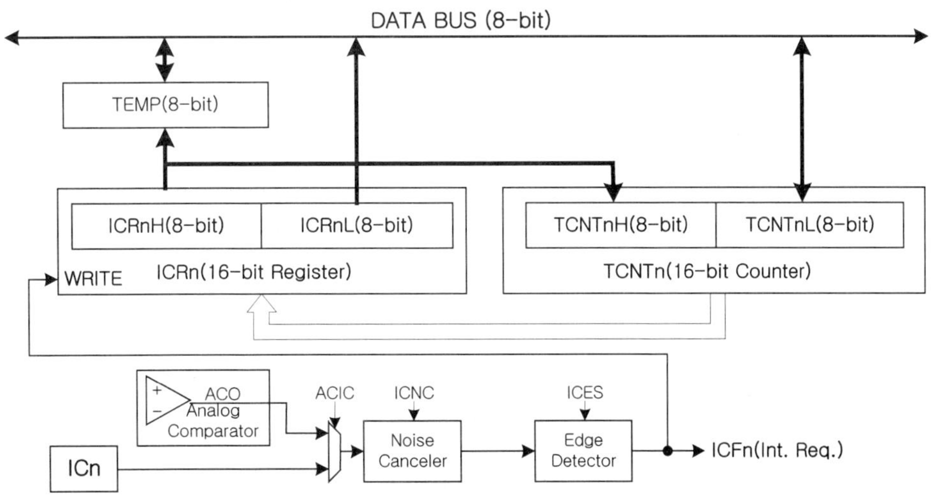

[그림 5-21] 입력캡쳐 유닛 블록도(n=1, 3)

입력캡쳐 유닛의 주 트리거 신호는 ICn 핀으로 입력되는 신호이지만, 아날로그 비교기 제어 및 상태 레지스터 ACSR의 ACIC(Analog Compare Input Capture) 비트를 셋 하면 아날로그 비교기의 출력을 트리거 신호로 사용할 수도 있다.

입력캡쳐 기능에 관련하여 타이머/카운터n 제어 레지스터 TCCRnB의 ICNCn 비트와 ICESn 비트가 각각 노이즈 제거 기능과 캡처 타이밍의 설정을 위해 사용되며, 이 부분은 타이머/카운터n 관련 레지스터에서 TCCRnB를 참조하기 바란다.

입력캡쳐 유닛에 캡쳐 신호가 입력되면 타이머/카운터n의 TCNTn 값이 ICRn에 복사되고 동시에 입력캡쳐 플래그 ICFn이 셋 되어 입력캡쳐 인터럽트가 요청된다.

5.3.4 출력비교 유닛(Output Compare Unit)

[그림 5-22]는 타이머/카운터n(n=1, 3)의 출력비교 유닛 블록도를 보여주며, 레지스터 TCNTn과 출력비교 레지스터 OCRnx(x : A, B, C)는 16비트 비교기에 의해 계속 비교된다.

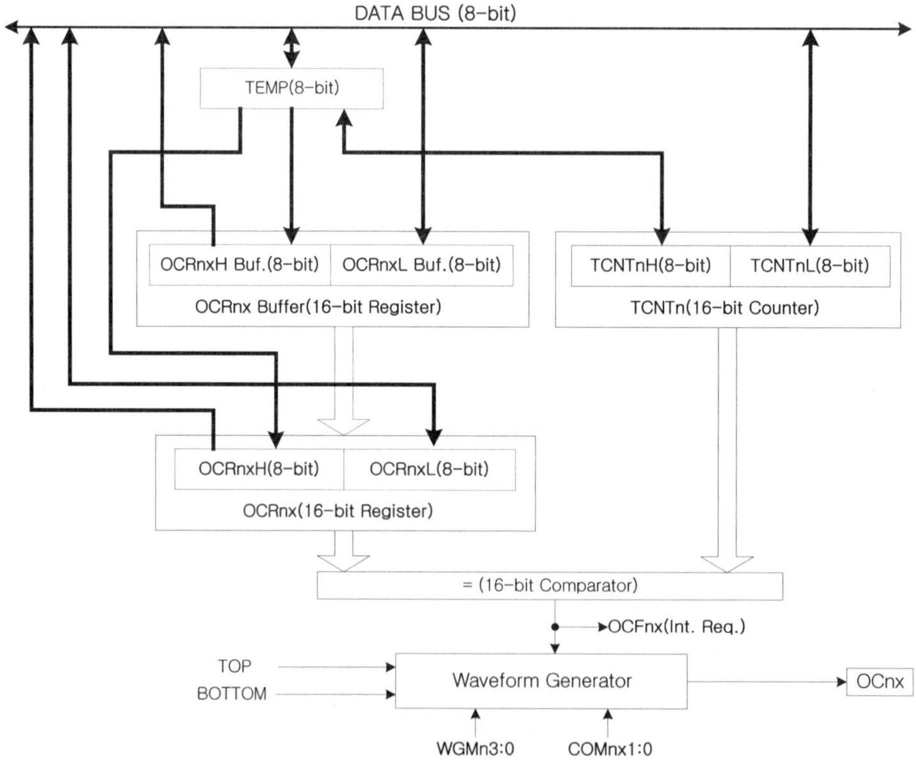

[그림 5-22] 출력비교 유닛 블록도(n=1,3, x=A, B)

TCNTn과 OCRnx의 값이 일치하면 OCFnx 플래그 비트가 다음 클럭에서 셋 되어 인터럽트를 요청하게 된다. OCFnx는 인터럽트처리가 실행되면 자동적으로 클리어 되지만, 소프트웨어적으로 0을 써주어 클리어 시킬 수도 있다. TCNTn과 OCRnx이 값이 일치하면 WGMn3..0비트에 의해 설정된 파형 출력모드에 따라 OCnx 핀을 통해 파형이 출력된다.

■ 출력비교 변조기(Output Compare Modulator)

OCM은 반송 주파수(Carrier frequency)에 변조된 파형을 발생하는 기능을 갖는다. 이 변조기는 16비트 타이머/카운터1의 출력비교 유닛 C와 8비트 타이머/카운터2의 출력비교 유닛의 출력을 이용한다. [그림 5-23]은 출력비교 변조기를 보여주며, 변조기가 인에이블 되어 있으면 두개의 출력비교 채널은 그림에 나타낸 것과 같이 변조된다.

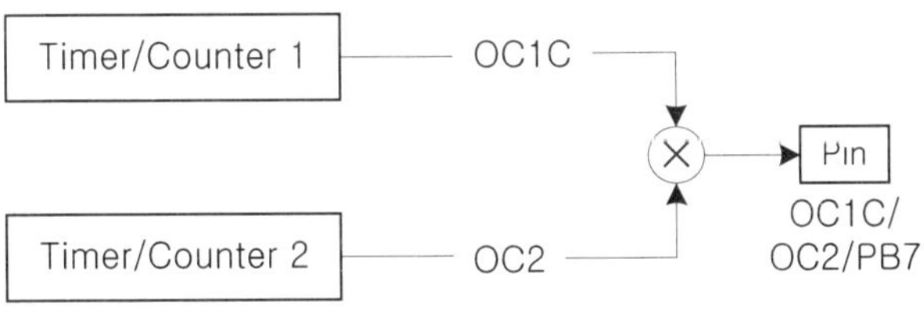

[그림 5-23] 출력비교 변조기

출력비교 유닛 1C와 출력비교 유닛 2는 PB7 포트핀과 겸용으로 사용되며, 출력비교 OC1C 또는 OC2 중에 하나가 인에이블 되어 있으면 이 핀을 통해 출력비교값이 출력된다. 그러나, OC1C와 OC2가 동시에 인에이블 되어 있으면 변조기는 자동적으로 인에이블 되어 PORTB7의 값에 따라 OC1C와 OC2의 값이 합성되어 출력된다.

변조기의 기능 등가 구조는 [그림 5-24]와 같으며, PORTB7 핀의 출력 구동회로와 타이머/카운터 유닛의 일부를 포함한다. OC1C 또는 OC2를 인에이블 시키는 경우에는 PORTB7을 출력으로 설정해야 한다.

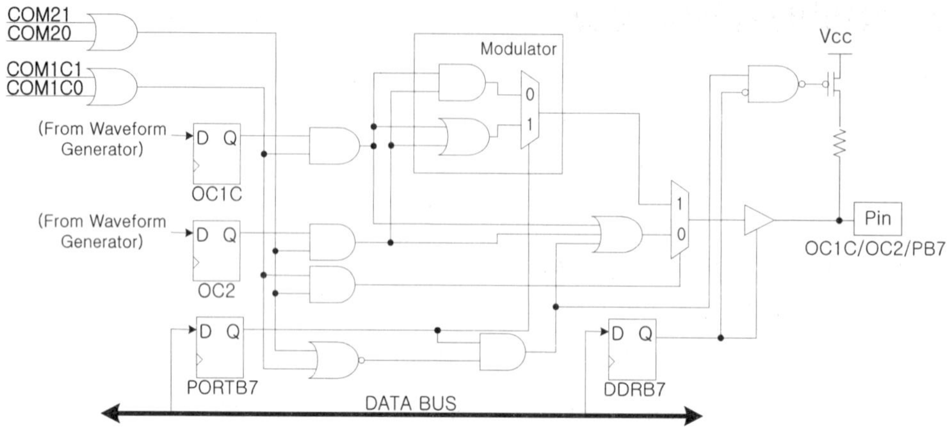

[그림 5-24] 출력비교 변조기 구조

변조기가 인에이블 되면, 변조기의 출력은 OC1C와 OC2의 값을 PORTB7의 값에 따라 AND 또는 OR시켜 출력하게 된다. [그림 5-25]는 타이머/카운터1이 고속 PWM 모드(비반전 출력)로 설정되어 있고 타이머/카운터2가 CTC 모드(토글 비교출력모드)로 설정되었을 때 PORTB7의 값에 따른 변조기의 출력파형을 보여준다.

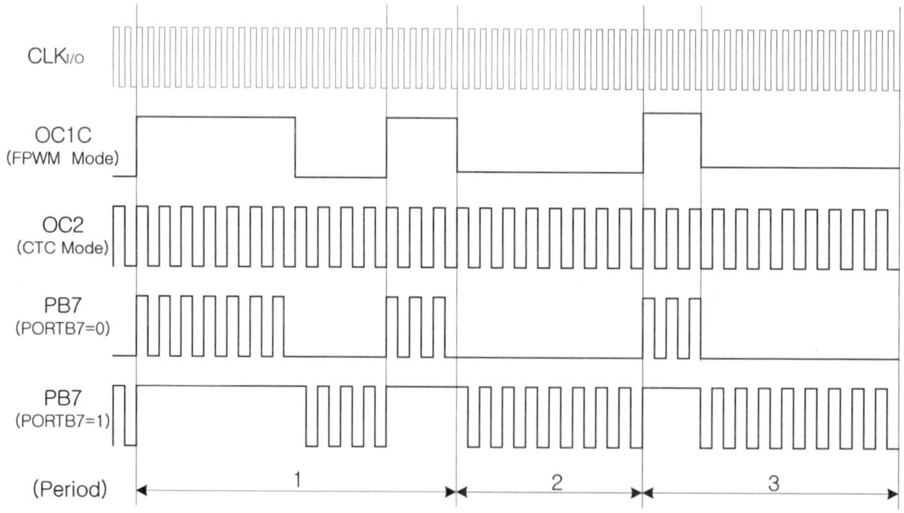

[그림 5-25] 출력비교 변조기 출력 파형

5.4 타이머/카운터 실험

타이머/카운터도 I/O 포트나 외부 인터럽트와 마찬가지로 사용하기 전에 사용 목적에 맞춰 관련 레지스터에 대한 설정을 제대로 해 주어야 정상적으로 동작한다. 타이머/카운터는 2가지 목적을 가지고 사용하는데, 첫 번째는 어떤 정해진 일을 주기적으로 실행하기 위해 시간적인 인터럽트를 사용하는 것이고, 두 번째는 비교출력단자를 통해 PWM 파형을 자동으로 출력하는 것이다. 그러나, 일반적으로 주기적인 인터럽트 기능을 사용하는 것이 대부분이라 할 수 있으며, 일정시간 간격으로 어떤 정해진 일을 반복하여 실행하는 경우에 사용하게 된다.

CodeVisionAVR에서 인터럽트 함수는 외부 인터럽트에서 설명했듯이 다음과 같은 형식을 갖추어야 한다.

```
interrupt [인터럽트 소스명] void 함수명(void)
{
    인터럽트 서브루틴
}
```

[예] 타이머/카운터0 비교 매치

```
interrupt [TIM0_COMP] void tim0_comp(void)
{
        . . . . .

}
```

[예] 타이머/카운터1 오버플로우 인터럽트

```
interrupt [TIM1_OVF] void tim1_ovf(void)
{
        . . . . .

}
```

여기서, 인터럽트 소스명은 CodeVisionAVR에서 제공하는 헤더 파일 <mega128.h>에 정의된 소스명을 사용하며, 함수명은 사용자가 임의로 정해주면 된다. [표 5-20]은 <mega128.h>에서 인터럽트 소스명 정의부분만 표시한 것이다.

[표 5-20] <mega128.h>에서 정의된 타이머/카운터 인터럽트 소스명

```
// Interrupt vectors definitions

#define EXT_INT0 2
#define EXT_INT1 3
#define EXT_INT2 4
#define EXT_INT3 5
#define EXT_INT4 6
#define EXT_INT5 7
#define EXT_INT6 8
#define EXT_INT7 9
#define TIM2_COMP 10
#define TIM2_OVF 11
#define TIM1_CAPT 12
#define TIM1_COMPA 13
#define TIM1_COMPB 14
#define TIM1_OVF 15
#define TIM0_COMP 16
#define TIM0_OVF 17
#define SPI_STC 18
#define USART0_RXC 19
#define USART0_DRE 20
#define USART0_TXC 21
#define ADC_INT 22
#define EE_RDY 23
#define ANA_COMP 24
#define TIM1_COMPC 25
#define TIM3_CAPT 26
#define TIM3_COMPA 27
#define TIM3_COMPB 28
#define TIM3_COMPC 29
#define TIM3_OVF 30
#define USART1_RXC 31
#define USART1_DRE 32
#define USART1_TXC 33
#define TWI 34
#define SPM_RDY 35

#endif
```

타이머/카운터에 대한 사용법을 간단히 요약하면 다음과 같으며, 요약된 내용에 따라 프로그램을 작성하면 된다.

☞ **타이머/카운터 사용법 요약**

〈인터럽트 기능〉

① 타이머/카운터 인터럽트 마스크 레지스터 셋
사용 레지스터 : TIMSK(타/카0, 타/카2, 타/카1), ETIMSK(타/카1, 타/카3)

② 타이머/카운터 동작모드 및 분주비 설정
사용 레지스터 : TCCR0, ASSR(타/카0), TCCR2(타/카2)
TCCR1A/B/C(타/카1), TCCR3A/B/C(타/카3)

③ 타이머/카운터 레지스터, 출력비교레지스터 초기값 설정
사용 레지스터 : TCNT0, TCNT1, TCNT2, TCNT3
OCR0, OCR1A/B/C, OCR2, OCR3A/B/C, ICR1, ICR3
-> 동작모드에 따라 설정하는 레지스터가 다르므로 동작모드표 참조

④ 전역 인터럽트 인에이블 비트 I 셋
사용 레지스터 : SREG(최상위 비트)
-> 가능하면 모든 초기 설정이 끝난 후 제일 마지막에 I 비트를 셋 한다.

⑤ 인터럽트 함수 작성

〈PWM 파형 출력 기능〉

① PWM 출력 핀의 포트를 출력으로 설정한다.

② 타이머/카운터 동작모드 및 분주비 설정
사용 레지스터 : TCCR0, ASSR(타/카0), TCCR2(타/카2)
TCCR1A/B/C(타/카1), TCCR3A/B/C(타/카3)

③ 타이머/카운터 레지스터, 출력비교레지스터 초기값 설정
사용 레지스터 : TCNT0, TCNT1, TCNT2, TCNT3
OCR0, OCR1A/B/C, OCR2, OCR3A/B/C, ICR1, ICR3
-> 동작모드에 따라 설정하는 레지스터가 다르므로 동작모드표 참조

〈경우에 따라 타이머/카운터의 값을 리셋하기 위해 인터럽트 기능을 사용할 때도 있음〉

[예제 5-1] 타이머/카운터0을 이용한 LED 제어 실험(일반 모드)

타이머/카운터0을 일반 모드로 사용하여 오버플로우 인터럽트가 발생할 때마다 포트 C에 연결된 LED를 1비트씩 쉬프트하면서 ON시키는 프로그램을 작성하라. 타이머/카운터의 인터럽트 주기는 최대가 되도록 TCNT0를 0으로 하고 프리스케일러는 1024분주로 한다.

[예제 5-1] 타이머/카운터0을 이용한 LED 제어 실험(일반 모드)

```
// ex5-1.c
// 타이머/카운터0에 의한 LED 순차 점멸

#include <mega128.h>

unsigned char led = 0xFE;

void main(void)
{
  // 포트 초기화
  DDRC = 0xFF;                    // 포트 C 출력으로 설정
  PORTC = led;                    // 포트 C에 초기값 출력

  // 타이머/카운터0 초기화
  TIMSK = 0x01;                   // TOIE0 = 1(오버플로우 인터럽트 인에이블)
  TCCR0 = 0x07;                   // 일반모드, 1024분주
  TCNT0 = 0x00;                   // 타이머/카운터0 레지스터 초기값
  SREG = 0x80;                    // 전역 인터럽트 인에이블 비트 I 셋

  while(1);                       // 대기
}

// 타이머/카운터0 오버플로우 서비스 루틴
// 인터럽트 발생 주기 1/16us * 1024분주 * (256 - 0) = 16,384us
interrupt [TIM0_OVF] void timer_int0(void)
{
  // LED 순차 점멸
  TCNT0 = 0x0;                    // 초기값 재설정(0인 경우 생략가능)
  led = led << 1;                 // 1비트 쉬프트
  led = led | 0x01;               // 최하위 비트 셋
  if(led == 0xFF) led = 0xFE;     // 모두 off이면 초기값 재설정
  PORTC = led;                    // 포트 출력
}
```

[예제 5-2] 타이머/카운터0을 이용한 LED 제어 실험(출력비교매치 인터럽트)

타이머/카운터0을 CTC 모드로 이용하여 10ms마다 출력비교매치 인터럽트를 발생시키고, 인터럽트가 발생할 때마다 포트 C에 연결된 LED를 1비트씩 쉬프트하면서 ON시키는 프로그램을 작성하라.

[예제 5-2] 타이머/카운터0을 이용한 LED 제어 실험(출력비교매치 인터럽트)

```
// ex5-2.c
// 타이머/카운터0 실험(CTC 모드)
// 타이머/카운터0에 의한 LED 순차 점멸

#include <mega128.h>

unsigned char led = 0xFE;

void main(void)
{
   // 포트 초기화
   DDRC = 0xFF;           // 포트 C 출력으로 설정
   PORTC = led;           // 포트 C에 초기값 출력

   // 인터럽트 초기화
   TIMSK = 0x02;          // OCIE0 = 1(출력 비교 인터럽트 인에이블)
   TCCR0 = 0x0F;          // WGM01=1, CTC 모드, 1024분주
   OCR0 = 155;            // 출력 비교 레지스터값(9.98ms 주기)
   TCNT0 = 0x0;           // 타이머/카운터0 레지스터 초기값
   SREG = 0x80;           // 전역 인터럽트 인에이블 비트 I 셋.

   while(1);              // 대기
}

// 타이머/카운터0 출력비교(TCNT0 = OCR0 일때) 인터럽트 서비스 루틴
// 인터럽트 발생 주기 1/16us * 1024분주 * (1 + 155) = 9.98ms
interrupt [TIM0_COMP] void timer_comp0(void)
{
   // LED 순차 점멸
   led = led << 1;                 // 1비트 쉬프트
   led = led | 0x01;               // 최하위 비트 셋
   if(led == 0xFF) led = 0xFE;     // 모두 off이면 초기값 재설정
   PORTC = led;                    // 포트 출력
}
```

[예제 5-3] 타이머/카운터0을 이용한 LED 제어 실험(일반모드 0.5초 간격)

타이머/카운터0의 오버플로우 인터럽트를 이용하여 0.5초 마다 모든 포트 C에 연결된 LED를 ON/OFF(토글 출력) 시키는 프로그램을 작성하라. X-TAL 클럭의 1024 분주한 클럭을 타이머/카운터의 클럭으로 이용한다.(힌트 : 16MHz의 클럭을 사용하는 KUT-128_COM 보드에서 타이머/카운터0의 가장 긴 오버플로우 인터럽트 주기는 1/16us*1024분주*(256-0)=16.384ms가 된다. 따라서, 이 인터럽트가 31회 걸리면 508ms되어 약 0.5초의 시간 주기를 얻을 수 있다.)

[예제 5-3] 타이머/카운터0을 이용한 LED 제어 실험(일반모드 0.5초 간격)

```
// ex5-3.c
// 타이머/카운터0에 의한 LED 순차 점멸(0.5초 마다)

#include <mega128.h>

unsigned char led = 0xFF;           // LED 출력 초기값
unsigned char cnt = 0;              // 타이머/카운터0 인터럽트 발생 횟수

void main(void)
{
   // 포트 초기화
   DDRC = 0xFF;                     // 포트 C 출력으로 설정
   PORTC = led;                     // 포트 C에 초기값 출력

   // 타이머/카운터0 초기화
   TIMSK = 0x01;                    // TOIE0 = 1
   TCCR0 = 0x07;                    // 프리스케일 = CK/1024
   TCNT0 = 0x00;                    // 타이머/카운터0 레지스터 초기값
   SREG = 0x80;                     // 전역 인터럽트 인에이블 비트 I 셋

   while(1);                        // 대기
}

// 타이머/카운터0 오버플로우 서비스 루틴
// 1/16us x 1024 x (256 - 0) = 16.384ms
interrupt [TIM0_OVF] void timer_int0(void)
{
   TCNT0 = 0x0;                     // 초기값 재설정(생략가능)
   cnt++;                           // 인터럽트 횟수 +1

   if(cnt == 31){                   // 16.384ms x 31 = 0.5sec
     led = led ^ 0xFF;              // led값 반전
     PORTC = led;                   // 포트 출력
     cnt = 0;                       // 인터럽트 카운터 리셋
   }
}
```

[예제 5-4] 타이머/카운터1을 이용한 LED 제어 실험(모드 0 : 일반 모드)

타이머/카운터1 레지스터의 값을 0x8000(32768)으로 초기 설정하고, 256분주 된 클럭을 타이머/카운터의1의 클럭으로 이용하여 오버플로우 인터럽트가 발생할 때 마다 포트 C에 연결된 LED를 쉬프트하면서 ON시키는 프로그램을 작성하라.

[예제 5-4] 타이머/카운터1을 이용한 LED 제어 실험(모드 0 : 일반 모드)

```
// ex5-4.c
// 타이머/카운터1을 이용한 LED 제어 실험(일반 모드)

#include <mega128.h>
unsigned char led = 0xFE;
unsigned int time = 0x8000;          // 32768

void main(void)
{
   // 포트 초기화
   DDRC = 0xFF;                      // 포트 C 출력으로 설정
   PORTC = led;                      // 포트 C에 초기값 출력

   // 타이머/카운터1 초기화
   TIMSK = 0x04;                     // TOIE1 = 1, 오버플로우 인터럽트 인에이블
   TCCR1A = 0x00;                    // 모드 0(일반모드)
   TCCR1B = 0x04;                    // 프리스케일 = CK/256
   TCCR1C = 0x0;
   TCNT1 = time;                     // 타이머/카운터1 레지스터 초기값 : 16 비트
   SREG = 0x80;                      // 전역 인터럽트 인에이블 비트 I 셋

   while(1);                         // 대기
}

// 타이머/카운터1 오버플로우 서비스 루틴
// (1/16)us * 256분주 * (65536 - 32768)= 524ms
interrupt [TIM1_OVF] void timer_int1(void)
{
   // LED 순차 점멸
   TCNT1 = time;                     // 초기값 재설정
   led = led << 1;                   // 1비트 쉬프트
   led = led | 0x01;                 // 최하위 비트 셋
   if(led == 0xFF) led = 0xFE;       // 모두 off이면 초기값 재설정
   PORTC = led;                      // 포트 출력
}
```

[예제 5-5] 타이머/카운터3을 이용한 카운터 모드 실험(T3핀 클럭 입력)

T3에 연결된 스위치 SW3을 누를 때마다 포트 C에 연결된 LED를 한 비트씩 쉬프트하면서 ON시키는 프로그램을 작성하라. 즉, 타이머/카운터3을 카운터로 이용하여 SW3이 눌려질 때마다 타이머/카운터3에 오버플로우 인터럽트가 발생시키도록 하라.

[예제 5-5] 타이머/카운터3을 이용한 카운터 모드 실험(T3핀 클럭 입력)

```
// ex5-5.c
// 타이머/카운터3의 카운터 모드 실험
// 클럭 소스를 외부 신호 T3(SW3) 이용
// SW3을 누를 때마다 LED 순차 점멸

#include <mega128.h>

unsigned char led = 0xFE;          // LED 출력 초기값

void main(void)
{
   // 포트 초기화
   DDRC = 0xFF;                    // 포트 C 출력으로 설정
   PORTC = led;                    // 포트 C에 초기값 출력

   // 타이머/카운터3 초기화
   ETIMSK = 0b00000100;            // TOIE3 = 1
   TCCR3A = 0x0;                   // 외부 T0핀의 하강 에지 선택
   TCCR3B = 0x06;                  // T3 하강 에지에서 카운팅
   TCCR3C = 0x0;
   TCNT3H = 0xFF;                  // TCNT3 초기값 설정 : 외부에서 클럭 1개가
   TCNT3L = 0xFF;                  // 입력되어 0이 되면서 인터럽트 발생
   SREG = 0x80;                    // 전역 인터럽트 인에이블 비트 I 셋

   while(1);                       // 대기
}

// 타이머/카운터3 오버플로우 서비스 루틴
interrupt [TIM3_OVF] void timer_int3(void)
{
   TCNT3H = 0xFF;                  // 초기값 재설정
   TCNT3L = 0xFF;

   // LED 순차 점멸
   led = led << 1;                 // 1비트 쉬프트
   led = led | 0x01;               // 최하위 비트 셋
   if(led == 0xFF) led = 0xFE;     // 모두 off이면 초기값 재설정
   PORTC = led;                    // 포트 출력
}
```

[예제 5-6] 타이머/카운터1을 이용한 PWM 출력(CTC 모드)

타이머/카운터1을 모드4의 CTC 모드로 동작시키고, OCR1C 레지스터와 비교매치에서 PWM 파형이 토글되면서 OC1C(PB7) 핀으로 자동 출력되는 프로그램을 작성하라. 출력되는 파형의 주기는 1초와 500ms를 각각 6초 동안 출력하는 것으로 한다.

☞ CTC 모드에서 PWM 파형의 주기는 다음 식에 의해 정해진다.
　　출력파형 주기 = 1/16us * 분주비 * (1 + OCR1A) * 2

☞ PB7(OC1C)핀 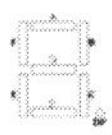

PB7 핀에는 7-세그먼트의 DP(decimal point) 핀 연결(1장 [그림 1-6] 참조)

[예제 5-6] 타이머/카운터2을 이용한 출력비교 매치 실험(CTC 모드)

```
// ex5-6.c
// 타이머/카운터1을 이용한 PWM 출력 실험(CTC 모드)
// TCNT1과 OCR1C 값이 같으면 OC1C(PB7) 핀에 파형 출력
// 주기 1sec, 500ms 파형 6초 간격으로 반복 출력

#include <mega128.h>
#include <delay.h>

void main(void)
{
   DDRB = 0xFF;                  // OC1C(PB7) 핀 출력방향설정
   DDRG = 0xFF;                  // 7-세그먼트 ON/OFF 제어 포트

   PORTG = 0x0F;                 // 7-세그먼트 모두 ON

   // 타이머/카운터1 초기화
   TCCR1A = 0b00000100;          // COM1C1=1, COM1C0=0(CTC 토글)
   TCCR1B = 0b00001100;          // WGM12=1(CTC 모드), 256분주
   TCCR1C = 0x0;

   TCNT1 = 0x0;                  // 타이머/카운터1 레지스터 초기화
   OCR1A = 31249;                // 출력 파형 주기 초기값 : 1sec
   OCR1CH= 0x0;                  // 출력 비교 레지스터 C
   OCR1CL = 0xFF;                // 토글되는 타/카1 비교값

   while(1){
      // 출력파형주기 = 1/16us * 256분주 * (1 + OCR1A) * 2
      OCR1A = 31249;             // 주기 1sec
      delay_ms(6000);

      OCR1A = 15624;             // 주기 500msec
      delay_ms(6000);
   }
}
```

☞ 파형이 PB7에 직접 출력하는 것 없이 자동적으로 출력되는 것 확인

[예제 5-7] 타이머/카운터1를 이용한 PWM 제어 실험(PC PWM : 모드 3)

타이머/카운터1의 PWM 모드에 대한 실험으로서, 모드 3의 PC PWM 모드를 이용하여 SW1이 눌려지면 OC1C(PB7) 핀에 연결되어 있는 7-세그먼트 DP LED의 ON 시간이 길어지게 하고, SW2가 눌려지면 LED의 ON 시간이 짧아지도록 프로그램을 작성하라.

힌트

타이머/카운터1의 모드 3에서 TOP값은 0x03FF이며, OC1C핀을 통해 출력되는 파형의 1 또는 0이 되는 시간 폭은 출력비교 레지스터 OCR1C에 의해 결정된다. 따라서, 출력파형의 주기는 일정하며, OCR1C의 값을 가변시키면 듀티비가 다른 PWM의 파형을 얻을 수 있게 된다. 그리고, OC1C핀에 출력되는 파형은 레지스터 TCCR1A의 COM1C1:COM1C0 비트에 의해 설정되므로, 이 레지스터에 원하는 출력의 파형을 얻을 수 있도록 값을 설정하면 된다. COM1C1:COM1C0를 1:0로 설정하면 OC1C는 업 카운트의 비교매치에서 0, 다운 카운트의 비교매치에서는 1이 출력된다. 이 때 출력비교 C 레지스터 OCR1C의 값을 증가시키면 0 출력부분이 짧아지게 되며, OCR1C의 값을 감소시키면 0 출력부분이 길어지게 된다.([그림 5-27] 참조)

KUT-128_COM 보드에서 7-세그먼트 DP는 1을 출력할 때 ON이 되도록 설계되어 있으므로, SW1이 눌려지면 OCR1C의 값을 증가시켜 1 출력부분이 길어지도록 하고, SW2가 눌려지면 OCR1C의 값을 감소시켜 1 출력부분이 짧아지도록 프로그램을 작성하면 된다. 이때 출력되는 파형의 주기는

(1/16)us x 1024(TOP) x 1024분주 x 2 = 131ms

가 된다.

☞ 프로그램은 분주비가 1024분주로 설정되어 있는데, 다음과 같이 64분주로 바꿔 실행해 보도록 한다. 디밍(Dimming)!

```
TCCR1B = 0x03;          // 타이머/카운터1 프리스케일러 = CK/64
```

힌트

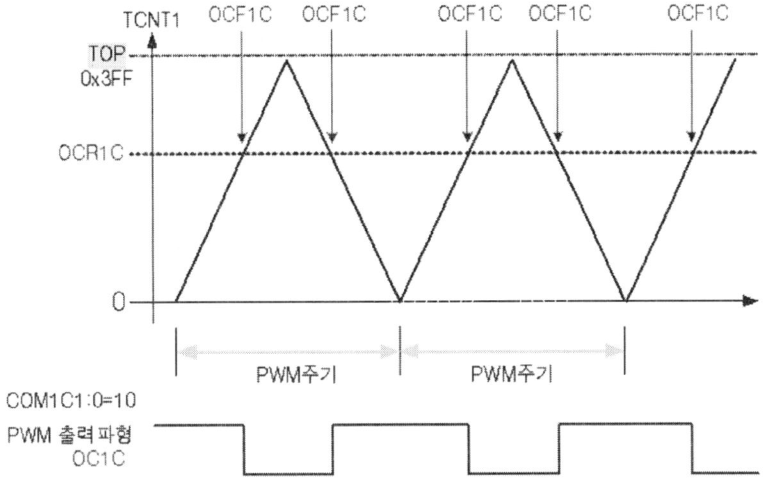

(a) OCR1C가 클 때

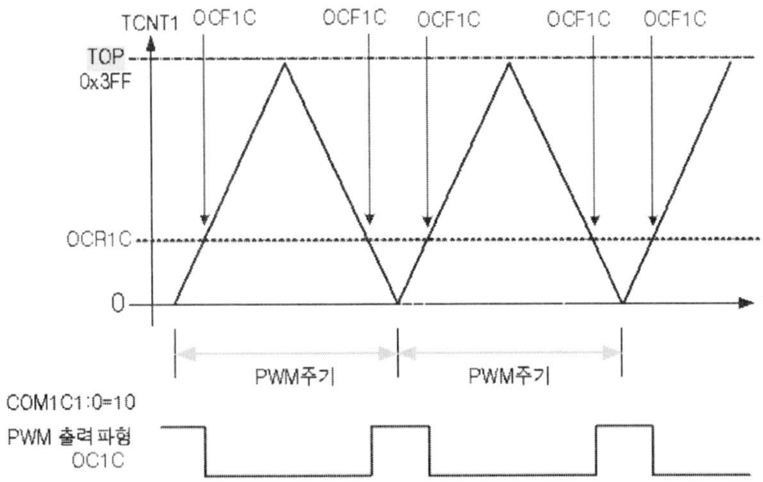

(b) OCR1C가 작을 때

[그림 5-27] OCR1C 값에 따른 PWM 파형

[예제 5-7] 타이머/카운터1을 이용한 PWM 제어 실험(PC PWM 모드)

```
// ex5-7.c
// 타이머/카운터1의 PWM 모드 실험
//  - OC1C 핀에 PWM 신호 출력 : 모드 3(10 비트 PWM)
//  - SW1을누르면 PWM LED ON 시간 길어짐
//    SW2를 누르면 PWM LED ON 시간 짧아짐

#include <mega128.h>

unsigned int pwm = 0x0200;                  // 현재의 출력비교 레지스터 값 저장

void main(void)
{
    // I/O 포트 설정
    DDRB = 0xFF;                            // OC1C(PB7) 핀 출력방향설정
    DDRG = 0xFF;                            // 7-세그먼트 ON/OFF 제어 포트

    PORTG = 0x0F;                           // 7-세그먼트 모두 ON

    // 외부 인터럽트 초기화
    EIMSK = 0b00110000;                     // 외부INT4 = 1, INT5 = 1
    EICRB = 0b00001010;                     // 외부 인터럽트 하강 에지

    // 타이머/카운터1 초기화
    TCCR1A = 0b00001011;                    // 모드 3, 10 비트 PC PWM.
                                            // OC1C 출력 : 업 카운트에서  클리어, 다운에서 셋
    TCCR1B = 0x05;                          // 타이머/카운터1 프리스케일러 = CK/1024
    TCCR1C = 0x0;
    TCNT1 = 0x0;                            // 타이머/카운터1 레지스터 초기값 설정
    OCR1CH = (pwm & 0xFF00) >> 8;           // OCR1C 초기값 설정
    OCR1CL = pwm & 0x0FF;
    SREG = 0x80;                            // 전역 인터럽트 인에이블 비트 I 셋

    while(1);                               // 대기
}

// 외부 인터럽트 요구 4 서비스 루틴(SW1 처리)
interrupt [EXT_INT4] void external_int4(void)
{
    if(pwm < 0x03B0) pwm += 0x0040;         // 0x03B0)보다 작으면 증가
    OCR1CH = (pwm & 0xFF00) >> 8;           // OCR1C 값 갱신
    OCR1CL = pwm & 0x0FF;
}

// 외부 인터럽트 요구 5 서비스 루틴(SW2 처리)
interrupt [EXT_INT5] void external_int5(void)
{
    if(pwm > 0x0050) pwm -= 0x0040;         // 0x0050보다 크면 감소
    OCR1CH = (pwm & 0xFF00) >> 8;           // OCR1C 값 갱신
    OCR1CL = pwm & 0x0FF;
}
```

[예제 5-8] 타이머/카운터0을 이용한 시계 제작

타이머/카운터0의 일반모드를 이용하여 시계를 제작하는 프로그램을 작성하라. 시간 조정은 SW1(INT4)과 SW2(INT5)의 외부 인터럽트를 이용하여 INT5는 입력할 자리 선택, INT4는 선택된 자리의 값을 +1 하도록 한다.

- 초기값 0, 분주비 1024일때 인터럽트 주기
  (256 – 0) x 1024분주 x 1/16 us = 16.384ms
- 1sec가 되기 위해서 16.384ms 인터럽트가 요구될 횟수
  1s / 16.384ms ==> 61회

[예제 5-8] 타이머/카운터0을 이용한 시계 제작

```
// ex5-8.c
// 타이머/카운터0 이용 시계 제작

#include <mega128.h>
#include <delay.h>

typedef unsigned char u_char;

flash u_char seg_pat[10]= {0x3f, 0x06, 0x5b, 0x4f, 0x66, 0x6d, 0x7d, 0x07, 0x7f, 0x6f};

u_char N1 = 0, N10 = 0, N100 = 0, N1000 = 0;
u_char pos = 0;        // 0 : 1자리, 1 : 10자리 , 2 : 100자리 , 3 : 1000자리
u_char hour = 12, min = 0, sec = 0;
u_char cnt = 0;

void Time_out(void);                    // 시간 출력 함수

void main(void)
{
   // I/O 포트 초기화
   DDRB = 0xF0;                         // 포트 B 상위 4비트 출력 설정
   DDRD = 0xF0;                         // 포트 D 상위 4비트 출력 설정
   DDRG = 0x0F;                         // 포트 G 하위 4비트 출력 설정

   // 인터럽트 초기화
   EIMSK = 0b00110000;                  // 외부 인터럽트 4,5 인에이블
   EICRB = 0b00001010;                  // 외부 인터럽트 4,5 : 하강 에지

   // 타이머/카운터 초기화
   TIMSK = 0x01;                        // TOIE0 = 1(타/카0 오버플로우 인터럽트 인에이블0
   TCCR0 = 0x07;                        // 일반모드, 1024븐즈
   TCNT0 = 0x00;                        // 타이머/카운터0 레지스터 초기값
   SREG = 0x80;                         // 전역 인터럽트 인에이블 비트 I 셋
```

[예제 5-8] 타이머/카운터0을 이용한 시계 제작(계속)

```
    while(1) {
        Time_out();             // 시간 출력

        if(cnt >= 61){          // 시간값 갱신
            cnt = 0;

            sec = sec + 1;
            if(sec == 60) {
                sec = 0;
                min = min + 1;
                if(min == 60) {
                    min = 0;
                    hour = (hour + 1) % 24;
                }
            }
        }
    }
}

// 시간 출력 함수
void Time_out(void)
{
    PORTG = 0b00001000;         // 7-Seg DIG4 ON(PG3=1), 분 1자리 표시
    PORTD = ((seg_pat[min % 10] & 0x0F) << 4) | (PORTD & 0x0F);
    PORTB = (seg_pat[min % 10] & 0x70 ) | (PORTB & 0x0F);
    delay_ms(5);

    PORTG = 0b00000100;         // 7-Seg DIG3 ON(PG2=1), 분 10자리 표시
    PORTD = ((seg_pat[min / 10] & 0x0F) << 4) | (PORTD & 0x0F);
    PORTB = (seg_pat[min / 10] & 0x70 ) | (PORTB & 0x0F);
    delay_ms(5);

    PORTG = 0b00000010;         // 7-Seg DIG2 ON(PG1=1), 시간 1자리 표시
    PORTD = ((seg_pat[hour % 10] & 0x0F) << 4) | (PORTD & 0x0F);
    PORTB = (seg_pat[hour % 10] & 0x70 ) | (PORTB & 0x0F);
    delay_ms(5);

    PORTG = 0b00000001;         // 7-Seg DIG1 ON(PG0=1), 시간 10자리 표시
    PORTD = ((seg_pat[hour / 10] & 0x0F) << 4) | (PORTD & 0x0F);
    PORTB = (seg_pat[hour / 10] & 0x70 ) | (PORTB & 0x0F);
    delay_ms(5);
}

// 외부 인터럽트 요구 4 서비스 루틴(SW1 처리)
interrupt [EXT_INT4] void external_int4(void)
{
    N1 = min % 10;                  // 현재 분 1자리 추출
    N10 = min / 10;                 // 현재 분 10자리 추출
    N100 = hour % 10;               // 현재 시간 1자리 추출
    N1000 = hour / 10;              // 현재 시간 10자리 추출
```

[예제 5-8] 타이머/카운터0을 이용한 시계 제작(계속)

```
   if(pos == 0) N1 = (N1 + 1) % 10;                          // 분 1단위 +1
   else if(pos == 1) N10 = (N10 + 1) % 6;                    // 분 10단위 +1
   else if(pos == 2) {                                       // 시간 1단위 +1
        if(N1000 == 2) N100 = (N100 + 1) % 4;
        else N100 = (N100 + 1) % 10;
   }
   else {                                                    // 시간 10단위 +1
        if(N100 >= 4) N1000 = (N1000 + 1) % 2;
        else N1000 = (N1000 + 1) % 3;
   }

   hour = N1000 * 10 + N100;                                 // 시간 계산
   min = N10 * 10 + N1;                                      // 분 계산
}

// 외부 인터럽트 요구 5 서비스 루틴(SW2 처리)
interrupt [EXT_INT5] void external_int5(void)
{
   pos = (pos + 1) % 4;               // 입력 자리 이동
}

// 타이머/카운터0 오버플로우 인터럽트 처리, 주기 = 1/16 * 1024 * 256 = 16.384ms
interrupt [TIM0_OVF] void timer0_int(void)
{
   TCNT0 = 0x0;                       // 타이머/카운터0 초기값 재설정(생략가능)
   cnt++;                             // 인터럽트 회수 +1
}
```

[예제 5-9] 타이머/카운터1을 이용한 시계 제작

타이머/카운터1의 일반모드를 이용하여 시계를 제작하는 프로그램을 작성하라. 시간 조정은 SW1(INT4)과 SW2(INT5)의 외부 인터럽트를 이용하여 INT5는 입력할 자리 선택, INT4는 선택된 자리의 값을 +1 하도록 한다. 그리고, 포트 C에 연결된 LED를 1초마다 점멸시켜라. 1초 주기를 갖기 위한 초기값은 다음과 같이 계산된다.

(65536 – 초기값) x 1024분주 x 1/16 us = 1s

---> 초기값 = 49911

[예제 5-9] 타이머/카운터1을 이용한 시계 제작

```
// ex5-9.c
// 타이머/카운터1 이용 시계 제작

#include <mega128.h>
#include <delay.h>

typedef unsigned char u_char;

flash u_char seg_pat[10]= {0x3f, 0x06, 0x5b, 0x4f, 0x66, 0x6d, 0x7d, 0x07, 0x7f, 0x6f};

u_char  N1 = 0, N10 = 0, N100 = 2, N1000 = 1;
u_char  pos = 0;                    // 0 : 1자리, 1 : 10자리 , 2 : 100자리 , 3 : 1000자리
u_char  hour, min, sec = 0;

void Time_out(void);                // 시간 출력 함수

void main(void)
{

    // I/O 포트 초기화
    DDRB = 0xF0;                    // 포트 B 상위 4비트 출력 설정
    DDRD = 0xF0;                    // 포트 D 상위 4비트 출력 설정
    DDRG = 0x0F;                    // 포트 G 하위 4비트 출력 설정
    DDRC = 0xFF;                    // 포트 C 출력 설정

    PORTC = 0;                      // LED 모두 ON

    // 인터럽트 초기화
    EIMSK = 0b00110000;             // 외부 인터럽트 4,5 인에이블
    EICRB = 0b00001010;             // 외부 인터럽트 4,5 : 하강 에지

    // 타이머 카운터 1  1/16us * 1024 * (65536 - 49911) = 1 sec
    TIMSK = 0x04;                   // TOIE1 = 1(타/카1 오버플로우 인터럽트 인에이블)
    TCCR1A = 0x0;
    TCCR1B = 0x05;                  // 일반모드, 1024분주
    TCNT1 = 49911;                  // 타이머/카운터1 레지스터 초기값
```

[예제 5-9] 타이머/카운터1을 이용한 시계 제작

```
    SREG = 0x80;                    // 전역 인터럽트 인에이블 비트 I 셋

    hour = N1000 * 10 + N100;
    min = N10 * 10 + N1;

    while(1) {

        Time_out();                 // 시간 출력

        if(sec >= 60){
                sec = 0;
            min = min + 1;

            if(min == 60){
                min = 0;
                hour = (hour + 1) % 24;
            }
        }
    }
}

// 시간 출력 함수
void Time_out(void)
{

    PORTG = 0b00001000;             // 7-Seg DIG4 ON(PG3=1), 분 1자리 표시
    PORTD = ((seg_pat[min % 10] & 0x0F) << 4) | (PORTD & 0x0F);
    PORTB = (seg_pat[min % 10] & 0x70 ) | (PORTB & 0x0F);
    delay_ms(5);

    PORTG = 0b00000100;             // 7-Seg DIG3 ON(PG2=1), 분 10자리 표시
    PORTD = ((seg_pat[min / 10] & 0x0F) << 4) | (PORTD & 0x0F);
    PORTB = (seg_pat[min / 10] & 0x70 ) | (PORTB & 0x0F);
    delay_ms(5);

    PORTG = 0b00000010;             // 7-Seg DIG2 ON(PG1=1), 시간 1자리 표시
    PORTD = ((seg_pat[hour % 10] & 0x0F) << 4) | (PORTD & 0x0F);
    PORTB = (seg_pat[hour % 10] & 0x70 ) | (PORTB & 0x0F);
    delay_ms(5);

    PORTG = 0b00000001;             // 7-Seg DIG1 ON(PG0=1), 시간 10자리 표시
    PORTD = ((seg_pat[hour / 10] & 0x0F) << 4) | (PORTD & 0x0F);
    PORTB = (seg_pat[hour / 10] & 0x70 ) | (PORTB & 0x0F);
    delay_ms(5);
}

// 외부 인터럽트 요구 4 서비스 루틴(SW1 처리)
interrupt [EXT_INT4] void external_int4(void)
{
    N1 = min % 10;                  // 현재 분 1자리 추출
```

[예제 5-9] 타이머/카운터1을 이용한 시계 제작(계속)

```
    N10 = min / 10;                    // 현재 분 10자리 추출
    N100 = hour % 10;                  // 현재 시간 1자리 추출
    N1000 = hour / 10;                 // 현재 시간 10자리 추출

    if(pos == 0) N1 = (N1 + 1) % 10;          // 분 1단위 +1
    else if(pos == 1) N10 = (N10 + 1) % 6;    // 분 10단위 +1
    else if(pos == 2){                        // 시간 1단위 +1
      if(N1000 == 2) N100 = (N100 + 1) % 4;
      else N100 = (N100 + 1) % 10;
    }
    else {                                    // 시간 10단위 +1
      if(N100 >= 4) N1000 = (N1000 + 1) % 2;
      else N1000 = (N1000 + 1) % 3;
    }

    hour = N1000 * 10 + N100;          // 시간 계산
    min = N10 * 10 + N1;               // 분 계산
}

// 외부 인터럽트 요구 5 서비스 루틴(SW2 처리)
interrupt [EXT_INT5] void external_int5(void)
{
    pos = (pos + 1) % 4;               // 입력 자리 이동
}

// 타이머/카운터1 오버플로우 인터럽트 처리
// 주기 = 1/16us * 1024 * (65536 - 49911) = 1 sec
interrupt [TIM1_OVF] void timer1_int(void)
{
    TCNT1 = 49911;                     // 타이머/카운터1 초기값 재설정
    sec = sec + 1;                     // 초값 +1
    PORTC = PORTC ^ 0xFF;              // LED 반전 표시
}
```

[예제 5-10] 타이머/카운터1을 이용한 시계 제작(표시 타이머/카운터2 이용)

[예제 5-9]에서 작성한 시계에서 7-세그먼트 표시부분을 타이머/카운터2를 이용하여 동적 구동법에 의해 표시해보자. 동적 구동법(Dynamic Programming)이란 4개의 7-세그먼트를 한 번에 모두 표시하는 것이 아니라 타이머/카운터의 인터럽트 기능을 이용하여 일정시간 간격으로 7-세그먼트 한 개씩 순차적으로 표시하는 방법을 말한다. 이것은 인간의 착시현상을 이용한 방법으로 4개의 7-세그먼트를 동시에 구동하는 것은 아니지만, 인간이 보기에는 4개를 동시에 구동하는 것처럼 보이게 하는 방법이다. 이러한 방법은 여러 개의 7-세그먼트나 도트매트릭스와 같이 제어하는데 많은 포트가 필요한 경우 제어 포트수를 줄이기 위한 방법으로 사용된다. KUT-128_COM 보드에 장착된 7-세그먼트에 동적구동법을 적용하는 경우에는 4개의 7-세그먼트를 선택하는데 4비트, 7-세그먼트의 a,b,c,d,e,f,g,dp를 구동하기 위해 8비트해서 모두 12비트가 필요하다. 만일 동적구동법이 아닌 방법으로 구동하는 경우에는 7-세그먼트의 a,b,c,d,e,f,g,dp에 각각 독립적으로 제어 포트를 연결하여야 하므로 모두 32(4x8)비트가 필요하게 된다. 따라서, 동적구동법을 이용하는 경우에 20개의 제어포트가 절약되는 것을 알 수 있다.

[예제 5-10] 타이머/카운터1을 이용한 시계 제작(표시 타이머/카운터2 이용)

```
// ex5-10.c
// 타이머/카운터1 이용 시계 제작(동적구동법)

#include <mega128.h>
#include <delay.h>

typedef unsigned char u_char;

flash u_char seg_pat[10]= {0x3f, 0x06, 0x5b, 0x4f, 0x66, 0x6d, 0x7d, 0x07, 0x7f, 0x6f};
flash u_char seg_on[4] = {0b00001000, 0b00000100, 0b00000010, 0b00000001};

u_char N1 = 0, N10 = 0, N100 = 2, N1000 = 1;
u_char pos = 0;                 // 0 : 1자리, 1 : 10자리 , 2 : 100자리 , 3 : 1000자리
u_char hour, min, sec = 0;
u_char dsp_no = 0;              // 표시할 세그먼트 번호
                                // 0 : 분 1자리, 1 : 분 10자리, 2 : 시간 1자리 , 3 : 시간 10자리

void main(void)
{
   // I/O 포트 초기화
   DDRB = 0xF0;                 // 포트 B 상위 4비트 출력 설정
   DDRD = 0xF0;                 // 포트 D 상위 4비트 출력 설정
   DDRG = 0x0F;                 // 포트 G 하위 4비트 출력 설정
   DDRC = 0xFF;                 // 포트 C 출력 설정

   PORTC = 0;                   // 포트C 연결 LED 모두 ON

   // 외부 인터럽트 초기화
   EIMSK = 0b00110000;          // 외부 인터럽트 4,5 인에이블
```

[예제 5-10] 타이머/카운터1을 이용한 시계 제작

```
    EICRB = 0b00001010;              // 외부 인터럽트 4,5 : 하강 에지

    // 타이머 카운터 1 : 시계 1초 측정
    // 1/16us * 1024 * (65536 - 49911) = 1 sec
    TIMSK = 0b01000100;              // TOIE1=1, TOIE2=1
                                     // (타/카1, 타/카2 오버플로우 인터럽트 인에이블)
    TCCR1A = 0x0;
    TCCR1B = 0x05;                   // 일반모드, 1024분주
    TCNT1 = 49911;                   // 타이머/카운터1 레지스터 초기값

    // 타이머/카운터2  7-세그먼트 동적구동을 위한 주기 설정
    // 1/16us * 1024 * (256 - 178) = 4.99ms
    TCCR2 = 0x05;                    // 일반모드, 1024분주
    TCNT2 = 178;                     // 초기값 설정

    SREG = 0x80;                     // 전역 인터럽트 인에이블 비트 I 셋.

    hour = N1000 * 10 + N100;
    min = N10 * 10 + N1;

    while(1){
        if(sec >= 60){
            sec = 0;
            min = min + 1;

            if(min == 60){
                min = 0;
                hour = (hour + 1) % 24;
            }
        }
    }
}

// 외부 인터럽트 요구 4 서비스 루틴(SW1 처리)
interrupt [EXT_INT4] void external_int4(void)
{
    N1 = min % 10;                         // 현재 분 1자리 추출
    N10 = min / 10;                        // 현재 분 10자리 추출
    N100 = hour % 10;                      // 현재 시간 1자리 추출
    N1000 = hour / 10;                     // 현재 시간 10자리 추출

    if(pos == 0) N1 = (N1 + 1) % 10;       // 분 1단위 +1
    else if(pos == 1) N10 = (N10 + 1) % 6; // 분 10단위 +1
    else if(pos == 2){                     // 시간 1단위 +1
        if(N1000 == 2) N100 = (N100 + 1) % 4;
        else N100 = (N100 + 1) % 10;
    }
    else {                                 // 시간 10단위 +1
        if(N100 >= 4) N1000 = (N1000 + 1) % 2;
        else N1000 = (N1000 + 1) % 3;
    }
```

[예제 5-10] 타이머/카운터1을 이용한 시계 제작(계속)

```
    hour = N1000 * 10 + N100;                    // 시간 계산
    min = N10 * 10 + N1;                         // 분 계산
}

// 외부 인터럽트 요구 5 서비스 루틴(SW2 처리)
interrupt [EXT_INT5] void external_int5(void)
{
    pos = (pos + 1) % 4;                         // 입력 자리 이동
}

// 타이머/카운터1 오버플로우 인터럽트 처리
// 주기 = 1/16us * 1024 * (65536 - 49911) = 1 sec
interrupt [TIM1_OVF] void timer1_int(void)
{
    TCNT1 = 49911;                               // 타이머/카운터1 초기값 재설정
    sec = sec + 1;                               // 초값 +1
    PORTC = PORTC ^ 0xFF;                        // LED 반전 표시
}

// 타이머/카운터2 오버플로우 인터럽트 처리(7-세그먼트 구동)
// 주기 = 1/16us * 1024 * (256 - 178) = 4.99ms
interrupt [TIM2_OVF] void timer2_int(void)
{
    u_char  dsp_val;

    TCNT2 = 178;                                 // 초기값 재설정
    PORTG = seg_on[dsp_no];                      // 표시할 위치 세그먼트 ON

    // 표시할 값 계산
    if(dsp_no == 0) dsp_val = min % 10;
    else if(dsp_no == 1) dsp_val = min / 10;
    else if(dsp_no == 2) dsp_val = hour % 10;
    else dsp_val = hour / 10;

    // 표시할 세그먼트 표시
    PORTD = ((seg_pat[dsp_val] & 0x0F) << 4) | (PORTD & 0x0F);
    PORTB = (seg_pat[dsp_val] & 0x70 ) | (PORTB & 0x0F);

    dsp_no = (dsp_no + 1) % 4;                   // 다음 표시할 번호
}
```

[과제] 스톱워치 제작 : 7-Segment에 1/100초 단위로 표시

(외부 인터럽트, 타이머/카운터 기능 모두 사용

초 (10단위)	초 (1단위)	1/10초	1/100초

SW1(PE4) : 시작/정지 토글 동작
SW2(PE5) : 리셋(클리어)

Chapter 06

USART (Universal Synchronous and Asynchronous Receiver and Transmitter)

기기간의 통신이나 컴퓨터와 기기와의 통신에서 시리얼 방식을 이용하면 적은 수의 선으로 장거리의 통신이 가능하게 된다. 시리얼 통신 방식은 크게 동기식 통신과 비동기식 통신으로 나누어지며, 고속의 데이터 전송을 위해서 동기식 통신을 이용하지만 송 · 수신 기기간의 동기를 맞춰야 하기 때문에 비동기식에 비해 제어가 어렵다.

USART는 [그림 6-1]과 같이 기본적으로 두 개의 선을 이용하여 시리얼 통신을 하는 기능이며, 이때 하나의 선은 송신선이 되고 나머지 하나의 선은 수신선이 된다. 그리고, 이 두 개의 선에 동기용 클럭이 추가되면 동기식 통신이 되고, USART에 무선모듈을 연결하면 무선 통신이 가능하게 된다. 무선 통신은 선들이 필요 없기 때문에 최근 컴퓨터 주변기기(키보드, 프린터 등)에 많이 이용되며, 또한 가전제품의 제어장치나 로봇의 조종을 위한 제어장치에 활용되고 있다.

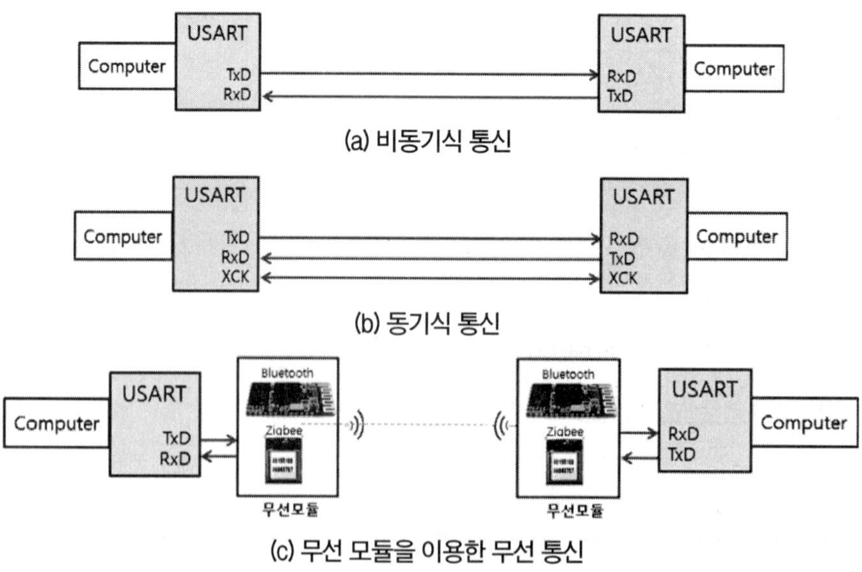

[그림 6-1] USART 개념도

ATmega128은 동기 및 비동기 전송모드에서 전이중 통신(송수신 동시 가능)이 가능한 USART를 2개 내장하고 있으며, 다음과 같은 특징을 갖는다.

① 전이중 통신방식(별도의 송수신 레지스터 내장)
② 높은 정밀도의 보레이트 발생기(Baud Rate Generator) 내장
③ 5~9 비트의 데이터 비트와 1~2 비트의 스톱 비트 설정
④ 노이즈 필터링(Noise filtering) 내장
⑤ 짝수 또는 홀수 패리티 설정
⑥ 데이터 오버런(Overrun), 프레임 오류 검출
⑦ 3개의 인터럽트 소스 : 송신 완료, 송신 데이터 레지스터 빔(empty), 수신 완료

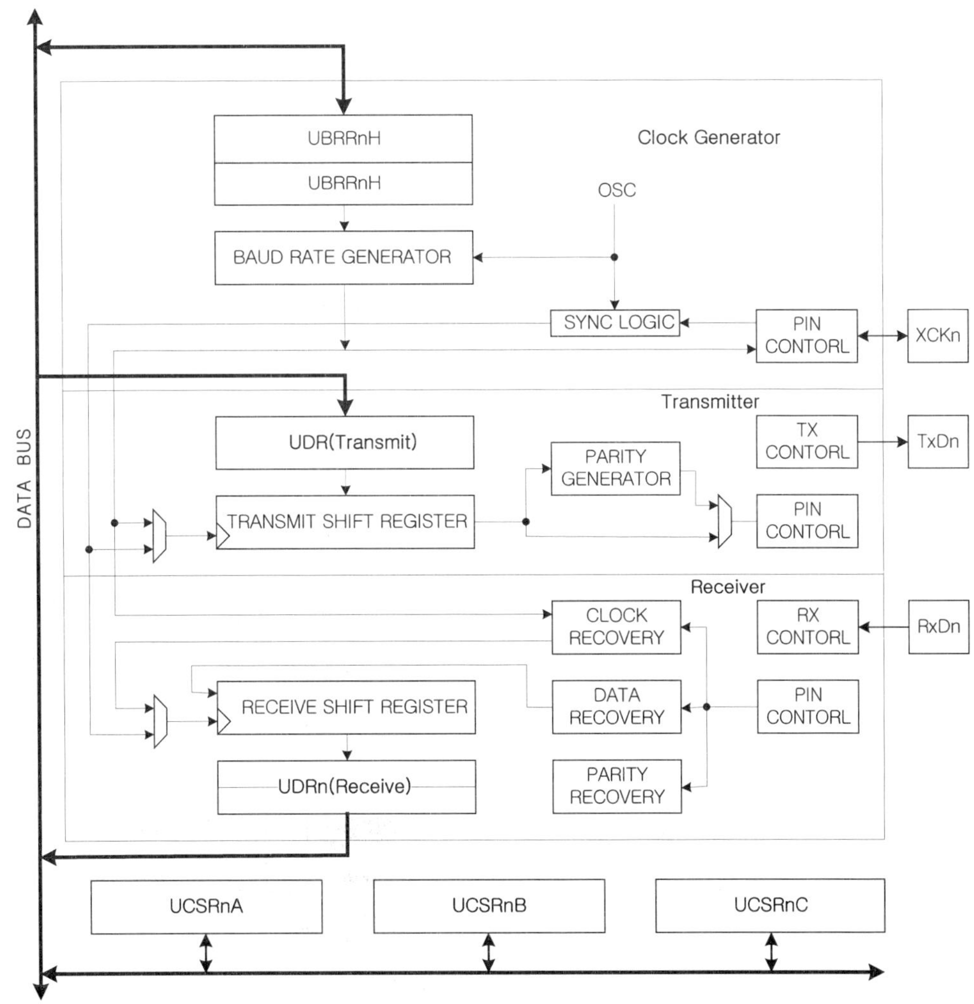

[그림 6-2] USART 구성 블록도 (n=0, 1)

[그림 6-2]는 USART의 블록도를 보여주며, 클럭 발생부, 송신부, 수신부로 구성된다. 클럭 발생부는 동기모드에서 마스터로부터 공급되는 클럭과의 동기를 취하는 부분과 보레이트 발생기로 구성되며, XCK핀은 동기모드에서만 사용된다. 송신부는 쉬프트 레지스터, 패리티 발생기 등으로 구성되며, 수신부는 2개의 수신 버퍼, 쉬프트 레지스터, 패리티 검사기 등으로 구성된다.

6.1 USART 관련 레지스터

USART는 송수신 겸용의 데이터 레지스터 UDR과 3개의 제어 레지스터 UCSRA, UCSRB, UCSRC 그리고 보레이트 레지스터 UBRRH, UBRRL에 의해 제어된다.

■ UDR0(USART0 I/O Data Register) : USART0 I/O 데이터 레지스터
UDR1(USART1 I/O Data Register) : USART1 I/O 데이터 레지스터

비트	7	6	5	4	3	2	1	0	
0x0C(0x2C)	RXB0[7:0]								UDR0(Read)
0x0C(0x2C)	TXB0[7:0]								UDR0(Write)
읽기/쓰기	읽기/쓰기	읽기/쓰기	읽기/쓰기	읽기/쓰기	읽기/쓰기	읽기/쓰기	읽기/쓰기	읽기/쓰기	
초기값	0	0	0	0	0	0	0	0	

비트	7	6	5	4	3	2	1	0	
0x9C	RXB1[7:0]								UDR1(Read)
0x9C	TXB1[7:0]								UDR1(Write)
읽기/쓰기	읽기/쓰기	읽기/쓰기	읽기/쓰기	읽기/쓰기	읽기/쓰기	읽기/쓰기	읽기/쓰기	읽기/쓰기	
초기값	0	0	0	0	0	0	0	0	

USART 송신 데이터 버퍼 레지스터와 수신 데이터 버퍼 레지스터는 UDRn (n=0,1)이라고 하는 같은 이름의 USART 데이터 레지스터를 공유한다. UDRn 레지스터는 동일한 I/O 번지를 갖지만, 내부적으로는 서로 분리되어 있다. UDRn 레지스터에 데이터를 쓰면 송신 데이터 버퍼 레지스터 TXBn에 값이 써지고, UDRn 레지스터를 읽으면 수신 데이터 버퍼 레지스터 RXBn에 들어 있는 내용이 읽혀진다.

5~7비트 통신모드의 경우 사용하지 않는 상위 비트에 대해 송신부에서는 무시되며, 수신부

에서는 0으로 채워 처리된다.

송신 버퍼에는 UCSRA 레지스터의 UDRE(Data Register Empty) 플래그 비트가 1일 때만 값을 쓸 수 있으며, 0일 때 데이터를 쓰면 무시된다. 송신이 가능하고 또한 송신 쉬프트 레지스터가 비어 있으면 송신버퍼에 쓰여진 데이터는 송신 쉬프트 레지스터에 옮겨져서 TxD 핀을 통해 1비트씩 전송된다

■ UCSR0A(USART0 Control and Status Register A) : USART0 제어 및 상태 레지스터 A
UCSR1A(USART1 Control and Status Register A) : USART1 제어 및 상태 레지스터 A

이 레지스터는 USART의 송수신 동작을 제어하거나 상태를 저장하는 레지스터이다.

비트	7	6	5	4	3	2	1	0	
0x0B(0x2B)	RXC0	TXC0	UDRE0	FE0	DOR0	PE0	U2X0	MPCM0	UCSR0A
읽기/쓰기	읽기	읽기/쓰기	읽기	읽기	읽기	읽기	읽기/쓰기	읽기/쓰기	
초기값	0	0	0	0	0	0	0	0	

비트	7	6	5	4	3	2	1	0	
0x9B	RXC1	TXC1	UDRE1	FE1	DOR1	PE1	U2X1	MPCM1	UCSR1A
읽기/쓰기	읽기 읽기/쓰기	읽기	읽기	읽기	읽기	읽기/쓰기	읽기/쓰기		
초기값	0	0	0	0	0	0	0	0	

- Bit 7 – RXCn(USART Receive Complete) : USART 수신 완료 플래그 비트

  이 비트는 수신 버퍼(UDRn)에 읽혀지지 않은 데이터가 있을 때 셋 되며, 수신 버퍼가 비어 있는(새로운 데이터가 없는) 경우에는 클리어 된다. 이 비트는 수신이 금지되면 클리어 되며, 또한 이 비트는 수신 완료 인터럽트를 발생하는데 플래그 비트로 사용된다.

- Bit 6 – TXCn(USART Transmit Complete) : USART 송신 완료 플래그 비트

  이 비트는 정지 비트를 포함한 모든 문자가 송신 쉬프트 레지스터에서 쉬프트 출력되고 UDRn에 새로운 데이터가 준비되지 않았을 때 셋 된다. 이 플래그 비트는 송신 완료 인터럽트를 발생시키며, 송신 완료 인터럽트가 실행되면 이 비트는 하드웨어적으로 자동 클리어 된다.

• Bit 5 – UDREn(USART Data Register Empty) :
USART 송신 데이터 레지스터 준비완료 플래그 비트
이 플래그 비트는 송신 버퍼 UDRn이 비어 있어 새로운 데이터를 받을 준비가 되어 있을 때 셋 된다. 이 플래그 비트는 송신 데이터 레지스터 준비완료 인터럽트를 발생시킨다.

• Bit 4 – FEn(Frame Error) : 프레임 에러
이 비트는 수신되고 있는 문자의 첫 번째 정지(Stop) 비트가 0일 때 셋 되며, 수신 버퍼 UDRn이 읽혀질 때까지 유지된다. 그리고, 이 비트는 UCSRnA 레지스터에 값을 쓰게 되면 항상 클리어 된다.

• Bit 3 – DORn(Data OverRun) : 데이터 오버런 에러
이 비트는 수신 버퍼가 꽉 차 있을 때(읽지 않은 2개의 데이터가 들어 있을 때) 새로운 데이터의 시작(Start) 비트가 수신 쉬프트 레지스터에 입력되면 셋 된다. 이 비트는 수신 버퍼 UDRn이 읽혀질 때까지 유효하며, UCSRnA 레지스터에 값을 쓰게 되면 항상 클리어 된다.

• Bit 2 – PEn(Parity Error) : 패리티 에러
이 비트는 패리티 검사가 허용된 상태에서 수신 버퍼에 있는 데이터에 대해 패리티 에러가 발생하면 셋 되어진다. 이 비트는 수신 버퍼 UDRn이 읽혀질 때까지 유효하며, UCSRnA 레지스터에 값을 쓰게 되면 항상 클리어 된다.

• Bit 1 – U2Xn(Double the USART Transmission Speed) : 송신 속도 2배 설정
이 비트는 비동기 방식에서만 유효하며, 이 비트를 1로 하면 클럭의 분주비가 16에서 8로 되어 전송속도가 2배가 된다.

• Bit 0 – MPCMn(Multi-processor Communication Mode) : 멀티프로세서 통신 모드
이 비트는 멀티프로세서 통신모드를 설정한다. 멀티프로세서 통신모드에서 어드레스 정보가 포함되지 않는 모든 수신 데이터는 수신부에 의해 무시되지만, 이 비트는 송신부에 아무런 아무런 영향도 주지 않는다.

■ UCSR0B(USART0 Control and Status Register B) : USART0 제어 및 상태 레지스터 B
UCSR1B(USART1 Control and Status Register B) : USART1 제어 및 상태 레지스터 B

비트	7	6	5	4	3	2	1	0	
0x0A(0x2A)	RXCIE0	TXCIE0	UDRIE0	RXEN0	TXEN0	UCSZ20	RXB80	TXB80	UCSR0B
읽기/쓰기	읽기/쓰기	읽기/쓰기	읽기/쓰기	읽기/쓰기	읽기/쓰기	읽기/쓰기	읽기/쓰기	읽기/쓰기	
초기값	0	0	0	0	0	0	0	0	

비트	7	6	5	4	3	2	1	0	
0x9A	RXCIE1	TXCIE1	UDRIE1	RXEN1	TXEN1	UCSZ21	RXB81	TXB81	UCSR1B
읽기/쓰기	읽기/쓰기	읽기/쓰기	읽기/쓰기	읽기/쓰기	읽기/쓰기	읽기/쓰기	읽기/쓰기	읽기/쓰기	
초기값	0	0	0	0	0	0	0	0	

- Bit 7 – RXCIEn(RX Complete Interrupt Enable) : 수신 완료 인터럽트 인에이블 비트

  이 비트는 수신 완료 인터럽트 개별 인에이블 비트이며, SREG 레지스터의 I 비트와 이 비트가 1인 상태에서 수신이 완료되이 UCSRnA레지스터의 RXCn 플래그 비트가 1이 되면 수신 완료 인터럽트가 발생한다.

- Bit 6 – TXCIEn(TX Complete Interrupt Enable) : 송신 완료 인터럽트 인에이블 비트

  이 비트는 송신 완료 인터럽트 개별 인에이블 비트이며, SREG 레지스터의 I 비트와 이 비트가 1인 상태에서 송신 쉬프트 레지스터가 비어 UCSRnA레지스터의 TXCn 플래그 비트가 1이 되면 송신 완료 인터럽트가 발생한다.

- Bit 5 – UDRIEn(USART Data Register Empty Interrupt Enable) :

  USART 송신 데이터 레지스터 준비완료 인터럽트 인에이블 비트

  이 비트는 송신 데이터 레지스터 준비완료 인터럽트 개별 인에이블 비트이며, SREG 레지스터의 I 비트와 이 비트가 1인 상태에서 송신 데이터 레지스터가 비어 UCSRnA레지스터의 UDREn 플래그 비트가 1이 되면 송신 데이터 레지스터 준비완료 인터럽트가 발생한다.

- Bit 4 – RXENn(Receiver Enable) : 수신기 인에이블

  이 비트가 1이면 수신기가 인에이블 되어 수신 가능 상태가 되며, RxDn핀이 범용 I/O 포트가 아니라 수신 단자로 동작하게 된다.

• Bit 3 – TXENn(Transmitter Enable) : 송신기 인에이블

이 비트가 1이면 송신기가 인에이블 되어 송신 가능 상태가 되며, TxDn핀이 범용 I/O 포트가 아니라 송신 단자로 동작하게 된다.

• Bit 2 – UCSZ2n(Character Size) : 전송 데이터 길이 선택 비트

이 비트는 UCSRnC 레지스터의 UCSZn1, UCSZn0와 함께 전송 데이터의 길이를 선택하는 비트이다.

• Bit 1 – RXB8n(Receive Data Bit 8) : 수신 데이터 비트 8

9비트 전송모드에서 수신된 문자의 9번째 비트를 저장하는 비트이며, 수신 버퍼 UDRn으로부터 하위 8비트를 읽기 전에 먼저 읽혀져야 한다.

• Bit 0 – TXB8n : 송신 데이터 비트 8

9비트 전송모드에서 송신할 문자의 9번째 비트를 저장하는 비트이며, 송신 버퍼 UDRn에 하위 8비트를 쓰기 전에 먼저 써져야 한다.

■ UCSR0C(USART0 Control and Status Register C) : USART0 제어 및 상태 레지스터 C
UCSR1C(USART1 Control and Status Register C) : USART1 제어 및 상태 레지스터 C

비트	7	6	5	4	3	2	1	0	
0x95	–	UMSEL0	UPM01	UPM00	USBS0	UCSZ01	UCSZ00	UCPOL0	UCSR0C
읽기/쓰기	읽기/쓰기	읽기/쓰기	읽기/쓰기	읽기/쓰기	읽기/쓰기	읽기/쓰기	읽기/쓰기	읽기/쓰기	
초기값	1	0	0	0	0	1	1	0	

비트	7	6	5	4	3	2	1	0	
0x9D	–	UMSEL1	UPM11	UPM10	USBS1	UCSZ11	UCSZ10	UCPOL1	UCSR1C
읽기/쓰기	읽기/쓰기	읽기/쓰기	읽기/쓰기	읽기/쓰기	읽기/쓰기	읽기/쓰기	읽기/쓰기	읽기/쓰기	
초기값	1	0	0	0	0	1	1	0	

이 레지스터는 USART의 송수신 동작을 제어하는 기능을 수행한다.

• Bit 6 – UMSELn(USART Mode Select) : USART 모드 설정 비트

이 비트는 통신 모드에 대한 설정 비트로서 0이면 비동기 모드, 1이면 동기 모드가 설정된다.

• Bit 5, Bit 4 – UPMn(USART Parity Mode) : 패리티 모드 설정 비트

이 두 비트는 [표 6-1]과 같이 패리티 모드를 설정한다.

[표 6-1] UPM 비트값에 의한 패리티 모드

UPMn1	UPMn0	패리티 모드
0	0	패리티 모드 사용 안함
0	1	–
1	0	짝수 패리티
1	1	홀수 패리티

• Bit 3 – USBSn(Stop Bit Select) : 정지 비트 선택

이 비트는 정지 비트의 길이를 설정하며, 0이면 1비트, 1이면 2비트가 설정된다.

• Bit 2, Bit 1 – UCSZn1, UCSZn0(Character Size) : 전송 데이터 비트수 설정

이 두 비트는 UCSRnB 레지스터의 UCSZn2와 함께 [표 6-2]와 같이 전송 데이터의 비트수를 설정한다.

[표 6-2] UCSZ에 의한 전송 데이터 비트수

UCSZn2	UCSZn1	UCSZn0	데이터 비트수
0	0	0	5비트
0	0	1	6비트
0	1	0	7비트
0	1	1	8비트
1	0	0	(예약)
1	0	1	(예약)
1	1	0	(예약)
1	1	1	9비트

• Bit 0 – UCPOLn(Clock Polarity) : 클럭 극성 선택

이 비트는 동기모드에서만 사용되며, 송신 데이터의 출력 시점과 수신 데이터의 입력 시점을 설정한다. [표 6-3]은 이를 보여준다.

[표 6-3] UCPOL에 의한 송수신 데이터의 입출력 시점

UCPOL	송신 데이터의 출력시점(TxD 핀의 출력)	수신 데이터의 샘플링 시점(RxD핀 입력)
0	XCKn 상승 에지	XCKn 하강 에지
1	XCKn 하강 에지	XCKn 상승 에지

■ UBRR0H, UBRR0L(USART0 Baud Rate Register) : USART0 보레이트 레지스터 UBRR1H, UBRR1L(USART1 Baud Rate Register) : USART1 보레이트 레지스터

비트	15	14	13	12	11	10	9	8	
0x90	–	–	–	–	UBRR0[11:8]				UBRR0H
0x09(0x29)	UBRR0[7:0]								UBRR0L
비트	7	6	5	4	3	2	1	0	
읽기/쓰기	읽기/쓰기	읽기/쓰기	읽기/쓰기	읽기/쓰기	읽기/쓰기	읽기/쓰기	읽기/쓰기	읽기/쓰기	
초기값	0	0	0	0	0	0	0	0	

비트	15	14	13	12	11	10	9	8	
0x98	–	–	–	–	UBRR1[11:8]				UBRR1H
0x99	UBRR1[7:0]								UBRR1L
비트	7	6	5	4	3	2	1	0	
읽기/쓰기	읽기/쓰기	읽기/쓰기	읽기/쓰기	읽기/쓰기	읽기/쓰기	읽기/쓰기	읽기/쓰기	읽기/쓰기	
초기값	0	0	0	0	0	0	0	0	

USART의 전송속도(Baud Rate)는 레지스터 UBRRn(UBRRnH:UBRRnL)의 16비트 중에서 12비트에 의해 설정되며, 전송속도를 설정할 때는 상위 바이트 값을 저장하는 UBRRnH에 우선 값을 쓰고 난 후에 UBRRnL에 값을 써 주어야 한다. [표 6-4]는 전송속도 및 UBRRn 레지스터의 설정값을 구하는 공식을 보여주며, [표 6-5]는 16MHz 시스템 클럭을 갖는 경우의 전송속도에 따른 UBRRn 레지스터의 설정값을 보여준다. 비동기 통신 모드에서 전송속도에 대한 허용 오차 범위는 8비트 일반 모드의 경우 ±2.0%이며, 2배속 모드의 경우에는 ±1.5%이다.

[표 6-4] 전송속도 및 설정해야 할 UBRRn 레지스터값 계산식

동작 모드	전송속도 계산식(bps)	UBRR 계산식
비동기 정상 모드 (U2Xn=0)	$BAUD=\frac{f_{OSC}}{16(UBRRn+1)}$	$UBRRn=\frac{f_{OSC}}{16 \cdot BAUD}-1$
비동기 2배속 모드 (U2Xn=1)	$BAUD=\frac{f_{OSC}}{8(UBRRn+1)}$	$UBRRn=\frac{f_{OSC}}{8 \cdot BAUD}-1$
동기 마스터 모드	$BAUD=\frac{f_{OSC}}{2(UBRRn+1)}$	$UBRRn=\frac{f_{OSC}}{2 \cdot BAUD}-1$

[표 6-5] 16MHz 시스템 클럭에서 전송속도에 따른 UBRRn 레지스터의 설정값

전송속도	비동기 일반 모드		비동기 2배속 모드	
(Baud Rate : bps)	UBRR	에러	UBRR	에러
2400	416	−0.1%	832	+0.0%
4800	207	+0.2%	416	−0.1%
9,600	103	+0.2%	207	+0.2%
14.4K	68	+0.6%	138	−0.1%
19.2K	51	+0.2%	103	+0.2%
28.8K	34	−0.8%	68	+0.6%
38.4K	25	+0.2%	51	+0.2%
57.6K	16	+2.1%	34	−0.8%
76.8K	12	+0.2%	25	+0.2%
115.2K	8	−3.5%	16	+2.1%
230.4K	3	+8.5%	8	−3.5%
250K	3	+0.0%	7	+0.0%
0.5M	1	+0.0%	3	+0.0%
1M	0	+0.0%	1	+0.0%

ATmega128의 USART 클럭 발생부는 데이터의 송신과 수신을 위해 기본 클럭을 발생하며, 비동기 일반 모드, 비동기 2배속 모드, 동기 마스터 모드, 동기 슬레이브 모드를 지원한다. USART 제어 및 상태 레지스터 UCSRnC의 UMSEL 비트는 동기모드와 비동기모드를 선택하며, 2배속 모드는 UCSRnA 레지스터의 U2X 비트에 의해 제어된다. 동기모드에서(UMSEL=1) XCKn 핀에 대한 데이터 방향 레지스터의 값은 클럭 소스가 내부(마스터 모드)에 있는지 아니면 외부에 있는지(슬레이브 모드)에 따라 제어된다. XCKn 핀은 동기모드인 경우에만 동작한다.

6.2 USART 송신 및 수신

이 절에서는 USART 시리얼 통신에 관련된 전송 데이터의 포맷과 송수신 처리과정에 대해 설명한다.

6.2.1 USART 송신

USART에 의한 시리얼 통신에서의 데이터는 다음과 같은 값들로 구성된다.

- 1 비트의 시작(Start) 비트
- 5~9 데이터 비트
- 0~1 비트의 패리티 비트
- 1~2 비트의 정지(Stop) 비트

[그림 6-3]은 이들 비트들로 구성된 데이터의 전송 포맷을 보여주며, 그림에서와 같이 맨 처음에 0값을 갖는 1비트의 시작 비트가 전송되고 다음에 데이터가 설정된 비트수 만큼 전송된다. 그리고, 1비트의 패리티 비트가 전송되는데 패리티 비트가 설정되지 않은 경우에 이 비트는 생략된다. 패리티 비트를 설정하는 경우에는 홀수 또는 짝수 패리티를 지정할 수 있으며, 패리티 비트값은 다음식에 의해 구해진다.

$$P_{even} = d_{n-1} \oplus \cdots \oplus d_3 \oplus d_2 \oplus d_1 \oplus d_0 \oplus 0 \quad \text{(짝수 패리티 비트 값)}$$
$$P_{odd} = d_{n-1} \oplus \cdots \oplus d_3 \oplus d_2 \oplus d_1 \oplus d_0 \oplus 1 \quad \text{(홀수 패리티 비트 값)}$$

그리고, 마지막으로 1의 값을 갖는 정지 비트가 설정된 길이만큼 전송되면서 전송이 완료된다.

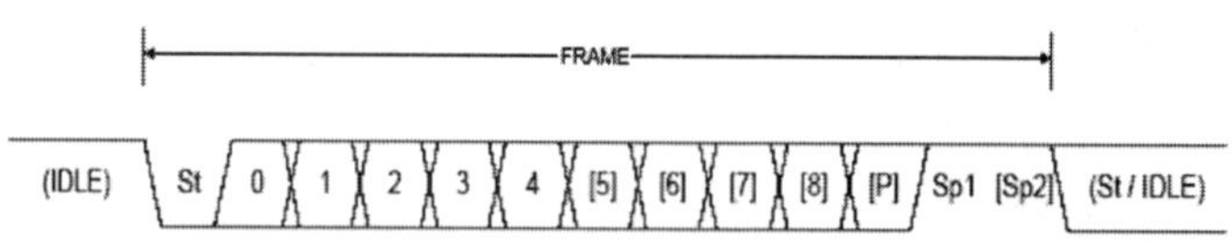

St Start bit, always low
(n) Data bits (0 to 8)
P Parity bit. Can be odd or even
Sp Stop bit, always high
IDLE No transfers on the communication line (RxD or TxD). An IDLE line must be high.

[그림 6-3] 시리얼 통신 데이터 포맷

USART 에서의 송신은 다음과 같은 순서에 의해 이루어진다.

① 우선 제어 레지스터에 대해 필요한 통신모드를 설정한다. (동기/비동기 모드 선택, 데이터 비트수 및 정지 비트수 등)
② 보레이트 레지스터에 사용자 전송속도에 맞는 값을 설정한다.
③ UCSRB 레지스터의 TXEN 비트를 셋하여 TxD 핀이 USART의 송신단자로 사용될 수 있도록 한다.
④ 전송할 데이터를 송신 버퍼 UDR에 써준다. 그러나, 이때 UCSRA 레지스터의 UDRE 또는 TXC 플래그 비트를 체크하여 송신 버퍼에 데이터를 쓸 수 있는지 검사해야 한다. 여기서, UDRE 플래그 비트는 송신 버퍼가 비어 있는 것을 나타내지만, TXC 플래그 비트는 송신 버퍼 뿐 아니라 송신 쉬프트 레지스터까지 비어 있는 것을 나타낸다. 따라서, TXC 비트를 체크하는 경우에는 데이터의 전송이 모두 완료해야 되기 때문에 UDRE 플래그 비트를 이용하여 송신하는 것이 전송속도 면에서 유리하다고 말할 수 있다.
   UDRE 및 TXC 플래그 비트를 검사하는 방법은 직접 UCSRA 레지스터를 읽어 이 비트를 검사하는 방법과 인터럽트를 이용하는 방법이 있다. 인터럽트를 이용하는 경우에는 UCSRB 레지스터의 대응하는 인터럽트 인에이블 비트와 SREG 레지스터의 I 비트를 함께 셋 하여야 한다.
⑤ 새로운 데이터를 송신하려면 ④의 과정을 반복한다.

6.2.2 USART 수신

USART에서의 수신은 다음과 같은 순서에 의해 이루어진다.

① 우선 제어 레지스터에 대해 필요한 통신모드를 설정한다. (동기/비동기 모드 선택, 데이터 비트수 및 정지 비트수 등)
② 보레이트 레지스터에 사용자 전송속도에 맞는 값을 설정한다.
③ UCSRB 레지스터의 RXEN 비트를 셋하여 RxD 핀이 USART의 수신단자로 사용될 수 있도록 한다.
④ 수신 버퍼 UDR 레지스터의 값을 읽기 전에 수신 데이터가 전송되어 수신 버퍼 UDR에 저장되어 있는지 UCSRA 레지스터의 RXC 플래그 비트를 검사한다. RXC 플래그 비트가 셋 되어 있으면 아직 읽지 않은 수신 데이터가 수신 버퍼에 있는 것을 의미하므로 이 때 수

신 버퍼 UDR 레지스터를 읽으면 된다.

RXC 플래그 비트를 검사하는 방법은 직접 UCSRA 레지스터를 읽어 검사하는 방법과 인터럽트를 이용하는 방법이 있다. 인터럽트를 이용하는 경우에는 UCSRB 레지스터의 대응하는 인터럽트 인에이블 비트와 SREG 레지스터의 I 비트를 함께 셋 하여야만 한다. RXC 플래그 비트는 수신 버퍼 UDR을 읽으면 자동 클리어 된다.

⑤ 새로운 데이터를 수신하려면 ④의 과정을 반복한다.

USART의 비동기 통신 방식에서는 클럭을 데이터와 같이 전송하지 않기 때문에, 데이터를 정확히 수신하기 위해 전송속도의 16배 또는 8배(2배속 모드)에 해당하는 주파수로 RxD에 입력되는 신호를 샘플링한다.

[그림 6-4]는 시작 비트를 검출하기 위한 샘플링을 보여준다. RxD 핀이 아이들(idle) 상태(수신 데이터가 없는 상태)에 있을 때 논리 0에 대한 하나의 샘플은 시작 비트의 하강 에지로 해석되어 시작 비트 검출 과정이 초기화된다. 샘플 1이 첫 번째 0 샘플이라고 할 때 1에서 0으로의 신호 천이에 따라 수신기는 8, 9, 10번째(2배속 모드에서는 4, 5, 6번째) 샘플에서 RxD핀의 입력신호를 샘플링 한다. 만일 3개의 샘플에서 2개 이상의 0이 검출되면, 이 신호 부분을 시작 비트로 간주한다. 그러나, 3개의 샘플에서 2개 이상의 1이 검출되면 시작 비트는 노이즈 스파크로 인식 거부되고 수신기는 다음 1에서 0으로의 신호 천이를 찾기 시작한다.

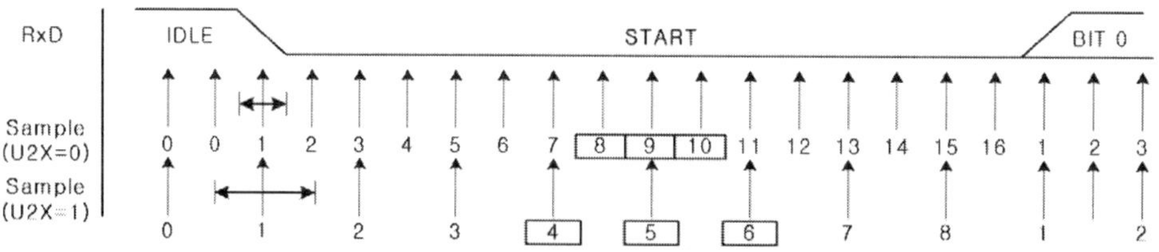

[그림 6-4] 시작 비트 검출을 위한 샘플링

유효한 시작 비트가 검출되면 시작 비트 다음의 데이터에 대한 샘플링이 수행된다. [그림 6-5]는 데이터 비트 검출을 위한 샘플링을 보여주며, 각 비트들에 대해 8, 9, 10 번째 샘플에서 샘플링 된다. 시작 비트 검출과 마찬가지로, 3개의 샘플 중에서 2개 이상 검출된 논리값을 검출결과로 처리하며, 검출된 비트는 수신 쉬프트 레지스터로 입력된다.

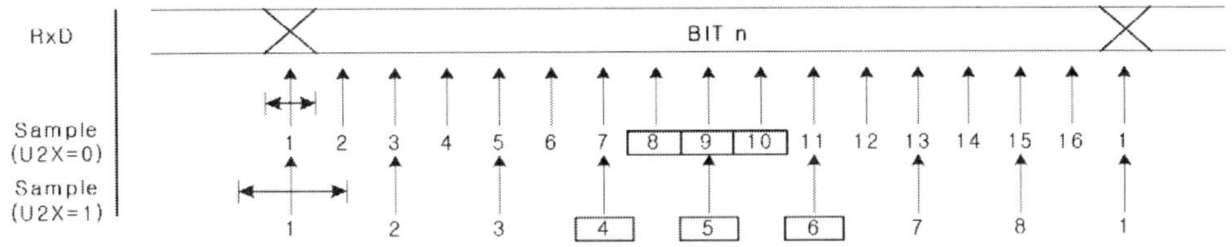

[그림 6-5] 데이터 비트 검출을 위한 샘플링

마지막으로 정지 비트에 대한 검출은 시작 비트나 데이터 비트 검출에서와 같이 8, 9, 10번째에서 샘플링하여 2번 이상 1이 검출되면 정지 비트로 간주한다. 이와 같이 정지 비트가 올바르게 검출되면 수신기는 하나의 데이터에 대한 수신 처리 과정을 마치고, 다시 시작 비트 검출 모드로 들어간다. 만일 3개의 샘플 중에서 2개 이상의 샘플이 0이면 USART 상태 레지스터 UCSRA 레지스터의 프레임 에러 FE 플래그 비트가 셋 된다.

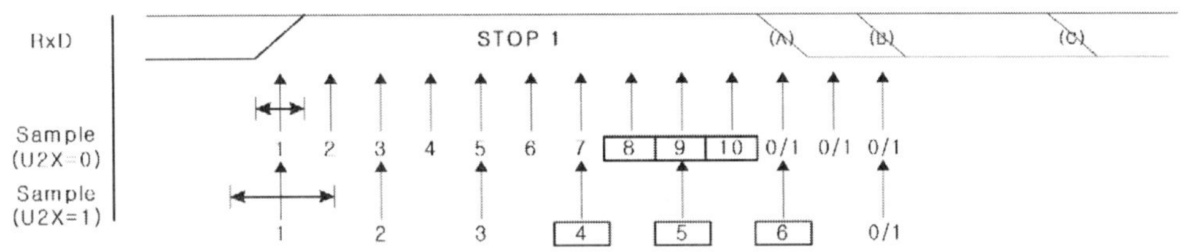

[그림 6-6] 정지 비트 검출을 위한 샘플링

6.3 USART 실험

USART도 사용하기 전에 사용 목적에 맞게 관련 레지스터에 대한 설정을 제대로 해 주어야 정상적으로 동작한다. USART에 대한 사용법을 간단히 요약하면 다음과 같으며, 요약된 내용에 따라 프로그램을 작성하면 된다.

☞ **USART 사용법 요약**

① 통신 모드 설정
-> 동기/비동기, 송신 인에이블, 수신 인에이블, 패리티 비트, 스톱 비트
데이터 비트수, 인터럽트 인에이블 비트

사용 레지스터 : UCSRnA, UCSRnB, UCSRnC [n = 0, 1]

② 보레이트(전송 송도) 설정
사용 레지스터 : UBRRnL, UBRRnH [n = 0, 1]

③ 전역 인터럽트 인에이블 비트 I 셋(인터럽트 사용 시에만 설정)
사용 레지스터 : SREG(최상위 비트)

-------------------- 여기까지가 초기 --------------------

<송신 동작>

- UCSRnA 레지스터의 TXCn 또는 UDREn 비트가 셋 될 때까지 대기
- 전송할 데이터를 UDRn 레지스터에 설정(송신 동작)

※ 송신은 인터럽트 방식보다는 폴링 방식을 이용하는 것이 편리하다.

<수신 동작>

- UCSRnA 레지스터의 RXCn 비트가 셋 될 때까지 대기
- 전송된 데이터를 UDRn 레지스터로부터 읽음(수신 동작)

※ 수신은 언제 데이터가 전송되어 올지 모르기 때문에 폴링 방식보다는 인터럽트 방식을 이용하는 것이 편리하다.

컴퓨터와 KUT-128_COM 보드를 RS-232 케이블로 연결한다. 컴퓨터에 USB 포트만 있는 경우에는 <USB to RS-232 변환기>가 필요하며, USBISP(AVRISP) 연결과 마찬가지로 드라이버를 설치하고 장치관리자에서 할당된 COM 번호를 확인한다. USART 실험을 하려면 우선 [그림 6-7]과 같이 <Settings -> Teminal>을 클릭하여 통신 환경에 대해 설정한다. 그리고 툴바 아이콘을 클릭하면 [그림 6-8]과 같이 터미널 창이 열리며, KUT-128_COM보드로부터 전송되어오는 데이터는 이 창에 표시된다. 그리고, 컴퓨터의 키보드를 누르면 눌려진 키보드의 ASCII 코드가 KUT-128_COM 보드로 전송된다.

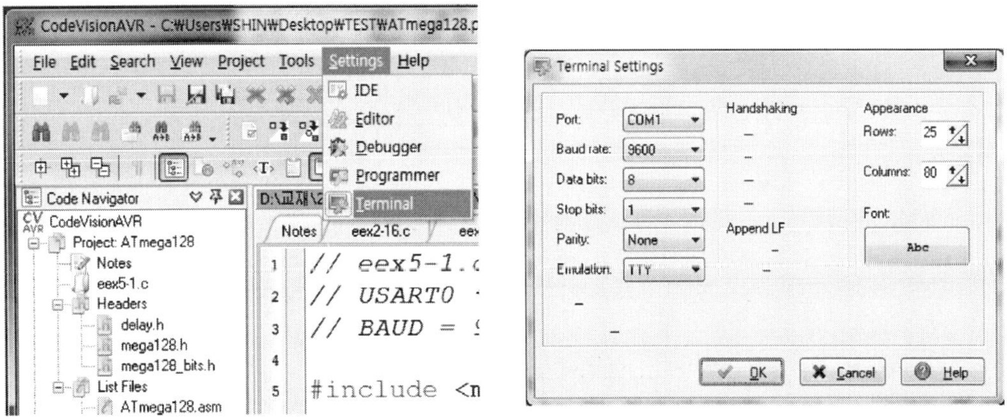

[그림 6-7] 터미널 사용 환경 설정

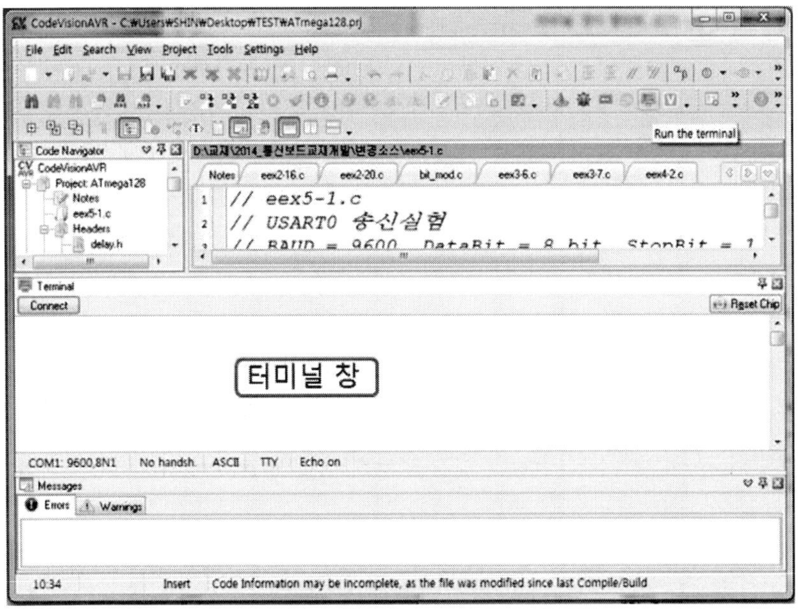

[그림 6-8] 터미널 창 오픈

[예제 6-1] USART0 송신 실험

KUT-128_COM 보드의 USART0을 통해서 문자열 "This is USART control program"을 컴퓨터에 전송하는 프로그램을 작성하라. 전송속도는 9600bps로 하고, 정지비트는 1비트로 한다. 전송된 문자열은 CodeVisionAVR에 내장된 터미널 창을 통해서 확인할 수 있으며, 툴바의  아이콘을 클릭하면 터미널 창이 열린다. 한 번만 실행되므로 , MCU 보드의 리셋 스위치를 눌러가며 동작을 확인한다.

[예제 6-1] USART0 송신 실험

```
// ex6-1.c
// USART0 송신실험
// BAUD = 9600, DataBit = 8 bit, StopBit = 1, Parity = None;

#include <mega128.h>

void Putch(char);                        // 1바이트 송신

void main(void)
{
  // 전송 문자열
  char string[] = "This is USART0 control program";
  char *pStr;                            // 문자열 포인터

  // USART 초기화
  UCSR0A = 0x0;
  UCSR0B = 0b00001000;                   // 송신 인에이블 TXEN = 1
  UCSR0C = 0b00000110;                   // 비동기, 데이터 8비트 모드
  UBRR0H = 0;                            // X-TAL = 16MHz 일때, BAUD = 9600
  UBRR0L = 103;

  pStr = string;
  while(*pStr != 0) Putch(*pStr++);             // 문자열 전송

  while(1);                                     // 대기
}

// 한 바이트 송신
void Putch(char data)
{
  while((UCSR0A & 0x20) == 0x0);                // UDRE0 = 1이 될 때까지 대기
  UDR0 = data;                                  // 데이터 전송
}
```

[예제 6-2] USART0 수신 실험

CodeVisionAVR에서 터미널 창을 오픈한 후 컴퓨터에서 key 입력된 16진 문자('0'~'9', 'A'~'F' 또는 'a'~'f')를 KUT-128_COM 보드에서 수신하여 맨 우측의 7-세그먼트에 출력 표시하는 프로그램을 작성하라. 실험할 때는 <Terminal Settings> 창에서 "Echo Transmitted Characters"의 선택을 해제하고 실행한다.

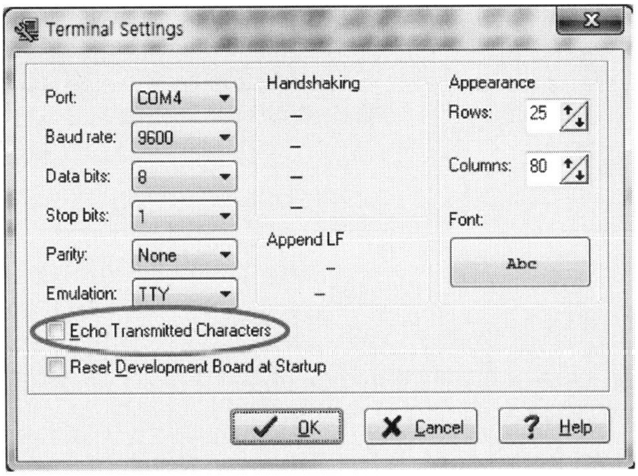

[예제 6-2] USART0 송수신 실험

```
// ex6-2.c
// USART0 수신 실험
// BAUD = 9600, DataBit = 8 bit, StopBit = 1, Parity = None;

#include <mega128.h>

flash unsigned char seg_pat[10]= {0x3f, 0x06, 0x5b, 0x4f, 0x66, 0x6d, 0x7d, 0x07, 0x7f, 0x6f};

void main(void)
{
   unsigned char rd, dd = 0;

   // I/O 포트 초기화
   DDRB = 0xF0;                // 포트 B 상위 4비트 출력 설정
   DDRD = 0xF0;                // 포트 D 상위 4비트 출력 설정
   DDRG = 0x0F;                // 포트 G 하위 4비트 출력 설정

   PORTG = 0b00001000;         // 맨 우측 세그먼트 on
```

[예제 6-2] USART0 송수신 실험(계속)

```
    // USART 초기화
    UCSR0A = 0x0;
    UCSR0B = 0b00010000;            // 수신 인에이블 RXEN0=1
    UCSR0C = 0b00000110;            // 비동기 데이터 8비트 모드
    UBRR0H = 0;                     // X-TAL = 16MHz 일때, BAUD = 9600
    UBRR0L = 103;

    while(1){
        while((UCSR0A & 0x80) == 0x0){      // RXC0 = 1이 될 때까지 대기
            // 이전에 수신한 16진 표시
            PORTD = ((seg_pat[dd] & 0x0F) << 4) | (PORTD & 0x0F);  // A-D표시
            PORTB = (seg_pat[dd] & 0x70 ) | (PORTB & 0x0F);        // E, F, G 표시
        }
        rd = UDR0;                  // 수신


        // 전송된 데이터 체크
        // ASCII 문자 -> 16진값(0~9, a~f)으로 변환
        // '0'~'9' -> 0~9값으로, 'a'~'f' 또는 'A'~'F' -> 10~15의 값으로 변환
        if(rd >= '0' && rd <= '9') dd = rd - '0';
        else if(rd >= 'a' && rd <= 'f') dd= rd - 'a' + 10;
        else if(rd >= 'A' && rd <= 'F') dd = rd - 'A' + 10;
    }
}
```

[예제 6-3] USART0 송수신 실험(폴링 방식)

CodeVisionAVR에서 터미널 창을 오픈한 후 컴퓨터에서 key 입력된 문자를 수신하고, 수신한 문자가 알파벳 대문자이면 소문자로 소문자이면 대문자로 변환하여 컴퓨터로 전송하는 프로그램을 작성하라.

힌트

<대문자 -> 소문자 변환>

ch = ch − 'A' + 'a';
 -> ch= 'A' 이면 ch = 'A' − 'A' + 'a' = 'a'
 -> ch='B' 이면 ch = 'B' − 'A' + 'a' = 1 + 'a' = 'b'

<소문자 -> 대문자 변환>

ch = ch − 'a' + 'A';
 -> ch= 'a' 이면 ch = 'a' − 'a' + 'A' = 'A'
 -> ch='b' 이면 ch = 'b' − 'a' + 'A' = 1 + 'A' = 'B'

[예제 6-3] USART0 송 · 수신 실험(폴링 방식)

```
// ex6-3.c
// USART0 송수신 실험(폴링 방식)
// BAUD = 9600, DataBit = 8 bit, StopBit = 1, Parity = None;

#include <mega128.h>

void main(void)
{
   unsigned char ch;

   // USART 초기화
   UCSR0A = 0x0;
   UCSR0B = 0b00011000;          // 송수신 인에이블 TXEN0 = 1, RXEN0=1
   UCSR0C = 0b00000110;          // 비동기 데이터 8비트 모드
   UBRR0H = 0;                   // X-TAL = 16MHz 일때, BAUD = 9600
   UBRR0L = 103;

   while(1){
      while((UCSR0A & 0x80) == 0x0);      // RXC0=1 될 때까지 대기
      ch = UDR0;                           // 수신
      // 수신 문자 알파벳 대문자이면 소문자로 변환 후 전송
      // 수신 문자 알파벳 소문자이면 대문자로 변환 후 전송
```

[예제 6-3] USART0 송 · 수신 실험(폴링 방식)(계속)

```
        // 알파벳이 아니면 그대로 전송
        if(ch >= 'a' && ch <= 'z') ch = ch - 'a' + 'A';                    // 소문자 -> 대문자
        else if(ch >= 'A' && ch <= 'Z') ch = ch - 'A' + 'a';               // 대문자 -> 소문자

        while((UCSR0A & 0x20) == 0x0);          // UDRE0=1 될 때까지 대기
        UDR0 = ch;                              // 송신
    }
}
```

[예제 6-4] USART0 송수신 실험(수신 인터럽트 방식)

[예제 6-3]에 대해 송신은 그대로 폴링방식을 이용하고, 수신은 수신완료 인터럽트를 이용하여 프로그램을 작성하라.

[예제 6-4] USART0 송 · 수신 실험(수신 인터럽트 방식)

```
// ex6-4.c
// USART0 송수신 실험(수신 인터럽트 방식)
// BAUD = 9600, DataBit = 8 bit, StopBit = 1, Parity = None;

#include <mega128.h>

void main(void)
{
   // USART 초기화
   UCSR0A = 0x0;
   UCSR0B = 0b10011000;          // RXCIE0 : 수신 완료 인터럽트 인에이블
                                 // 송수신 인에이블 TXEN0 = 1, RXEN0=1
   UCSR0C = 0b00000110;          // 비동기 데이터 8비트 모드
   UBRR0H = 0;                   // X-TAL = 16MHz 일때, BAUD = 9600
   UBRR0L = 103;

   SREG = 0x80;                  // 전역 인터럽트 인에이블 I 비트 셋

   while(1);                     // 문자 수신할 때까지 대기
}

// 수신 완료 인터럽트 처리함수
interrupt [USART0_RXC] void usart0_rx(void)
{
   unsigned char ch;

   ch = UDR0;                     // 수신

   // 수신 문자 알파벳 대문자이면 소문자로 변환 후 전송
   // 수신 문자 알파벳 소문자이면 대문자로 변환 후 전송
   // 알파벳이 아니면 그대로 전송
   if(ch >= 'a' && ch <= 'z') ch = ch - 'a' + 'A';          // 소문자 -> 대문자
   else if(ch >= 'A' && ch <= 'Z') ch = ch - 'A' + 'a';     // 대문자 -> 소문자

   while((UCSR0A & 0x20) == 0x0);              // UDRE0=1 될 때까지 대기
   UDR0 = ch;                                  // 송신
}
```

Chapter 07

A/D 변환기

A/D 변환기는 [그림 7-1]과 같이 센서 등에서 출력되는 아날로그 값을 컴퓨터와 같은 디지털 시스템에서 사용 가능한 디지털 값으로 변환해 주는 기능을 갖는 장치이다. 즉, 컴퓨터에서는 두 가지 상태를 나타내는 0과 1로 구성된 디지털 값만 취급할 수 있으므로, 0과 1이외의 연속적인 값을 출력하는 센서와 직접 연결하여 사용할 수 없다. 따라서, 디지털 값만 취급할 수 있는 컴퓨터와 아날로그 값을 출력하는 센서를 연결하기 위해서는 A/D 변환기가 필요하게 된다.

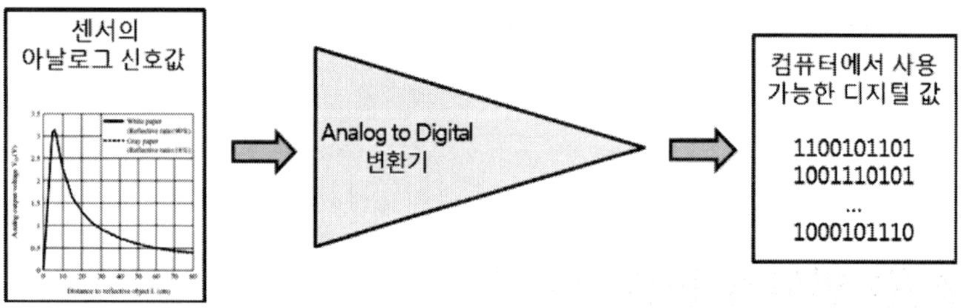

[그림 7-1] A/D 변환기 개념도

ATmega128은 10비트 분해능의 A/D 변환기를 8채널 내장하고 있으며, 다음과 같은 특징을 갖는다.

- 10비트 분해능
- 13~260us 변환시간
- 8개의 단극성 입력 채널
- 22종류의 차동 입력
- 아날로그 입력신호 10배 또는 200배 증폭기능을 갖는 2개의 차동 입력 채널
- 선택 가능한 2.56V 내부 기준전압

A/D 변환기의 8채널 아날로그 입력은 포트 F를 통해 입력되며, 멀티플렉서에 의해 A/D 변환기에 연결된다.

MCU는 16가지의 다른 전압입력 조합을 가지며, 2개의 차동 입력(ADC1, ADC0 그리고 ADC3, ADC2) 전압이 A/D 변환되기 전에 10배 또는 200배로 증폭되어질 수 있다. 7개의 아날로그 입력 채널이 공통 음극성 채널 ADC1을 공유하며, 나머지 입력채널은 양극성 입력단자로 사용되어진다.

A/D 변환기는 변환기간 동안 아날로그 입력전압을 일정하게 하는 샘플/홀드 회로를 내장하고 있으며, [그림 7-2]는 A/D 변환기의 구성도를 보여준다.

A/D 변환기에 대한 기준전압 V_{REF}는 A/D 변환되는 전압의 범위를 나타내며, 단극성 모드에서 V_{REF}는 0x3FF로 변환된다. V_{REF}는 AVCC, 내부 2.56V, 외부 AREF 단자에 공급되는 전압 중에서 선택된다.

A/D 변환기 입력이 단극성인 경우에는 0~V_{REF}의 입력전압이 공급되어 0x000~0x3FF(0~1023)의 디지털 값으로 변환되며, 차동 입력의 경우에는 $-V_{REF}$~V_{REF}의 입력전압이 공급되어 2의 보수 0x200~0x1FF(-512~511)의 디지털 값으로 변환된다.

A/D 변환결과는 16비트 A/D 변환기 데이터 레지스터에 좌측 또는 우측으로 정렬되어 저장되어진다.

7.1 A/D 변환기 관련 레지스터

■ ADMUX(ADC Multiplexer Selection Register) : A/D 변환기 멀티플렉서 선택 레지스터

이 레지스터는 A/D 변환기의 아날로그 입력채널 선택, A/D 변환기의 기준전압 소스 선택, 변환결과의 저장형식을 지정한다.

비트	7	6	5	4	3	2	1	0	
0x07(0x27)	REFS1	REFS0	ADLAR	MUX4	MUX3	MUX2	MUX1	MUX0	ADMUX
읽기/쓰기	읽기/쓰기	읽기/쓰기	읽기/쓰기	읽기/쓰기	읽기/쓰기	읽기/쓰기	읽기/쓰기	읽기/쓰기	
초기값	0	0	0	0	0	0	0	0	

• Bit 7, 6 – RFS1, RFS0 (Reference Selection Bits)

A/D 변환기의 기준전압을 선택하며, [표 7-1]과 같다.

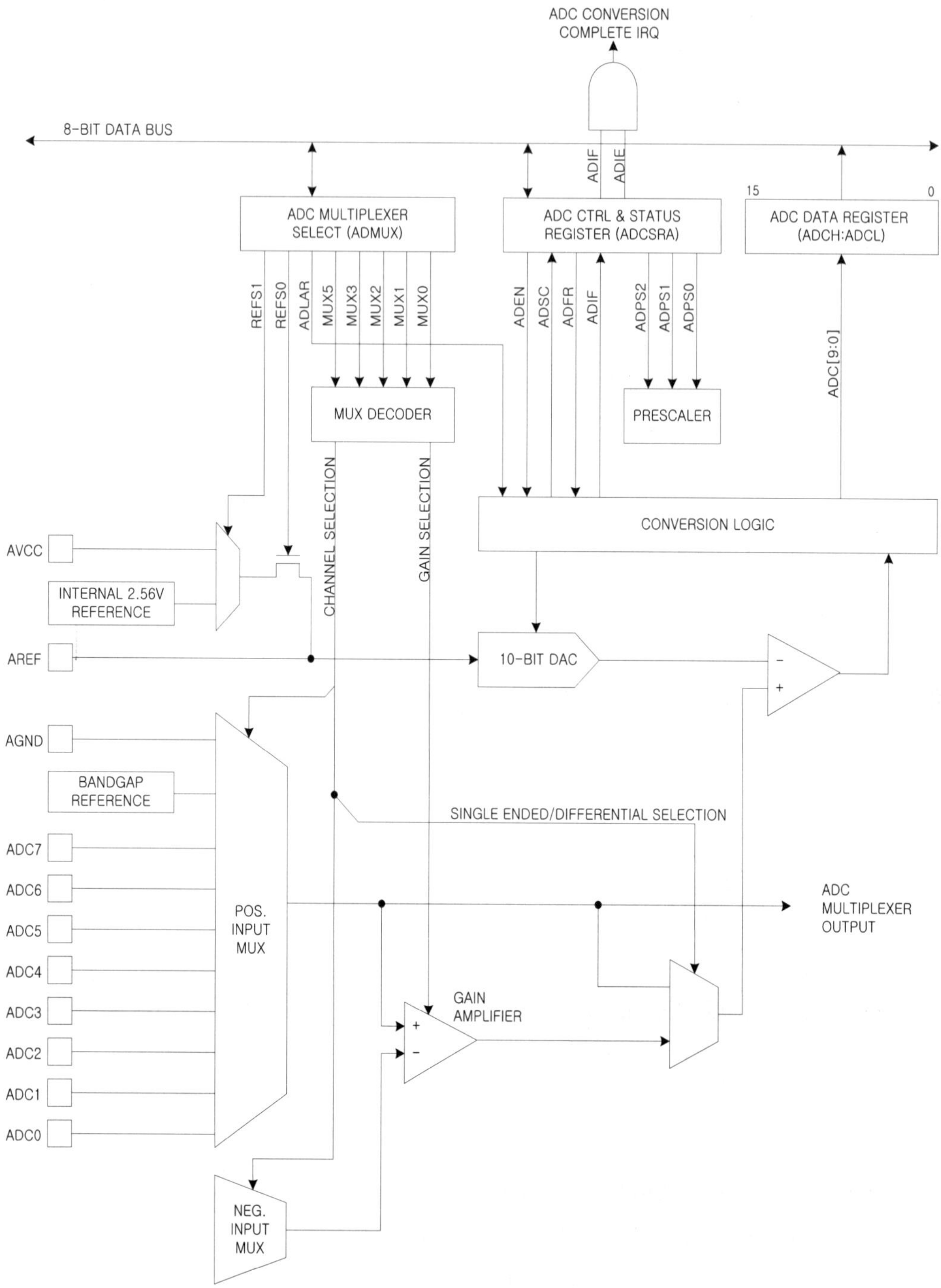

[그림 7-2] A/D 변환기 구성도

[표 7-1] A/D 변환기의 기준전압

RFS1	RFS0	기준전압
0	0	AREF 단자에 공급되는 전압 이용
0	1	AVCC 단자전압이 이용되며, AREF 단자와 GND 사이를 콘덴서(0.1uF)로 접속
1	0	-
1	1	내부 2.56V를 이용하며, AREF 단자와 GND 사이를 콘덴서로 접속

- Bit 5 – ADLAR (ADC Left Adjust Result)

  A/D 변환된 결과를 ADCH:ADCL에 저장하는 형식을 지정하며, 0이면 하위부터 10비트를 저장하고, 1이면 상위부터 10비트를 저장한다.

- Bit 4~0 – MUX4~0 (Analog Channel and Gain Selection Bits)

  A/D 변환기에 연결되는 아날로그 입력채널과 차동 입력 채널에 대한 이득을 선택하며, [표 7-2]와 같다.

■ ADCSRA(ADC Control and Status Register A) : A/D 변환기 제어 및 상태 레지스터 A

이 레지스터는 A/D 변환기의 동작을 제어하거나 상태를 표시하는 기능을 갖는다.

비트	7	6	5	4	3	2	1	0	
0x06(0x26)	ADEN	ADSC	ADFR	ADIF	ADIE	ADPS2	ADPS1	ADPS0	ADCSRA
읽기/쓰기	읽기/쓰기	읽기/쓰기	읽기/쓰기	읽기/쓰기	읽기/쓰기	읽기/쓰기	읽기/쓰기	읽기/쓰기	
초기값	0	0	0	0	0	0	0	0	

- Bit 7 – ADEN (ADC Enable)

  이 비트가 1이면 A/D 변환기의 동작이 허용되고, 0이면 A/D 변환기는 동작이 정지된다.

- Bit 6 – ADSC (ADC Start Conversion)

  단일 변환 모드에서 이 비트를 1로 하면 A/D 변환이 시작된다. 프리 러닝(Free Running)모드에서 이 비트를 1로 하면 첫 번째 A/D 변환이 시작되고, 그 다음 부터는 자동적으로 변환이 반복된다. A/D 변환기가 인에이블되고 이 비트를 1로 하면 첫 번째 변환에서는 25개의 클럭이 필요하며, 그 다음부터는 13개의 클럭이 소요된다. 이 비트는 A/D 변환 중에는 1로 읽혀지며, 변환이 종료하면 0으로 읽혀진다.

[표 7-2] A/D 변환기 입력채널의 선택

MUX4~0	단극성 입력	+ 차동 입력	- 차동 입력	이 득
00000	ADC0			
00001	ADC1			
00010	ADC2			
00011	ADC3			
00100	ADC4			
00101	ADC5			
00110	ADC6			
00111	ADC7			
01000		ADC0	ADC0	10x
01001		ADC1	ADC0	10x
01010		ADC0	ADC0	200x
01011		ADC1	ADC0	200x
01100		ADC2	ADC2	10x
01101		ADC3	ADC2	10x
01110		ADC2	ADC2	200x
01111		ADC3	ADC2	200x
10000		ADC0	ADC1	1x
10001		ADC1	ADC1	1x
10010		ADC2	ADC1	1x
10011		ADC3	ADC1	1x
10100		ADC4	ADC1	1x
10101		ADC5	ADC1	1x
10110		ADC6	ADC1	1x
10111		ADC7	ADC1	1x
11000		ADC0	ADC2	1x
11001		ADC1	ADC2	1x
11010		ADC2	ADC2	1x
11011		ADC3	ADC2	1x
11100		ADC4	ADC2	1x
11101		ADC5	ADC2	1x
11110	1.23V			
11111	0V(GND)			

• Bit 5 – ADFR (ADC Free Running Select)

이 비트를 1로 하면 A/D 변환기는 프리 러닝 모드로 동작하며, 이 모드에서 A/D 변환기는 반복적으로 A/D 변환을 수행한다.

• Bit 4 – ADIF (ADC Interrupt Flag)

A/D 변환이 완료되어 A/D 변환기 데이터 레지스터의 값이 갱신되면 셋된다. ADIE 비트와 SREG 레지스터의 I 비트가 1이면 A/D 변환 완료 인터럽트가 요구된다. 이 플래그 비트는 대응하는 인터럽트 서브루틴이 실행되면 자동 클리어 되며, 이 비트에 1을 써주어도 클리어 된다.

• Bit 3 – ADIE (ADC Interrupt Enable)

이 비트는 A/D 변환기의 개별 인터럽트 인에이블 비트로서, SREG 레지스터의 I 비트와 함께 1이면 인터럽트가 인에이블 된다.

• Bit 2~0 – ADPS2~0 (ADC Prescaler Select Bits)

이 비트들은 A/D 변환기에 입력되는 시스템 클럭에 대한 분주비를 선택한다.

[표 7-3] A/D 변환기 분주비 선택

ADPS2	ADPS1	ADPS0	분주비
0	0	0	2
0	0	1	2
0	1	0	4
0	1	1	8
1	0	0	16
1	0	1	32
1	1	0	64
1	1	1	128

■ ADCH, ADCL(ADC Data Register) - A/D 변환기 데이터 레지스터

A/D 변환된 결과를 저장하는 레지스터로서 ADMUX 레지스터의 ADLAR 비트값에 따라 다음과 같은 저장형식을 갖는다.

ADLAR = 0

비트	15	14	13	12	11	10	9	8	
0x05(0x25)	–	–	–	–	–	–	ADC9	ADC8	ADCH
0x04(0x24)	ADC7	ADC6	ADC5	ADC4	ADC3	ADC2	ADC1	ADC0	ADCL
비트	7	6	5	4	3	2	1	0	
읽기/쓰기	읽기	읽기	읽기	읽기	읽기	읽기	읽기	읽기	
	읽기	읽기	읽기	읽기	읽기	읽기	읽기	읽기	
초기값	0	0	0	0	0	0	0	0	
	0	0	0	0	0	0	0	0	

ADLAR = 1

비트	15	14	13	12	11	10	9	8	
0x05(0x25)	ADC9	ADC8	ADC7	ADC6	ADC5	ADC4	ADC3	ADC2	ADCH
0x04(0x24)	ADC1	ADC0	–	–	–	–	–	–	ADCL
비트	7	6	5	4	3	2	1	0	
읽기/쓰기	읽기	읽기	읽기	읽기	읽기	읽기	읽기	읽기	
	읽기	읽기	읽기	읽기	읽기	읽기	읽기	읽기	
초기값	0	0	0	0	0	0	0	0	
	0	0	0	0	0	0	0	0	

단극성 채널을 사용하는 경우에는 10비트 양의 정수 0x000~0x3FF(0~1023)로 저장되고, 차동 채널을 사용하는 경우에는 2의 보수형식 0x200~0x1FF로 나타내어 −512~511의 값을 갖는다.

A/D 변환결과는 ADCL, ADCH 순으로 읽어도 되지만, <mega128.h>에 16비트 레지스터명 ADCW로 선언되어 있으므로 이를 이용해도 된다.

7.2 A/D 변환 프리스케일러와 변환 타이밍

ATmega128의 A/D 변환기는 프리스케일러를 내장하고 있으며, 프리스케일러는 ADCSRA 레지스터의 ADEN 비트가 1인 경우에만 계속해서 동작한다. [그림 7-3]은 A/D 변환기의 프리스케일러를 보여주며, 분주비는 ADCSRA 레지스터의 ADPS2 ~ADPS0에 의해 2, 4, 8, 16, 32, 64, 128 중의 하나로 선택되어진다.

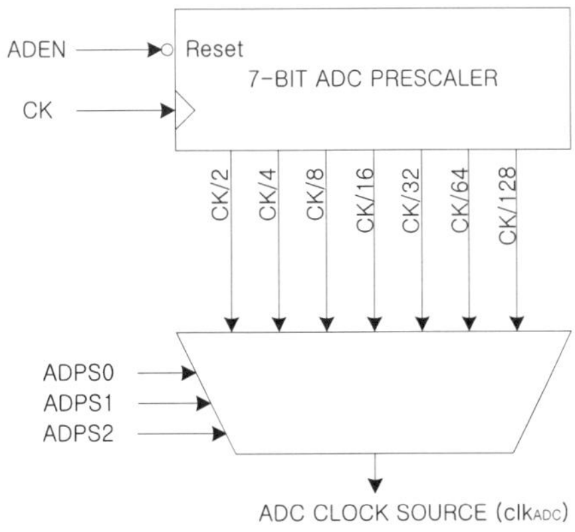

[그림 7-3] A/D 변환기 프리스케일러

단일변환 모드에서 ADCSRA 레지스터의 ADSC 비트를 1로 하면 [그림 7-4]에서와 같이 1로 한 이후 첫 번째 A/D 변환기 클럭의 상승에지에서 변환이 시작된다. 일반적으로 ADEN=1로 설정하고 나서 첫 번째 변환에는 25개의 A/D 변환기 클럭이 요구되지만, 그 이후의 변환에서는 13개의 클럭이 요구된다. 그리고, 첫 번째 변환에서 샘플/홀드는 변환이 시작되고 나서 13.5번째 클럭에서 이루어지며, 두 번째 이후의 변환에서는 1.5번째 클럭에서 이루어진다.([그림 7-4], [그림 7-5])

A/D 변환이 완료되면 그 결과가 A/D 변환기 데이터 레지스터에 쓰여지게 되며, ADIF 비트가 셋 된다. 또한 단일변환 모드에서는 ADSC 비트가 자동 클리어 되어 다시 소프트웨어적으로 셋 할 수 있게 된다.

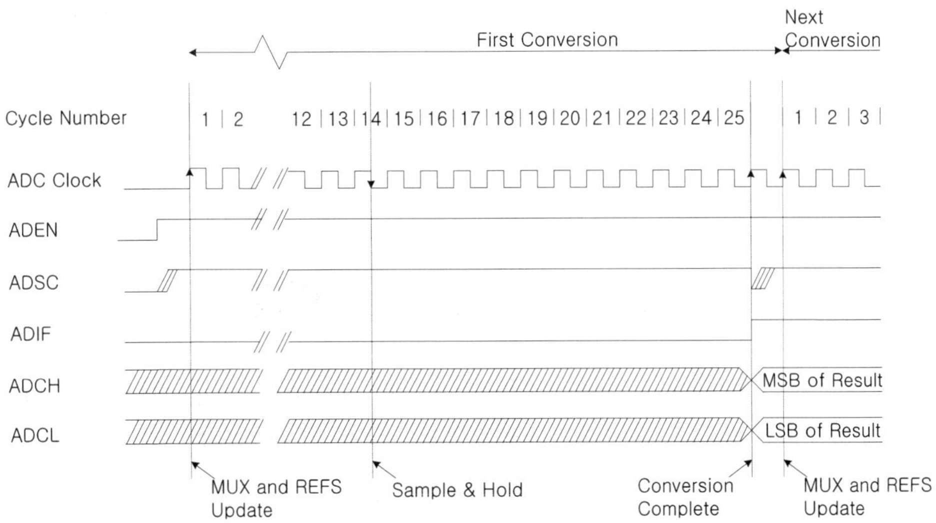

[그림 7-4] 단일 변환 모드에서 ADEN=1 설정 후 첫 번째 변환 동작 타이밍

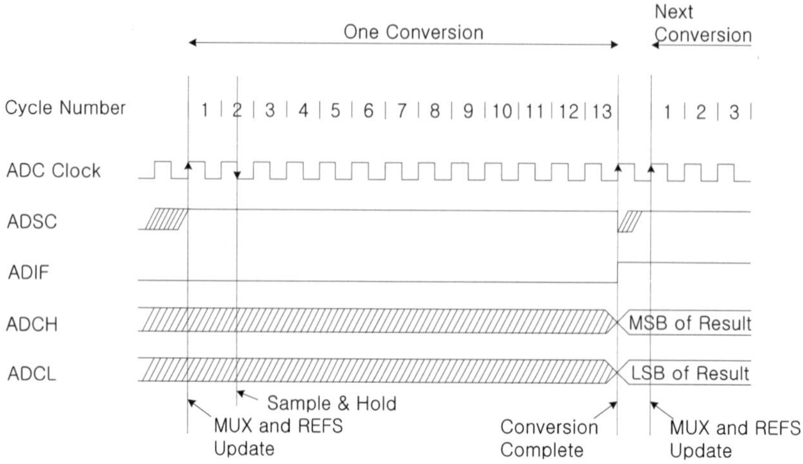

[그림 7-5] 단일 변환 모드에서 첫 번째 변환 이후의 동작 타이밍

프리 러닝(Free running) 모드에서는 변환이 완료되면 자동적으로 즉시 새로운 A/D변환이 시작되지만, ADSC 비트는 High 상태를 계속 유지하게 된다.

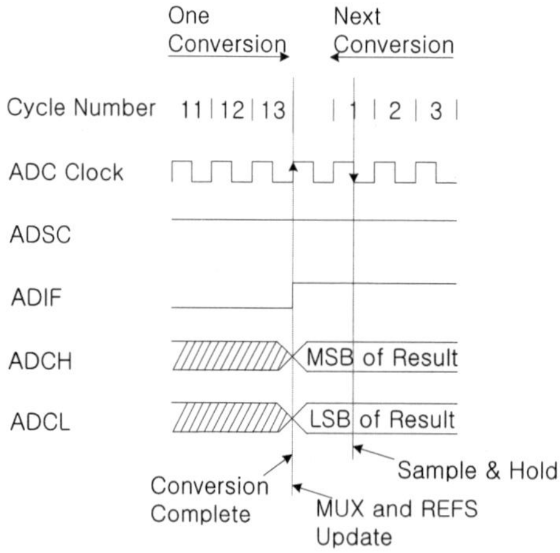

[그림 7-6] 프리 러닝 모드에서의 변환 동작 타이밍

[표 7-4]는 A/D 변환기의 각 모드에서의 변환시간을 보여준다.

[표 7-4] A/D 변환 시간(사이클 : A/D 클럭 사이클)

조건	샘플/홀드(변환시작후의 클럭 사이클)	변환시간(사이클)
첫 번째 변환 1	3.5	25
그 이후의 단극성 입력 변환	1.5	13
그 이후의 차동 입력 변환	1.5~2.5	13~14

7.3 A/D 변환 결과

A/D 변환이 완료되면 그 변환 결과는 A/D 변환기의 데이터 레지스터 ADCH·ADCL (16비트 레지스터명 ADCW)에 저장된다.

단극성 변환의 경우에는

$$ADCH : ADCL = \frac{V_{IN} \times 1024}{V_{REF}}$$

으로 변환되며, V_{IN}은 선택된 입력핀의 아날로그 전압이고 V_{REF}는 선택된 기준전압을 나타낸다. 변환값 0x000은 접지와 같은 전압을 나타내고, 1023(0x3FF)은 기준전압보다 1 LSB 만큼 낮은 전압값을 나타낸다.

차동 채널이 선택된 경우에는

$$ADCH : ADCL = \frac{(V_{POS} - V_{NEG}) \times GAIN \times 512}{V_{REF}}$$

으로 변환되며, V_{POS}는 양의 입력핀에 입력되는 전압이고 V_{NEG}는 음의 입력핀에 입력되는 전압이다. GAIN은 이득값을 나타내고, V_{REF}는 선택된 기준전압을 나타낸다. 변환값은 10비트 2의 보수로 표현되어 0x200(−512) ~ 0x1FF(511)의 값을 갖는다.

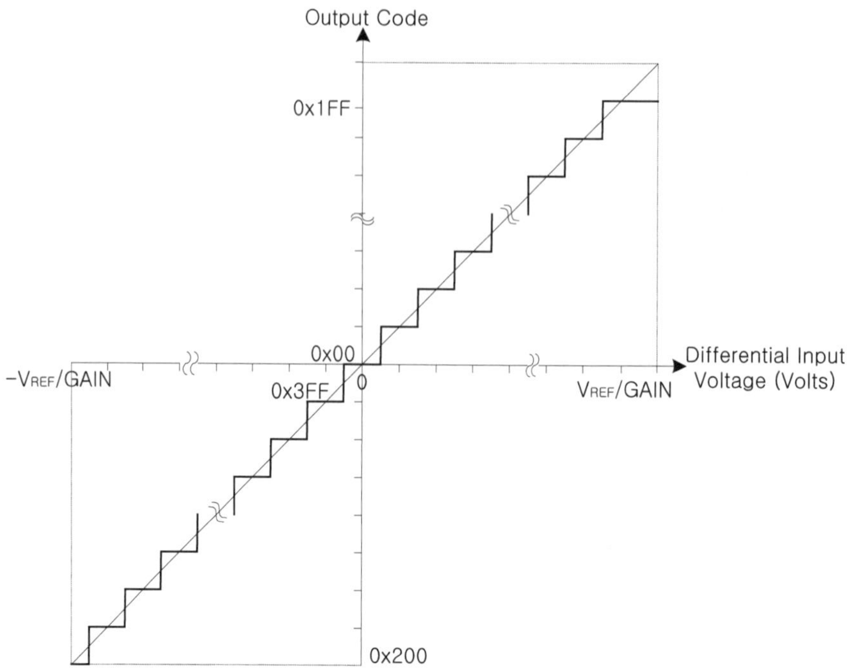

[그림 7-7] 차동 입력에 대한 입력전압과 변환결과

7.4 A/D 변환기 실험

A/D 변환기도 사용하기 전에 사용 목적에 맞게 관련 레지스터에 대한 설정을 제대로 해 주어야 정상적으로 동작한다. A/D 변환기에 대한 사용법을 간단히 요약하면 다음과 같으며, 요약된 내용에 따라 프로그램을 작성하면 된다.

☞ **A/D 변환기 사용법 요약**

① AREF 전압 선택, A/D 변환 결과 저장 형식 선택,
A/D 변환 입력채널 설정(단극성 입력, 차동입력)

사용 레지스터 : ADMUX

② 사용 모드 설정
-> A/D 변환 인에이블, 분주비 설정, 변환 모드 설정(단일변환/프리러닝)
A/D 변환 인터럽트 인에이블, A/D변환기 입력 클럭 분주비 설정

사용 레지스터 : ADCSRA

③ 전역 인터럽트 인에이블 비트 I 셋(인터럽트 사용 시에만 설정)
사용 레지스터 : SREG(최상위 비트)

------------------- 여기까지가 초기화 -------------------

<단일변환 모드 A/D 변환 동작>

- ADCSRA 레지스터의 ADSC 비트를 1로 셋 하여 A/D 변환 시작
- ADIF=1(또는 ADSC=0)이 되어 A/D 변환이 완료될 때까지 대기
- A/D 변환 결과 읽기(ADCW 또는 ADCH:ADCL)

<프리러닝 모드 A/D 변환 동작>

- 사용모드 설정하면서 ADCSRA 레지스터의 ADSC 비트를 1로 셋 하여 A/D 변환 시작
- A/D 변환 결과(ADCW 또는 ADCH:ADCL)를 읽고 싶을 때 언제든지 읽기 가능

[예제 7-1] ADC6에 입력되는 전압 7-Segment 표시(단극성 입력)

ADC6(PF6)에는 가변저항(VR2) 10kΩ이 연결되어 있으며([그림 1-10]), 이 단자를 통해 입력되는 전압을 3개의 7-Segment에 소수 두 자리까지 전압값으로 표시하는 프로그램을 작성하라.

☞ **소수 자리값 추출**

예를 들어 2.3456을 소수 두 자리까지 7-세그먼트에 표시한다고 가정하자. 그러기 위해서는 정수 1자리 2, 소수 첫째 자리 3, 소수 둘째 자리 4를 각각 추출해야 한다. 정수값에 대한 자리값 추출은 나눗셈 연산자('/')와 나머지 연산자 ('%')를 이용하면 되지만, 소수 부분에 대한 자리 추출은 원래값을 그대로 이용해서는 구할 수 없다. 여기서 2.3456에 10^2을 곱해보자. 그러면 234.56이 얻어지고, 정수부분 234에 대해서 생각하면 나눗셈 연산자와 나머지 연산자로 쉽게 자리값을 추출할 수 있음을 알 수 있다.

① 10^2을 곱한 후 정수화 : (int)(2.3456 * 100) => 234
② 234를 100으로 나눈 몫과 나머지를 구한다.
=> 몫 : 2(정수 1자리), 나머지 34
③ 나머지 34를 10으로 나눈 몫과 나머지를 구한다.
=> 몫 : 3(소수 첫째 자리), 나머지 4(소수 둘째 자리)

※ 정수화 할 때 0.5를 더하면서 수행하면
(int)(2.3456 * 100 + 0.5) = 235
가 되어 소수 3째 자리에서 반올림한 값이 얻어진다.

[예제 7-1] ADC6에 입력되는 전압 7-Segment에 표시

```
// ex7-1.c
// ADC6(VR2) 전압 소수 두 자리까지 표시

#include <mega128.h>
#include <delay.h>

typedef unsigned char u_char;

flash u_char seg_pat[10]= {0x3f, 0x06, 0x5b, 0x4f, 0x66, 0x6d, 0x7d, 0x07, 0x7f, 0x6f};

void AD_disp(int);                    // A/D 변환값 표시

void main(void)
{
   int  ad_val;

   DDRB = 0xF0;                       // 포트 B 상위 4비트 출력 설정
   DDRD = 0xF0;                       // 포트 D 상위 4비트 출력 설정
   DDRG = 0x0F;                       // 포트 G 하위 4비트 출력 설정

   ADMUX = 0x06;                      // ADC6 단극성 입력 선택
   ADCSRA = 0x87;                     // ADEN=1, 16MHz  256분주 -> 125kHz
   delay_ms(5);

   while(1){
      ADCSRA = 0xC7;                  // ADEN=1, ADSC = 1 변환 시작
      while((ADCSRA & 0x10) == 0);    // ADIF=1이 될 때까지

      ad_val = (int)ADCL + ((int)ADCH << 8);         // A/D 변환값 읽기

      AD_disp(ad_val);                               // A/D 변환값 표시
   }
}

// A/D 변환값 표시
void AD_disp(int val)
{
   float  fval;
   int  ival, buf;
   u_char N100, N10, N1;

   fval = (float)val * 5.0 / 1024.0;      // 전압값으로 변환
   ival = (int)(fval  * 100.0 + 0.5);     // 반올림 후 정수화(소수 둘째자리까지)

   N100 = ival / 100;                     // 정수부 추출
   buf = ival % 100;

   N10 = buf / 10;                        // 소수 첫째 자리 추출
   N1 = buf % 10;                         // 소수 둘째 자리 추출
```

[예제 7-1] ADC6에 입력되는 전압 7-Segment에 표시(계속)

```
    PORTG = 0b00001000;        // PG3=1, 소수 둘째 자리
    PORTD = ((seg_pat[N1] & 0x0F) << 4) | (PORTD & 0x0F);
    PORTB = (seg_pat[N1] & 0x70 ) | (PORTB & 0x0F);
    delay_ms(1);

    PORTG = 0b00000100;        // PG2=1, 소수 첫째 자리
    PORTD = ((seg_pat[N10] & 0x0F) << 4) | (PORTD & 0x0F);
    PORTB = (seg_pat[N10] & 0x70 ) | (PORTB & 0x0F);
    delay_ms(1);

    PORTG = 0b00000010;        // PG1=1, 정수부
    PORTD = ((seg_pat[N100] & 0x0F) << 4) | (PORTD & 0x0F);
    PORTB = (seg_pat[N100] & 0x70 ) | (PORTB & 0x0F);
    PORTB = PORTB | 0x80;      // DP on(소수점)
    delay_ms(1);

}
```

[예제 7-2] Free 러닝 모드를 이용한 ADC6 입력 전압 7-Segment 표시

[예제 7-1]의 프로그램을 Free 러닝 모드로 작성하라.

[예제 7-2] Free 러닝 모드를 이용한 ADC6 입력 전압 7-Segment 표시

```
// ex7-2.c
// ADC6 전압 읽어 표시하기(Free 러닝 모드)


#include <mega128.h>
#include <delay.h>

typedef unsigned char u_char;

flash u_char seg_pat[10]= {0x3f, 0x06, 0x5b, 0x4f, 0x66, 0x6d, 0x7d, 0x07, 0x7f, 0x6f};

void AD_disp(int);                    // A/D 변환값 표시

void main(void)
{
   int  ad_val;

   DDRB = 0xF0;                       // 포트 B 상위 4비트 출력 설정
   DDRD = 0xF0;                       // 포트 D 상위 4비트 출력 설정
   DDRG = 0x0F;                       // 포트 G 하위 4비트 출력 설정

   ADMUX = 0x06;                      // ADC6 단극성 입력 선택
   ADCSRA = 0xE7;                     // ADEN=1, ADFR=1, ADSC=1, 16MHz 128분주 -> 125kHz
   delay_ms(5);

   while(1){
      ad_val = (int)ADCL + ((int)ADCH << 8);        // A/D값 읽기(또는 ad_val = ADCW)
      AD_disp(ad_val);                              // A/D값 표시
      delay_ms(2);
   }
}

// A/D 변환값 표시
void AD_disp(int val)
{
   float  fval;
   int  ival, buf;
   u_char N100, N10, N1;

   fval = (float)val * 5.0 / 1024.0;            // 전압값으로 변환
   ival = (int)(fval  * 100.0 + 0.5);           // 반올림 후 정수화
   N100 = ival / 100;                           // 정수부 추출
   buf = ival % 100;
```

[예제 7-2] Free 러닝 모드를 이용한 ADC6 입력 전압 7-Segment 표시(계속)

```
    N10 = buf / 10;                  // 소수 첫째 자리 추출
    N1 = buf % 10;                   // 소수 둘째 자리 추출

    PORTG = 0b00001000;              // PG3=1, 소수 둘째 자리
    PORTD = ((seg_pat[N1] & 0x0F) << 4) | (PORTD & 0x0F);
    PORTB = (seg_pat[N1] & 0x70 ) | (PORTB & 0x0F);
    delay_ms(1);

    PORTG = 0b00000100;              // PG2=1, 소수 첫째 자리
    PORTD = ((seg_pat[N10] & 0x0F) << 4) | (PORTD & 0x0F);
    PORTB = (seg_pat[N10] & 0x70 ) | (PORTB & 0x0F);
    delay_ms(1);

    PORTG = 0b00000010;              // PG1=1, 정수부
    PORTD = ((seg_pat[N100] & 0x0F) << 4) | (PORTD & 0x0F);
    PORTB = (seg_pat[N100] & 0x70 ) | (PORTB & 0x0F);
    PORTB = PORTB | 0x80;            // DP on(소수점)
    delay_ms(1);
}
```

[예제 7-3] 차동입력(ADC0 - ADC1) A/D 변환 전압 표시

차동입력 (ADC0 - ADC1)을 A/D 변환하여 7-Segment에 표시하라. 단, 이득은 1로 하고, 음의 값인 경우에는 7-Segment의 맨 왼쪽에 '-'로 표시하라. 실험 회로는 [그림 7-8]과 같이 두 개의 가변저항으로 회로를 제작하여 확장 커넥터에 연결한다.

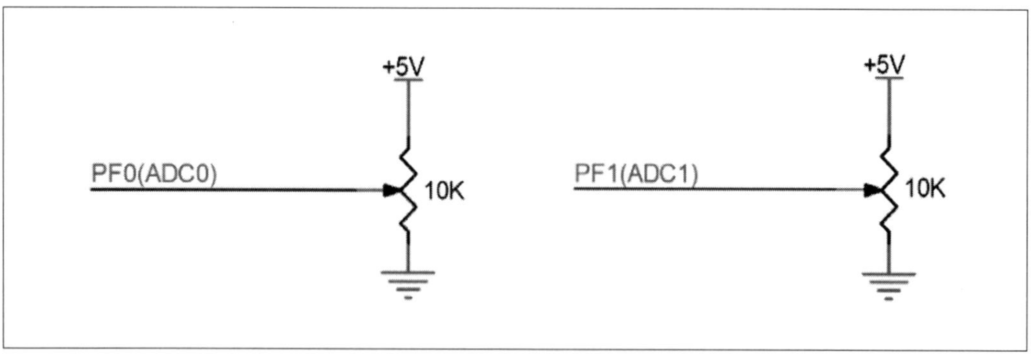

[그림 7-8] 차동입력 실험 회로(제작하여 확장 커넥터에 연결)

☞ 차동 입력의 A/D 변환값에 대한 고찰

차동 입력의 A/D 변환값은 10비트 2의 보수로 나타내어 −512~511의 값을 갖게 된다. 여기서, A/D 변환값이 10비트라는 점과 16비트 변수에 저장될 때 상위 6비트에는 0으로 채워진다는 점에 주의하여야 한다. 따라서, [표 7−5]와 같이 A/D 변환된 10 비트에 상위 6비트를 0으로 채워 16비트 변수에 저장하면, 음의 값은 512~1023의 값을 갖게 되며, 양의 값은 0~511의 값을 갖게 된다. 따라서, 음의 값을 나타내는 A/D 변환값(512−1023)에 대한 절대값은 (1024 − 16비트 값)으로 계산된다.

[표 7-5] (상위 0의 값 6비트) + (A/D변환 10비트)의 의미

<table>
<tr><th colspan="3">16비트 변수 저장값</th><th rowspan="2">16비트 변수 값</th><th>A/D 변환 절대값</th></tr>
<tr><th>상위 6비트</th><th colspan="2">A/D 변환 값(10비트)</th><th>(1024-16비트 값)</th></tr>
<tr><td>000000</td><td>1000000000 ; −512</td><td rowspan="7">음수</td><td>512</td><td>512</td></tr>
<tr><td>000000</td><td>1000000001 : −511</td><td>513</td><td>511</td></tr>
<tr><td>000000</td><td>1000000010 : −510</td><td>514</td><td>510</td></tr>
<tr><td>......</td><td>.....</td><td>.....</td><td>......</td></tr>
<tr><td>000000</td><td>1111111101 : −3</td><td>1021</td><td>3</td></tr>
<tr><td>000000</td><td>1111111110 : −2</td><td>1022</td><td>2</td></tr>
<tr><td>000000</td><td>1111111111 : −1</td><td>1023</td><td>1</td></tr>
<tr><td>000000</td><td>0000000000 : 0</td><td rowspan="7">양수</td><td>0</td><td>0</td></tr>
<tr><td>000000</td><td>0000000000 : 1</td><td>1</td><td>1</td></tr>
<tr><td>000000</td><td>0000000000 : 2</td><td>2</td><td>2</td></tr>
<tr><td>.......</td><td>.....</td><td>....</td><td>.....</td></tr>
<tr><td>000000</td><td>0111111101 : 509</td><td>509</td><td>509</td></tr>
<tr><td>000000</td><td>0111111110 : 510</td><td>510</td><td>510</td></tr>
<tr><td>000000</td><td>0111111111 : 511</td><td>511</td><td>511</td></tr>
</table>

[예제 7-3] 차동입력(ADC0 - ADC1) A/D 변환 전압 표시

```
// ex7-3.c
// (ADC0 - ADC1) 전압차 읽어 표시하기

#include <mega128.h>
#include <delay.h>

typedef unsigned char u_char;

flash u_char seg_pat[11]= {0x3f, 0x06, 0x5b, 0x4f,      // '0', '1', '2', '3'
                 0x66, 0x6d, 0x7d, 0x07,                 // '4', '5', '6', '7'
                 0x7f, 0x6f, 0x40};                      // '8', '9', '-'

void  Diff_AD_disp(int);                // 차동입력 전압 A/D 변환값 표시

void main(void)
{
   int  ad_val;

   DDRB = 0xF0;                         // 포트 B 상위 4비트 출력 설정
   DDRD = 0xF0;                         // 포트 D 상위 4비트 출력 설정
   DDRG = 0x0F;                         // 포트 G 하위 4비트 출력 설정

   ADMUX = 0x10;                        // ADC0+, ADC1- 차동입력
   ADCSRA = 0x87;                       // ADEN=1, 16MHz  128분주 -> 125kHz
   delay_ms(5);

   while(1){
      ADCSRA = 0xC7;                                  // ADEN=1, ADSC = 1 변환 시작
      while((ADCSRA & 0x10) == 0);                    // ADIF=1이 될 때까지 대기
       ad_val = (int)ADCL + ((int)ADCH << 8);         // AD 변환값 읽기(또는 ad_val = ADCW)

      Diff_AD_disp(ad_val);                           // 차동입력 표시
   }
}

// 차동입력 전압 A/D 변환  표시
void Diff_AD_disp(int val)
{
   float  fval;
   int ival, buf;
   u_char N100, N10, N1, sign = 0;
```

[예제 7-3] 차동입력(ADC0 - ADC1) A/D 변환 전압 표시(계속)

```
    // ADC+ >= ADC-  : 0 1 2 3 4 7 ....  508 509 510 511
    //------------------------------------------------
    // ADC+ < ADC-   :    -1        -2  ....  -511     -512
    // 10비트 2의 보수  : 1111111111 1111111110 ....1000000001 1000000000
    // => 16비트 값(AA) : 0000001111111111    .....      0000001000000000
    //                  1023            .....            512
    // 실제 표시할 값 = -(1024 - AA), 부호 '-'
    if(val >= 512){                           // -값
      fval = (float)(1024 - val);             // 표시할 값
      sign = 1;                               // '-' 표시 플래그
    }
    else fval = (float)val;                   // 양의 값

    fval = fval * 5.0 / 512.0;                // 전압값으로 변환
    ival = (int)(fval  * 100.0 + 0.5);        // 소수 둘째자리까지 정수화

    N100 = ival / 100;                        // 정수부 추출
    buf = ival % 100;

    N10 = buf / 10;                           // 소수 첫째 자리 추출
    N1 = buf % 10;                            // 소수 둘째 자리 추출

    PORTG = 0b00001000;                       // PG3=1, 소수 둘째 자리
    PORTD = ((seg_pat[N1] & 0x0F) << 4) | (PORTD & 0x0F);
    PORTB = (seg_pat[N1] & 0x70 ) | (PORTB & 0x0F);
    delay_ms(1);

    PORTG = 0b00000100;                       // PG2=1, 소수 첫째 자리
    PORTD = ((seg_pat[N10] & 0x0F) << 4) | (PORTD & 0x0F);
    PORTB = (seg_pat[N10] & 0x70 ) | (PORTB & 0x0F);
    delay_ms(1);

    PORTG = 0b00000010;                       // PG1=1, 정수부
    PORTD = ((seg_pat[N100] & 0x0F) << 4) | (PORTD & 0x0F);
    PORTB = (seg_pat[N100] & 0x70 ) | (PORTB & 0x0F);
    PORTB = PORTB | 0x80;                     // DP on(소수점)
    delay_ms(1);

    if(sign == 1){                            // 음의 값이면 '-' 표시
      PORTG = 0b000000001;                    // PG0=1, 부호부
      PORTD = ((seg_pat[10] & 0x0F) << 4) | (PORTD & 0x0F);
      PORTB = (seg_pat[10] & 0x70 ) | (PORTB & 0x0F);
      delay_ms(1);
    }
}
```

Chapter 08

아날로그 비교기

아날로그 비교기는 양의 입력핀 AIN0(PE2 핀)와 음의 입력핀 AIN1(PE3 핀)의 입력 값을 비교한다. [그림 8-1]은 아날로그 비교기의 내부 구성을 보여주며, AIN0의 전압이 AIN1보다 높으면 ACO에는 1이 출력되고, AIN1의 전압이 AIN0보다 높으면 ACO에는 0이 출력된다. 아날로그 비교기의 출력은 타이머/카운터1의 입력 캡쳐 트리거 신호로도 사용될 수 있으며, 또한 아날로그 비교기 인터럽트를 발생시킬 수도 있다. 사용자는 비교기 출력에 대한 인터럽트 트리거를 상승, 하강 또는 토글(toggle)로 선택할 수 있다. 아날로그 비교기를 사용할 때 AIN1과 AIN0(사용시)는 방향설정 레지스터를 이용하여 입력으로 설정해야 한다.

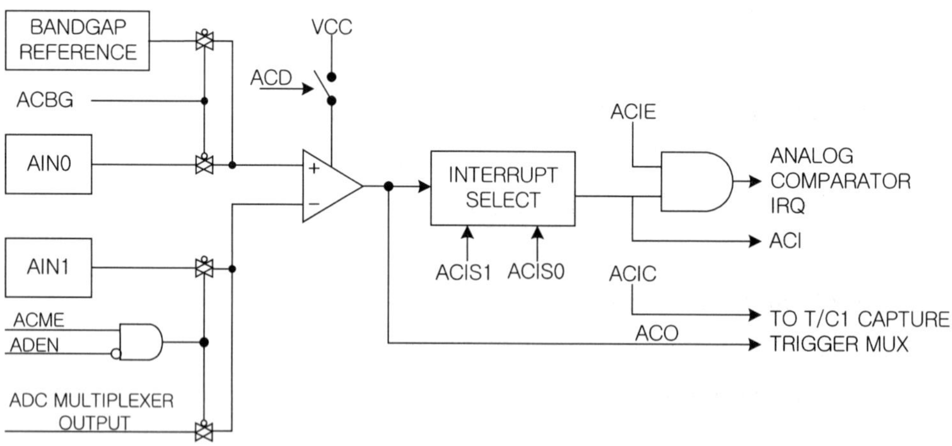

[그림 8-1] 아날로그 비교기 블록도

8.1 아날로그 비교기 관련 레지스터

아날로그 비교기의 제어는 ACSR(Analog Comparator Control and Staus Register)과 SFIOR 레지스터에 의해 이루어지며, 다음과 같은 기능을 갖는다.

■ ACSR(Analog Comparator Control and Status Register) : 아날로그 비교기 제어 및 상태 레지스터

비트	7	6	5	4	3	2	1	0	
0x08(0x28)	ACD	ACBG	ACO	ACI	ACIE	ACIC	ACIS1	ACIS0	ACSR
읽기/쓰기	읽기/쓰기	읽기/쓰기	읽기	읽기/쓰기	읽기/쓰기	읽기/쓰기	읽기/쓰기	읽기/쓰기	
초기값	0	0	0	0	0	0	0	0	

• Bit 7 – ACD(Analog Comparator Disable) : 아날로그 비교기 동작 정지 비트

이 비트가 셋 되었을 때 아날로그 비교기의 전원은 차단된다. 이 비트는 아날로그 비교기의 전원을 단락하기 위해 언제든지 셋 될 수 있으며, 이는 MCU가 동작중이거나 아이들(idle) 모드에 있을 때 소비 전력을 감소시킨다. 이 비트를 변경시키면 아날로그 비교기 인터럽트가 발생될 수도 있기 때문에, ACSR의 ACIE 비트를 미리 클리어 시켜 인터럽트를 금지시켜야 한다.

• Bit 6 – ACBG(Analog Bandgap Select) : 아날로그 비교기의 양전압 선택 비트

이 비트를 셋 하면 고정된 내부 기준전압 1.23V가 양의 입력전압으로 공급되며, 이 비트를 클리어 하면 AIN0(PE2)에 양의 입력 전압이 공급된다.

• Bit 5 – ACO(Analog Comparator Output) : 아날로그 비교기 출력 비트

이 비트는 아날로그 비교기 출력 ACO와 직접 연결되어 있으며, 1~2 클럭의 지연시간이 발생한다.

• Bit 4 – ACI(Analog Comparator Interrupt Flag) : 아날로그 비교기 인터럽트 플래그 비트

이 비트는 아날로그 비교기 출력 이벤트가 ACIS1과 ACIS0에 의해 정의된 인터럽트 모드에 의해 트리거 되었을 때 셋 된다. ACIE 비트가 셋 되고 SREG의 I 비트가 셋 되어 있으면 아날로그 비교기 인터럽트 루틴이 실행된다. 이 비트는 대응되는 인터럽트 처리 루틴이 실행되면 하드웨어적으로 자동 클리어 되거나 이 비트에 1

을 쓰면 클리어 된다.

- Bit 3 – ACIE(Analog Comparator Interrupt Enable) :

아날로그 비교기 인터럽트 인에이블 비트

이 비트는 아날로그 비교기 인터럽트 개별 인에이블 비트로서, 이 비트와 SREG 레지스터의 I 비트가 셋 되어 있을 때 아날로그 비교기 인터럽트가 발생된다. 이 비트가 클리어 되었을 때 인터럽트는 금지된다.

- Bit 2 – ACIC(Analog Comparator Input Capture Enable) :

아날로그 비교기 입력캡쳐 인에이블 비트

이 비트는 아날로그 비교기의 출력이 타이머/카운터1의 입력캡쳐 트리거 신호로 사용되는 것을 허용하며, 이 트리거 신호에 의해 타이머/카운터1의 입력캡쳐 인터럽트를 발생시키기 위해서는 타이머/카운터 인터럽트 마스크 레지스터 TIMSK의 타이머/카운터1 입력캡쳐 인터럽트 인에이블 비트 TICIE1를 미리 셋 하여야 한다.

- Bit 1, 0 – ACIS1, ACIS0(Analog Comparator Interrupt Mode Select) :

아날로그 비교기 인터럽트 모드 선택

이 비트들은 아날로그 비교기 인터럽트의 트리거 모드를 선택하며, [표 8-1]과 같다. 이 비트들을 변경하면 아날로그 비교기의 인터럽트가 발생될 수 있기 때문에, ACIE 비트를 미리 클리어 시킨 상태에서 이 비트값을 변경시켜야 한다.

[표 8-1] ACIS1/ACIS0에 의한 아날로그 비교기의 인터럽트 트리거 모드 설정

ACIS1	ACIS0	인터럽트 방식
0	0	토글 출력에 대한 비교기 인터럽트 발생 (AIN0와 AIN1의 크기가 바뀌는 순간)
0	1	–
1	0	하강 에지 출력에 대한 비교기 인터럽트 발생 (AIN1이 AIN0 보다 커지는 순간)
1	1	상승 에지 출력에 대한 비교기 인터럽트 발생 (AIN0이 AIN1 보다 커지는 순간)

■ SFIOR(Special Function I/O Register) : 특수 기능 I/O 레지스터

비트	7	6	5	4	3	2	1	0	
0x20(0x40)	TSM	–	–	–	ACME	PUD	PSR0	PSR321	SFIOR
읽기/쓰기	읽기/쓰기	읽기	읽기	읽기	읽기/쓰기	읽기/쓰기	읽기/쓰기	읽기/쓰기	
초기값	0	0	0	0	0	0	0	0	

• Bit 3 – ACME(Analog Comparator Multiplexer Enable) : 아날로그 비교기 멀티플렉서 인에이블 비트

이 비트는 아날로그 비교기의 음극성 입력에 대해 A/D 컨버터의 입력신호가 사용될 수 있도록 하며, 이 비트를 1로 하고 ADC를 동작 정지시키면(ADCSRA 레지스터의 ADEN=0) ADC 멀티플렉서(ADC0~ADC7)가 아날로그 비교기의 음극성 입력으로 선택된다. 반면에 이 비트가 0이면 AIN1에 음의 입력 전압이 공급된다.

[표 8-2] 아날로그 비교기 음극성 입력 선택

ACME	ADEN	MUX2..0	아날로그 비교기 음극성 입력 단자
0	x	xxx	AIN1
1	1	xxx	AIN1
1	0	000	ADC0
1	0	001	ADC1
1	0	010	ADC2
1	0	011	ADC3
1	0	100	ADC4
1	0	101	ADC5
1	0	110	ADC6
1	0	111	ADC7

8.2 아날로그 비교기 실험

[예제 8-1] 폴링 방식에 의한 아날로그 비교기 실험

확장 연결 커넥터([그림 1-17] 참조)에 [그림 8-2]와 같이 가변 저항 2개를 이용하여 실험 회로를 구성한다. AIN1 핀에 연결된 가변저항을 조정하여 임의적으로 전압을 일정하게 설정한 후에 AIN0 핀에 연결된 가변저항을 서서히 돌려서 AIN0의 전압이 AIN1의 전압보다 같거나 크면 포트 C에 연결된 LED가 순차 점멸하도록 프로그램을 작성하라. 여기서, 프로그램은 아날로그 비교기의 출력 신호인 ACO를 계속 체크하는 폴링(polling) 방식을 이용한다.

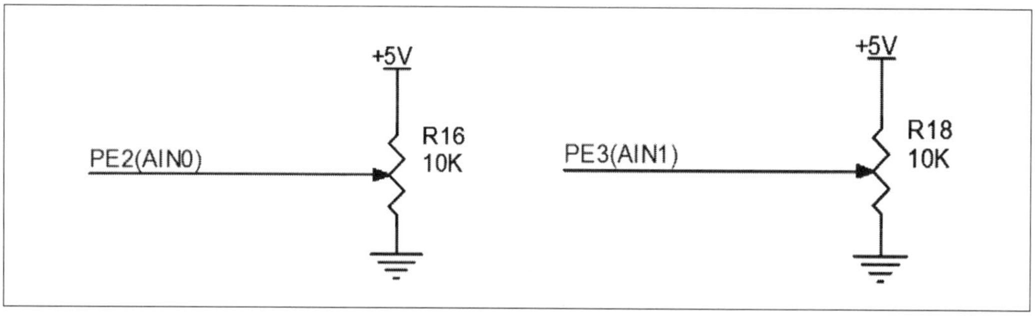

[그림 8-2] 아날로그 비교기 실험 회로(제작 연결)

[예제 8-1] 폴링 방식에 의한 아날로그 비교기 실험

```
// 파일명 : ex8-1.c
// 설 명 : 폴링 방식에 의한 아날로그 비교기 실험
//         - AIN0 >= AIN1 이면 LED 순차 점멸 --> ACO = 1 출력
//           AIN0 < AIN1 이면 정지 ------------> ACO = 0 출력
// 주 의 : ACO의 출력에 의한 폴링 방식

#include <mega128.h>
#include <delay.h>

void main(void)
{
        unsigned char led = 0xFE;

        DDRC = 0xFF;        // 포트 C 출력 설정
        DDRE = 0x0;         // 포트 E 입력 설정
        ACSR = 0x0;         // 아날로그 비교기 동작
        SFIOR = 0x0;        // ACME=0, 음극성 입력단자 AIN1

        PORTC = led;

        while(1){
                if((ACSR & 0x20) != 0){     // ACO = 1 (AIN0 >= AIN1)?
                        // LED 순차 점멸
                        led = led << 1;
                        led = led | 0x01;
                        if(led == 0xFF) led = 0xFE;

                        PORTC = led;
                        delay_ms(300);
                }
        }
}
```

[예제 8-2] 인터럽트 방식에 의한 아날로그 비교기 실험

[예제 8-1]과 같은 방법으로 조작하여 AIN0 ≥ AIN1이면 포트 C에 연결되어 있는 하위 LED 4개를 ON시키고, AIN0 < AIN1이면 포트 C에 연결되어 있는 상위 LED 4개를 ON시키는 프로그램을 작성하라. 단, ACO의 토글 출력에 대해 아날로그 비교기 출력의 인터럽트가 발생하도록 하라.

[예제 8-2] 인터럽트 방식에 의한 아날로그 비교기 실험

```
// 파일명 : ex8-2.c
// 설  명 : 인터럽트 방식에 의한 아날로그 비교기 실험
//          - AIN0 >= AIN1 ---> LED0 ~ LED3 ON,
//            AIN0 < AIN1 ---> LED4 ~ LED7 ON
// 주  의 : ACO의 출력에 의한 인터럽트 방식

#include <mega128.h>

void main(void)
{

      DDRC = 0xFF;       // 포트 C 출력 설정
      DDRE = 0x0;        // 포트 E 입력 설정
      ACSR = 0x08;       // 아날로그 비교기 인터럽트 인에이블 ACIE='1', 토글출력 트리거

      // LED 출력 초기화
      if((ACSR & 0x20) != 0) PORTC = 0xF0;        // AIN0 >= AIN1
      else PORTC = 0x0F;                          // AIN0 < AIN1

      SREG = 0x80;       // 전역 인터럽트 플래그 셋

      while(1);
}

// 아날로그 비교기 인터럽트 처리 함수
interrupt [ANA_COMP] void ana_comp(void)
{
      if((ACSR & 0x20) != 0) PORTC = 0xF0;        // AIN0 >= AIN1
      else PORTC = 0x0F;                          // AIN0 < AIN1
}
```

Chapter 09

EEPROM 액세스

ATmega128은 4K 바이트의 EEPROM 메모리를 내장하고 있으며, 이것은 다른 데이터 메모리 영역과는 별도의 영역에 할당되어 있다. 이 EEPROM은 1바이트 단위로 읽기와 쓰기가 가능하며, 적어도 100,000번의 쓰기/지우기가 보장된다. EEPROM과 MCU사이의 액세스는 EEPROM 어드레스 레지스터, EEPROM 데이터 레지스터, EEPROM 제어 레지스터에 의해 이루어진다.

9.1 EEPROM 관련 레지스터

■ EEAR(EEPROM Address Register) - EEARH, EEARL : EEPROM 어드레스 레지스터

EEAR은 EEPROM의 메모리 위치를 지정하기 위한 레지스터로서 16비트의 길이를 갖는다. 레지스터의 16비트 중에서 4K바이트의 EEPROM 메모리 위치 지정을 위해 12비트가 사용되며, I/O 영역에 각기 다른 어드레스를 가지고 있는 8비트 레지스터 EEARH와 EEARL 2개로 구성되어 있다.

비트	15	14	13	12	11	10	9	8	
0x1F(0x3F)	–	–	–	–	EEAR11	EEAR10	EEAR9	EEAR8	EEARH
0x1E(0x3E)	EEAR7	EEAR6	EEAR5	EEAR4	EEAR3	EEAR2	EEAR1	EEAR0	EEARL
	7	6	5	4	3	2	1	0	
읽기/쓰기	읽기	읽기	읽기	읽기	읽기/쓰기	읽기/쓰기	읽기/쓰기	읽기/쓰기	
	읽기/쓰기	읽기/쓰기	읽기/쓰기	읽기/쓰기	읽기/쓰기	읽기/쓰기	읽기/쓰기	읽기/쓰기	
초기값	0	0	0	0	x	x	x	x	
	x(미정의)	x	x	x	x	x	x	x	

■ EEDR(EEPROM Data Register) : EEPROM 데이터 레지스터

EEDR은 EEPROM에 쓸 데이터나 EEPROM으로부터 읽은 데이터를 저장하기 위한 레지스터로 8비트의 길이를 갖는다.

비트	7	6	5	4	3	2	1	0	
0x1D(0x3D)	MSB							LSB	EEDR
읽기/쓰기	읽기/쓰기	읽기/쓰기	읽기/쓰기	읽기/쓰기	읽기/쓰기	읽기/쓰기	읽기/쓰기	읽기/쓰기	
초기값	0	0	0	0	0	0	0	0	

■ EECR(EEPROM Control Register) : EEPROM 제어 레지스터

비트	7	6	5	4	3	2	1	0	
0x1C(0x3C)	–	–	–	–	EERIE	EEMWE	EEWE	EERE	EECR
읽기/쓰기	읽기	읽기	읽기	읽기	읽기/쓰기	읽기/쓰기	읽기/쓰기	읽기/쓰기	
초기값	0	0	0	0	0	0	x(미정의)	0	

- Bit 3 – EERIE(EEPROM Ready Interrupt Enable)

  EEPROM Ready 인터럽트 인에이블 비트이며, EEWE 비트가 0일 때 인터럽트를 발생시킨다.

- Bit 2 – EEMWE(EEPROM Master Write Enable)

  이 비트는 EEWE 비트가 1일 때 EEPROM에 쓰기가 가능하도록 하기 위한 비트이다. 즉, 이 비트를 1로 하고, 4클럭 사이클 이내에 EEWE 비트를 1로 하면 지정된 EEPROM의 주소에 데이터가 쓰여진다. 그러나, 이 비트가 0이면 EEWE 비트는 EEPROM 쓰기 동작에 아무런 영향을 주지 않는다. 이 비트가 소프트웨어적으로 셋 되었을 때 이 비트는 4클럭 사이클 후에 하드웨어적으로 자동 클리어 된다.

- Bit 1 – EEWE(EEPROM Write Enable)

  이 비트는 EEPROM에 데이터를 쓰기 위한 스트로브(strobe) 신호이다. 어드레스와 데이터를 EEAR과 EEDR에 설정하고 EEMWE 비트를 1로 한 상태에서, 이 비트를 1로 설정하면 쓰기 동작이 수행된다. EEPROM에 데이터를 쓸 때의 절차는 다음과 같다.

① EEWE가 0이 될 때까지 기다린다.
② EEAR에 어드레스를 설정한다.
③ EEDR에 데이터를 설정한다.
④ EECR에서 EEMWE = 1, EEWE = 0을 설정한다.
⑤ EEMWE 설정 후 4클럭 사이클 내에 EEWE에 1을 쓴다.

쓰기 액세스 시간이 경과하면 EEWE 비트는 하드웨어적으로 자동 클리어 된다. 사용자는 프로그램에서 이 비트를 계속해서 체크할 수 있으며, 다음 바이트를 쓰기 전에 0이 되기를 기다려야 한다. EEWE 비트가 셋 되었을 때 MCU는 다음 명령어가 실행되기 전에 두 사이클 동안 정지된다.
위의 절차 ④와 ⑤ 사이에 인터럽트가 발생하면 EEMWE 비트의 유효 시간이(4클럭 사이클) 초과되어 EEPROM의 쓰기 동작이 실패하는 경우가 발생할 수 있으므로, 이 과정 동안에는 SREG 레지스터의 전역 인터럽트 플래그 I를 클리어 시킬 것을 권장한다.

• Bit 0 – EERE(EEPROM Read Enable)

이 비트는 EEPROM을 읽기 위한 스트로브 신호이며, EEPROM에 데이터를 읽을 때의 절차는 다음과 같다.

① EEWE가 0이 될 때까지 기다린다.
② EEAR에 어드레스를 설정한다.
③ EERE 비트를 1로 한다.
④ EEDR 레지스터로부터 데이터를 읽는다.

EEPROM 읽기는 하나의 명령어로 처리되며, EERE 비트를 폴링할 필요는 없다. EERE 비트가 셋 되었을 때 MCU는 다음 명령이 실행되기 전에 4클럭 사이클 동안 정지된다.

9.2 EEPROM 실험

여기서는 ATmega128의 내부 레지스터(EEAR, EEDR, EECR)를 직접 제어하여 EEPROM에 데이터 쓰기를 실험해본다. 저장된 EEPROM의 내용을 확인하는 방법은 CodeVisionAVR의 "Run the chip Programmer" (툴바)를 이용하여 EEPROM에 대한 Read와 Edit메뉴를 실행시켜 EEPROM의 내용을 확인할 수 있다.

[예제 9-1] EEPROM 데이터 쓰기 실험

EEPROM 0번지부터 문자열 "Atmel AVR – ATmega128"를 저장하는 프로그램을 작성하라.

[예제 9-1] EEPROM 데이터 쓰기 실험

```
// 파일명 : ex9-1.c
// 설 명 : EEPROM에 데이터 쓰기 실험

#include <mega128.h>

void main(void)
{
        int addr;
        char string[] = "Atmel AVR – ATmega128";
        char *pStr;

        pStr = string;          // string 선두 어드레스

        addr = 0x00;            // EEPROM 시작 주소

        // string 저장
        while(*pStr != 0){                              // 문자열 끝인가 ?
                while((EECR & 0x02) == 0x02);           // EEWE != 0?
                EEAR = addr++;                          // EEPROM 주소
                EEDR = *pStr++;                         // EEPROM 데이터
                EECR |= 0x04;                           // EEMWE = 1
                EECR |= 0x02;                           // EEWE = 1
        }

        while(1);                                       // 무한 루프
}
```

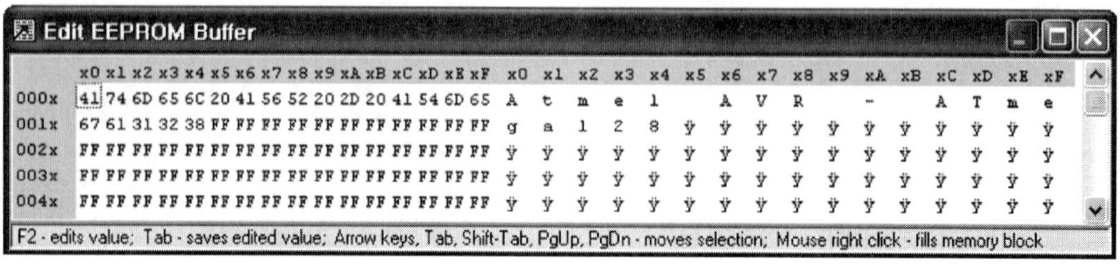

[예제 9-2] EEPROM 데이터 읽기 실험

EEPROM의 0번지부터 다음의 데이터를 CodeVisionAVR의 <Run the Chip Programmer>를 이용하여 EEPROM에 대한 Edit와 Program 메뉴를 실행시켜 저장하라. 그리고, EEPROM의 0번지부터 저장되어 있는 8개의 데이터를 차례대로 읽어 포트 C에 출력하는 프로그램을 작성하라.

주소	00h	01h	02h	03h	04h	05h	06h	07h
데이터	feh	fdh	fbh	f7h	efh	dfh	bfh	7fh

프로그램 실행순서는 우선 소스파일을 컴파일하여 프로그램을 다운로드하고, 그 다음 <Run the Chip Programmer -> Edit-> EEPROM>을 이용하여 위의 값을 입력한 후 <Run the Chip Programmer -> Program -> EEPROM>을 실행한다.

[예제 9-2] EEPROM 데이터 읽기 실험

```
// 파일명 : ex9-2.c
// 설  명 : EEPROM의 데이터를 읽어 포트에 출력한다.

#include <mega128.h>
#include <delay.h>

void main(void)
{
    int i;

    DDRC = 0xFF;        // 포트 C 출력 설정

    // EEPROM의 데이터를 읽어 와서 포트에 출력하기
    while(1){
            for(i=0; i< 8; i++){
                    EEAR = i;           // EEPROM 주소
                    EECR = 0x01;        // EEPROM 데이터 읽기(EERE=1)
                    PORTC = EEDR;       // 읽은 데이터 C 포트 출력
                    delay_ms(500);      // 시간 지연
            }
    }
}
```

Chapter 10

SPI(Serial Peripheral Interface)

SPI는 ATmega128과 주변 장치 또는 다른 AVR 디바이스 사이의 고속 동기식 데이터 전송을 가능하게 하며, 다음과 같은 특징을 갖는다.

- 전이중, 4선 동기식 데이터 전송
- 마스터 또는 슬레이브로 동작
- LSB 우선 또는 MSB 우선 데이터 전송
- 프로그램 가능한 7개의 전송속도
- 전송 완료 인터럽트 플래그
- 쓰기 충돌 플래그
- 아이들 모드로부터 탈출(wake-up)

10.1 SPI 동작

[그림 10-1]은 SPI의 내부 구성 블록도를 보여주며, SPI 통신을 위해 외부적으로 4개의 단자 MISO(Master In Slave Out), MOSI(Master Out Slave In), SCK(Serial Clock), $\overline{SS}$(Slave Select)가 마련되어 있다. 그리고, 내부적으로는 3개의 레지스터 SPCR(SPI Control Register), SPSR(SPI Status Register), SPDR(SPI Data Register)을 갖는다.

[그림 10-2]는 SPI 기능이 있는 마스터와 슬레이브 사이의 연결을 보여주며, 마스터는 우선 통신하려는 슬레이브의 $\overline{SS}$ 핀을 Low로 하여 통신할 수 있는 상태를 만든다. 그리고, 마스터와 슬레이브는 전송할 데이터를 각각의 레지스터에 설정하며, 마스터는 SCK 단자를 통해 클럭 신

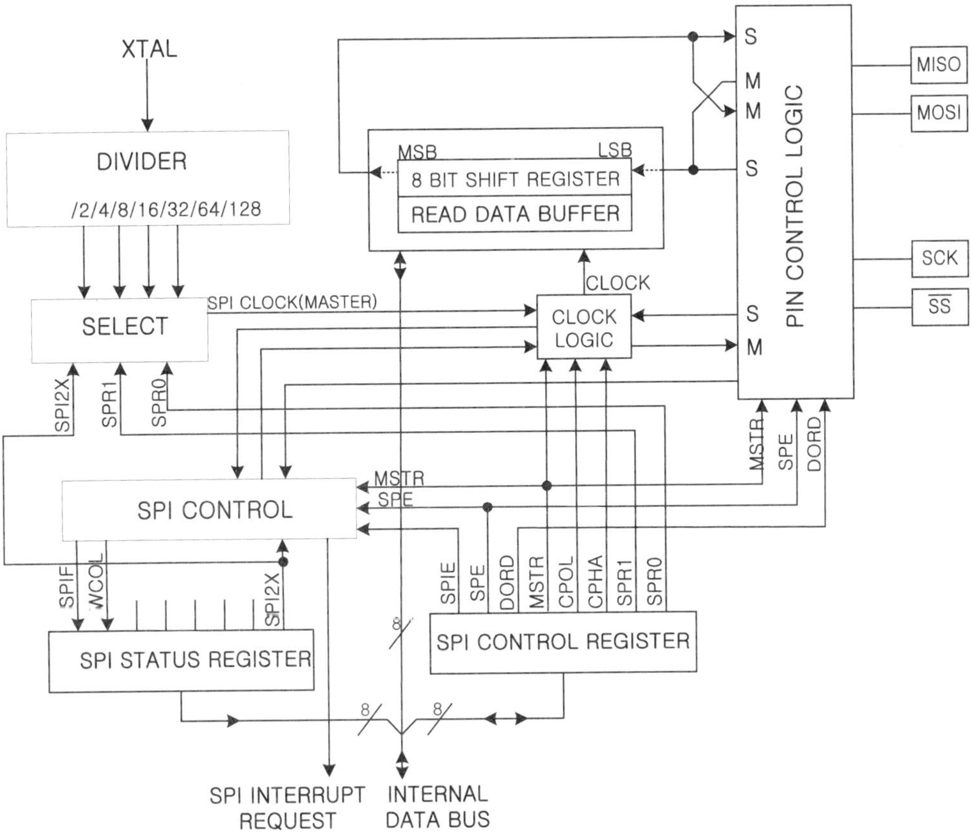

[그림 10-1] SPI 블록도

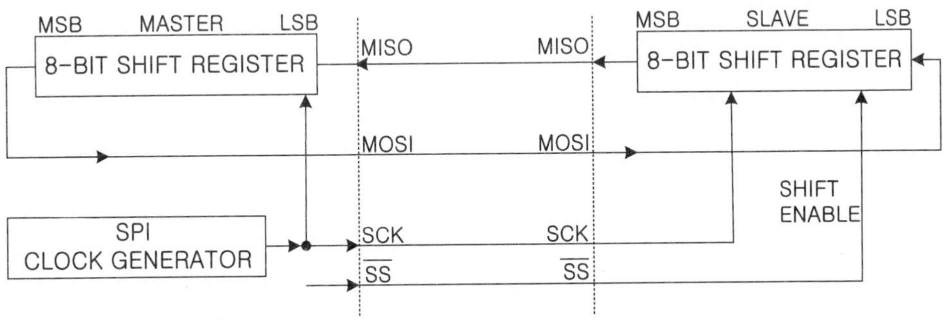

[그림 10-2] SPI 마스터와 슬레이브의 연결

호를 출력한다. 마스터에서 슬레이브로의 데이터 전송은 MOSI 핀을 통해서 이루어지며, 슬레이브에서 마스터에로의 데이터 전송은 MISO 핀을 통해 이루어진다. 데이터 전송이 끝난 후에는 $\overline{\text{SS}}$ 핀을 High로 하여 슬레이브와의 통신상태를 정지시킨다.

시스템이 마스터 모드로 동작할 때 $\overline{SS}$ 신호는 자동적으로 출력되지 않으므로 사용자가 통신 시작 전에 소프트웨어적으로 처리해 주어야 한다. 즉, [표 10-1]에 나타낸 것과 같이 $\overline{SS}$에 대응하는 I/O핀 PB0의 입출력 방향을 DDRB 레지스터를 이용하여 우선 출력으로 설정한 후에 PB0에 0를 출력시켜 슬레이브를 지정한다.

그리고, SPI 데이터 레지스터 SPDR에 1바이트의 값을 써주면 SPI 클럭 발생기가 클럭을 출력하면서 데이터가 슬레이브쪽으로 쉬프트되어 출력된다. 1바이트 쉬프트가 끝나면 SPI 클럭 발생기는 정지하며, 전송 완료 플래그 비트 SPIF가 셋 된다. 만일 SPCR 레지스터의 SPI 인터럽트 인에이블 비트 SPIE가 셋 되어 있으면 인터럽트가 발생하게 된다. 데이터를 계속해서 보내는 경우에는 다음 데이터를 레지스터 SPDR에 설정하면 마스터는 계속해서 쉬프트 처리를 하게 되며, 데이터 전송이 모두 끝나면 $\overline{SS}$ 라인에 High를 출력한다.

시스템이 슬레이브 모드로 동작할 때 $\overline{SS}$ 핀은 [표 10-1]과 같이 자동적으로 입력으로 설정되며, High 상태인 경우에 MISO 핀은 3 스테이트 상태가 되면서 데이터의 송수신 동작이 정지된다. 이 상태에서 레지스터 SPDR에 전송할 데이터를 쓸 수는 있지만, $\overline{SS}$ 단자가 Low로 될 때까지 쉬프트 출력은 일어나지 않는다. 이 경우에도 1바이트의 전송이 완료되면 전송 완료 플래그 SPIF가 셋 되어 인터럽트를 요구하게 된다.

[표 10-1] SPI 핀의 입출력 방향

핀(대응 I/O 핀)	방향, 마스터 SPI	방향, 슬레이브 SPI
MOSI(PB2)	출력(사용자 설정)	입력
MISO(PB3)	입력	출력(사용자 설정)
SCK(PB1)	출력(사용자 설정)	입력
$\overline{SS}$(PB0)	출력(사용자 설정)	입력

SPI가 마스터로서 동작할 때 $\overline{SS}$ 핀이 입력으로 설정되었다면 안전한 마스터 SPI 동작을 위해서 High 상태를 유지해야 한다. 만일 이러한 상태에서 $\overline{SS}$ 핀이 외부 회로에 의해서 Low가 되면 SPI는 다른 마스터가 SPI를 슬레이브로 선택한 것으로 해석한다. 그러면, SPI는 버스 다툼을 피하기 위해 자동적으로 SPCR의 MSTR 비트를 클리어 시켜 슬레이브가 되며, MOSI와 SCK핀은 입력핀으로 바뀌게 된다.

10.2 SPI 관련 레지스터

ATmega128의 SPI 기능은 3개의 레지스터 SPCR(SPI Control Register), SPSR(SPI Status Register), SPDR(SPI Data Register)에 의해 이루어지며, 다음과 같은 기능을 갖는다.

■ SPCR(SPI Control Register) : SPI 제어 레지스터

비트	7	6	5	4	3	2	1	0	
0x0D(0x2D)	SPIE	SPE	DORD	MSTR	CPOL	CPHA	SPR1	SPR0	SPCR
읽기/쓰기	읽기/쓰기	읽기/쓰기	읽기/쓰기	읽기/쓰기	읽기/쓰기	읽기/쓰기	읽기/쓰기	읽기/쓰기	
초기값	0	0	0	0	0	0	0	0	

- Bit 7 – SPIE(SPI Interrupt Enable) : SPI 인터럽트 인에이블 비트

  이 비트는 SPI 전송 완료 인터럽트 인에이블 비트이며, SPSR 레지스터의 SPIF 비트와 SREG의 I 비트가 셋 되어 있으면 SPI 인터럽트가 발생된다.

- Bit 6 – SPE(SPI Enable) : SPI 동작 인에이블 비트

  이 비트가 셋 되었을 때 SPI 동작이 인에이블 된다.

- Bit 5 – DORD(Data Order) : 데이터 전송 순서 설정 비트

  이 비트는 데이터를 전송할 때의 전송 순서를 지정한다. 이 비트가 1이면 최하위(LSB) 비트부터 전송되고, 0이면 최상위(MSB) 비트부터 전송된다.

- Bit 4 – MSTR(Master/Slave Select) : 마스터/슬레이브 선택 비트

  이 비트가 셋 되면 마스터 SPI 모드가 되고, 클리어 되면 슬레이브 SPI 모드가 된다. MSTR이 셋되어 있는 동안 $\overline{SS}$가 입력으로 설정되어 Low로 되면 MSTR은 자동 클리어 되고 SPSR의 SPIF는 셋 된다. 사용자는 SPI 마스터 모드로 하기 위해 다시 MSTR을 셋 하여야 한다.

- Bit 3 – CPOL(Clock Polarity) : 클럭 극성(Polarity)

  이 비트를 1로 설정하면 데이터 전송이 없는 동안 SCK는 High로 되며, 이 비트를 0으로 설정하면 데이터 전송이 없는 동안 SCK는 Low로 된다. ([그림 10-3], [그림 10-4] 참조)

- Bit 2 – CPHA(Clock Phase) : 클럭 위상

  이 비트는 데이터가 SCK의 어느 부분에서 샘플링 되는지를 설정하며, 0이면 leading(first) edge, 1이면 trailing(last) edge에서 샘플링이 수행된다. [그림 10-3]과 [그림 10-4]는 이를 보여주며, CPOL과의 조합에 의해 [표 10-2]와 같은 동작을 하게 된다.

[표 10-2] CPOL과 CPHA에 의한 SPI 모드

CPOL	CPHA	Leading Edge	Trailing Edge	SPI 모드
0	0	Sample(Rising)	Setup(Falling)	0
0	1	Setup(Rising)	Sample(Falling)	1
1	0	Sample(Falling)	Setup(Rising)	2
1	1	Setup(Falling)	Sample(Rising)	3

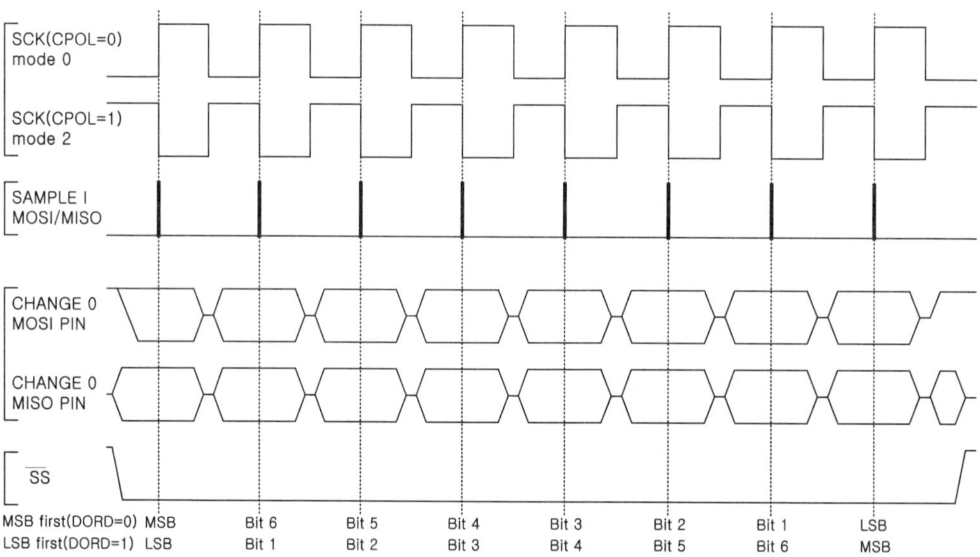

[그림 10-3] CHPA=0일 때의 데이터 전송 동작

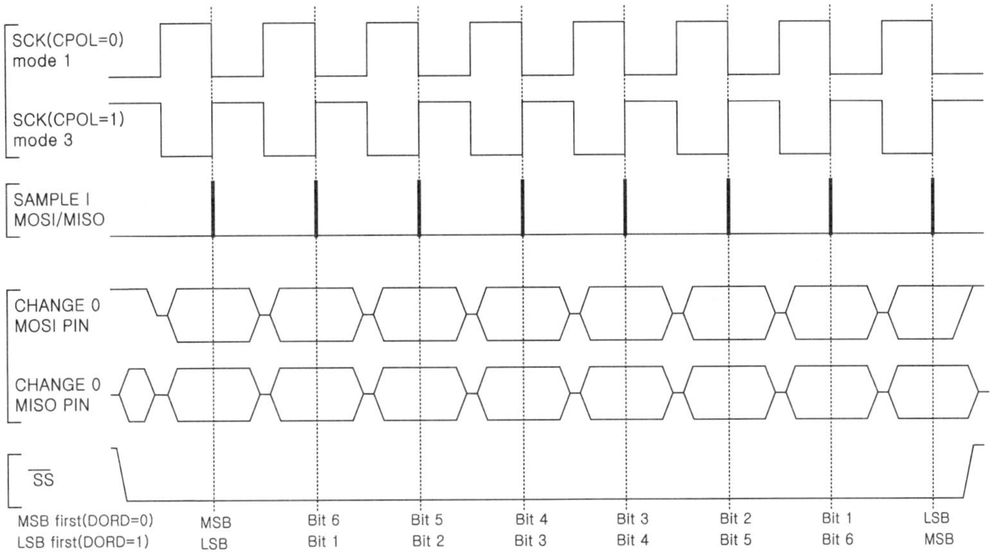

[그림 10-4] CHPA=1일 때의 데이터 전송 동작

- Bit 1,0 – SPR1, SPR0 : SPI 클럭 속도 선택 비트

  이 2비트는 마스터로서 SPI가 설정되었을 때 SCK 클럭 신호의 클럭 주파수를 선택하지만, 슬레이브 모드에서는 아무 영향도 주지 않는다. [표 10-3]은 SPI가 선택할 수 있는 SCK의 클럭 주파수를 보여주며, SPSR 레지스터의 SPI2X는 주파수를 2배로 증가시키는 비트임을 알 수 있다.

[표 10-3] SCK 클럭 신호의 클럭 주파수

SPI2X	SPR1	SPR0	SCK 주파수
0	0	0	f_{osc} / 4
0	0	1	f_{osc} / 16
0	1	0	f_{osc} / 64
0	1	1	f_{osc} / 128
1	0	0	f_{osc} / 2
1	0	1	f_{osc} / 8
1	1	0	f_{osc} / 32
1	1	1	f_{osc} / 64

■ SPSR(SPI Status Register) : SPI 상태 레지스터

비트	7	6	5	4	3	2	1	0	
0x0E(0x2E)	SPIF	WCOL	–	–	–	–	–	SPI2X	SPSR
읽기/쓰기	읽기	읽기	읽기	읽기	읽기	읽기	읽기	읽기/쓰기	
초기값	0	0	0	0	0	0	0	0	

• Bit 7 – SPIF(SPI Interrupt Flag) : SPI 인터럽트 플래그 비트

이 비트는 데이터 전송이 완료되었을 때 셋 되며, SPCR의 SPIE 비트와 SREG의 I 비트가 셋 되어 있으면 인터럽트가 발생한다. 또한 SPI가 마스터 모드일 때 $\overline{SS}$가 입력이고 Low로 되어 있으면 이 비트는 셋 된다. 이 비트는 대응하는 인터럽트가 실행되면 하드웨어적으로 자동 클리어 된다. 또한, 이 비트가 셋 되었을 때 SPI 상태 레지스터 SPSR를 처음 읽고나서 SPI 데이터 레지스터 SPDR을 액세스하는 경우에도 자동 클리어 된다.

• Bit 6 – WCOL(Write Collison Flag) : 쓰기 충돌 플래그

이 비트는 SPI가 데이터를 전송하는 동안 데이터 레지스터 SPDR에 어떤 값을 쓰려고 하면 셋 된다. 이 비트가 셋 되어 있을 때 SPI 상태 레지스터 SPSR을 읽고 나서 SPI 데이터 레지스터 SPDR을 액세스하면 이 비트는 자동 클리어 된다.

• Bit 0 – SPI2X(SPI Double Speed Bit) : SPI 2배 속도 설정 비트

이 비트는 [표 10-3]에서와 같이 SPI가 마스터로 동작할 때 SCK의 주파수를 2배로 설정한다. 마스터 모드에서는 SCK 클럭 신호의 주파수가 $f_{osc}/2$ 까지 사용할 수 있지만, 슬레이브 모드에서는 $f_{osc}/4$ 이하에서만 사용해야 정상적인 동작이 보증된다.

■ SPDR(SPI Data Register) : SPI 데이터 레지스터

비트	7	6	5	4	3	2	1	0	
0x0F(0x2F)	MSB							LSB	SPDR
읽기/쓰기	읽기/쓰기	읽기/쓰기	읽기/쓰기	읽기/쓰기	읽기/쓰기	읽기/쓰기	읽기/쓰기	읽기/쓰기	
초기값	x	x	x	x	x	x	x	x	

SPI 데이터 레지스터는 범용 레지스터와 SPI 쉬프트 레지스터 사이의 데이터 전송을 위해 사용되는 읽기/쓰기 가능한 레지스터이다.

10.3 SPI 실험

[예제 10-1] SPI 실습

KUT-128_COM 보드의 /SS(PB0), SCK(PB1), MOSI(PB2), MISO(PB3) 핀에 EEPROM AT93C56A를 [그림 10-5]와 같이 제작하여 연결하고, 7-Segment의 16진 문자패턴을 AT93C56A에 저장한 후 하나씩 읽어 7-Segment에 출력하는 프로그램을 작성하라.

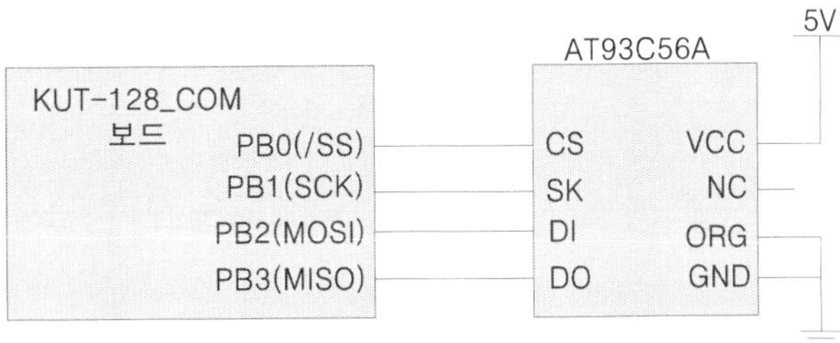

[그림 10-5] AT93C56A 배선도

★ AT93C56A에 대하여

SPI 실습을 위해 Atmel사의 EEPROM AT93C56A를 사용한다. 핀 구성은 [표 10-4]와 같으며, 256 x 8비트 또는 128 x 16비트로 사용할 수 있다. 핀 CS, SK, DI, DO는 SPI 통신을 위한 것이며, ORG=0이면 256 x 8비트 구조로 동작하고 ORG=1이면 128 x 16비트 구조로 동작한다.

[표 10-4] AT93C56A 핀 구성

핀 번호	핀 명	기 능
1	CS	Chip Select
2	SK Serial	Data Clock
3	DI Serial	Data Input
4	DO Serial	Data Output
5	GND	Ground
6	ORG	Internal Organization
7	NC	Not Connect
8	VCC	Power(2.7V~5V)

[표 10-5]는 AT93C56A를 256 x 8비트 모드로 동작시킬 때의 명령어를 보여주며, [그림 10-6]은 각 명령어 동작을 위한 타이밍도를 보여준다.

[표 10-5] 256 × 8비트 모드에서의 명령어

명령어	스타트 비트	명령어 코드	어드레스	데이터	동 작
READ	1	10	A8~A0		지정 메모리 번지 내용 읽기
EWEN	1	00	11×××××××		메모리 쓰기 동작 허용 설정
ERASE	1	11	A8~A0		지정 메모리 번지 내용 삭제
WRITE	1	01	A8~A0	D7~D0	지정 메모리 번지에 데이터 쓰기
ERAL	1	00	10×××××××		메모리 모든 내용 삭제
WRAL	1	00	01×××××××	D7~D0	모든 번지에 지정 데이터 쓰기
EWDS	1	00	00×××××××		메모리 쓰기 동작 금지 설정

<table>
<tr><th>동작</th><th>타이밍도</th></tr>
<tr><td>READ</td><td>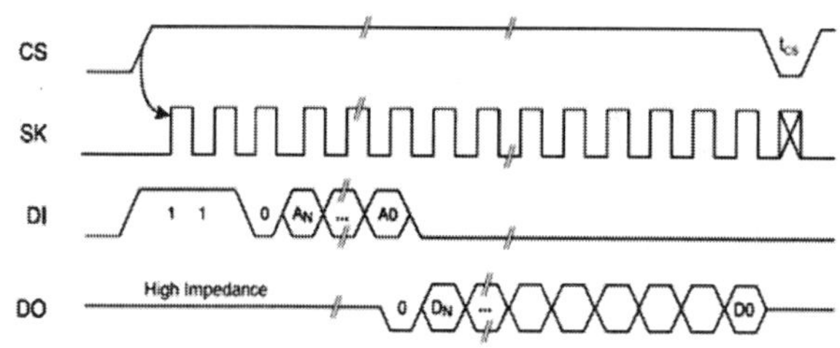
</td></tr>
<tr><td>EWEN</td><td>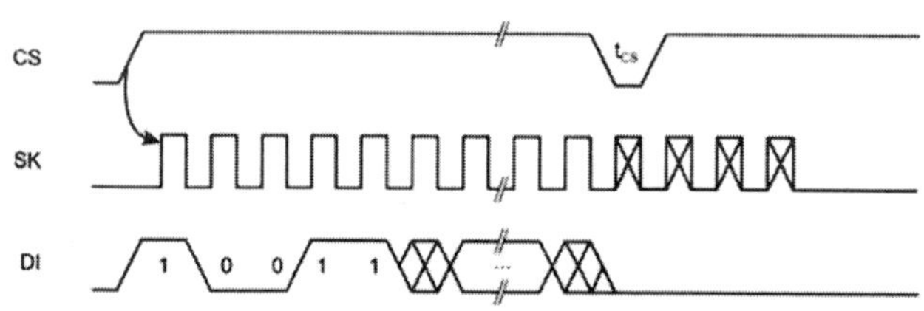
</td></tr>
<tr><td>EWDS</td><td>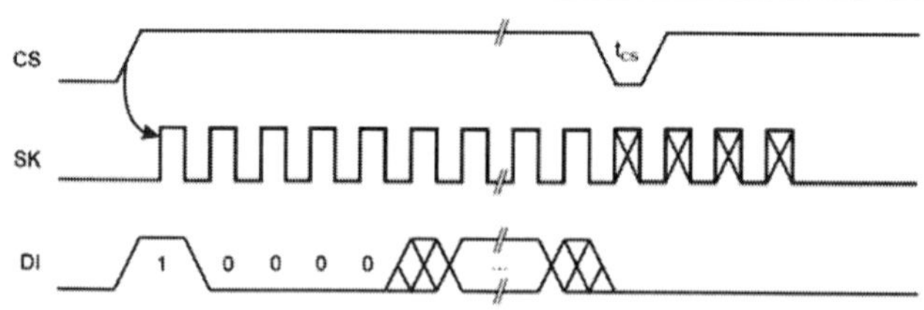
</td></tr>
</table>

<table>
<tr><th>동작</th><th>타이밍도</th></tr>
<tr><td>WRITE</td><td>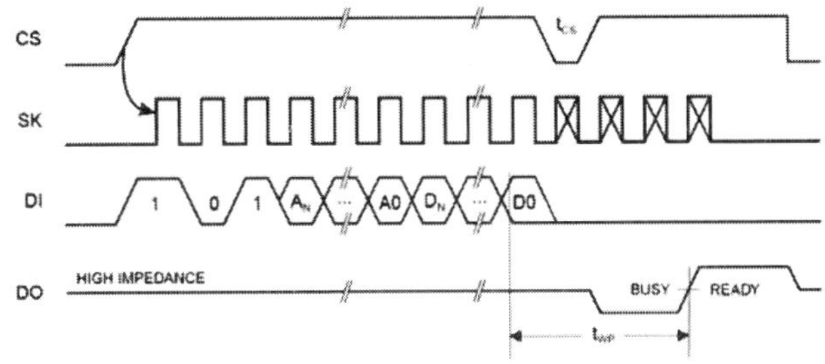
</td></tr>
<tr><td>WRAL
(VCC=4.5V~5.5V에서만 유효)</td><td>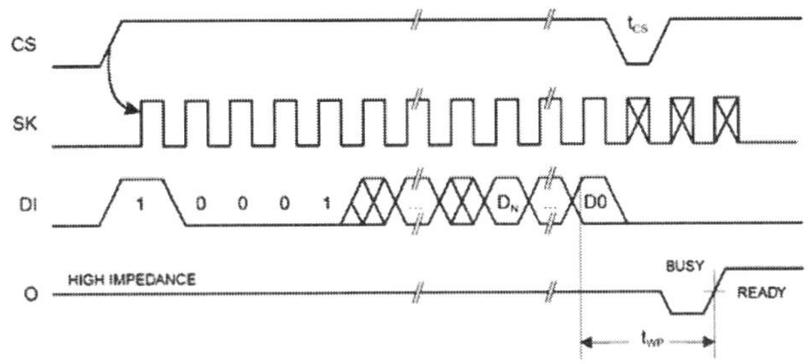
</td></tr>
<tr><td>ERASE</td><td>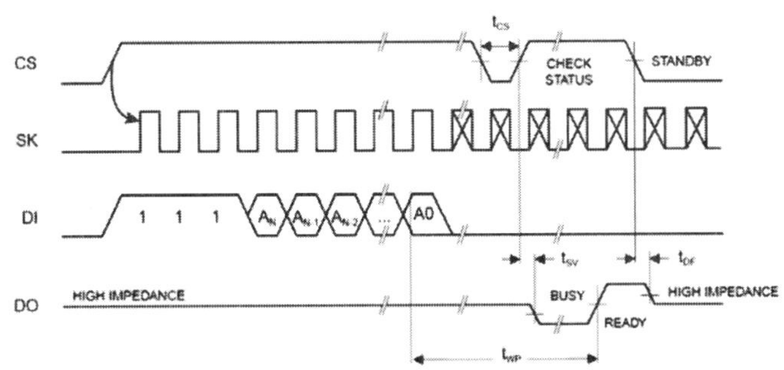
</td></tr>
<tr><td>ERAL
(VCC=4.5V~5.5V에서만 유효)</td><td>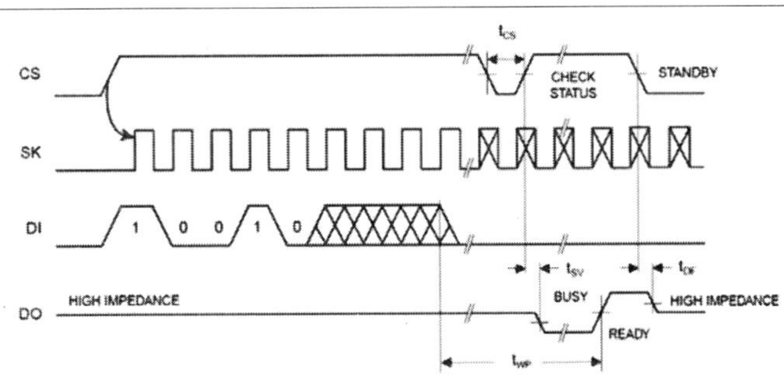
</td></tr>
</table>

[그림 10-6] AT93C56A 명령어 및 동작 타이밍도

[그림 10-6]으로부터 알 수 있듯이 각 명령어들은 CS 신호가 상승 에지를 보내고 나서 스타트 비트('1')와 2비트의 명령어 코드로 이어지며, 명령어에 따라 그 뒤에 어드레스와 데이터가 이어진다. 명령어 표에서 ×로 표시된 비트들은 don't care(0이든 1이든 상관없음) 비트를 나타내며, 256 × 8비트 동작모드에서는 어드레스 A0~A7만이 유효하고 A8은 don't care로 동작한다.

[그림 10-7]은 AT93C56A의 동기 동작 타이밍도를 보여주며, SPI 클럭신호 SK(SCK)가 시작되는 상승에지에서 1비트의 데이터 DI(MOSI)가 전송되므로 ATmega128의 SPI 통신 모듈에서 동작모드 0 또는 3을 사용할 수 있다. 5V 전원을 사용할 때 클럭신호 SK의 최대 사용가능 주파수는 2MHz이며, 1개의 데이터를 쓰는데 내부적으로 소요되는 시간 twp는 전형적으로 3ms, 최대 10ms이다. 이 EEPROM에는 1백만번 쓰기가 가능하고, 100년간 데이터를 유지할 수 있다.

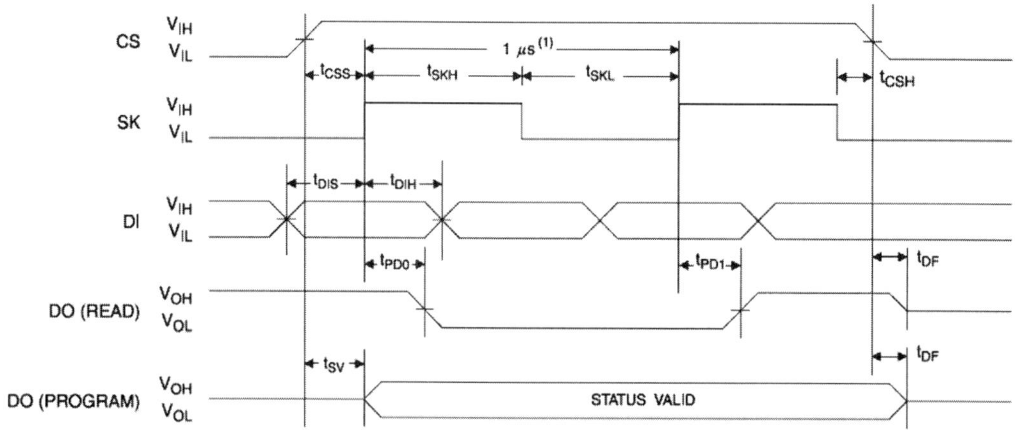

[그림 10-7] AT93C56A 동기 동작 타이밍도

SPI 통신으로 AT93C56A에 [표 10-5]와 같은 명령어를 전송할 때는 명령어가 8비트 단위로 구성되어 있지 않기 때문에 주의가 필요하다. 따라서 전송을 올바르게 수행하려면 [그림 10-8]과 같이 8비트 단위로 전송 포맷을 구성하여야 하며, 1로 시작되는 스타트 비트 앞부분은 0으로 채워 2바이트로 구성하여야 한다. ×로 표시된 부분은 don't care 비트로서 0이든 1이든 상관없지만 일반적으로 0으로 처리한다.

AT93C56A에 번지를 지정하여 데이터를 읽는 경우 [그림 10-6]과 같이 0을 선두로 하여 8비트의 데이터가 읽혀지기 때문에 전체적으로 9비트로 구성된다. 따라서, [그림 10-9]과 같이 2바이트 형식으로 읽어 들여야 하며, 비트 쉬프트 연산을 이용하여 원하는 8비트를 추출하여야 한다.

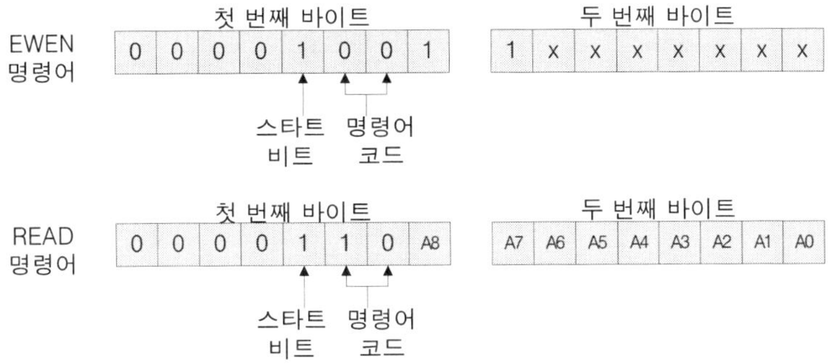

[그림 10-8] SPI 통신을 위한 AT93C56A 명령어의 전송 포맷

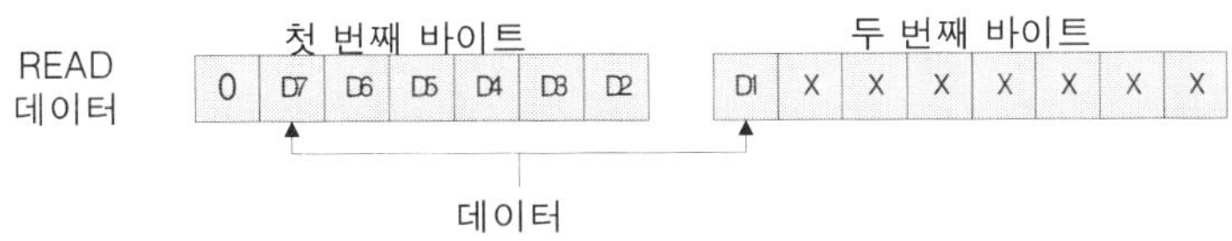

[그림 10-9] SPI 통신을 위한 AT93C56A 데이터의 읽기 포맷

[예제 10-1] SPI 실험

```
/**********************************************/
/* 파일명 : ex10-1.c                            */
/* 설명 : AT93C56 Read/Write using SPI          */
/**********************************************/

#include <mega128.h>
#include <delay.h>

typedef unsigned char u_char;
typedef unsigned int  u_int;

#define CS  PORTB.0    // AT93C56 Chip Select 연결핀

u_char seg_pat[16]= {0x3f, 0x06, 0x5b, 0x4f, 0x66, 0x6d, 0x7d, 0x07,
                     0x7f, 0x6f, 0x77, 0x7c, 0x39, 0x5e, 0x79, 0x71};

void  AT93C56_EWEN(void);                    // 메모리 라이트 동작 허용 함수
void  AT93C56_EWDS(void)                     // 메모리 라이트 동작 금지 함수
void  AT93C56_WRITE(u_char, u_char);         // 1바이트 쓰기 함수
u_char  AT93C56_READ(u_char address);        // 1바이트 읽기 함수
```

[예제 10-1] SPI 실험(계속)

```
void main(void)
{
   u_char data, addr;

   DDRB = 0xF7;                  // 포트 B 상위 4비트 : 7세그먼트
                                 // 하위 4비트 : SPI
                                 // PB4 : MISO 입력, 나머지 출력
   DDRD = 0xF0;                  // 포트 D 상위 4비트 출력 설정
   DDRG = 0x0F;                  // 포트 G 하위 4비트 출력 설정

   PORTB = 0x0;                  // E, F, G, DP off, EEPROM CS=0(PB0)
   PORTD = 0x0;                  // A, B, C, D off

   // EEPROM  읽어 7-세그먼트에 표시하기
   PORTG = 0b00001000;           // 맨 우측 7-Segment DIG4 ON(PG3=1)

   SPCR = 0x5D;                  // SPI Enable, Master, Mode 3
   SPSR = 0x00;                  // SPI2X=0 => 16분주 => 1MHz

   AT93C56_EWEN();               // AT93C56 write enable

   // 7-세그먼트 출력 패턴 EEPROM에 쓰기
   for(addr = 0x00;addr < 16;addr++){
      AT93C56_WRITE(addr, seg_pat[addr]);
   }

   // EEPROM에서 7-세그먼트 읽어 출력하기
   while(1){
      for(addr = 0x00;addr < 16;addr++){
         data = AT93C56_READ(addr);

         PORTD = ((data & 0x0F) << 4) | (PORTD & 0x0F); // A, B, C, D  표시
         PORTB = (data & 0x70 ) | (PORTB & 0x0F);        // E, F, G 표시
         delay_ms(500);
      }
   }
}

// 메모리 라이트 동작 허용 함수
void AT93C56_EWEN(void)
{
   CS = 1;                              // CS = 1
   SPDR = 0x09;                         // 0000 1001
   while((SPSR & 0x80) == 0x00);        // SPIF=1(전송종료)될때까지 대기
   SPDR = 0x80;                         // 1000 0000
   while((SPSR & 0x80) == 0x00);        // SPIF=1될 때까지 대기
   CS = 0;                              // CS = 0
}
```

[예제 10-1] SPI 실험(계속)

```
// 메모리 라이트 동작 금지 함수
void AT93C56_EWDS(void)
{
  CS = 1;                          // CS(PORTB.0) = 1
  SPDR = 0x08;                     // 0000 1000
  while((SPSR & 0x80) == 0x00);    // 전송종료 대기
  SPDR = 0x00;                     // 0000 0000
  while((SPSR & 0x80) == 0x00);    // 전송종료 대기
  CS = 0;                          // CS = 0
}

// 1바이트 읽기
u_char AT93C56_READ(u_char address)
{
  u_char upper, lower;

  CS = 1;                          // CS = 1
  SPDR = 0x0C;                     // 0000 1100(1 1 0 A8)
  whilo((SPSR & 0x80) == 0x00);    // 전송종료 대기
  SPDR = address;                  // A7 - A0
  while((SPSR & 0x80) == 0x00);    // 전송종료 대기

  SPDR = 0x00;                     // dummy 0000 0000
  while((SPSR & 0x80) == 0x00);    // 전송종료 대기
  upper = SPDR;                    // read upper byte

  SPDR = 0x00;                     // dummy 0000 0000
  while((SPSR & 0x80) == 0x00);    // 전송종료 대기
  lower = SPDR;                    // read lower byte
  CS = 0;                          // CS = 0

  return (upper << 1) + (lower >> 7);   // get data and return
}

// 1바이트 쓰기
void AT93C56_WRITE(u_char address, u_char data)
{
  CS = 1;                          // CS = 1
  SPDR = 0x0A;                     // 0000 1010(1 0 1 A8)
  while((SPSR & 0x80) == 0x00);    // 전송종료 대기
  SPDR = address;                  // A7 - A0
  while((SPSR & 0x80) == 0x00);    // 전송종료 대기
  SPDR = data;                     // D7 - D0
  while((SPSR & 0x80) == 0x00);    // 전송종료 대기
  CS = 0;                          // CS = 0

  delay_ms(5);                     // delay 5ms for twp time
}
```

Chapter 11

TWI(Two-wire Serial Interface)

TWI는 2개의 선만으로 128개까지의 디바이스를 연결하여 데이터를 주고 받을 수 있는 직렬 통신 방식으로 다음과 같은 특징을 갖는다.

- 2개의 버스 신호 필요(클럭, 데이터)
- 마스터 또는 슬레이브로 동작
- 송신기 또는 수신기로 동작
- 7비트 어드레스에 의한 128개의 슬레이브 지정 가능
- 400kHz까지의 전송속도 지원
- 슬레이브 모드에서의 어드레스 지정에 의한 슬립모드 해제 기능

[그림 11-1]은 TWI 버스 연결을 보여주며, 그림으로부터 알 수 있듯이 두개의 버스선(SDA, SCL)과 풀업 저항만이 요구된다. 각 디바이스는 서로 다른 어드레스를 갖는다.

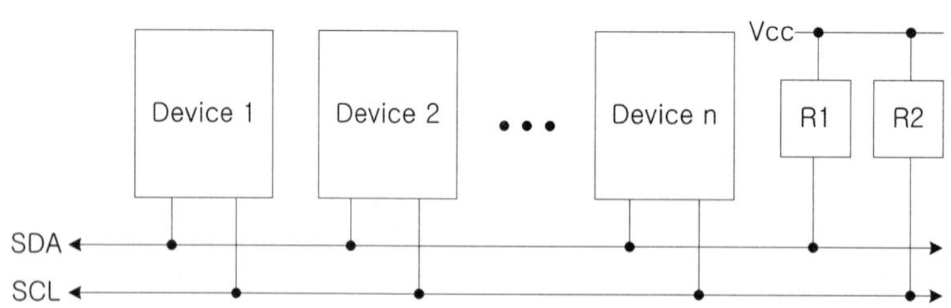

[그림 11-1] TWI 버스 연결

[표 11-1]은 TWI 관련 용어를 나타낸다.

[표 11-1] TWI 관련 용어

용어	정의
마스터(Master)	전송을 초기화하고 종료하며, 또한 SCL 클럭을 발생하는 디바이스
슬레이브(Slave)	마스터에 의해 지정받은 디바이스
송신기(Transmitter)	버스에 신호를 출력하는 디바이스
수신기(Receiver)	버스의 신호를 읽는 디바이스

11.1 데이터 전송 프레임 형식

TWI 버스에서 데이터 전송은 클럭 라인(SCL)의 펄스에 의해 수행되며, 데이터 라인(SDA)의 데이터는 스타트 조건과 스톱 조건을 제외하고는 클럭이 High일 때 안정해 있어야 한다.

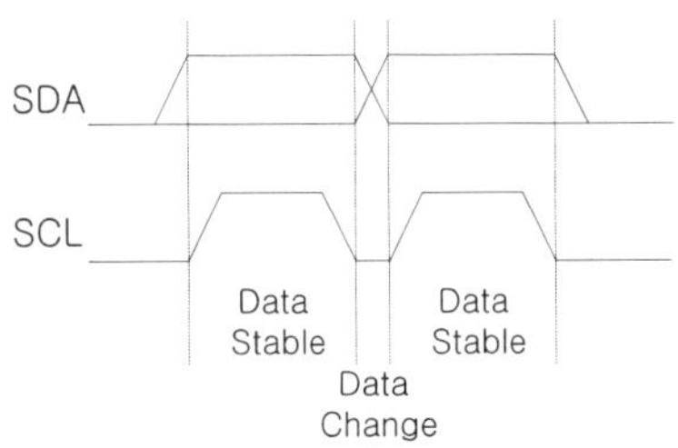

[그림 11-2] 데이터 유효 시간

(1) 스타트 및 스톱 조건

마스터는 데이터 전송을 초기화하고 종료하는 역할을 하며, 전송 시작과 종료는 마스터가 버스 상에서 스타트 조건과 스톱 조건을 각각 발생함으로써 수행되어진다. 스타트와 스톱 조건사이에서 버스는 사용(busy) 상태가 되며, 이 상태에서는 버스 제어를 차지하기 위한 동작이 일어나서는 안된다. 스타트 조건과 스톱 조건사이에서 새로운 스타트 조건이 발생할 수 있는데, 이것은 현재의 마스터가 버스 제어를 포기하지 않고 새로운 전송을 초기화할 때 사용하며 반복 스타트 조건으로 취급된다. 반복 스타트 조건이 발생한 후 버스는 다음 스톱 조건이 발생할 때까지 busy 상태가 되며, 스타트 조건과 똑같은 동작을 하게 된다. 스타트 조건과 스톱 조건은 [그림 11-3]에서와 같이 SCL신호가 1이고 SDA 신호의 값이 변화할 때 발생한다. 즉, 스타트 조건은 SCL 신호가 1이고 SDA 신호가 1에서 0으로 변화할 때 발생하며, 스톱 조건은 SCL 신호가 1이고 SDA 신호가 0에서 1로 변화할 때 발생한다.

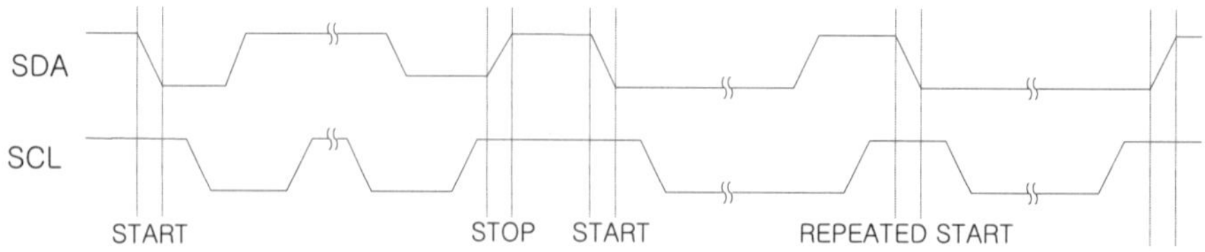

[그림 11-3] 스타트, 반복 스타트, 스톱 조건

(2) 어드레스 패킷 형식

TWI 버스 상에서 어드레스 패킷의 전송은 9비트 길이로 수행되며, 이 9비트는 [그림 11-4]와 같이 어드레스 7비트, R/W 제어 1비트, 확인(Acknowledge) 신호 1비트로 구성된다. 읽기/쓰기 비트가 1이면 읽기 동작이 수행되어지며, 0이면 쓰기 동작이 수행된다. 슬레이브는 자기가 지정된 것을 인지하게 되면 9번째 SCL(ACK) 사이클에서 SDA 라인을 0으로 하여 응답해야 한다. 지정된 슬레이브가 busy 상태일 때 또는 마스터의 요구에 대응할 수 없을 때는 SDA 라인을 ACK 클럭 사이클에서 1상태 그대로 내버려둔다. 그러면 마스터는 스톱 조건을 발생하거나, 새로운 전송을 위한 반복 스타트 조건을 발생시킬 수 있다. 슬레이브 어드레스와 읽기/쓰기 신호는 각각 SLA+R 또는 SLA+W 로 불려진다.

슬레이브의 어드레스는 사용자에 의해 임의적으로 주어질 수 있지만, 범용 콜(general call)을 위해 0x00는 사용하지 말아야 한다. 범용 콜은 마스터가 시스템에 연결된 모든 슬레이브에 같은 메시지를 전송할 때 사용되어지며, 범용 콜이 발생하면 모든 슬레이브가 ACK 사이클에서 SDA 라인을 0으로 하여 응답하여야 한다.

범용 콜 어드레스와 쓰기 비트가 버스 상에서 전송되면 모든 슬레이브들은 ACK 사이클에서 SDA 라인을 0으로 하여 확인 신호를 설정한다. 그리고, 이어서 데이터 패킷이 범용 콜을 인식한 모든 슬레이브에 의해 수신되어진다.

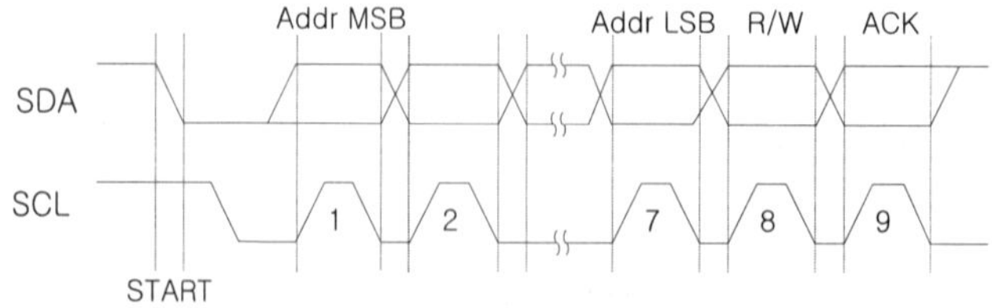

[그림 11-4] 어드레스 패킷 형식

(3) 데이터 패킷 형식

TWI 버스 상에서 전송된 데이터 패킷은 9비트 길이를 가지며, [그림 11-5]와 같이 8비트 데이터 비트와 확인(Acknowledge) 신호 1비트로 구성된다. 데이터 전송기간에 마스터는 클럭, 스타트 조건, 스톱 조건을 발생하며, 수신기는 확인 신호를 출력한다. 확인 신호 ACK는 9번째 SCL 사이클 기간 동안 수신기가 SDA 라인을 0으로 함으로써 발생하게 된다. 만일 수신기가 SDA 라인을 1로 내버려두면 NACK(Not Acknowledge) 신호가 발생하게 된다. 수신기가 마지막 바이트를 수신했거나 또는 더 이상의 데이터를 받을 수 없는 상태일 때 NACK 신호를 출력하여 송신기에게 알리게 된다.

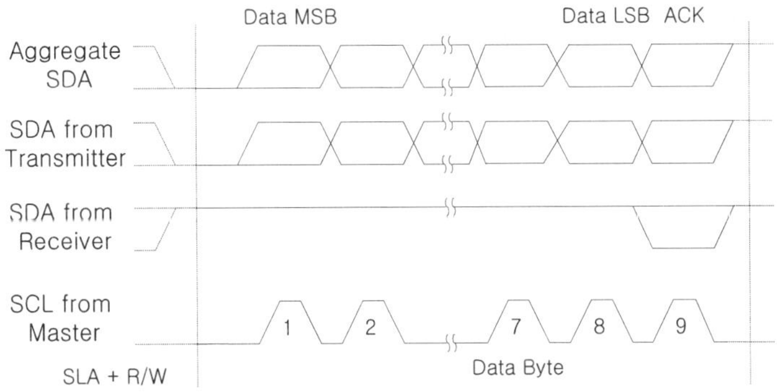

[그림 11-5] 데이터 패킷 형식

(4) 어드레스와 데이터 패킷의 전송

전송은 기본적으로 다음과 같이 구성된다.

- 스타트 조건
- SLA+R/W
- 하나 또는 그 이상의 데이터 패킷
- 스톱 조건

SCL 라인은 마스터와 슬레이브 사이에 handshaking을 수행할 수 있도록 wired-AND로 구성되어 있다. 슬레이브는 SCL 라인을 0으로 하여 SCL의 0주기를 늘릴 수가 있다. 이것은 마스터에 의해 출력되는 클럭 속도가 슬레이브에 비해 너무 빠르거나 또는 데이터 전송사이의 처리를 위해 여분의 시간이 필요할 때 유용하다. 슬레이브가 SCL의 Low주기를 늘리는 것은 SCL의 High주기와는 무관하며, 이것은 마스터에 의해 결정된다. 결과적으로, 슬레이브는 SCL 듀티 사이클을 길게 하여 TWI 데이터 전송속도를 늦출 수가 있다.

[그림 11-6]은 전형적인 데이터 전송 타이밍을 보여주며, 여러 개의 데이터가 소프트웨어적으로 SLA+W와 스톱 조건 사이에서 전송될 수 있다.

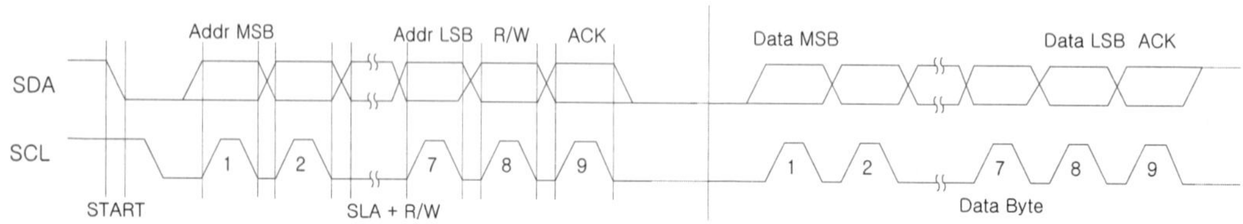

[그림 11-6] 데이터 전송

(5) 멀티 마스터 버스 시스템

TWI 프로토콜은 여러 개의 마스터가 있는 버스 시스템을 허용하며, 2개 이상의 마스터가 동시에 전송을 초기화할지라도 정상적인 전송이 이루어지도록 하기 위해 특별한 주의가 필요하다. 멀티 마스터 시스템에서는 다음과 같은 두개의 문제점이 발생한다.

① 여러 개의 마스터 중에 단지 하나만이 전송을 완료할 수 있도록 알고리즘이 수행되어져야 한다. 다른 모든 마스터들은 선택과정에서 선택되지 않은 것을 알았을 때 전송을 중지해야 하며, 이 마스터 선택 과정을 버스 조정이라 한다. 선택되지 않는 마스터들은 버스 조정에서 선택되지 않은 것을 알았을 때 선택된 마스터에 의해 지정되었는지를 체크하기 위해 즉시 슬레이브 모드로 전환해야 한다.

② 여러 개의 마스터들은 다른 SCL 주파수를 사용할 수 있으며, 모든 마스터들이 동기를 취할 수 있도록 체제가 마련되어 있어야 한다.

버스 라인의 wired-AND는 위의 두 문제를 모두 해결하며, 모든 마스터들로부터의 시리얼 클럭은 wired-AND 되어질 것이며, 가장 짧은 High 주기를 갖는 마스터의 High 주기와 같은 클럭을 생성하며, 조합된 클럭의 Low 주기는 가장 긴 Low 주기를 갖는 마스터의 Low 주기와 같은 클럭이 발생한다.([그림 11-7])

버스 조정은 모든 마스터들이 버스상에 출력되고 있는 데이터를 계속 감시함으로써 수행되며, 마스터가 출력한 값과 SDA 라인으로부터 읽혀진 값이 일치하지 않은 경우 이 마스터는 버스 제어권을 읽게 된다. 다른 마스터가 0값을 출력하고 있는 동안 SDA 라인에 1값을 출력할 때 이 마스터는 버스 제어권을 상실하며, 버스 제어권을 상실한 마스터들은 즉시 슬레이브 모드로 전

환해야 한다.([그림 11-8])

SDA 라인은 High 상태를 유지해야 하지만, 제어권을 상실한 마스터들은 현재 데이터 또는 어드레스 패킷이 끝날 때까지 클럭 신호를 발생하도록 허용된다.

여러 개의 마스터가 같은 어드레스의 슬레이브를 지정하고 있다면 버스 제어권 조정이 데이터 패킷이 전송되는 중에도 계속되지만, 버스 제어권 조정은 다음과 같은 경우 수행되지 않는다.

- 반복 스타트 조건과 데이터 비트 사이
- 스톱 조건과 데이터 비트 사이
- 반복 스타트 조건과 스톱 조건 사이

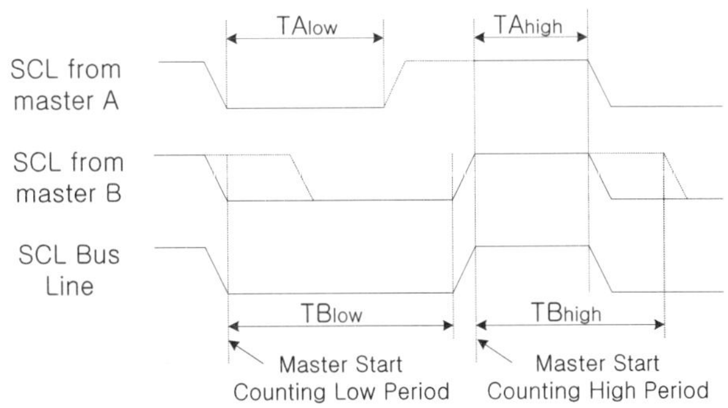

[그림 11-7] 여러 마스터 사이의 SCL 동기화

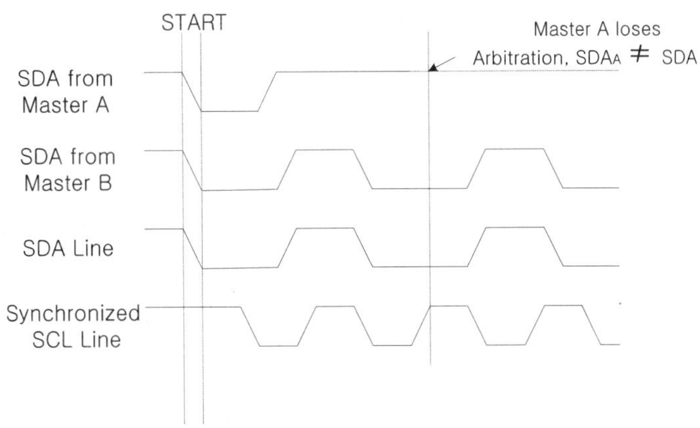

[그림 11-8] 두 마스터 사이의 버스권 조정

11.2 TWI 모듈 동작

TWI 모듈은 [그림 11-9]와 같이 여러 개의 서브 모듈로 구성되어 있으며, 굵은 선으로 그려진 레지스터들은 AVR 데이터 버스를 통해 액세스가 가능하다.

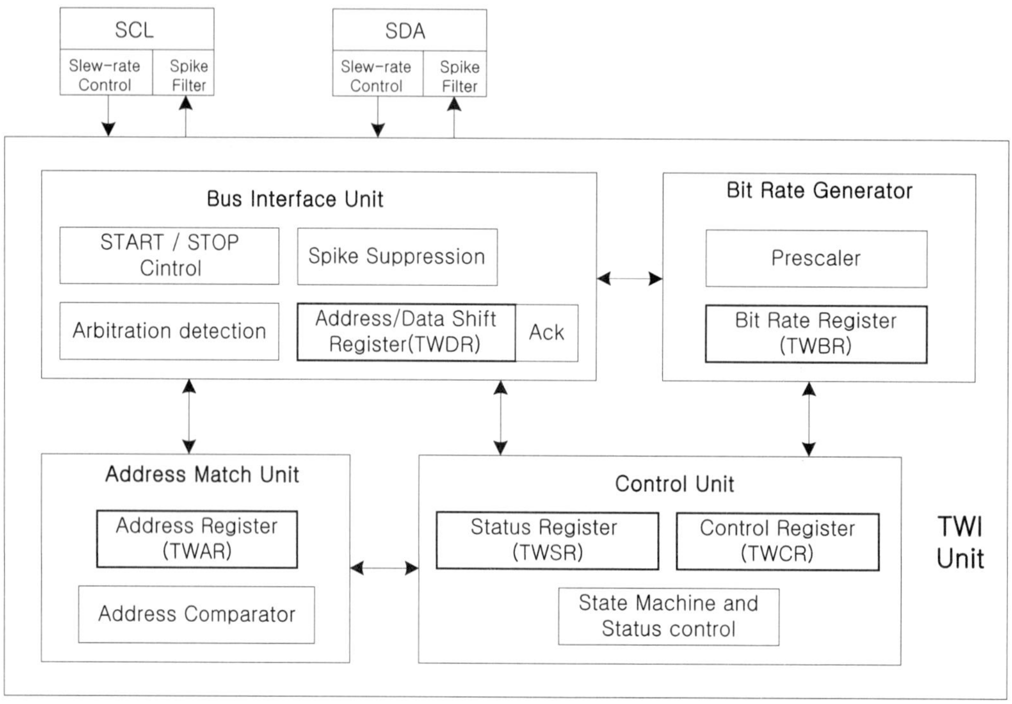

[그림 11-9] TWI 모듈 구성도

(1) SCL과 SDA 핀

이 핀들의 출력단 드라이버는 TWI 사양을 만족시키기 위해 슬루 레이트 제한기(Slew-rate limiter)를 가지며, 입력단은 50ns 보다 짧은 펄스를 제거하기 위한 스파이크 억제 유닛을 가지고 있다.

(2) 전송 속도 발생(Bit Rate Generator) 유닛

이 유닛은 마스터 모드로 동작할 때 SCL의 주기를 제어하며, SCL 주기는 TWI 전송속도 설정 레지스터 TWBR과 TWI 상태 레지스터 TWSR의 프리스케일러 비트들에 의해 결정되어진다. 슬레이브 동작은 전송속도 레지스터 또는 프리스케일러 설정과는 무관하지만, 슬레이브의 MCU 클럭 주파수는 적어도 SCL 주파수보다 16배 이상 커야 한다.

SCL 주파수는 다음 식에 의해 결정된다.

$$SCL\ frequency = \frac{MCU\ Clock\ frequency}{16 + 2(TWBR) \cdot 4^{TWPS}}$$

여기서, TWBR은 TWI의 전송속도 설정 레지스터 값으로 10이상의 값을 가져야 하며, TWPS는 TWI 상태 레지스터 TWSR에서 프리스케일러의 비트 값을 나타낸다.

(3) 버스 인터페이스부

이 유닛은 데이터와 어드레스 쉬프트 레지스터 TWDR, 스타트/스톱 제어기, 버스 조정 검출기를 가지고 있다. TWDR에는 전송하거나 수신된 어드레스 또는 데이터를 바이트로 저장한다. 그리고, 전송하거나 수신된 ACK 비트를 저장하는 ACK레지스터를 가지고 있다. 그러나, 이 ACK 1비트 레지스터는 수신하고 있을 때 TWI 제어 레지스터 TWCR을 조작하여 셋 하거나 클리어 할 수 있다. 전송 모드에서 수신된 ACK 비트는 TWSR에 쓰여진 값에 의해 결정된다.

스타트/스톱 제어기는 스타트 및 반복스타트와 스톱 조건의 발생과 검출을 위해 필요하며, 이 제어기는 MCU가 슬립모드에 있더라도 스타트 및 스톱 조건을 검출할 수가 있어 마스터에 의해 지정되면 슬립 모드로부터 벗어나게 할 수가 있다.

만일 TWI가 마스터로서 전송을 초기화하였다면, 버스 조정 장치가 계속하여 TWI 버스를 감시한다.

(4) 어드레스 일치 검출부(Address Match Unit)

어드레스 일치 검출부는 TWI 어드레스 레지스터 TWAR에 있는 7비트 어드레스값과 수신된 어드레스 값이 일치하는지를 체크하며, 만일 TWAR의 TWGCE(범용 콜 인에이블) 비트가 1이면 입력되는 모든 어드레스 비트는 범용 콜 어드레스와의 비교가 수행된다. 어드레스가 일치하면 올바른 동작을 취하기 위해 제어부에 알려진다.

TWI는 TWCR 레지스터의 설정에 따라 어드레스를 감지할 수도 있고, 감지할 수 없을 수도 있다. 어드레스 검출부는 MCU가 슬립 모드에 있을지라도 어드레스 비교가 가능하며, 마스터에 의해 지정되면 슬립 모드로부터 깨어나게 할 수도 있다.

(5) 제어부(Control Unit)

제어부는 TWI 버스를 감시하고 TWCR 레지스터의 설정에 따라 적절한 대응 동작을 한다. TWI 버스에 이벤트가 발생하여 응용 소프트웨어에 의해 적절한 대응처리가 요구되는 경우에는 TWINT 인터럽트 플래그 비트가 셋 되어진다.

TWINT 플래그 비트가 셋 되어 있는 동안 SCL 라인은 0을 유지하며, 이것은 TWI 전송이 계속되기 전에 응용 소프트웨어가 완료될 수 있도록 해준다.

TWINT 플래그 비트는 다음과 같은 경우에 셋 되어진다.

① TWI가 스타트/반복 스타트 조건을 전송한 후
② TWI가 SLA+R/W를 전송한 후
③ TWI가 어드레스 바이트를 전송한 후
④ TWI가 버스 제어권을 상실한 후
⑤ TWI가 슬레이브 어드레스 또는 범용 콜에 의해 지정된 후
⑥ TWI가 데이터 바이트를 수신한 후
⑦ 슬레이브로서 계속 지정되어 있는 동안 스톱 또는 반복 스타트 조건을 수신한 후
⑧ 잘못된 스타트 또는 스톱 조건에 의해 버스 에러가 발생한 후

11.3 TWI 관련 레지스터

ATmega128의 TWI 기능은 5개의 레지스터 TWBR(TWI Bit Rate Register), TWCR (TWI Control Register), TWSR(TWI Status Register), TWDR(TWI Data Register), TWAR(TWI Address Register)에 의해 이루어지며, 다음과 같은 기능을 갖는다.

■ TWBR(TWI Bit Rate Register) : TWI 전송 속도 설정 레지스터

비트	7	6	5	4	3	2	1	0	
0x70	TWBR7	TWBR6	TWBR5	TWBR4	TWBR3	TWBR2	TWBR1	TWBR0	TWBR
읽기/쓰기	읽기/쓰기	읽기/쓰기	읽기/쓰기	읽기/쓰기	읽기/쓰기	읽기/쓰기	읽기/쓰기	읽기/쓰기	
초기값	0	0	0	0	0	0	0	0	

- Bit 7–0 – TWBR7..0 : TWI 전송 속도 설정 비트

  이 비트들은 마스터 모드에서 SCL 신호의 클럭 주파수를 만들기 위해 필요한 분주비를 설정한다.

■ TWCR(TWI Control Register) : TWI 제어 레지스터

이 레지스터는 TWI의 동작을 제어하는데 사용되며, TWI 동작을 인에이블 시키거나 TWI의 스타트 조건 및 스톱조건을 발생시킨다.

비트	7	6	5	4	3	2	1	0	
0x74	TWINT	TWEA	TWSTA	TWSTO	TWWC	TWEN	–	TWIE	TWCR
읽기/쓰기	읽기/쓰기	읽기/쓰기	읽기/쓰기	읽기/쓰기	읽기	읽기/쓰기	읽기	읽기/쓰기	
초기값	0	0	0	0	0	0	0	0	

- Bit 7 – TWINT(TWI Interrupt Flag) : TWI 인터럽트 플래그 비트

  이 비트는 TWI가 현재의 작업을 마치고 응용 소프트웨어 응답이 필요할 때 하드웨어적으로 셋 되어진다. SREG 레지스터의 I 비트와 TWCR 레지스터의 TWIE 비트가 셋되어 있으면 TWI 인터럽트 벡터로 점프한다. TWINT 비트가 셋 되어 있는 동안에는 SCL 라인이 0상태를 계속 유지한다. 이 비트는 직접 1을 써주어야 클리어 되며, 인터럽트 루틴이 실행되어도 자동적으로 클리어 되지 않는다. 이 비트를 클리어하면 TWI 동작이 시작되므로, 이 비트를 클리어 하기 전에 TWAR, TWSR, TWDR에 대한 설정이 미리 완료되어 있어야 한다.

- Bit 6 – TWEA (TWI Enable Acknowledge) : TWI 확인신호 발생 비트

  이 비트는 확인 신호의 출력을 제어하며, 이 비트가 1이고 다음과 같은 조건이 되면 ACK 펄스가 TWI 버스상에 출력된다.

  ① 자신의 슬레이브 어드레스를 수신하였을 경우
  ② TWAR 레지스터의 TWGCE 비트가 셋 되어 있고 범용 콜(전체 콜)이 수신된 경우
  ③ 마스터 수신 또는 슬레이브 수신 모드에서 1바이트 데이터를 수신한 경우

  이 비트를 0으로 하면 디바이스가 TWI 버스로부터 끊어진 상태가 되며, 이 비트를 다시 1로 하면 어드레스 인식이 다시 시작된다.

- Bit 5 – TWSTA (TWI START condition Bit) : TWI 스타트 조건 발생 비트

  이 비트는 디바이스가 TWI 버스의 마스터가 되기를 원할 때 1로 하며, TWI 하드웨어는 버스를 사용가능한 상태인지 체크하여 버스에 스타트 조건을 발생한다. 그

러나, 버스가 사용가능한 상태가 아니면 스톱 조건이 검출될 때까지 대기하다가 버스 마스터 상태임을 선언하기 위해 새로운 스타트 조건을 발생한다. 이 비트는 스타트 조건이 출력되면 소프트웨어적으로 클리어 시켜야 한다.

- Bit 4 – TWSTO (TWI STOP condition Bit) : TWI 스톱 조건 발생 비트
  마스터 모드에서 이 비트를 1로 하면 TWI 버스에서 스톱 조건이 발생되며, 스톱 조건이 발생되면 이 비트는 자동적으로 클리어 된다. 슬레이브 모드에서는 이 비트를 1로 설정하면 스톱 조건을 발생하지는 않지만 에러 조건으로부터 해제시킬 수가 있다.

- Bit 3 – TWWC (TWI Write Collsion Flag) : TWI 쓰기 충돌 플래그 비트
  TWINT 비트가 0일 때 TWDR 레지스터에 어떤 값을 쓰게 되면 이 비트가 셋 되어진다. 이 비트는 TWINT 비트가 1일 때 TWDR 레지스터에 어떤 값을 쓰면 클리어 된다.

- Bit 2 – TWEN (TWI Enable Bit) : TWI 인에이블 비트
  이 비트는 TWI 동작을 인에이블 시키며, TWI 인터페이스를 활성화시킨다. 즉, 이 비트를 1로 하면 TWI의 신호 SDA, SCL핀을 유효하게 하며, 슬루 레이트 리미터와 스파이크 필터가 인에이블 된다.

- Bit 0 – TWIE (TWI Interrupt Enable) : TWI 인터럽트 인에이블 비트
  TWI 인터럽트를 인에이블 시키며, 이 비트와 SREG 레지스터의 I 비트가 1인 상태에서 TWINT 비트가 1이면 인터럽트 처리 요구가 발생한다.

■ TWSR(TWI Status Register) : TWI 제어 레지스터

이 레지스터는 TWI의 동작 상태를 나타내거나 전송속도를 결정하기 위한 프리스케일러를 설정한다.

비트	7	6	5	4	3	2	1	0	
0x71	TWS7	TWS6	TWS5	TWS4	TWS3	–	TWPS1	TWPS0	TWSR
읽기/쓰기	읽기	읽기	읽기	읽기	읽기	읽기	읽기/쓰기	읽기/쓰기	
초기값	0	0	0	0	0	0	0	0	

- Bit 7−3 − TWS7−TWS3 (TWI Status) : TWI 상태 비트

  이 비트들은 TWI 버스의 상태를 나타내며, 이들 상태에 대한 자세한 내용은 ATmega128의 데이터 시트를 참조하기 바란다.

- Bit 1−0 − TWPS1−TWPS0 (TWI Prescaler Bits) : TWI 프리스케일러 비트

  이 비트들은 TWI의 데이터 전송 속도를 결정하기 위한 프리스케일러를 제어하며, [표 11−2]와 같다.

[표 11-2] TWI 전송속도를 결정하기 위한 프리스케일러 값

TWPS1	TWPS0	프리스케일러 값
0	0	1
0	1	4
1	0	16
1	1	64

■ TWDR(TWI Data Register) : TWI 데이터 레지스터

비트	7	6	5	4	3	2	1	0	
0x73	TWD7	TWD6	TWD5	TWD4	TWD3	TWD2	TWD1	TWD0	TWDR
읽기/쓰기	읽기/쓰기	읽기/쓰기	읽기/쓰기	읽기/쓰기	읽기/쓰기	읽기/쓰기	읽기/쓰기	읽기/쓰기	
초기값	1	1	1	1	1	1	1	1	

이 레지스터는 송신 모드와 수신 모드에서 각각 다음에 전송할 데이터와 마지막에 수신한 데이터를 저장한다. 이 레지스터는 데이터를 쉬프트하고 있는 상태가 아니면 데이터를 쓸 수 있는 상태가 되며, 이것은 TWINT 비트가 하드웨어적으로 셋 되어질 때 수행된다.

■ TWAR(TWI Address Register) : TWI 어드레스 레지스터

비트	7	6	5	4	3	2	1	0	
0x72	TWA6	TWA5	TWA4	TWA3	TWA2	TWA1	TWA0	TWGCE	TWAR
읽기/쓰기	읽기/쓰기	읽기/쓰기	읽기/쓰기	읽기/쓰기	읽기/쓰기	읽기/쓰기	읽기/쓰기	읽기/쓰기	
초기값	1	1	1	1	1	1	1	1	

이 레지스터는 슬레이브의 7비트 어드레스를 저장하며, 또한 범용(전체) 콜에 대한 인식여

부를 설정한다.

• Bit 7–1 – TWA6–TWA0 (TWI Slave Address) : TWI 슬레이브 어드레스 비트
이 비트들은 슬레이브 모드에 있을 때 슬레이브의 7비트 어드레스를 설정하며, 마스터 모드에서는 사용하지 않는다.

• Bit 0 – TWGCE (TWI General Call Recognition Enable) : TWI 범용 콜 인식 인에이블 비트
이 비트는 범용 콜(전체 콜)을 인식할 수 있도록 인에이블 한다.

11.4 TWI 동작

TWI는 인터럽트에 기반을 둔 바이트 단위의 데이터 전송이며, 인터럽트는 스타트 조건의 전송 또는 1바이트의 수신과 같은 버스 이벤트가 있은 후에 발생한다. TWI는 인터럽트에 기반을 두고 있기 때문에 응용 소프트웨어는 TWI 바이트 전송 동안 다른 동작를 수행하는데 있어서 아무런 부담을 가지지 않는다.

TWCR 레지스터의 TWI 인터럽트 인에이블 비트 TWIE 비트와 SREG 레지스터의 전체 인터럽트 인에이블 비트 I는 TWINT 인터럽트 플래그 비트가 인터럽트 요구를 발생할지 어떨지를 결정한다. TWIE 비트가 0이면 응용 프로그램에서는 TWI 버스에서 동작을 검출하기 위해 TWINT 플래그 비트를 계속 체크해야 한다.

TWINT 플래그 비트가 셋 되면 TWI는 동작을 종료하고 응용 응답을 기다리며, 이때 TWSR 레지스터는 TWI 버스의 현재 상태를 나타내는 값을 가지게 된다. 그러면 응용 소프트웨어는 TWI 버스가 다음 TWI 버스 사이클에서 TWCR과 TWDR 레지스터를 조작하여 어떻게 동작해야 할지를 결정할 수 있게 된다.

[그림 11–10]은 마스터가 슬레이브에 1바이트 데이터를 전송하는 과정을 보여준다.

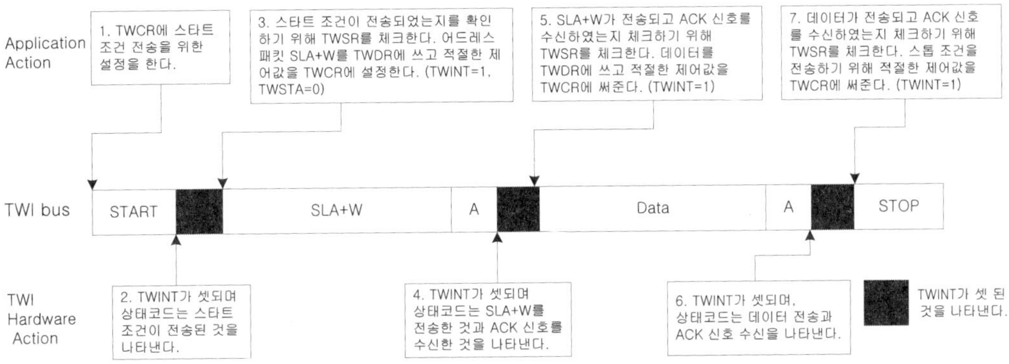

[그림 11-10] TWI에서의 1바이트 데이터 전송 동작

① TWI 전송에서 첫 번째 단계는 스타트 조건을 전송하는 것이며, 이것은 TWCR 레지스터에 스타트 조건을 발생하도록 값을 설정함으로써 이루어진다. TWCR 레지스터에서 TWINT 비트가 1이면 TWI는 어떠한 동작도 시작하지 않으며, 응용(사용자) 프로그램에서 TWINT를 클리어하면 바로 TWI는 스타트 조건의 전송을 시작한다. TWINT를 클리어 하기 위해서는 TWINT 비트에 1을 써주면 된다.

② 스타트 조건이 전송되면 TWCR 레지스터에서 TWINT 플래그 비트가 셋 되어지며, TWSR 레지스터는 스타트 조건이 성공적으로 완료되었다는 것을 나타내는 상태 코드로 갱신된다.

③ 응용 소프트웨어에서는 스타트 조건이 성공적으로 전송되었다는 것을 확인하기 위해 TWSR 레지스터의 값을 조사해야 하며, TWSR 레지스터의 상태 코드값이 다른 상태를 나타내면 에러 처리 등과 같은 특별한 조처를 취해야 한다. 스타트 조건의 전송이 성공적으로 완료되었으면 응용 소프트웨어에서는 어드레스 패킷 SLA+W를 TWDR 레지스터에 쓰고 이 데이터가 전송되도록 TWCR 레지스터를 설정해 주어야 한다. 어드레스 패킷은 TWINT 플래그 비트가 클리어 되면 바로 전송이 시작된다.

④ 어드레스 패킷이 전송되면 TWCR 레지스터의 TWINT 플래그 비트가 셋 되어지고 TWSR 레지스터는 어드레스 패킷이 성공적으로 전송된 것을 나타내는 상태 코드로 갱신된다. 이 상태 코드에는 슬레이브가 전송된 어드레스 패킷에 대해 확인 신호(ACK)로 응답했는지도 나타낸다.

⑤ 응용 소프트웨어에서는 어드레스 패킷이 성공적으로 전송되었다는 것을 확인하기 위해 TWSR 레지스터의 값을 조사해야 하며, TWSR 레지스터의 상태 코드값이 다른 상태를 나타내면 에러 처리 등과 같은 특별한 조처를 취해야 한다. 어드레스 패킷 전송이 성공적으로 완료되었으면 응용 소프트웨어에서는 데이터 패킷을 TWDR 레지스터에 쓰고 이 데

이터가 전송되도록 TWCR 레지스터를 설정해 주어야 한다. 데이터 패킷은 TWINT 플래그 비트가 클리어 되면 바로 전송이 시작된다.

⑥ 데이터 패킷이 전송되면 TWCR 레지스터의 TWINT 플래그 비트가 셋 되어지고 TWSR 레지스터는 데이터 패킷이 성공적으로 전송된 것을 나타내는 상태 코드로 갱신된다. 이 상태 코드에는 슬레이브가 전송된 데이터 패킷에 대해 확인 신호(ACK)로 응답했는지도 나타낸다.

⑦ 응용 소프트웨어에서는 데이터 패킷이 성공적으로 전송되었다는 것을 확인하기 위해 TWSR 레지스터의 값을 조사해야 하며, TWSR 레지스터의 상태 코드값이 다른 상태를 나타내면 에러 처리 등과 같은 특별한 조처를 취해야 한다. 데이터 패킷 전송이 성공적으로 완료되었으면 응용 소프트웨어에서는 스톱 조건이 전송되도록 TWCR 레지스터를 설정해 주어야 한다. 스톱 조건은 TWINT 플래그 비트가 클리어 되면 바로 전송이 시작된다. 스톱 조건이 전송된 후에 TWINT 플래그 비트는 셋 되지 않는다.

[표 11-3]은 위의 각 과정을 C 프로그램으로 나타낸 것이다.

[표11-3] TWI 전송동작 요약표

단계	C 프로그램	내 용
1	TWCR = 0xA4; //TWINT, TWSTA, TWEN 비트 셋)	스타트 조건 전송
2	while(!(TWCR & 0x80));	TWINT 플래그 비트가 셋 될 때까지 대기 이것은 스타트 조건이 전송된 것 의미
3	if((TWSR & 0xf8) != START) ERROR();	스타트 조건 전송이 성공적으로 종료했는지 체크
	TWDR = SLA_W; TWCR = 0x84; //TWINT, TWEN 비트 셋	어드레스 패킷 SLA+W를 TWDR에 로드, 전송시작을 위해 TWINT 비트 클리어
4	while(!(TWCR & 0x80));	TWINT 플래그 비트가 셋 될 때까지 대기 이것은 어드레스 패킷이 전송되고, ACK/ NACK 신호를 수신한 것 의미
5	if((TWSR & 0xf8) != MT_SLA_ACK) ERROR();	TWSR 레지스터 체크
	TWDR = DATA; TWCR = 0x84; //TWINT, TWEN 비트 셋)	데이터를 TWDR에 로드, 전송시작을 위해 TWINT 비트 클리어
6	while(!(TWCR & 0x80));	TWINT 플래그 비트가 셋 될 때까지 대기 이것은 데이터가 전송되고, ACK/NACK 신호를 수신한 것 의미
7	if((TWSR & 0xf8) != MT_DATA_ACK) ERROR();	TWSR 레지스터 체크
	TWDR = DATA; TWCR = 0x94; //TWINT, TWSTO, TWEN 비트 셋)	스톱 조건 전송

11.5 전송 모드

TWI는 다음과 같은 4개 동작 중에 하나의 모드로 동작한다.

- 마스터 송신(Master Transmitter : MT)
- 마스터 수신(Master Receiver : MR)
- 슬레이브 송신 (Slave Transmitter : ST)
- 슬레이브 수신(Slave Receiver : SR)

이들 모드들은 하나의 응용을 위해 여러 모드가 동시에 사용된다. 예를 들면, TWI EEPROM에 데이터를 쓰는 경우에 TWI는 MT모드로 사용되지만, TWI EEPROM으로부터 데이터를 읽을 때 TWI는 MR 모드로 사용된다.

앞으로 각 모드를 설명하는 데 있어서 사용하는 약어를 요약하면 다음과 같다.

S : 스타트 조건 (Start Condition)
R : 읽기 비트 (Read bit : High level at SDA)
W : 쓰기 비트 (Write bit : Low level at SDA)
A : 확인 신호 (Acknowledge bit : Low level at SDA)
/A : 비확인 신호 (Not Acknowledge bit : High level at SDA)
Data : 8비트 데이터 바이트
P : 스톱 조건 (Stop condition)
SLA : 슬레이브 어드레스

(1) 마스터 송신 모드(MT)

마스터 송신 모드에서는 여러 바이트의 데이터가 슬레이브 수신기로 전송된다.([그림 11-11]) 마스터 모드로 들어가기 위해서는 스타트 조건을 전송해야 하며, 송신모드가 되기 위해서는 SLA+W가 전송되어져야 한다. 마스터 송신 모드에서의 데이터 전송 과정은 다음과 같다.

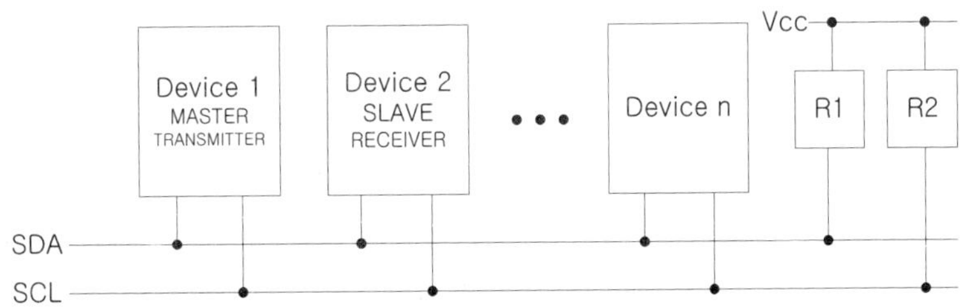

[그림 11-11] 마스터 송신 모드에서의 데이터 전송

① TWCR 레지스터를 다음과 같이 설정하여 스타트 조건을 전송한다.

TWCR	TWINT	TWEA	TWSTA	TWSTO	TWWC	TWEN	–	TWIE
value	1	x	1	0	x	1	0	x

TWEN 비트는 TWI를 인에이블 하기 위해 셋 되어져야 하며, TWSTA 비트는 스타트 조건을 발생하기 위해 셋 되어져야 한다. 그리고, TWINT 플래그 비트는 TWINT 비트를 클리어 시키기 위해 셋 되어져야 한다. 그러면, TWI 시리얼 버스를 조사하여 버스가 자유롭게 되면 바로 스타트 조건을 발생시킨다. 스타트 조건이 전송된 후에 TWINT 플래그 비트는 자동적으로 셋 되어지며, TWSR 레지스터의 상태코드는 0x08의 값을 가지게 된다.

② MT 모드가 되기 위해 SLA+W를 TWDR 레지스터에 쓰고 난 후에 TWCR 레지스터를 다음과 같이 설정한다.

TWCR	TWINT	TWEA	TWSTA	TWSTO	TWWC	TWEN	–	TWIE
value	1	x	0	0	x	1	0	x

SLA+W가 전송되고 ACK 확인신호가 수신되면 TWINT 비트가 다시 셋 된다. TWSR 레지스터의 상태코드는 SLA+W의 전송과 ACK 확인신호의 수신이 성공적으로 수행되면 0x18의 값을, ACK 신호를 수신하지 못한 경우에는 0x20의 값을 가지게 된다.

③ SLA+W가 성공적으로 전송되면, 전송할 데이터를 TWDR 레지스터에 저장하고 TWCR 레지스터를 다음과 같이 설정한다.

TWCR	TWINT	TWEA	TWSTA	TWSTO	TWWC	TWEN	–	TWIE
value	1	x	0	0	x	1	0	x

TWDR 레지스터에는 TWINT 플래그 비트가 1일 때만 쓰기가 가능하며, 0일 때 쓰기가 수행되면 TWCR 레지스터 TWWC 비트가 셋 되어진다. 따라서, TWDR에 값을 쓰고 난 후에 전송을 위해 TWINT 플래그 비트에 1을 써주어 클리어 시켜야 한다.

데이터가 전송되고 ACK 확인신호가 수신되면 TWSR 레지스터의 상태코드는 0x28의 값을, ACK 신호를 수신하지 못한 경우에는 0x30의 값을 가지게 된다.

④ 전송은 스톱 조건 또는 반복 스타트 조건에 의해 종료된다.

스톱 조건은 TWCR 레지스터를 다음과 같이 설정하며, 데이터 전송을 완료하게 된다.

TWCR	TWINT	TWEA	TWSTA	TWSTO	TWWC	TWEN	–	TWIE
value	1	x	0	1	x	1	0	x

반복 스타트 조건은 TWCR 레지스터를 다음과 같이 설정하여 같은 슬레이브를 다시 지정할 수도 있으며, 또한 스톱 조건을 전송하지 않고 새로운 슬레이브를 지정할 수도 있다. 이 반복 스타트 조건은 마스터가 슬레이브 지정을 바꿀 수 있게 해주며, 또한 TWI 버스 제어권을 상실하지 않고 마스터 송신 모드 또는 마스터 수신 모드가 될 수 있게 해준다. 반복 스타트 조건이 성공적으로 종료하면, TWSR 레지스터의 상태코드는 0x10의 값을 갖는다.

TWCR	TWINT	TWEA	TWSTA	TWSTO	TWWC	TWEN	–	TWIE
value	1	x	1	0	x	1	0	x

SLA+W 또는 데이터 전송에 있어서 버스 제어권을 상실하게 되면 TWSR 레지스터의 상태코드는 0x38의 값을 가지게 된다.

(2) 마스터 수신 모드(MR)

마스터 수신 모드에서는 여러 바이트의 데이터가 슬레이브 송신기로 부터 전송된다.([그림 11-12]) 마스터 모드로 들어가기 위해서는 스타트 조건이 전송되어져야 하며, 수신 모드가 되기 위해서는 SLA+R이 전송되어져야 한다. 마스터 수신 모드에서의 데이터 전송 과정은 다음과 같다.

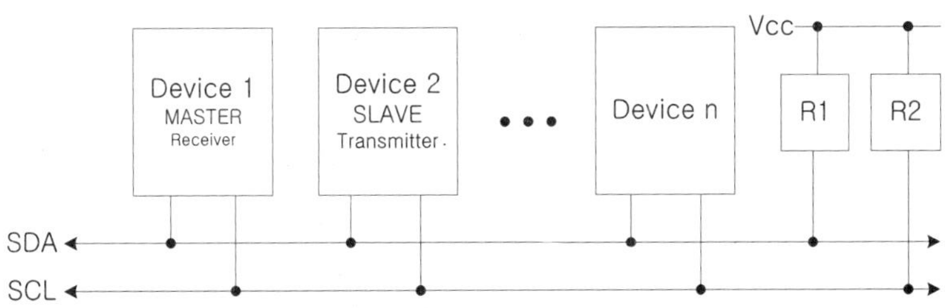

[그림 11-12] 마스터 수신 모드에서의 데이터 전송

① TWCR 레지스터를 다음과 같이 설정하여 스타트 조건을 전송한다.

TWCR	TWINT	TWEA	TWSTA	TWSTO	TWWC	TWEN	–	TWIE
value	1	x	1	0	x	1	0	x

TWEN 비트는 TWI를 인에이블 하기 위해 셋 되어져야 하며, TWSTA 비트는 스타트 조건을 발생하기 위해 셋 되어져야 한다. 그리고, TWINT 플래그 비트는 TWINT 비트를 클리어 시키기 위해 셋 되어져야 한다. 그러면, TWI 시리얼 버스를 조사하여 버스가 자유롭게 되면 바로 스타트 조건을 발생시킨다. 스타트 조건이 전송된 후에 TWINT 플래그 비트는 자동적으로 셋 되어지며, TWSR 레지스터의 상태코드는 0x08의 값을 가지게 된다.

② MR 모드가 되기 위해 SLA+R을 TWDR 레지스터에 쓰고 난 후에 TWCR 레지스터를 다음과 같이 설정한다.

TWCR	TWINT	TWEA	TWSTA	TWSTO	TWWC	TWEN	–	TWIE
value	1	x	0	0	x	1	0	x

SLA+R이 전송되고 ACK 확인신호가 수신되면 TWINT 비트가 다시 셋 된다. TWSR 레지스터의 상태코드는 성공적으로 수행되면 0x40의 값을, ACK 신호를 수신하지 못한 경우에는 0x48의 값을 가지게 된다.

수신된 데이터는 TWINT 플래그 비트가 하드웨어적으로 1이 되었을 때 TWDR 레지스터로부터 읽을 수 있으며, 이 과정은 마지막 바이트가 수신될 때까지 반복된다. 마지막 바이트를 수신하면, 마스터 수신기는 슬레이브 송신기에게 NACK(1)을 송신한다.

데이터가 수신되고 ACK 확인신호가 송신되면 TWSR 레지스터의 상태코드는 0x50의 값을, NACK 신호를 송신한 경우에는 0x58의 값을 가지게 된다.

③ 전송은 스톱 조건 또는 반복 스타트 조건에 의해 종료된다.

스톱 조건은 TWCR 레지스터를 다음과 같이 설정하여 데이터 전송을 완료하게 된다.

TWCR	TWINT	TWEA	TWSTA	TWSTO	TWWC	TWEN	–	TWIE
value	1	x	0	1	x	1	0	x

반복 스타트 조건은 TWCR 레지스터를 다음과 같이 설정하여 같은 슬레이브를 다시 지정할 수도 있으며, 또한 스톱 조건을 전송하지 않고 새로운 슬레이브를 지정할 수도 있다. 이 반복 스타트 조건은 마스터가 슬레이브 지정을 바꿀 수 있게 해주며, 또한 TWI 버스 제어권을 상실하지 않고 마스터 송신 모드 또는 마스터 수신 모드가 될 수 있게 해준다. 반복 스타트 조건이 성공적으로 종료하면, TWSR 레지스터의 상태코드는 0x10의 값을 갖는다.

TWCR	TWINT	TWEA	TWSTA	TWSTO	TWWC	TWEN	–	TWIE
value	1	x	1	0	x	1	0	x

SLA+R 전송 또는 데이터 전송에 있어서 버스 제어권을 상실하게 되면 TWSR 레지스터의 상태코드는 0x38의 값을 가지게 된다.

(3) 슬레이브 수신 모드(SR)

슬레이브 수신 모드에서는 여러 바이트의 데이터가 마스터 송신기로 부터 전송된다.([그림 11-13])

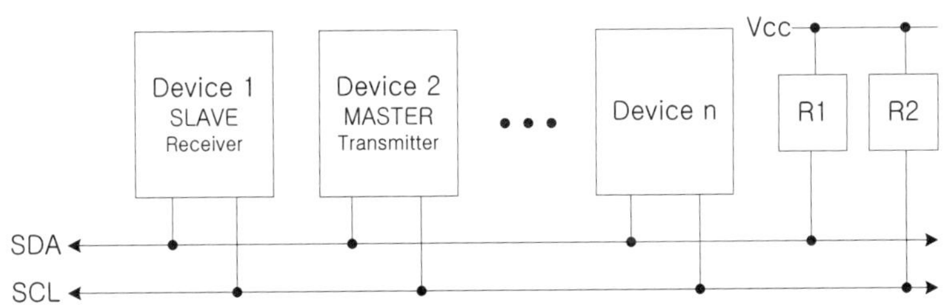

[그림 11-13] 슬레이브 수신 모드에서의 데이터 전송

① 슬레이브 수신 모드가 되기 위해서는 TWAR 레지스터를 다음과 같이 설정하여야 한다.

TWAR	TWA6	TWA5	TWA4	TWA3	TWA2	TWA1	TWA0	TWGCE
value	Device's Own Slave Address							

TWAR 레지스터의 상위 7비트에 마스터로부터 지정받을 수 있는 슬레이브 어드레스를 설정한다. TWGCE 비트는 범용 콜(0x00)에 응답할 것인지를 지정하며, 1이면 응답하고 0이면 무시하게 된다.

② TWEN 비트는 TWI를 인에이블하기 위해 셋 되어져야 하며, TWEA 비트는 자기 자신의 슬레이브 어드레스 지정 또는 범용 콜 지정에 대한 확인신호 발생을 인에이블 시킨다. TWSTA 비트와 TWSTO 비트는 0으로 한다.

TWCR	TWINT	TWEA	TWSTA	TWSTO	TWWC	TWEN	–	TWIE
value	1	1	0	0	x	1	0	x

TWAR과 TWCR 레지스터가 초기화되면 자기의 슬레이브 어드레스(또는 범용 콜)가 지정될 때까지 대기한다. 그리고, 어드레스에 이어 전송되어지는 데이터 방향 비트값이 0이면 TWI는 슬레이브 수신(SR) 모드로 동작하며, 1이면 슬레이브 송신(ST) 모드로 동작하게 된다. 자신의 슬레이브 어드레스와 라이트 비트를 수신하면 TWINT 플래그 비트가 셋 되어지고 TWSR 레지스터에는 상태코드가 쓰여진다. 상태 코드는 적절한 소프트웨어 동작을 결정하기 위해 사용되며, 정상적으로 동작하는 경우에는 0x60의 값을 갖는다(범용 콜의 경우는 0x70). 다른 상태 코드는 데이터 시트를 참조하기 바란다.

데이터 전송 중에 TWEA 비트가 리셋되면 TWI는 Not ACK(1) 신호를 다음 데이터 바이트 수신 후에 SDA 라인에 출력하며, 더 이상의 데이터를 받을 수 없음을 알리게 된다. TWEA 비트가 0이면 TWI는 자신의 슬레이브 어드레스 인식을 수행하지 않지만, TWI 버스는 계속 감시되어 TWEA 비트를 셋 하게 되면 다시 어드레스 인식을 재개한다. 이것은 TWEA 비트가 TWI를 일시적으로 TWI 버스로부터 고립시키는 것을 의미한다.

아이들 모드이외의 모든 슬립모드에서 TWI에 공급되는 클럭 시스템은 차단된다. 그러나, TWEA 비트가 셋 되어 있으면 인터페이스는 TWI 시리얼 버스의 클럭을 클럭 소스로 사용하여 자신의 슬레이브 어드레스 또는 범용 콜 어드레스에 대한 인식을 계속 수행하게 된다. 그러면, 슬립 모드로부터 해제될 수 있고, TWI는 슬립모드로부터의 해제(wake-up) 기간동안 그리고 TWINT 플래그가 클리어 될 때까지 SCL 클럭을 0상태로 유지한다.

(4) 슬레이브 송신 모드(ST)

슬레이브 송신 모드에서는 여러 바이트의 데이터가 마스터 수신기로 전송된다.([그림 11-14])

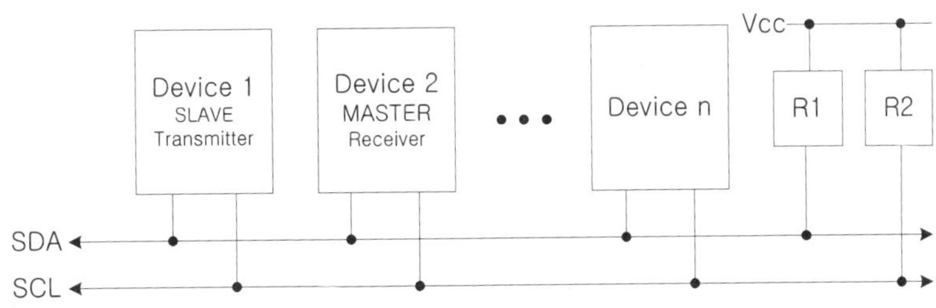

[그림 11-14] 슬레이브 송신 모드에서의 데이터 전송

① 슬레이브 송신 모드가 되기 위해서는 TWAR 레지스터를 다음과 같이 설정하여야 한다.

TWAR	TWA6	TWA5	TWA4	TWA3	TWA2	TWA1	TWA0	TWGCE
value	Device's Own Slave Address							

TWAR 레지스터의 상위 7비트에 마스터로부터 지정받을 수 있는 슬레이브 어드레스를 설정해야 한다. TWGCE 비트는 범용 콜(0x00)에 응답할 것인지를 지정하며, 1이면 응답하고 0이면 무시하게 된다.

②

TWCR	TWINT	TWEA	TWSTA	TWSTO	TWWC	TWEN	–	TWIE
value	1	1	0	0	x	1	0	x

TWEN 비트는 TWI를 인에이블하기 위해 셋 되어져야 하며, TWEA 비트는 자기 자신의 슬레이브 어드레스 지정 또는 범용 콜 지정에 대한 확인신호 발생을 인에이블 시킨다. TWSTA 비트와 TWSTO 비트는 0으로 한다.

TWAR과 TWCR 레지스터가 초기화되면 자기의 슬레이브 어드레스(또는 범용 콜)가 지정될 때까지 대기한다. 그리고, 어드레스에 이어 전송되어지는 데이터 방향 비트값이 0이면 TWI는 슬레이브 수신(SR) 모드로 동작하며, 1이면 슬레이브 송신(ST) 모드로 동작하게 된다. 자신의 슬레이브 어드레스와 라이트 비트를 수신하면 TWINT 플래그 비트가 셋 되어지고 TWSR 레지스터에는 상태코드가 쓰여진다. 상태 코드는 적절한 소프트웨어 동작을 결정하기 위해 사용되며, 정상적으로 동작하는 경우에는 0xA8의 값을 가진다. 다른 상태 코드는 데이터 시트를 참조하기 바란다.

데이터 전송 중에 TWEA 비트가 리셋되면 TWI는 마지막 바이트를 전송하게 되며, 마스터 수신기로부터 ACK 신호를 수신하면 상태코드는 0xC8이 되고 NACK를 수신하게 되면 0xC0가 된다.

TWEA 비트가 0이면 TWI는 자신의 슬레이브 어드레스 인식을 수행하지 않지만, TWI 버스는 계속 감시되어 TWEA 비트를 셋 하게 되면 다시 어드레스 인식을 재개한다. 이것은 TWEA 비트가 TWI를 일시적으로 TWI 버스로부터 고립시키는 것을 의미한다.

아이들 모드이외의 모든 슬립모드에서 TWI에 공급되는 클럭 시스템은 차단된다. 그러나, TWEA 비트가 셋 되어 있으면 인터페이스는 TWI 시리얼 버스의 클럭을 클럭 소스로 사용하여 자신의 슬레이브 어드레스 또는 범용 콜 어드레스에 대한 인식을 계속해서 수행하게 된다. 그러면, 슬립 모드로부터 해제될 수 있고, TWI는 슬립모드로부터의 wake up(해제) 기간동안 그리고 TWINT 플래그가 클리어 될 때까지 SCL 클럭을 0상태로 유지한다.

11.6 TWI 실험

[예제 11-1] TWI 실습

KUT-128_COM 보드의 TWI 커넥터에 24LC32A를 [그림 11-15]와 같이 제작하여 연결하고, 7-Segment의 16진 문자패턴을 24LC32A에 저장한 후 하나씩 읽어 7-Segment에 출력하는 프로그램을 작성하라.

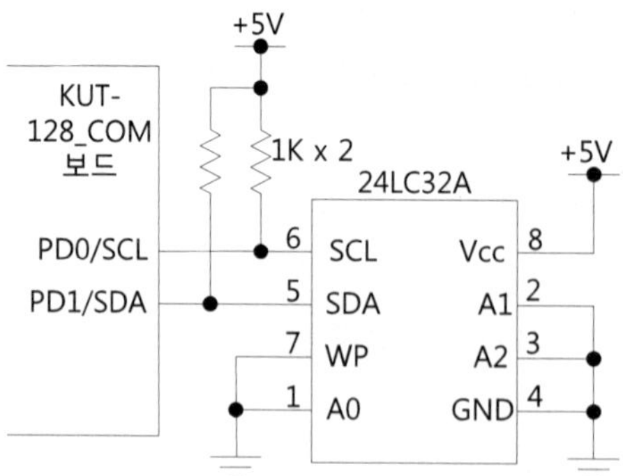

[그림 11-15] 24LC32A 배선도

★ 24LC32A에 대하여

24LC32A는 4Kx8bit의 용량과 I^2C(TWI) 시리얼 핀을 가지고 있는 8핀의 EEPROM이다. 이에 대한 자세한 기능은 매뉴얼을 참조하길 바라며, 여기서는 데이터 쓰기와 읽기에 대해서만 간단히 설명한다. [그림 11-16], [그림 11-17]은 데이터 쓰기 및 읽기 전송데이터 포맷을 보여주며, 읽기와 쓰기에 대한 데이터 전송 순서는 다음과 같다.

<쓰기>

① 마스터(MCU)에서 시작조건을 발생시키고, 1바이트의 제어 데이터를 EEPROM에 전송한다. 이 제어 바이트는 "1010000d"로 상위 7비트는 고정되어 있으며, 최하위 비트 d는 EEPROM이 다음에 전송할 데이터를 수신하는 경우에는 0이고 EEPROM이 송신하는 경우에는 1이 된다. [그림 11-16]에서 첫 번째 제어 바이트의 최하위 비트가 0인데, 이것은 2바이트의 어드레스와 쓰여질 데이터가 EEPROM에 전송되어지기 때문이다.

② EEPROM에서는 ACK(0) 비트를 마스터로 전송한다.

③ 마스터는 상위 어드레스를 EEPROM에 전송하고, EEPROM은 ACK 비트를 마스터로 전송한다.

④ 마스터는 하위 어드레스를 EEPROM에 전송하고, EEPROM은 ACK 비트를 마스터로 전송한다.

⑤ 마스터는 EEPROM에 쓸 데이터를 전송하고, EEPROM은 ACK 비트를 마스터로 전송한다.

⑥ 마스터는 스톱 조건을 발생하고 쓰기 동작을 완료한다.

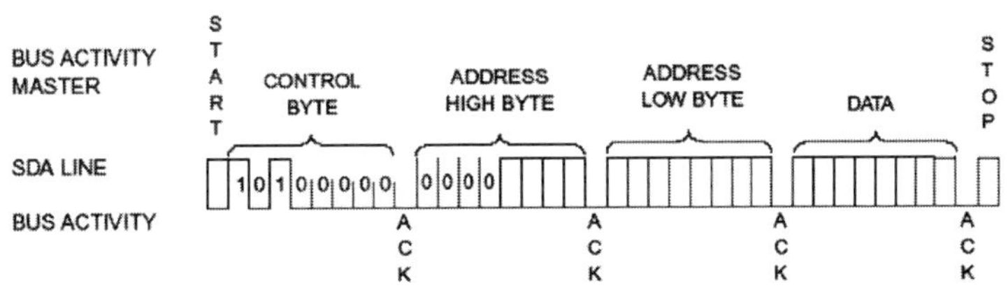

[그림 11-16] 24LC32A 쓰기 전송 데이터 포맷

<읽기>

① 마스터에서 시작조건을 발생시키고, 1바이트의 제어 데이터 "10100000"을 EEPROM에 전송한다. 이것은 마스터가 EEPROM의 데이터를 수신하기에 앞서 우선 읽을 메모리의 어드레스를 전송해야 하기 때문에 EEPROM이 수신 상태임을 알리는 것이다.

② EEPROM에서는 ACK(0) 비트를 마스터로 전송한다.

③ 마스터는 상위 어드레스를 EEPROM에 전송하고, EEPROM은 ACK 비트를 마스터로 전송한다.

④ 마스터는 하위 어드레스를 EEPROM에 전송하고, EEPROM은 ACK 비트를 마스터로 전송한다.

⑤ 마스터는 새로 시작조건을 발생시키고, 1바이트의 제어 데이터 "10100001"을 EEPROM에 전송한다. 이것은 마스터가 ③,④에서 지정한 어드레스의 데이터를 수신하기 위해 EEPROM이 데이터를 송신해야 하는 것을 알리는 것이다.

⑥ EEPROM은 지정된 어드레스가 가르키는 메모리의 내용을 마스터에 전송하며, 마스터는 데이터를 수신한 후에 not ACK 신호(1)를 EEPROM에 보낸다.

⑦ 마스터는 스톱 조건을 발생하고 쓰기 동작을 완료한다.

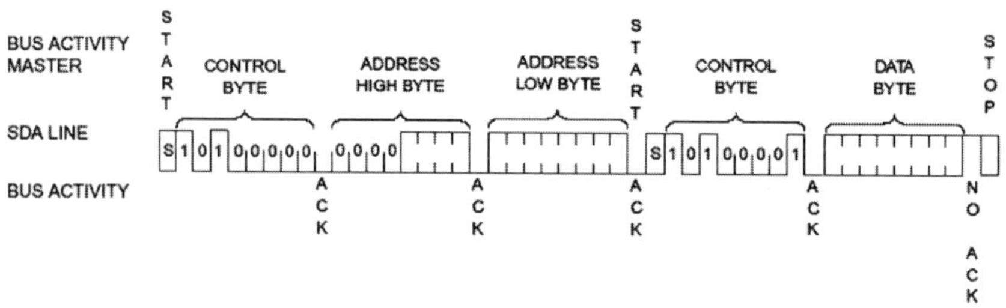

[그림 11-17] 24LC32A 읽기 전송 데이터 포맷

[예제 11-1] TWI 실험

```
/****************************************************************************/
/* 파일명 : ex11-1.c                                                         */
/* 설명 : TWI 실험                                                           */
/****************************************************************************/
#include <mega128.h>
#include <delay.h>

flash unsigned char seg_pat[16]= {0x3f, 0x06, 0x5b, 0x4f, 0x66, 0x6d, 0x7d, 0x07,
                    0x7f, 0x6f, 0x77, 0x7c, 0x39, 0x5e, 0x79, 0x71};

void TWI_Write(int, char);          // TWI EERPOM 쓰기 함수
char TWI_Read(int);                 // TWI EERPOM 읽기 함수
void TWI_Comm(int);                 // TWI EERPOM 공통 함수
void error_out(char);               // TWI EERPOM 에러 처리 함수

void main(void)
{
      int       addr;
      char      val;

      DDRC = 0xFF;                  // 포트 C(LED) 출력 설정
      DDRB = 0xF0;                  // 포트 B 상위 4비트 출력 설정
      DDRD = 0xF0;                  // 포트 D 상위 4비트 출력 설정
      DDRG = 0x0F;                  // 포트 G 하위 4비트 출력 설정

      PORTB = 0x0;                  // E, F, G, DP off
      PORTD = 0x0;                  // A, B, C, D off

      PORTC = 0xff;

      TWBR = 32;                    // 200kHz(TWPS=0)
      TWSR = 0x00;

      // EEPROM  쓰기
      for(addr = 0;addr < 16;addr++){
            TWI_Write(addr, seg_pat[addr]); // Segment 패턴 쓰기
      }

      // EEPROM  읽어 LED에 표시하기
      PORTG = 0b00001000;                       // 맨 우측 7-Segment DIG4 ON(PG3=1)

      while(1){
         for(addr = 0;addr < 16;addr++){
            val = TWI_Read(addr);           // Segment 패턴 읽기
            PORTD = ((val & 0x0F) << 4) | (PORTD & 0x0F); // A, B, C, D  표시
            PORTB = (val & 0x70 ) | (PORTB & 0x0F);       // E, F, G 표시
            delay_ms(500);
         }
      }
}
```

[예제 11-1] TWI 실험(계속)

```
// TWI EEPROM 쓰기
void TWI_Write(int addr, char data)
{
        char        tmp;

        TWI_Comm(addr);

        // Data
        TWDR = data;
        TWCR = 0x84;
        while((TWCR & 0x80) != 0x80);              // TWINT 비트가 1이 될 때까지
        if((TWSR & 0xF8)!= 0x28) error_out(0xEF);

        // STOP 조건 발생
        TWCR = 0x94;
        delay_ms(5);

        // VERIFY
        tmp = TWI_Read(addr);
        if(tmp != data) error_out(0xDF);
}

// TWI EEPROM 읽기
char TWI_Read(int addr)
{
        char data;

        TWI_Comm(addr);

        // 반복 START 조건 발생
        TWCR = 0xA4;
        while((TWCR & 0x80) != 0x80);              // TWINT 비트가 1이 될 때까지
        if((TWSR & 0xF8)!= 0x10) error_out(0x0F);

        // SLA + R
        TWDR = 0xA1;
        TWCR = 0x84;
        while((TWCR & 0x80) != 0x80);              // TWINT 비트가 1이 될 때까지
        if((TWSR & 0xF8)!= 0x40) error_out(0x7F);

        // Data Read
        TWCR = 0x84;
        while((TWCR & 0x80) != 0x80);              // TWINT 비트가 1이 될 때까지
        if((TWSR & 0xF8)!= 0x58) error_out(0xF0);
        data = TWDR;

        // STOP 조건 발생
        TWCR = 0x94;
        delay_ms(5);
```

[예제 11-1] TWI 실험(계속)

```
    return data;
}

// TWI 공통 함수
void TWI_Comm(int addr)
{
    // START 조건 발생
    TWCR = 0xA4;
    while((TWCR & 0x80) != 0x80);           // TWINT 비트가 1이 될 때까지
    if((TWSR & 0xF8)!= 0x08) error_out(0xFE);

    // SLA + W
    TWDR = 0xA0;
    TWCR = 0x84;
    while((TWCR & 0x80) != 0x80);           // TWINT 비트가 1이 될 때까지
    if((TWSR & 0xF8)!= 0x18) error_out(0xFD);

    // HIGH Address
    TWDR = (addr >> 8) & 0x0FF;
    TWCR = 0x84;
    while((TWCR & 0x80) != 0x80);           // TWINT 비트가 1이 될 때까지
    if((TWSR & 0xF8)!= 0x28) error_out(0xFB);

    // LOW Address
    TWDR = addr & 0x0FF;
    TWCR = 0x84;
    while((TWCR & 0x80) != 0x80);           // TWINT 비트가 1이 될 때까지
    if((TWSR & 0xF8)!= 0x28) error_out(0xF7);
}

// 에러 처리
void error_out(char val)
{
    PORTC = val;
    while(1);
}
```

제2부
ATmega128 응용

Chapter 01

텍스트 LCD

이 장에서는 문자를 표시할 수 있는 텍스트 LCD의 사용법에 대해 설명한다. KUT-128_COM 보드에는 16문자 x 2행의 텍스트 LCD가 기본 장착되어 있으며, 다음과 같은 특징을 갖는다.

① 5V 단일전원으로 구동된다.
② 5x7, 5x10 도트의 폰트로 문자를 표시할 수 있다.
③ 인터페이스가 표준화되어 있기 때문에 마이크로프로세서에 쉽게 연결할 수 있다.
④ 8비트 또는 4비트 데이터 버스 방식으로 구동된다.
⑤ C.G.RAM(Character Generator RAM), C.G.ROM(Character Generator ROM)과 D.D.RAM(Data Display RAM)을 내장하고 있다.

LCD 모듈의 핀 번호와 기능은 [표 1-1]과 같다.

[표 1-1] LCD 모듈의 핀 번호와 기능

핀 번호	기 호	기 능	핀 번호	기 호	기 능
1	Vss	GND	9	DB2	Data 2
2	Vdd	+5V	10	DB3	Data 3
3	Vo	contrast 조절	11	DB4	Data 4
4	RS	0 : Instruction 1 : Data	12	DB5	Data 5
5	R/$\overline{W}$	0 : Write 1 : Read	13	DB6	Data 6
6	E	Enable 신호	14	DB7	Data 7
7	DB0	Data 0	15	A	백라이트 애노드
8	DB1	Data 1	16	K	백라이트 캐소드

[그림 1-1]은 LCD 모듈의 읽기와 쓰기 동작을 보여주며, Enable 신호 E에는 명령어 또는 데이터의 읽기/쓰기 동작에 대해 펄스를 하나씩 그림과 같이 입력해 주어야 한다.

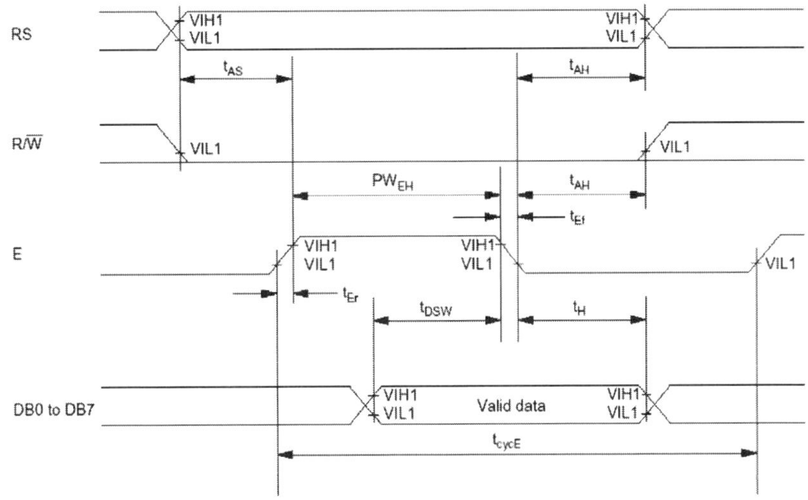

(a) 쓰기 동작

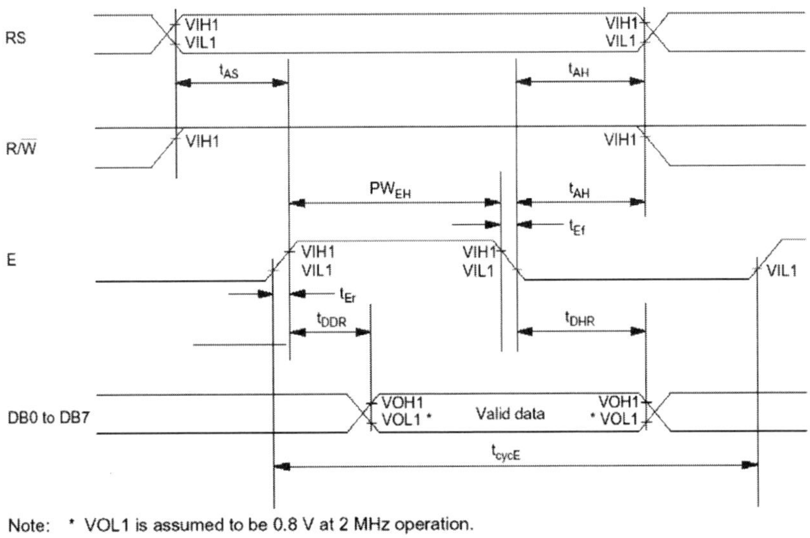

(b) 읽기 동작

[그림 1-1] LCD 모듈 읽기/쓰기 동작(PWEH≥230ns)

1.1 LCD 기본 동작

(1) 레지스터

LCD에는 8비트의 인스트럭션 레지스터(IR : Instruction Register)와 데이터 레지스터(DR : Data Register)가 있으며, RS(4번 핀) 신호에 의해 선택된다.

IR은 D.D.RAM과 C.G.RAM에 대한 어드레스의 설정, 메모리 클리어, 표시 On/Off, 커서 이동 등에 대한 명령어 코드를 가지며, 이 레지스터는 CPU에 의해 써넣기만 가능하다.

DR은 D.D.RAM과 C.G.RAM에 써넣은 데이터나 읽은 데이터를 일시적으로 저장하는 역할을 한다. DR에 써넣은 데이터는 D.D.RAM과 C.G.RAM에 자동으로 써지게 되며, D.D.RAM 또는 C.G.RAM로부터 데이터를 읽을 경우에는 IR에 어드레스를 써넣으면 DR로 데이터가 전송된다. 읽기 동작이 종료되면 다음 어드레스가 자동으로 AC에 전송되어 그 다음 번지를 읽어 낼 수 있는 상태가 된다. [표 1-2]는 RS와 R/$\overline{W}$ 핀에 의한 IR과 DR의 동작을 나타낸다.

[표 1-2] RS와 R/$\overline{W}$ 핀에 의한 레지스터 선택

RS	R/$\overline{W}$	동작
0	0	IR 쓰기 동작
0	1	Busy 플래그와 어드레스 카운터 읽기
1	0	DR 쓰기 동작 DR → D.D.RAM, C.G.RAM
1	1	DR 읽기 동작 DR ← D.D.RAM, C.G.RAM

(2) Busy Flag(BF)

BF는 LCD 모듈이 다음 명령을 받을 수 있는지를 나타내며, BF가 1이면 LCD는 내부 동작을 수행하고 있는 중으로 다음 명령을 받을 수 없다. 반면에 BF가 0이면 다음 명령을 받을 수 있으며, [표 1-2]에 나타낸 것처럼 RS = 0, R/$\overline{W}$ = 1인 조건하에서 BF의 상태가 읽혀진다.

(3) 어드레스 카운터(AC : Address Counter)

어드레스 카운터(AC)는 D.D.RAM 또는 C.G.RAM의 어드레스를 지정할 때 사용되며, IR에 어드레스 셋 명령어를 쓰면 IR에서 AC로 어드레스 정보가 전송된다. D.D.RAM과 C.G.RAM은 명령어에 의해서 선택되며, D.D.RAM 또는 C.G.RAM에 데이터를 쓰면 AC는 자동으로 +1 또는 −1이 된다.

AC의 내용은 [표 1-2]에 나타낸 것처럼 RS = 0, R/$\overline{W}$ = 1인 조건에서 DB0~DB6으로 출력

된다.

(4) Display Data RAM(D.D.RAM)

D.D.RAM은 8비트 문자 데이터를 최대 80글자까지 기억할 수 있으며, D.D.RAM내의 표시에 사용되지 않는 메모리 영역은 일반적인 데이터 RAM으로 사용할 수 있다.

D.D.RAM의 1행은 0x00~0x27, 2행은 0x40~0x67의 어드레스를 가지며, 1행의 마지막 어드레스와 2행의 처음 어드레스가 연속적이 아니라는 점에 주의하여야 한다. 따라서, 각 행에는 40문자씩 저장할 수 있지만, LCD의 각 행에는 40문자 중에 16문자만 표시된다. 그리고, D.D.RAM의 각 행 왼쪽 첫 번째 메모리와 오른쪽 마지막 메모리는 연결된 것처럼 동작한다. 즉, 1행의 0x00번지와 0x27번지 그리고 2행의 0x40번지와 0x67는 마치 연결된 것처럼 동작한다. 따라서, 쉬프트 동작이 실행되면 [그림 1-2]와 같이 D.D.RAM의 어드레스 내용이 LCD상에 표시된다.

	1	2	3	4	5	6	7	8	9	10	11	12	13	14	15	16
1행	00	01	02	03	04	05	06	07	08	09	0A	0B	0C	0D	0E	0F
2행	40	41	42	43	44	45	46	47	48	49	4A	4B	4C	4D	4E	4F

(a) 초기 상태

	1	2	3	4	5	6	7	8	9	10	11	12	13	14	15	16
1행	01	02	03	04	05	06	07	08	09	0A	0B	0C	0D	0E	0F	10
2행	41	42	43	44	45	46	47	48	49	4A	4B	4C	4D	4E	4F	50

(b) 1문자 왼쪽 쉬프트

	1	2	3	4	5	6	7	8	9	10	11	12	13	14	15	16
1행	27	00	01	02	03	04	05	06	07	08	09	0A	0B	0C	0D	0E
2행	67	40	41	42	43	44	45	46	47	48	49	4A	4B	4C	4D	4E

(c) 1문자 오른쪽 쉬프트

[그림 1-2] D.D.RAM과 LCD에 표시되는 부분의 관계

(5) C.G.ROM(Character Generator ROM)

C.G.ROM은 5x7, 5x10 도트의 글자를 발생시키며, [표 1-3]에 C.G.ROM의 문자 코드를 나타낸다. 사용자는 LCD에 표시할 문자의 ASCII 코드값만 D.D.RAM에 써주면 되며, LCD에는 문자코드에 해당하는 문자패턴이 표시된다.

[표 1-3] C.G.ROM 문자 코드

LOWER 4 BITS \ UPPER 4 BITS	0000	0010	0011	0100	0101	0110	0111	1010	1011	1100	1101	1110	1111
0000	CG RAM (1)		0	@	P	`	p		ー	タ	ミ	α	p
0001	(2)	!	1	A	Q	a	q	。	ア	チ	ム	ä	q
0010	(3)	"	2	B	R	b	r	「	イ	ツ	メ	β	θ
0011	(4)	#	3	C	S	c	s	」	ウ	テ	モ	ε	∞
0100	(5)	$	4	D	T	d	t	、	エ	ト	ヤ	μ	Ω
0101	(6)	%	5	E	U	e	u	・	オ	ナ	ユ	σ	ü
0110	(7)	&	6	F	V	f	v	ヲ	カ	ニ	ヨ	ρ	Σ
0111	(8)	'	7	G	W	g	w	ァ	キ	ヌ	ラ	g	π
1000	(1)	(	8	H	X	h	x	ィ	ク	ネ	リ	√	x̄
1001	(2)	)	9	I	Y	i	y	ゥ	ケ	ノ	ル	⁻¹	y
1010	(3)	*	:	J	Z	j	z	ェ	コ	ハ	レ	j	千
1011	(4)	+	;	K	[	k	{	ォ	サ	ヒ	ロ	ˣ	万
1100	(5)	,	<	L	¥	l	|	ャ	シ	フ	ワ	¢	円
1101	(6)	-	=	M	]	m	}	ュ	ス	ヘ	ン	£	÷
1110	(7)	.	>	N	^	n	→	ョ	セ	ホ	゛	ñ	
1111	(8)	/	?	O	_	o	←	ッ	ソ	マ	゜	ö	█

(6) C.G.RAM(Character Generator RAM)

C.G.RAM은 사용자가 정의하는 문자의 패턴을 저장하기 위한 RAM이며, 전원을 끄면 모두 지워져 버린다. 그리고, 새로 정의되는 문자 패턴은 [그림 1-3]과 같이 C.G.RAM의 0x00~0x3F 번지에 저장되며, 8개의 정의 문자가 각각 8바이트씩의 패턴을 저장하기 위해 메모리를 차지한다. 사용자는 이렇게 C.G.RAM에 문자 패턴을 정의하고, LCD에 표시할 때는 0x00~0x07(또는 0x08~0x0F)의 문자 코드를 D.D.RAM에 써주면 된다.

Character code (DD RAM data)	CG RAM address		Character pattern (DD RAM data)		
7 6 5 4 3 2 1 0 →Higher order bit Low order → bit	5 4 3 →Higher order bit	2 1 0 Low order → bit	7 6 5 →Higher order bit	4 3 2 1 0 Low order → bit	
0 0 0 0 * 0 0 0	0 0 0	0 0 0	* * *	1 1 1 1 0	
		0 0 1		1 0 0 0 1	
		0 1 0		1 0 0 0 1	Example of character(1)
		0 1 1		1 1 1 1 0	
		1 0 0		1 0 1 0 0	
		1 0 1		1 0 0 1 0	
		1 1 0		1 0 0 0 1	
		1 1 1	* * *	0 0 0 0 0	Cursor position
0 0 0 0 * 0 0 1	0 0 1	0 0 0	* * *	1 0 0 0 1	
		0 0 1		0 1 0 1 0	
		0 1 0		1 1 1 1 1	
		0 1 1		0 0 1 0 0	Example of character(2)
		1 0 0		1 1 1 1 1	
		1 0 1		0 0 1 0 0	
		1 1 0		0 0 1 0 0	
		1 1 1	* * *	0 0 0 0 0	
0 0 0 0 * 1 1 1	1 1 1	0 0 0	* * *		
		0 0 0			
		1 0 0			
		1 0 1			
		1 1 0			*means Don't care
		1 1 1	* * *		

[그림 1-3] C.G.RAM의 문자 작성(5x7 도트)

1.2 LCD 명령어

LCD를 제어하기 위한 명령어는 [표 1-4]와 같다. 이 명령어는 MCU가 LCD를 제어하는 프로그램에서 사용되며, 데이터 버스를 통해서 전송된다.

[표 1-4] LCD 제어 명령어

기능	제어신호		명령어코드값								실행시간
	RS	R/W	DB7	DB6	DB5	DB4	DB3	DB2	DB1	DB0	
1. 표시 클리어	0	0	0	0	0	0	0	0	0	1	1.64ms
2. 커서 홈	0	0	0	0	0	0	0	0	1	0	1.64ms
3. 엔트리 모드 셋	0	0	0	0	0	0	0	1	I/D	S	40us
4. 표시 On/Off 제어	0	0	0	0	0	0	1	D	C	B	40us
5. 커서/표시 이동	0	0	0	0	0	1	S/C	R/L	0	0 4	0us
6. 펑션 셋	0	0	0	0	1	DL	N	F	0	0	40us
7. C.G.RAM 어드레스 설정	0	0	0	1	Address Counter						40us
8. D.D.RAM 어드레스 설정	0	0	1	D.D.RAM Address							40us
9. BF/어드레스 읽기	0	1	BF	Address Counter							0us
10. C.G.RAM, D.D.RAM 으로 데이터 쓰기	1	0	Write Data								40us
11. C.G.RAM, D.D.RAM 에서 데이터 읽기	1	1	Read Data								40us

*실행시간은 fosc=250KHz

(1) 표시 클리어

LCD 화면을 클리어하고 커서는 1행 1열의 홈(Home) 위치로 돌아가며, D.D.RAM의 어드레스 카운터는 0이 된다.

(2) 커서 홈

D.D.RAM의 어드레스 카운터는 0이 되며, 커서의 위치는 홈에 위치한다.

(3) 엔트리모드 셋

커서의 움직이는 방향과 디스플레이를 이동시킬 것인지를 결정한다. I/D값은 문자코드를 DDRAM 또는 CGRAM에 써넣거나 읽을 때 어드레스를 +1 또는 -1 하기 위한 설정비트로서,

I/D가 1이면 어드레스를 +1 하고 커서를 우로 이동시킨다. 그리고, I/D가 0이면 어드레스를 −1 하고 커서를 좌로 이동시킨다.

그리고, S는 DDRAM에 데이터를 써넣은 후에 표시전체를 좌로 또는 우로 이동시키기 위한 설정비트이며, S=0이면 이동되지 않는다. S=1이고 I/D=1이면 표시전체가 좌로 이동하며, S=1이고 I/D=0이면 표시전체가 우로 이동한다. S=1이면 커서의 위치는 변하지 않는다.

(4) 표시 On/Off 제어

전체 디스플레이의 On/Off 제어, 커서의 On/Off 제어, 커서 위치의 문자를 깜박이게 하는 기능을 갖는다. D=1이면 LCD 전체가 On되어 글자가 표시되며, D=0이면 Off되어 글자가 표시되지 않는다. 그러나, D.D.RAM은 지워지지 않은 상태로 남아 있기 때문에 D=1로 해주면 다시 표시된다. C=1이면 커서가 나타나며, C=0이면 커서가 나타나지 않는다. 커서는 5x7 도트의 폰트에서 8번째 줄에 나타나고, 5x10 도트에서는 11번째 줄에 나타난다. B=1이면 커서가 깜박이며, B=0이면 커서는 깜박이지 않는다.

(5) 커서/표시 이동

D.D.RAM의 내용을 변경시키지 않은 상태에서 커서를 움직이거나 표시 전체를 이동한다. 커서의 이동은 첫 번째 라인의 마지막 칸(40번째)에서 다음 라인으로 넘어간다. 표시 이동은 첫 번째 라인과 두 번째 라인이 동시에 이루어지며, 표시 이동은 수평으로만 가능하다. [표 1-5]는 커서/표시 이동에 대한 설정조건을 나타낸다.

[표 1-5] 커서 및 표시 이동에 대한 설정

S/C	R/L	동 작
0	0	커서의 위치를 좌로 이동한다. (AC는 −1된다.)
0	1	커서의 위치를 우로 이동한다. (AC는 +1된다.)
1	0	표시와 커서를 좌로 이동한다.
1	1	표시와 커서를 우로 이동한다.

(6) 펑션 셋

인터페이스 길이를 결정하거나 표시 행수와 문자 폰트를 설정한다. 즉, DL=1일 때 8비트로 설정되고, DL=0일 때 4비트로 설정된다. 4비트로 설정될 때는 DB7~DB4가 사용되며, 데이터 전송은 상위 4비트에 이어 하위 4비트의 순서로 이루어진다. N과 F에 따른 표시 행수와 문자 폰트의 설정은 [표 1-6]과 같다.

[표 1-6] 표시 행수와 문자 폰트의 설정

N	F	표시 라인	글자 폰트	듀티비
0	0	1	5x7 도트	1/8
0	1	1	5x10 도트	1/11
1	*	2	5x7 도트	1/16

(7) C.G.RAM 어드레스 설정

C.G.RAM의 어드레스를 설정하며, 어드레스 설정 후에 C.G.RAM의 데이터를 읽고 쓸 수 있다.

(8) D.D.RAM 어드레스 설정

D.D.RAM의 어드레스를 설정하며, 어드레스 설정 후에 D.D.RAM의 데이터를 읽고 쓸 수 있다.

(9) BF/어드레스 읽기

LCD의 내부 동작 상태를 알 수 있는 비지 플래그(BF)와 어드레스 카운터의 내용을 읽을 수 있다. BF=1이면 내부 동작이 진행 중이라 명령을 받아들일 수 없으며, BF=0이면 명령을 받아들일 수 있다.

(10) C.G.RAM, D.D.RAM으로 데이터 쓰기

C.G.RAM 또는 D.D.RAM에 8비트의 데이터를 쓸 수 있다. C.G.RAM 또는 D.D.RAM의 선택은 이전에 어드레스값이 설정된 RAM이 선택되며, 엔트리 모드에 따라 어드레스는 +1 또는 −1 된다.

(11) C.G.RAM, D.D.RAM으로부터 데이터 읽기

C.G.RAM 또는 D.D.RAM으로부터 8비트의 데이터를 읽는다. 읽기 전에는 반드시 D.D.RAM 또는 C.G.RAM의 어드레스 설정 명령을 실행해야 한다. 읽기 명령 전에 어드레스 설정 명령을 실행하지 않으면 첫 번째 데이터는 무효가 되고, 두 번째 데이터부터 정상적으로 읽혀진다.

1.3 초기화

LCD는 초기화 과정을 거쳐야만 안정적인 동작을 보장할 수 있다. 사양서에 정의된 시간을 지켜야 하며, 시간 지연이 필요한 곳에는 적당한 시간 지연을 주어야 안정적인 동작이 가능하다. [그림 1-4]는 4비트 모드의 경우에 대한 LCD의 초기화 과정을 나타낸다.

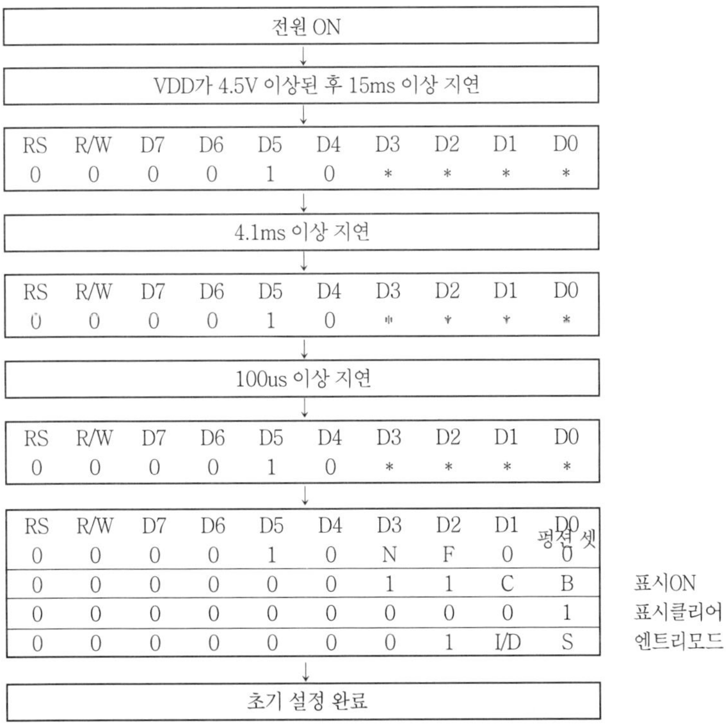

[그림 1-4] LCD 초기(4비트 데이터 버스 방식)

1.4 LCD 제어 실험

KUT-128_COM 인터페이스 보드에는 LCD가 [그림 1-5]와 같이 포트 A에 연결되어 있으며, 4비트 구동방식으로 제어된다.

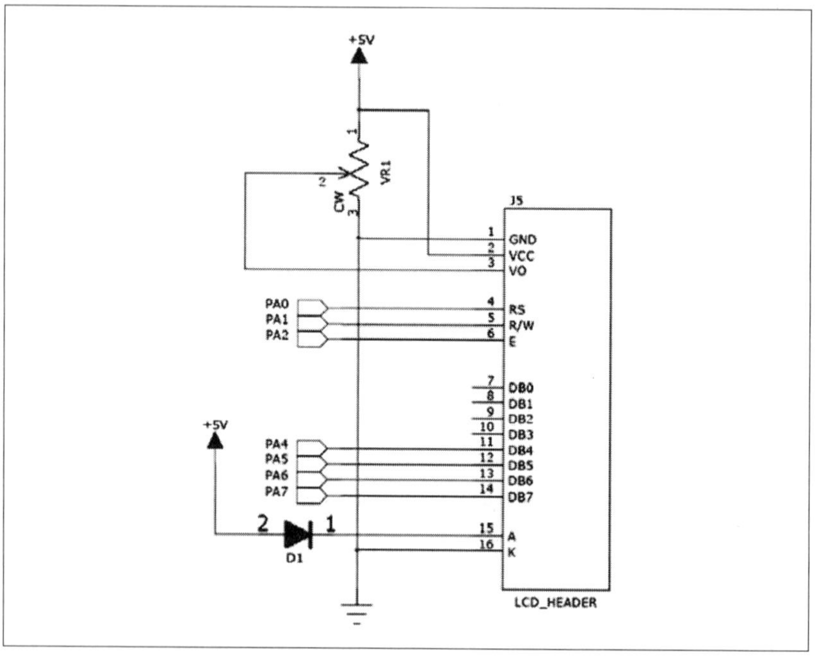

[그림 1-5] KUT-128 인터페이스 보드의 LCD 커넥터

[표 1-7] LCD와 C 포트 연결

LCD 핀	A포트	LCD 핀	A포트
RS	PA0	DB4	PA4
R/?W	PA1	DB5	PA5
E	PA2	DB6	PA6
		DB7	PA7

예제에서는 A 포트를 직접 제어하여 LCD를 구동하며, Busy Flag(BF)는 따로 조사하는 대신에 시간 지연 함수를 이용한다. 시간 지연 함수는 컴파일러에서 제공하는 함수를 사용하였으며, 반드시 <delay.h> 파일을 포함시켜야 한다.

[예제 1-1] LCD 문자열 출력 실험

KUT-128_COM 보드의 LCD 커넥터에 LCD를 연결하고 다음과 같은 문자열을 출력하는 프로그램을 작성하라.

Hello!! KUT-128
Atmel ATmega128

[예제 1-1] LCD 문자열 출력 실험

```
/// 파일명 : lcd01.c
// 설  명 : LCD에 임의의 문자열을 출력한다.
// 주  의 : 포트를 직접 제어하여 LCD를 사용한다.
//      RS      - PA0
//      R/W     - PA1
//      ENABLE  - PA2
//      DB4     - PA4
//      DB5     - PA5
//      DB6     - PA6
//      DB7     - PA7

#include <mega128.h>
#include <delay.h>

typedef unsigned char u_char;

#define ENABLE          PORTA.2             // Enable(펄스)

#define FUNCSET         0x28                // Function Set
#define ENTMODE         0x06                // Entry Mode Set
#define ALLCLR          0x01                // All Clear
#define DISPON          0x0c                // Display On
#define LINE2           0xC0                // 2nd Line Move

void LCD_init(void);                        // LCD 초기화
void LCD_String(char flash *);              // 문자열 출력
void Busy(void);                            // 2ms 딜레이 함수
void Command(u_char);                       // 명령어 전송
void Data(u_char);                          // 데이터 전송

void main(void)
{
      LCD_init();

      LCD_String("Hello!! KUT-128");        // 첫번째 라인에 출력
      Command(LINE2);
      LCD_String("Atmel ATmega128");        // 두번째 라인에 출력

      while(1);
}
```

[예제 1-1] LCD 문자열 출력 실험(계속)

```
// LCD 초기화
void LCD_init(void)
{
        DDRA = 0xFF;                              // 포트 A 출력 설정
        PORTA = 0x0;

        delay_ms(15);
        Command(0x20);
        delay_ms(5);
        Command(0x20);
        delay_us(100);
        Command(0x20);
        Command(FUNCSET);
        Command(DISPON);
        Command(ALLCLR);
        Command(ENTMODE);
}

// 문자열 출력 함수
void LCD_String(char flash *str)
{
        char flash *pStr=0;

        pStr = str;
        while(*pStr) Data(*pStr++);
}

// 인스트럭션 쓰기 함수
void Command(u_char byte)
{
        Busy();

        // 인스트럭션 상위 4비트
        PORTA = 0x00;                // RS=RW=0
        PORTA |= (byte & 0xF0);      // 명령어 상위 4비트
        delay_us(1);
        ENABLE = 1;                  // E = 1
        delay_us(1);
        ENABLE = 0;                  // E = 0

        // 인스트럭션 하위 4비트
        PORTA = 0x00;                // RS=RW=0
        PORTA |= (byte << 4);        // 명령어 하위 4비트
        delay_us(1);
        ENABLE = 1;                  // E = 1
        delay_us(1);
        ENABLE = 0;                  // E = 0
}
```

[예제 1-1] LCD 문자열 출력 실험(계속)

```
//데이터 쓰기 함수
void Data(u_char byte)
{
	Busy();

	// 데이터 상위 4비트
	PORTA = 0x01;                // RS=1, RW=0
	PORTA |= (byte & 0xF0);      // 데이터 상위 4비트
	delay_us(1);
	ENABLE = 1;                  // E = 1
	delay_us(1);
	ENABLE = 0;                  // E = 0

	// 데이터 하위 4비트
	PORTA = 0x01;                // RS=1, RW=0
	PORTA |= (byte << 4);        // 데이터 하위 4비트
	delay_us(1);
	ENABLE = 1;                  // E = 1
	delay_us(1);
	ENABLE = 0;                  // E = 0
}

// Busy Flag Check -> 일반적인 BF를 체크하는 것이 아니라
// 일정한 시간 지연을 이용한다.
void Busy(void)
{
	delay_ms(2);
}
```

[예제 1-2] LCD 문자열 이동 실험

[예제 1-1]에서와 같은 문자열에 대해 다음과 같은 동작을 반복 수행하는 프로그램을 작성하라.

(두 라인에 문자열 표시) -> (0.5초간 LCD ON) -> (0.5초간 LCD OFF) ->
(1초간 LCD ON) -> (0.5초 간격으로 16번 오른쪽으로 이동)

[예제 1-2] LCD 문자열 이동 실험

```
// 파일명 : lcd02.c
// 설  명 : LCD에 임의의 문자열을 출력한다.
//         표시된 문자열을 한번 깜박 거린 후에 우측으로 이동한다.
//         전체가 이동하면 다시 처음부터 반복
// 주  의 : 포트를 직접 제어하여 LCD를 사용한다.
//          RS      - PA0
//          R/W     - PA1
//          ENABLE  - PA2
//          DB4     - PA4
//          DB5     - PA5
//          DB6     - PA6
//          DB7     - PA7

#include <mega128.h>
#include <delay.h>

typedef unsigned char u_char;

#define ENABLE     PORTA.2                 // Enable(펄스)

#define FUNCSET        0x28                // Function Set
#define ENTMODE        0x06                // Entry Mode Set
#define ALLCLR         0x01                // All Clear
#define DISPON         0x0c                // Display On
#define DISPOFF        0x08                // Display Off
#define LINE2          0xC0                // 2nd Line Move
#define HOME           0x02                // Cursor Home
#define RSHIFT         0x1C                // Display Right Shift

void LCD_init(void);                       // LCD 초기화
void LCD_String(char flash *);             // 문자열 출력
void Busy(void);                           // 2ms 딜레이
void Command(u_char);                      // 명령어 전송
void Data(u_char);                         // 데이터 전송
```

[예제 1-2] LCD 문자열 이동 실험(계속)

```
void main(void)
{
        int i;

        LCD_init();

        while(1){
                Command(HOME);
                LCD_String("Hello!! KUT-128");          // 첫 번째 라인에 출력
                Command(LINE2);
                LCD_String("Atmel ATmega128");          // 두 번째 라인에 출력

                delay_ms(500);                          // 0.5초 시간 지연
                Command(DISPOFF);                       // Display Off
                delay_ms(500);                          // 0.5초 시간 지연
                Command(DISPON);
                delay_ms(1000);                         // 1초 시간 지연

                // 16번 오른쪽으로 쉬프트
                for(i=0;i<16;i++) {
                        Command(RSHIFT);
                        delay_ms(500);
                }
        }
}

// LCD 초기화
void LCD_init(void)
{
        DDRA = 0xFF;                            // 포트 A 출력 설정
        PORTA = 0x0;

        delay_ms(15);
        Command(0x20);
        delay_ms(5);
        Command(0x20);
        delay_us(100);
        Command(0x20);
        Command(FUNCSET);
        Command(DISPON);
        Command(ALLCLR);
        Command(ENTMODE);
}

// 문자열 출력 함수
void LCD_String(char flash *str)
{
        char flash *pStr=0;

        pStr = str;
        while(*pStr) Data(*pStr++);
}
```

[예제 1-2] LCD 문자열 이동 실험(계속)

```
// 인스트럭션 쓰기 함수
void Command(u_char byte)
{
	Busy();

	// 인스트럭션 상위 4비트
	PORTA = 0x00;			// RS=RW=0
	PORTA |= (byte & 0xF0);		// 명령어 상위 4비트
	delay_us(1);
	ENABLE = 1;			// E = 1
	delay_us(1);
	ENABLE = 0;			// E = 0

	// 인스트럭션 하위 4비트
	PORTA = 0x00;			// RS=RW=0
	PORTA |= (byte << 4);		// 명령어 하위 4비트
	delay_us(1);
	ENABLE = 1;			// E = 1
	delay_us(1);
	ENABLE = 0;			// E = 0
}

//데이터 쓰기 함수
void Data(u_char byte)
{
	Busy();

	// 데이터 상위 4비트
	PORTA = 0x01;			// RS=1, RW=0
	PORTA |= (byte & 0xF0);		// 데이터 상위 4비트
	delay_us(1);
	ENABLE = 1;			// E = 1
	delay_us(1);
	ENABLE = 0;			// E = 0

	// 데이터 하위 4비트
	PORTA = 0x01;			// RS=1, RW=0
	PORTA |= (byte << 4);		// 데이터 하위 4비트
	delay_us(1);
	ENABLE = 1;			// E = 1
	delay_us(1);
	ENABLE = 0;			// E = 0
}

// Busy Flag Check -> 일반적인 BF를 체크하는 것이 아니라
// 일정한 시간 지연을 이용한다.
void Busy(void)
{
	delay_ms(2);
}
```

[예제 1-3] LCD 문자열 연속 이동 실험

아래와 같이 첫 번째 라인에 문자열을 표시한 후 좌측으로 계속 이동시키는 프로그램을 작성하라. 실험에 사용하는 LCD는 한 라인에 16문자밖에 표시할 수 없기 때문에, 음영으로 표시된 부분은 처음에 LCD에 표시되는 부분이고 음영으로 표시되지 않은 부분은 LCD에 표시되지는 않고 메모리에 코드값만 들어있는 부분이다. 문자열이 좌측으로 이동하면 점점 숨겨져 있던 문자열이 보이게 되며, 좌측으로 계속 이동하면 좌측으로 이동하여 보이지 않던 문자열은 다시 LCD의 우측 끝에서 나타나게 된다.

Hello!! KUT-128	-- ATMEL ATmega128

[예제 1-3] LCD 문자열 연속 이동 실험

```
// 파일명 : lcd03.c
// 설 명 : LCD에 임의의 문자열을 출력한다.
//        표시된 문자열을 좌측으로 이동하여 우측에서 문자가 다시
//        출력되도록 한다.
// 주 의 : 포트를 직접 제어하여 LCD를 사용한다.
//        RS      - PA0
//        R/W     - PA1
//        ENABLE  - PA2
//        DB4     - PA4
//        DB5     - PA5
//        DB6     - PA6
//        DB7     - PA7

#include <mega128.h>
#include <delay.h>

typedef unsigned char u_char;

#define ENABLE          PORTA.2         // Enable(펄스)

#define FUNCSET         0x28            // Function Set
#define ENTMODE         0x06            // Entry Mode Set
#define ALLCLR          0x01            // All Clear
#define DISPON          0x0c            // Display On
#define LSHIFT          0x18            // Display Left Shift

void LCD_init(void);                    // LCD 초기화
void LCD_String(char flash *);          // 문자열 출력
void Busy(void);                        // 2ms 딜레이
void Command(u_char);                   // 명령어 전송
void Data(u_char);                      // 데이터 전송
```

[예제 1-3] LCD 문자열 연속 이동 실험(계속)

```
void main(void)
{
        LCD_init();

        // 첫 번째 라인에 출력
        LCD_String("Hello!! KUT-128 -- Atmel ATmega128");
        while(1){
                Command(LSHIFT);            // Display Left Shift
                delay_ms(300);              // 0.3초 시간 지연
        }
}

// LCD 초기화
void LCD_init(void)
{
        DDRA = 0xFF;                        // 포트 A 출력 설정
        PORTA = 0x0;

        delay_ms(15);
        Command(0x20);
        delay_ms(5);
        Command(0x20);
        delay_us(100);
        Command(0x20);
        Command(FUNCSET);
        Command(DISPON);
        Command(ALLCLR);
        Command(ENTMODE);
}

// 문자열 출력 함수
void LCD_String(char flash *str)
{
        char flash *pStr=0;

        pStr = str;
        while(*pStr) Data(*pStr++);
}

// 인스트럭션 쓰기 함수
void Command(u_char byte)
{
        Busy();

        // 인스트럭션 상위 4비트
        PORTA = 0x00;                       // RS=RW=0
        PORTA |= (byte & 0xF0);             // 명령어 상위 4비트
```

[예제 1-3] LCD 문자열 연속 이동 실험(계속)

```
        delay_us(1);
        ENABLE = 1;                 // E = 1
        delay_us(1);
        ENABLE = 0;                 // E = 0

        // 인스트럭션 하위 4비트
        PORTA = 0x00;               // RS=RW=0
        PORTA |= (byte << 4);       // 명령어 하위 4비트
        delay_us(1);
        ENABLE = 1;                 // E = 1
        delay_us(1);
        ENABLE = 0;                 // E = 0
}
//데이터 쓰기 함수
void Data(u_char byte)
{
        Busy();

        // 데이터 상위 4비트
        PORTA = 0x01;               // RS=1, RW=0
        PORTA |= (byte & 0xF0);     // 데이터 상위 4비트
        delay_us(1);
        ENABLE = 1;                 // E = 1
        delay_us(1);
        ENABLE = 0;                 // E = 0

        // 데이터 하위 4비트
        PORTA = 0x01;               // RS=1, RW=0
        PORTA |= (byte << 4);       // 데이터 하위 4비트
        delay_us(1);
        ENABLE = 1;                 // E = 1
        delay_us(1);
        ENABLE = 0;                 // E = 0
}

// Busy Flag Check -> 일반적인 BF를 체크하는 것이 아니라
// 일정한 시간 지연을 이용한다.
void Busy(void)
{
        delay_ms(2);
}
```

[예제 1-4] LCD에 문자 패턴 등록하고 표시하기

아래의 3문자에 대한 패턴을 C.G.RAM에 등록하고, LCD에 “My Name is 신동욱”을 표시하는 프로그램을 작성하라.

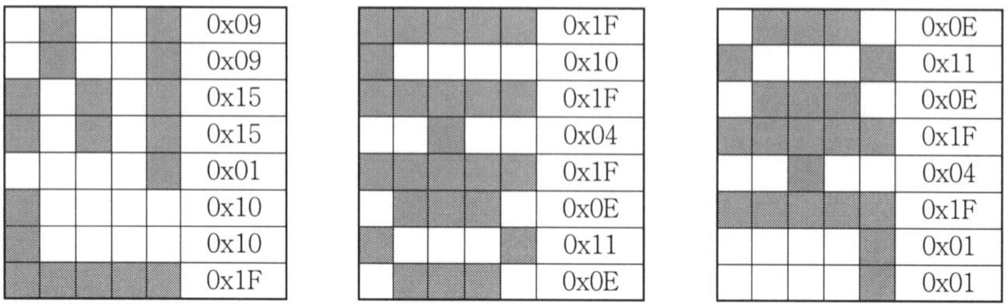

[예제 1-4] LCD에 문자 패턴 등록하고 표시하기

```
/// 파일명 : lcd04.c
// 설  명 : 문자 패턴 등록후 표시하기
// 주  의 : 포트를 직접 제어하여 LCD를 사용한다.
//        RS      - PA0
//        R/W     - PA1
//        ENABLE  - PA2
//        DB4     - PA4
//        DB5     - PA5
//        DB6     - PA6
//        DB7     - PA7

#include <mega128.h>
#include <delay.h>

typedef unsigned char u_char;

#define ENABLE          PORTA.2             // Enable(펄스)

#define FUNCSET         0x28                // Function Set
#define ENTMODE         0x06                // Entry Mode Set
#define ALLCLR          0x01                // All Clear
#define DISPON          0x0c                // Display On
#define LSHIFT          0x18                // Display Left Shift
#define HOME            0x02                // Cursor Home

flash unsigned char cg_pat[24] =
        {0x09, 0x09, 0x15, 0x15, 0x01, 0x10, 0x10, 0x1F,        // '신'
         0x1F, 0x10, 0x1F, 0x04, 0x1F, 0x0E, 0x11, 0x0E,        // '동'
         0x0E, 0x11, 0x0E, 0x1F, 0x04, 0x1F, 0x01, 0x01};       // '욱'
```

[예제 1-4] LCD에 문자 패턴 등록하고 표시하기(계속)

```
void LCD_init(void);                    // LCD 초기화
void LCD_String(char flash *);          // 문자열 출력
void Busy(void);                        // 2ms 딜레이
void Command(u_char);                   // 명령어 전송
void Data(u_char);                      // 데이터 전송

void main(void)
{
        int i;

        LCD_init();

        // 첫 번째 라인에 출력
        for(i = 0;i < 24;i++){
                Command(0x40 + i);              // CGRAM 패턴 등록
                Data(cg_pat[i]);
        }

        Command(HOME);                          // DDRAM 선택
        LCD_String(" My Name is ");
        Data(0x00);                             // '신' 또는 0x08
        Data(0x01);                             // '동' 또는 0x09
        Data(0x02);                             // '욱' 또는 0x0A
}

// LCD 초기화
void LCD_init(void)
{
        DDRA = 0xFF;                            // 포트 A 출력 설정
        PORTA = 0x0;

        delay_ms(15);
        Command(0x20);
        delay_ms(5);
        Command(0x20);
        delay_us(100);
        Command(0x20);
        Command(FUNCSET);
        Command(DISPON);
        Command(ALLCLR);
        Command(ENTMODE);
}

// 문자열 출력 함수
void LCD_String(char flash *str)
{
        char flash *pStr=0;

        pStr = str;
        while(*pStr) Data(*pStr++);
}
```

[예제 1-4] LCD에 문자 패턴 등록하고 표시하기(계속)

```
// 인스트럭션 쓰기 함수
void Command(u_char byte)
{
	Busy();

	// 인스트럭션 상위 4비트
	PORTA = 0x00;			// RS=RW=0
	PORTA |= (byte & 0xF0);	// 명령어 상위 4비트
	delay_us(1);
	ENABLE = 1;			// E = 1
	delay_us(1);
	ENABLE = 0;			// E = 0

	// 인스트럭션 하위 4비트
	PORTA = 0x00;			// RS=RW=0
	PORTA |= (byte << 4);		// 명령어 하위 4비트
	delay_us(1);
	ENABLE = 1;			// E = 1
	delay_us(1);
	ENABLE = 0;			// E = 0
}

//데이터 쓰기 함수
void Data(u_char byte)
{
	Busy();

	// 데이터 상위 4비트
	PORTA = 0x01;			// RS=1, RW=0
	PORTA |= (byte & 0xF0);	// 데이터 상위 4비트
	delay_us(1);
	ENABLE = 1;			// E = 1
	delay_us(1);
	ENABLE = 0;			// E = 0

	// 데이터 하위 4비트
	PORTA = 0x01;			// RS=1, RW=0
	PORTA |= (byte << 4);		// 데이터 하위 4비트
	delay_us(1);
	ENABLE = 1;			// E = 1
	delay_us(1);
	ENABLE = 0;			// E = 0
}

// Busy Flag Check -> 일반적인 BF를 체크하는 것이 아니라
// 일정한 시간 지연을 이용한다.
void Busy(void)
{
	delay_ms(2);
}
```

1.5 큰 문자 출력하기

[그림 1-6]에 나타낸 5개의 기본 패턴을 C.G.RAM에 등록하고, 이 패턴을 이용하여 3(W)x2(H)로 숫자 0~9의 패턴을 만들어 보자.

숫자 0은 [그림 1-7]과 같이 윗부분에 코드3, 0, 3의 기본 패턴을 차례로 표시하고, 아랫부분에는 코드 3, 1, 3의 기본 패턴을 차례로 표시하면 큰 0이 표시된다. 1부터 9까지의 숫자에 대해서도 동일한 방법으로 [그림 1-7]과 같이 만들 수 있다.

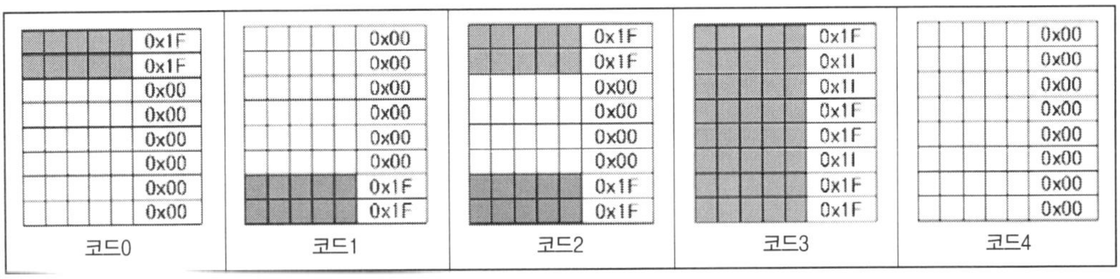

[그림 1-6] 기본 패턴

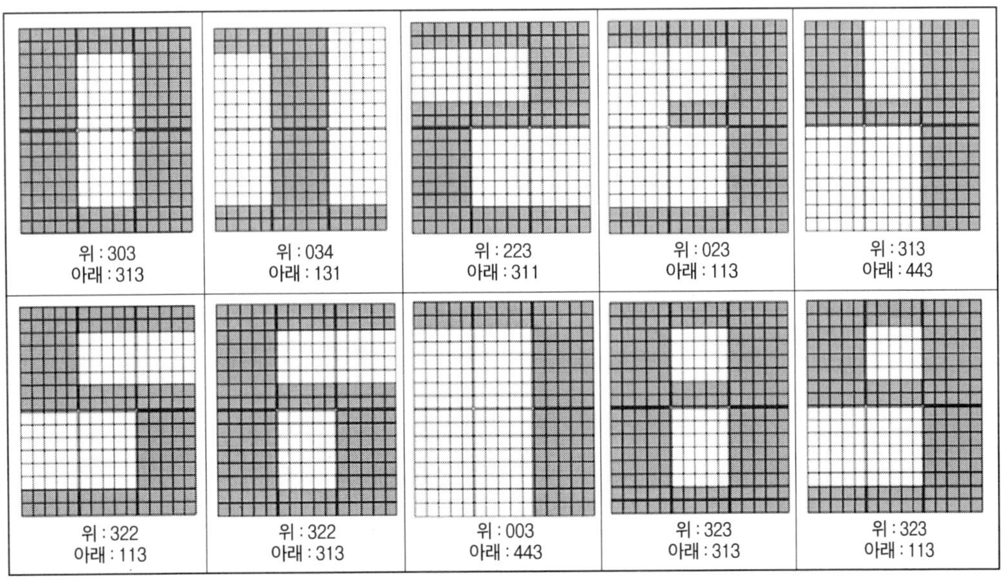

[그림 1-7] 기본 패턴을 이용한 큰 패턴

[예제 1-5] LCD에 큰 문자 출력하기

5개의 기본패턴을 C.G.RAM에 등록하고, 이 패턴을 이용하여 3(W)x2(H)로 숫자 0~9의 패턴을 만들어 표시하는 프로그램을 작성하라.

[예제 1-5] LCD에 큰 문자 출력하기(0~9)

```
// 파일명 : lcd05.c
// 설 명 : 문자 패턴 등록후 표시하기
// 주 의 : 포트를 직접 제어하여 LCD를 사용한다.
//        RS     - PA0
//        R/W    - PA1
//        ENABLE - PA2
//        DB4    - PA4
//        DB5    - PA5
//        DB6    - PA6
//        DB7    - PA7

#include <mega128.h>
#include <delay.h>

typedef unsigned char u_char;

#define ENABLE      PORTA.2         // Enable(펄스)

#define FUNCSET     0x28            // Function Set
#define ENTMODE     0x06            // Entry Mode Set
#define ALLCLR      0x01            // All Clear
#define DISPON      0x0c            // Display On
#define LSHIFT      0x18            // Display Left Shift
#define HOME        0x02            // Cursor Home

flash u_char cg_pat[40] =
        {0x1F, 0x1F, 0x00, 0x00, 0x00, 0x00, 0x00, 0x00,
         0x00, 0x00, 0x00, 0x00, 0x00, 0x00, 0x1F, 0x1F,
         0x1F, 0x1F, 0x00, 0x00, 0x00, 0x00, 0x1F, 0x1F,
         0x1F, 0x1F, 0x1F, 0x1F, 0x1F, 0x1F, 0x1F, 0x1F,
         0x00, 0x00, 0x00, 0x00, 0x00, 0x00, 0x00, 0x00};

flash u_char num_upat[10][3] = {{3, 0, 3}, {0, 3, 4}, {2, 2, 3}, {0, 2, 3}, {3, 1, 3},
                    {3, 2, 2}, {3, 2, 2}, {0, 0, 3}, {3, 2, 3}, {3, 2, 3}};
flash u_char num_dpat[10][3] = {{3, 1, 3}, {1, 3, 1}, {3, 1, 1}, {1, 1, 3}, {4, 4, 3},
                    {1, 1, 3}, {3, 1, 3}, {4, 4, 3}, {3, 1, 3}, {1, 1, 3}};

void LCD_init(void);                // LCD 초기화
void LCD_String(char flash *);      // 문자열 출력
void Busy(void);                    // 2ms 딜레이
void Command(u_char);               // 명령어 전송
void Data(u_char);                  // 데이터 전송
```

[예제 1-5] LCD에 큰 문자 출력하기

```
void main(void)
{
        int i, k;

        LCD_init();

        // 첫 번째 라인에 출력
        for(i = 0;i < 40;i++){
                Command(0x40 + i);
                Data(cg_pat[i]);
        }

        Command(HOME);
        for(i = 0;i < 10;i++){
           for(k = 0;k < 3;k++){
                Command(0x80 + i * 4 + k);        // 1번째라인 (i*4 + k)열
                Data(num_upat[i][k]);

                Command(0xc0 + i * 4 + k);        // 2번째 라인 (i*4 + k)열
                Data(num_dpat[i][k]);
           }
        }

        while(1){
           for(k = 0;k < 4;k++) Command(LSHIFT);
           delay_ms(2000);
        }
}

// LCD 초기화
void LCD_init(void)
{
        DDRA = 0xFF;                         // 포트 A 출력 설정
        PORTA = 0x0;

        delay_ms(15);
        Command(0x20);
        delay_ms(5);
        Command(0x20);
        delay_us(100);
        Command(0x20);
        Command(FUNCSET);
        Command(DISPON);
        Command(ALLCLR);
        Command(ENTMODE);
}
```

[예제 1-6] LCD에 큰 문자 출력하기(계속)

```
// 문자열 출력 함수
void LCD_String(char flash *str)
{
        char flash *pStr=0;

        pStr = str;
        while(*pStr) Data(*pStr++);
}

// 인스트럭션 쓰기 함수
void Command(u_char byte)
{
        Busy();

        // 인스트럭션 상위 4비트
        PORTA = 0x00;                  // RS=RW=0
        PORTA |= (byte & 0xF0);        // 명령어 상위 4비트
        delay_us(1);
        ENABLE = 1;                    // E = 1
        delay_us(1);
        ENABLE = 0;                    // E = 0

        // 인스트럭션 하위 4비트
        PORTA = 0x00;                  // RS=RW=0
        PORTA |= (byte << 4);          // 명령어 하위 4비트
        delay_us(1);
        ENABLE = 1;                    // E = 1
        delay_us(1);
        ENABLE = 0;                    // E = 0
}

//데이터 쓰기 함수
void Data(u_char byte)
{
        Busy();

        // 데이터 상위 4비트
        PORTA = 0x01;                  // RS=1, RW=0
        PORTA |= (byte & 0xF0);        // 데이터 상위 4비트
        delay_us(1);
        ENABLE = 1;                    // E = 1
        delay_us(1);
        ENABLE = 0;                    // E = 0

        // 데이터 하위 4비트
        PORTA = 0x01;                  // RS=1, RW=0
        PORTA |= (byte << 4);          // 데이터 하위 4비트
```

[예제 1-6] LCD에 큰 문자 출력하기(계속)

```
        delay_us(1);
        ENABLE = 1;                  // E = 1
        delay_us(1);
        ENABLE = 0;                  // E = 0
}

// Busy Flag Check -> 일반적인 BF를 체크하는 것이 아니라
// 일정한 시간 지연을 이용한다.
void Busy(void)
{
        delay_ms(2);
}
```

1.6 디지털 시계

이 절에서는 시간만 표시되는 간단한 디지털 시계를 만들어 보자. 프로그램은 타이머/카운터1을 일반 모드(모드 0)로 하여 오버플로우 인터럽트를 이용하기로 한다. 1초 인터럽트 주기를 얻기 위한 타이머/카운터1의 초기값은 다음과 같이 계산된다.

$$\text{인터럽트 주기} = \frac{1}{16}\, us \times \text{분주비} \times (65536 - \text{초기값}) = 1s$$

- 분주비 = 1024
- 초기값 = 49911

프로그램이 실행되면 LCD에 [12:00:00]으로 표시하고, KUT-128_COM 보드의 SW1과 SW2의 스위치를 이용하여 시간을 조정한다. SW1과 SW2는 외부 인터럽트 요구 신호인 INT4와 INT5에 연결되어 있으므로, 프로그램에서는 외부 인터럽트를 이용하기로 한다. 각 스위치를 이용한 시간 조정 방법은 다음과 같다.

① SW1을 한번 누르면 시계의 '분'의 위치에서 커서가 깜박인다.
② 여기서 SW1를 한번 더 누르면 시계의 '시'의 위치에서 커서가 깜박인다.
③ '시'의 위치에서 SW1를 한번 더 누르면 시간 조정을 끝낸다.
④ 각각의 위치에서 SW2를 누르면 시간이 1분/1시간씩 증가한다.
⑤ 1초마다 PORTC.0에 연결된 LED를 점멸시킨다.

시계의 시간은 위와 같이 조정할 수 있으며, 시간을 조정하는 중에는 시간이 카운트되지 않는다. [표 1-8]은 시계의 각 부분에 이용되는 기능을 나타낸다.

[표 1-8] 시계의 각 부분에 이용되는 기능

1초 펄스 발생	타이머/카운터 1의 오버플로우 인터럽트 이용
1초 표시 LED	PORTC.0에 연결되어 있는 LED
시간 조정 자리 수 이동	외부 인터럽트4
분 또는 시간의 증가	외부 인터럽트5
시간 표시	포트 A에 연결되어 있는 LCD

[예제 1-6] LCD를 이용한 디지털 시계

```
// 파일명 : lcd06.c
// 설 명 : 시간을 조정할 수 있는 디지털 시계 제작
//        타이머를 이용하여 1초 펄스를 발생시킨다.
//        외부 인터럽트 요구 신호를 이용하여 시간을 조정한다.
//        - SW1(INT4) : 시간 조정 자리수 이동
//          -> 자릿수에 커서가 깜박인다.
//        - SW2(INT5) : 시간 증가
// 주 의 : 시간 조정 중에는 시간이 가지 않는다.
//        RS     - PA0
//        R/W    - PA1
//        ENABLE - PA2
//        DB4    - PA4
//        DB5    - PA5
//        DB6    - PA6
//        DB7    - PA7

#include <mega128.h>
#include <delay.h>
#include <stdio.h>

typedef unsigned char u_char;

#define ENABLE    PORTA.2              // Enable(펄스)

#define FUNCSET      0x28              // Function Set
#define ENTMODE      0x06              // Entry Mode Set
#define ALLCLR       0x01              // All Clear
#define DISPON       0x0c              // Display On
#define LINE2        0xC0              // 2nd Line Move
#define HOME         0x02              // Cursor Home
#define CURON        0x0F              // Cursor On

#define LED     PORTC.0

typedef unsigned char u_char;

int    hour=12, min=0, sec=0;
u_char  set=0;

void LCD_init(void);                   // LCD 초기화
void LCD_String1(char *);              // 생성 문자열 출력
void Busy(void);                       // 2ms 딜레이
void Command(u_char);                  // 명령어 전송
void Data(u_char);                     // 데이터 전송
void Timer_Interrupt_Initialize(void); // 타이머/카운터 초기화
void External_Interrupt_Initialize(void); // 외부인터럽트 초기화
void Time_Display(void);               // 시간 표시
void Count_up(void);                   // 시간 증가
```

[예제 1-6] LCD를 이용한 디지털 시계(계속)

```
void main(void)
{
      DDRC = 0xFF;       // 포트 C 출력방향설정(LED)
      PORTC = 0xFF;      // 포트 C LED all off

      LCD_init();
      Timer_Interrupt_Initialize();
      External_Interrupt_Initialize();
      Time_Display();

      SREG = 0x80;       // 전역 인터럽트 인에이블 비트 셋

      while(1);          // 무한 루프
}


// LCD 초기화
void LCD_init(void)
{
      DDRA = 0xFF;                          // 포트 A 출력 설정
      PORTA = 0x0;

      delay_ms(15);
      Command(0x20);
      delay_ms(5);
      Command(0x20);
      delay_us(100);
      Command(0x20);
      Command(FUNCSET);
      Command(DISPON);
      Command(ALLCLR);
      Command(ENTMODE);
}

// 문자열 출력 함수
void LCD_String1(char *str)
{
      while(*str) Data(*str++);
}

// 인스트럭션 쓰기 함수
void Command(u_char byte)
{
      Busy();

      // 인스트럭션 상위 4비트
      PORTA = 0x00;                         // RS=RW=0
      PORTA |= (byte & 0xF0);               // 명령어 상위 4비트
      delay_us(1);
      ENABLE = 1;                           // E = 1
```

[예제 1-6] LCD를 이용한 디지털 시계(계속)

```
        delay_us(1);
        ENABLE = 0;                         // E = 0

        // 인스트럭션 하위 4비트
        PORTA = 0x00;                       // RS=RW=0
        PORTA |= (byte << 4);               // 명령어 하위 4비트
        delay_us(1);
        ENABLE = 1;                         // E = 1
        delay_us(1);
        ENABLE = 0;                         // E = 0
}

//데이터 쓰기 함수
void Data(u_char byte)
{
        Busy();

        // 데이터 상위 4비트
        PORTA = 0x01;                       // RS=1, RW=0
        PORTA |= (byte & 0xF0);             // 데이터 상위 4비트
        delay_us(1);
        ENABLE = 1;                         // E = 1
        delay_us(1);
        ENABLE = 0;                         // E = 0

        // 데이터 하위 4비트
        PORTA = 0x01;                       // RS=1, RW=0
        PORTA |= (byte << 4);               // 데이터 하위 4비트
        delay_us(1);
        ENABLE = 1;                         // E = 1
        delay_us(1);
        ENABLE = 0;                         // E = 0
}

// Busy Flag Check -> 일반적인 BF를 체크하는 것이 아니라
// 일정한 시간 지연을 이용한다.
void Busy(void)
{
        delay_ms(2);
}

// 타이머/카운터1 초기화 함수
void Timer_Interrupt_Initialize(void)
{
        // 타이머/카운터 인터럽트 초기화
        TIMSK = 0x04;               // TOIE1 = 1
        TCCR1A = 0x0;               // 일반모드
        TCCR1B = 0x05;              // 분주비 1024
        TCNT1 = 49911;              // 타이머/카운터1 레지스터 초기값
}
```

[예제 1-6] LCD를 이용한 디지털 시계(계속)

```
// 외부 인터럽트 요구 초기화 함수
void External_Interrupt_Initialize(void)
{
	// 외부 인터럽트 초기화
	EICRB = 0b00001010;		// 외부 인터럽트 4, 5 : 하강 에지
	EIMSK = 0b00110000;		// 외부 인터럽트 4,5 인에이블'
}

// LCD에 시간을 표시하는 함수
void Time_Display(void)
{
	char Time_buf[16];

	sprintf(Time_buf," %02u : %02u : %02u ",hour, min, sec);
	Command(HOME);
	LCD_String1(Time_buf);
}

// 시간 증가 함수
void Count_up(void)
{
	if(sec != 59) sec++;				// sec count-up
	else{
		sec = 0;
		if(min != 59) min++;			// min count-up
		else{
			min = 0;
			if(hour != 12) hour++;		// hour count-up
			else hour = 1;
		}
	}

	Time_Display();		// 시간 표시
}

// 타이머/카운터1 오버플로우 인터럽트
// 1/16us * 1024분주 * (65536 - 49911)
interrupt [TIM1_OVF] void timer1(void)
{
	TCNT1 = 49911;	// 타이머/카운터 1 레지스터 초기화
	LED = !LED;	// 초 표시 LED 점멸

	if(set == 0) Count_up();

	// 시간 조정 모드에서의 커서 위치 설정
	if(set == 1) Command(0x88);		// min의 위치
	else if(set == 2) Command(0x83);	// hour의 위치
}
```

[예제 1-6] LCD를 이용한 디지털 시계(계속)

```
// 외부 인터럽트 요구 4 서비스 루틴
// 시간 설정 자리수 이동
interrupt [EXT_INT4] void external_int4(void)
{
      Command(CURON);              // 커서 표시

      if(set != 2) set++;          // 자릿수 이동
      else set = 0;                // set=0(표시모드), set=1(분조정), set=2(시간조정)
}

// 외부 인터럽트 요구 5 서비스 루틴
// 분과 시를 증가한다.
interrupt [EXT_INT5] void external_int5(void)
{
      if(set == 1){        // min count-up
            if(min != 59) min++;
            else min = 0;
      }
      else if(set == 2){  // hour count-up
            if(hour != 12) hour++;
            else hour = 1;
      }

      Time_Display();     // 시간 표시
}
```

Chapter 02 센서

2.1 온도 센서

[그림 2-1]은 −55℃~150℃의 측정범위를 갖는 온도 센서 LM35DZ의 외관과 핀 구성을 보여준다. [그림 2-2]는 사용법과 이에 따른 온도 측정범위를 보여주며, 다음과 같은 특징을 갖는다.

- 섭씨 온도로 측정
- +10mV/℃의 선형특성
- 25℃에서 0.5℃의 정확도
- −55℃~150℃의 측정범위
- 원격응용에 적합
- 4V~30V 범위에서 동작
- 60uA보다 적은 소모전류

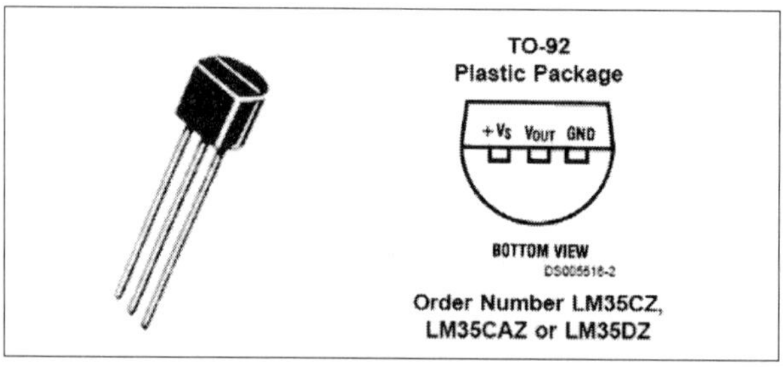

[그림 2-1] LM35DZ 외관 및 핀 구성

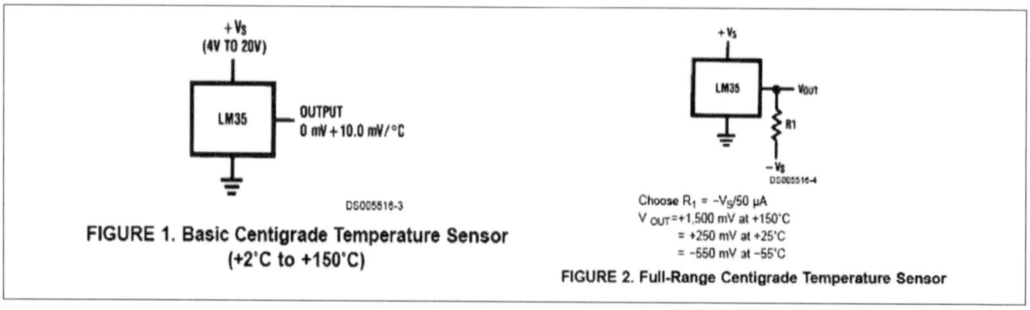

[그림 2-2] LM35 사용법과 이에 따른 온도 측정 범위

[그림 2-3]은 KUT-128_COM 보드에 탑재된 온도 센서의 회로를 보여주며, 온도 센서의 출력단자가 PF7(ADC7)핀에 연결된 것을 알 수 있다. 따라서, PF7에 입력된 전압을 10mV로 나누면 바로 온도를 측정할 수 있게 된다.

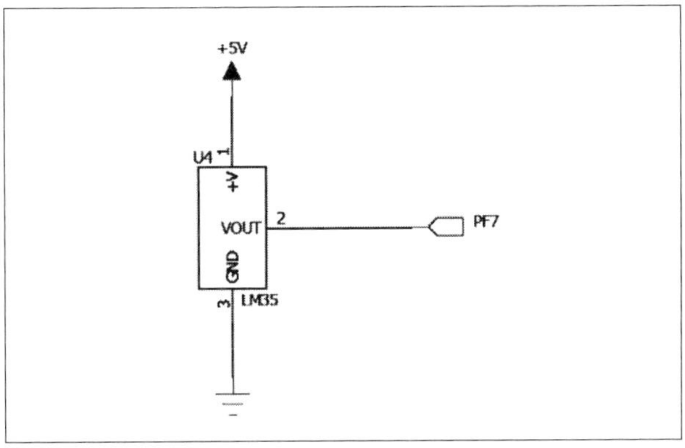

[그림 2-3] 온도센서(LM35D7) 회로

온도 센서 소수 첫 째 자리까지 표시

```
// 파일명 : temp.c
// 설명 : ADC7(LM35 온도센서 10mV/1도) 전압 소수 첫 째자리까지 표시

#include <mega128.h>
#include <delay.h>

typedef unsigned char u_char;

flash u_char seg_pat[10]= {0x3f, 0x06, 0x5b, 0x4f, 0x66, 0x6d, 0x7d, 0x07, 0x7f, 0x6f};

void  AD_disp(int);          // A/D 변환값 표시

void main(void)
{
    int  ad_val;

    DDRB = 0xFF;             // 포트 B 출력 설정 E, F, G, DP
    DDRD = 0xFF;             // 포트 D 출력 설정 A, B, C, D
    DDRG = 0xFF;             // 포트 G 출력 설정(7-세스먼트 ON/OFF)

    PORTB = 0x0;
    PORTD = 0x0;
```

온도 센서 소수 한 자리까지 표시

```
    ADMUX = 0x07;                       // ADC7 단극성 입력 선택
    ADCSRA = 0x87;                      // ADEN=1, 16MHz 256분주 -> 125kHz
    delay_ms(5);

    while(1){
        ADCSRA = 0xC7;                              // ADEN=1, ADSC = 1 변환 시작
        while((ADCSRA & 0x10) == 0);                // ADIF=1이 될 때까지

        ad_val = (int)ADCL + ((int)ADCH << 8);      // A/D 변환값 읽기

        AD_disp(ad_val);                            // A/D 변환값 표시
    }
}

// A/D 변환값 표시
void AD_disp(int val)
{
    float  fval;
    int  ival, buf;
    u_char N100, N10, N1;

    fval = (float)val * 5.0 / 1024.0;          // 전압값(V)으로 변환

    // 온도값으로 변환 : fval * 1000mV / 10mv (도/10mV)
    fval = fval * 100;                          // 온도값으로 변환
    ival = (int)(fval  * 10.0 + 0.5);           // 반올림 후 정수화(소수 첫 째자리까지)

    N100 = ival / 100;                          // 온도 10자리 추출
    buf = ival % 100;

    N10 = buf / 10;                             // 온도 1자리 추출
    N1 = buf % 10;                              // 온도 소수 첫째 자리 추출

    PORTG = 0b00001000;                         // 맨 우측 7-Segment DIG4 ON (PG3=1)
    PORTB = (seg_pat[N1] & 0x70) | (PORTB & 0x0F);          // 소수자리 e,f,g 표시
    PORTD = ((seg_pat[N1] & 0x0F) << 4) | (PORTD & 0x0F);   // a, b, c, d 표시
    delay_ms(1);

    PORTG = 0b00000100;                         // 7-Segment DIG3 ON (PG2=1)
    PORTB = (seg_pat[N10] & 0x70) | (PORTB & 0x0F);         // 1자리 e,f,g 표시
    PORTB = PORTB | 0x80;                                   // Decimal Point
    PORTD = ((seg_pat[N10] & 0x0F) << 4) | (PORTD & 0x0F);  // a, b, c, d 표시
    delay_ms(1);

    PORTG = 0b00000010;                         // 7-Segment DIG2 ON  (PG1=1)
    PORTB = (seg_pat[N100] & 0x70) | (PORTB & 0x0F);        // 10자리 e,f,g 표시
    PORTD = ((seg_pat[N100] & 0x0F) << 4) | (PORTD & 0x0F); // a, b, c, d 표시
    delay_ms(1);
}
```

2.2 가속도 센서

[사진 2-1]은 IC MMA7361를 사용한 3축 가속도 센서 모듈을 보여주며, [그림 2-4]는 모듈의 회로도를 보여준다. 3축 가속도에 대한 출력은 아날로그 전압으로 출력되므로, A/D변환기의 포트에 연결하여 A/D변환하여 사용할 수 있다.

가속도 센서는 직선운동에 대한 가속도, 즉 속도의 변화를 검출하는 센서이다. 그러나 직선운동이 없는 경우에는 각도센서로 활용할 수 있으며, 이에 대한 응용이 더 많다고 할 수 있다.

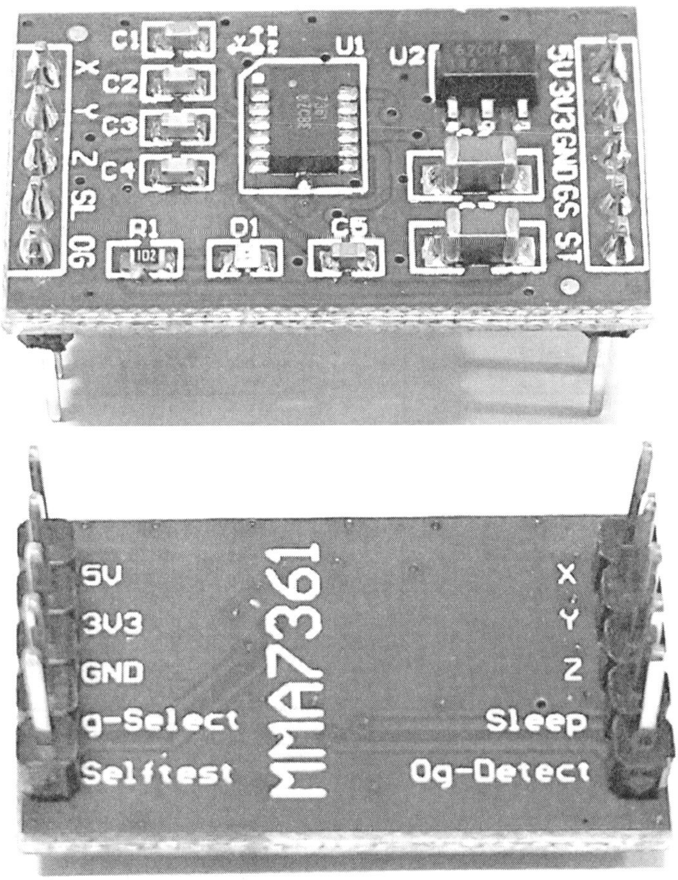

[사진 2-1] 가속도 센서(MMA7361) 모듈

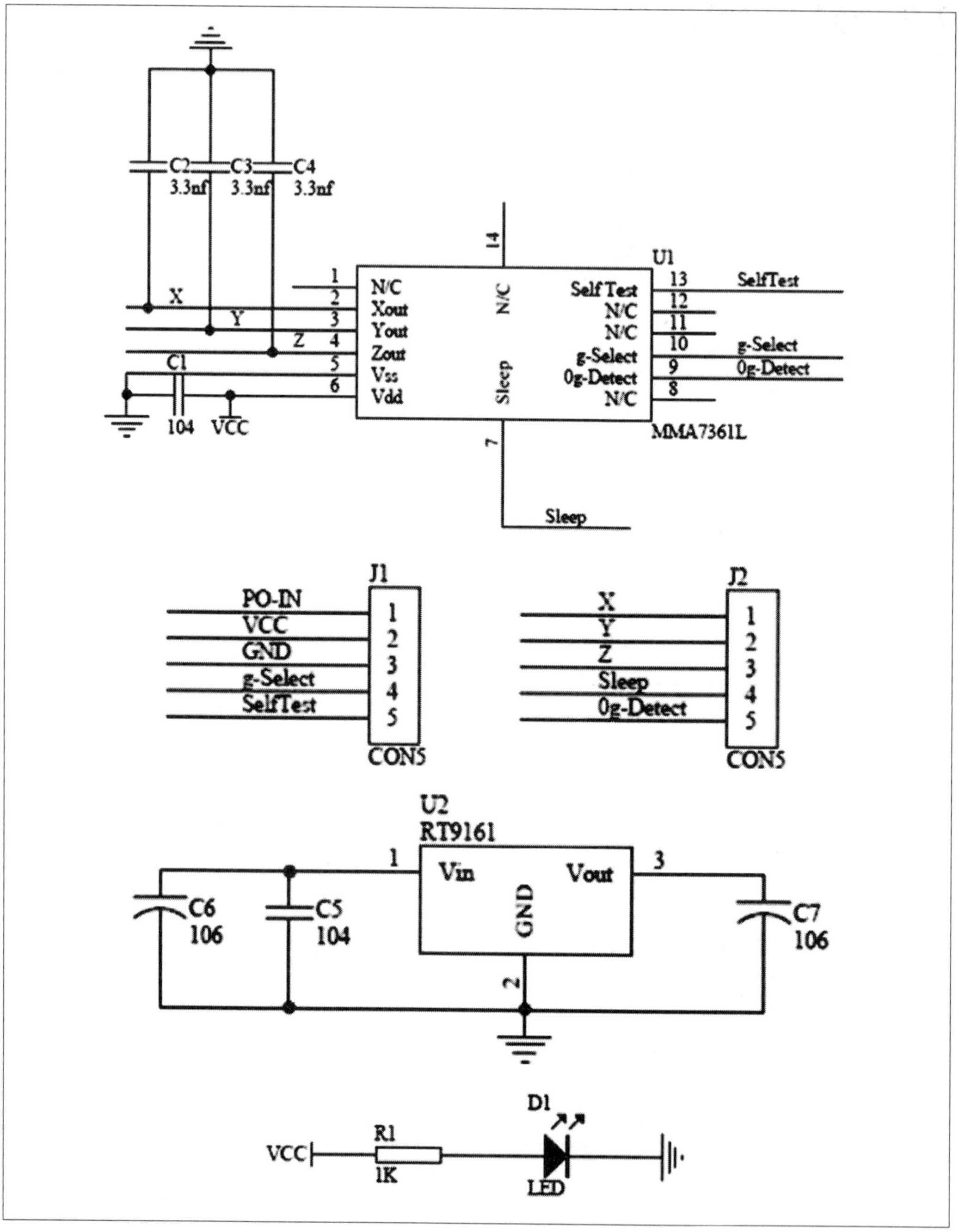

[그림 2-4] 가속도 센서(MMA7631) 모듈 회로도

MMA7361L: XYZ AXIS ACCELEROMETER
±1.5g, ±6g

Bottom View

14 LEAD
LGA
CASE 1977-01

Top View

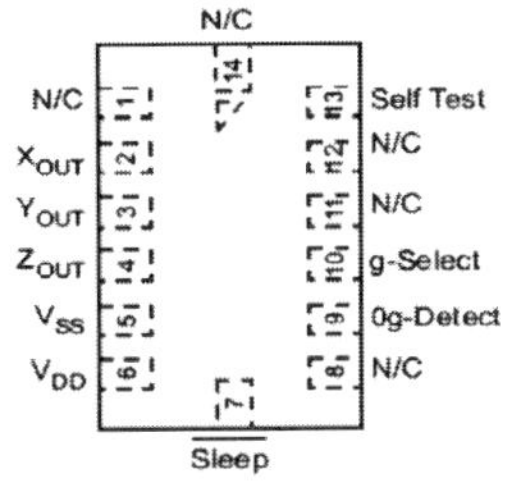

Figure 1. Pin Connections

Features

- 3mm x 5mm x 1.0mm LGA-14 Package
- Low Current Consumption: 400 μA
- Sleep Mode: 3 μA
- Low Voltage Operation: 2.2 V – 3.6 V
- High Sensitivity (800 mV/g @ 1.5g)
- Selectable Sensitivity (±1.5g, ±6g)
- Fast Turn On Time (0.5 ms Enable Response Time)
- Self Test for Freefall Detect Diagnosis
- 0g-Detect for Freefall Protection
- Signal Conditioning with Low Pass Filter
- Robust Design, High Shocks Survivability
- RoHS Compliant
- Environmentally Preferred Product
- Low Cost

Typical Applications

- 3D Gaming: Tilt and Motion Sensing, Event Recorder
- HDD MP3 Player: Freefall Detection
- Laptop PC: Freefall Detection, Anti-Theft
- Cell Phone: Image Stability, Text Scroll, Motion Dialing, E-Compass
- Pedometer: Motion Sensing
- PDA: Text Scroll
- Navigation and Dead Reckoning: E-Compass Tilt Compensation
- Robotics: Motion Sensing

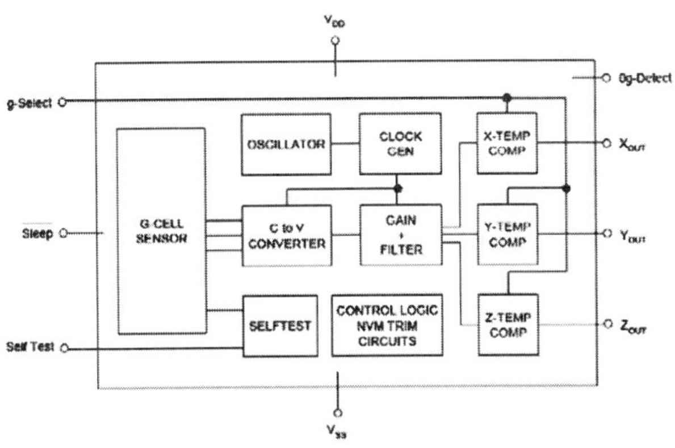

Table 4. Pin Descriptions

Pin No.	Pin Name	Description
1	N/C	No internal connection Leave unconnected
2	X_{OUT}	X direction output voltage
3	Y_{OUT}	Y direction output voltage
4	Z_{OUT}	Z direction output voltage
5	V_{SS}	Power Supply Ground
6	V_{DD}	Power Supply Input
7	$\overline{\text{Sleep}}$	Logic input pin to enable product or Sleep Mode
8	NC	No internal connection Leave unconnected
9	0g-Detect	Linear Freefall digital logic output signal
10	g-Select	Logic input pin to select g level
11	N/C	Unused for factory trim Leave unconnected
12	N/C	Unused for factory trim Leave unconnected
13	Self Test	Input pin to initiate Self Test
14	N/C	Unused for factory trim Leave unconnected

Table 3. g-Select Pin Description

g-Select	g-Range	Sensitivity
0	1.5g	800 mV/g
1	6g	206 mV/g

[그림 2-5] 가속도 센서 MMA7361 요약

[그림 2-6]은 직선운동이 있을 때 측정되는 동적인 가속도의 방향을 보여주며, [그림 2-7]은 직선운동이 없을 때(속도변화=0) 측정되는 정적인 가속도의 크기를 보여준다. 직선운동이 없을 때는 중력가속도 g만이 작용하게 되며, 센서의 방향에 따라 [그림 2-7]과 같은 전압값을 갖게 된다. 즉, 가속도가 없을 때는 1.65V의 전압을 출력하며, 중력가속도 g가 작용하게 되면 0.8V가 가산되어 2.45V정도의 전압을 갖게 된다. 따라서, 가속도 센서를 정지 상태에서 사용하게 되면 각도(기울기) 센서로 사용할 수 있게 된다.

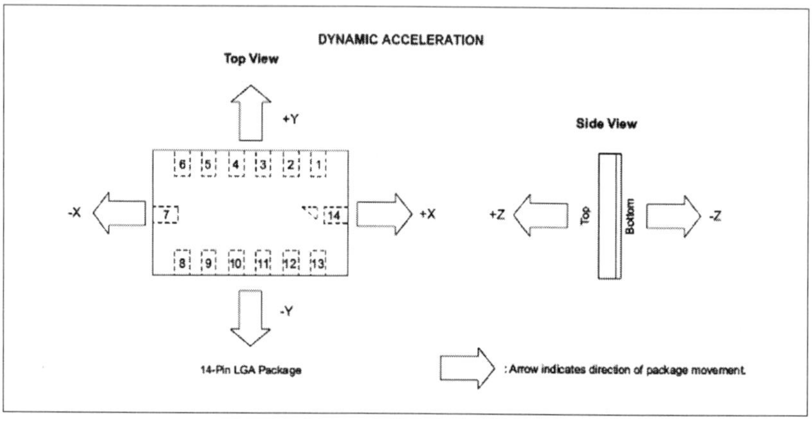

[그림 2-6] 동적 가속도

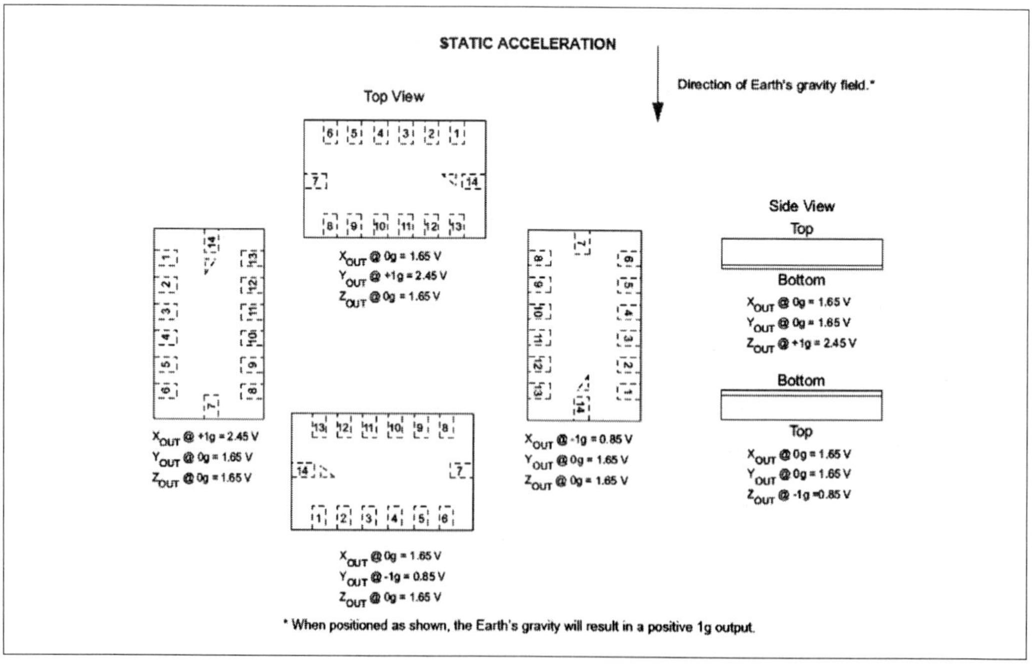

[그림 2-7] 정적 가속도

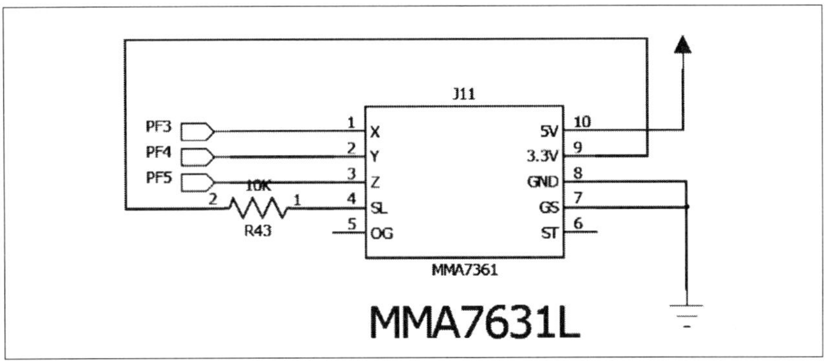

[그림 2-8] 가속도 센서 모듈 연결 회로도

[그림 2-8]은 가속도 센서 모듈과 ATmega128과의 연결회로를 보여주며, x, y, z축의 가속도 출력이 PF3, PF4, PF5 핀에 각각 연결된 것을 확인할 수 있다.

3축 가속도 성분을 측정하여 LCD에 디지털 값으로 표시하는 프로그램이다.

3축 가속도 측정값 LCD에 표시하기

```
// 파일명 : accel.c
// 설명 : 가속도 센서(X : ADC3, Y : ADC4, Z : ADC5)
//        텍스트 LCD에 표시하기

#include <mega128.h>
#include <delay.h>
#include <stdio.h>
#include <stdlib.h>

typedef unsigned char u_char;

#define ENABLE      PORTA.2        // Enable(펄스)

#define FUNCSET     0x28           // Function Set
#define ENTMODE     0x06           // Entry Mode Set
#define ALLCLR      0x01           // All Clear
#define HOME        0x02           // HOME
#define DISPON      0x0c           // Display On
#define LINE2       0xC0           // 2nd Line Move
```

3축 가속도 측정값 LCD에 표시하기

```
// LCD 관련함수
void LCD_init(void);                // LCD 초기화
void LCD_String1(char *);           // 문자열 출력(생성)
void Busy(void);                    // 2ms 딜레이
void Command(u_char);               // 명령어 전송
void Data(u_char);                  // 데이터 전송

void main(void)
{
   int  ad_val, acc_x = 0, acc_y = 0, acc_z = 0;
   char buf[20];

   LCD_init();

   ADCSRA = 0x87;                         // ADEN=1, 16MHz 256분주 -> 125kHz

   while(1){
      ADMUX = 0x03;                       // 가속 X성분(ADC3) 단극성 입력 선택
      ADCSRA = ADCSRA | 0x40;             // ADSC = 1 변환 시작
      while((ADCSRA & 0x10) == 0);        // ADIF=1이 될 까 지
      acc_x = ADCW;

      ADMUX = 0x04;                       // 가속 Y성분(ADC4) 단극성 입력 선택
      ADCSRA = ADCSRA | 0x40;             // ADSC = 1 변환 시작
      while((ADCSRA & 0x10) == 0);        // ADIF=1이 될 까 지
      acc_y = ADCW;

      ADMUX = 0x05;                       // 가속 Z성분(ADC5) 단극성 입력 선택
      ADCSRA = ADCSRA | 0x40;             // ADSC = 1 변환 시작
      while((ADCSRA & 0x10) == 0);        // ADIF=1이 될 까 지
      acc_z = ADCW;

      // 결과 출력
      sprintf(buf, "X:%4d Y:%4d", acc_x, acc_y);
      Command(HOME);
      LCD_String1(buf);

      sprintf(buf, "Z:%4d", acc_z);
      Command(LINE2);
      LCD_String1(buf);
      delay_ms(200);
   }
}
```

3축 가속도 측정값 LCD에 표시하기

```
// LCD 초기화
void LCD_init(void)
{
	DDRA = 0xFF;				// 포트 A 출력 설정
	PORTA = 0x0;

	delay_ms(15);
	Command(0x20);
	delay_ms(5);
	Command(0x20);
	delay_us(100);
	Command(0x20);
	Command(FUNCSET);
	Command(DISPON);
	Command(ALLCLR);
	Command(ENTMODE);
}

// 문자열 출력 함수
void LCD_String1(char *str)
{
	char *pStr=0;

	pStr = str;
	while(*pStr) Data(*pStr++);
}

// 인스트럭션 쓰기 함수
void Command(u_char byte)
{
	Busy();

	// 인스트럭션 상위 4비트
	PORTA = 0x00;				// RS=RW=0
	PORTA |= (byte & 0xF0);			// 명령어 상위 4비트
	delay_us(1);
	ENABLE = 1;				// E = 1
	delay_us(1);
	ENABLE = 0;				// E = 0

	// 인스트럭션 하위 4비트
	PORTA = 0x00;				// RS=RW=0
	PORTA |= (byte << 4);			// 명령어 하위 4비트
	delay_us(1);
	ENABLE = 1;				// E = 1
	delay_us(1);
	ENABLE = 0;				// E = 0
}
```

3축 가속도 측정값 LCD에 표시하기

```
//데이터 쓰기 함수
void Data(u_char byte)
{
        Busy();

        // 데이터 상위 4비트
        PORTA = 0x01;                    // RS=1, RW=0
        PORTA |= (byte & 0xF0);          // 데이터 상위 4비트
        delay_us(1);
        ENABLE = 1;                      // E = 1
        delay_us(1);
        ENABLE = 0;                      // E = 0

        // 데이터 하위 4비트
        PORTA = 0x01;                    // RS=1, RW=0
        PORTA |= (byte << 4);            // 데이터 하위 4비트
        delay_us(1);
        ENABLE = 1;                      // E = 1
        delay_us(1);
        ENABLE = 0;                      // E = 0
}

// Busy Flag Check -> 일반적인 BF를 체크하는 것이 아니라
// 일정한 시간 지연을 이용한다.
void Busy(void)
{
        delay_ms(2);
}
```

2.3 초음파 센서

사람이 들을 수 있는 음파는 약 20Hz−20kHz 범위의 주파수를 가지며, 이 범위보다 더 높은 주파수의 음파를 초음파라 한다. 이렇게 높은 주파수의 음파는 낮은 주파수의 음파보다 에너지를 많이 가지고 있어서 더 멀리까지 전달되며 감쇠가 더 적은 물리적 성질을 갖는다. 따라서 이 성질을 이용하여 수심을 재는 초음파 측정기, 어군 탐지기 등을 만들거나 또는 물체의 유무나 물체까지의 거리를 재는 계측기를 만들 수 있는 것이다.

HC−SR04는 40KHz의 주파수로 동작하는 모듈화 된 초음파 센서로서, [사진 2−2]와 같은 구조와 특징을 가지고 있다.

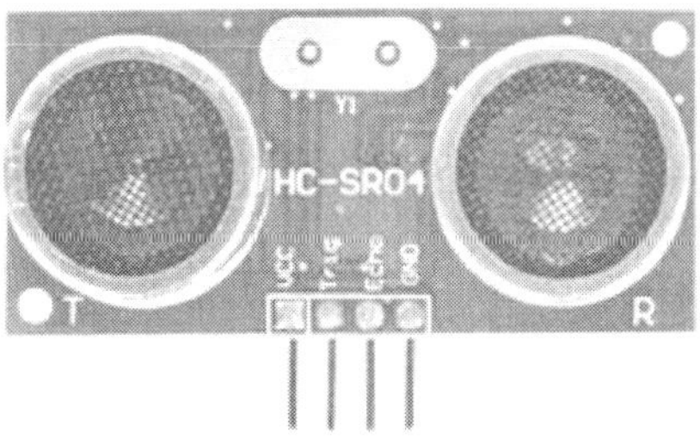

항목	값
입력전압	5V DC
소비전류	15mA
측정각도	15°
측정거리	2cm~4m
무게	15g
크기	2.0H x 4.5W x 1.5D cm
측정 해상도	3mm

[사진 2-2] HC-SR04 초음파 센서 모듈

<동작원리>

- 동작원리는 [그림 2−9]와 같이 모듈에 DC 5V 전원을 인가한 후, Trig 핀을 통해 10us의 펄스를 인가하면 초음파 센서는 8개의 40kHz 펄스를 발생시키고, 측정된 거리에 따라 150us~25ms의 펄스가 Echo 핀을 통해 출력된다. 따라서, 이 펄스폭을 측정하여 거리값으로 환산하면 된다.
- 초음파 센서 앞에 방해물이 없다면 38ms의 펄스가 Echo 핀을 통해 발생된다.

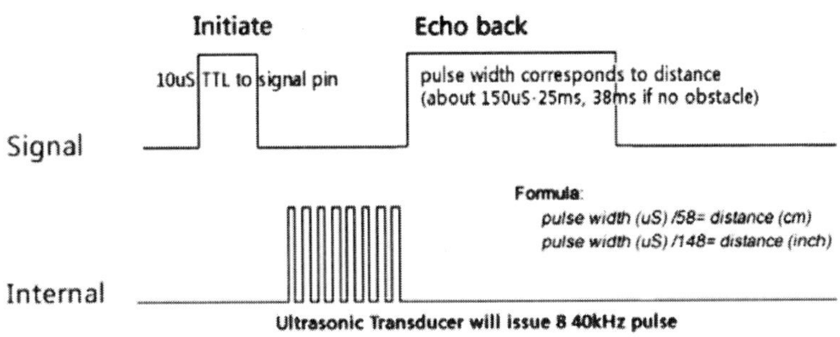

[그림 2-9] HC-SR04 동작 타이밍도

<거리 계산>

초음파 센서의 송신측에서 짧은 시간동안 펄스를 출력한다. 그 신호가 물체까지 도달해서 반사되어 돌아오며, 되돌아온 신호를 수신기의 초음파 센서에서 검출한다. 송출된 신호는 음속 Vs의 속도로 전진하기 때문에 송 · 수신에 걸리는 시간과 거리의 관계는 다음과 같아진다.

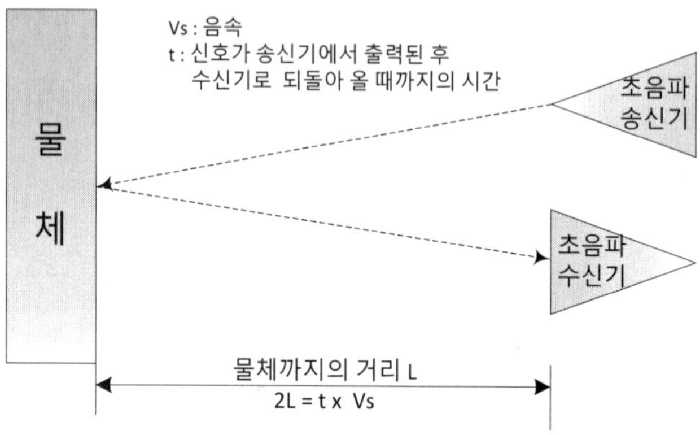

[그림 2-10] 초음파 거리 측정 원리

$$2L = tV_S$$

여기서,

$$V_S = 331.5 + 0.607\ T\ \ \text{[m/s]} \quad \text{(T : 온도)}$$

$$\therefore\ L = t\ (331.5+0.607\ T)\ /\ 2\ \ \text{[m]}$$

예제에서 사용할 거리 측정 알고리즘은 다음과 같다.

340[m/sec](T=14℃)의 초음파가 거리 1cm 물체에 도달하는데 걸리는 시간은 약 29.4us(0.01m/340)가 되며, 초음파가 1cm 떨어진 물체까지 도달한 후 반사되어 되돌아오기까지 걸리는 시간은 29.4us의 2배인 58.8us가 된다.

따라서, 초음파를 발사하기 전에 미리 거리값을 0으로 클리어하고, 초음파가 발사된 후에는 타이머/카운터를 이용하여 58us마다 거리값을 1씩 증가시키면 된다. 그리고. 반사파가 되돌아 온 시점에서 타이머/카운터의 동작을 정지시키고 거리값을 저장하여 표시장치에 출력하면 된다.

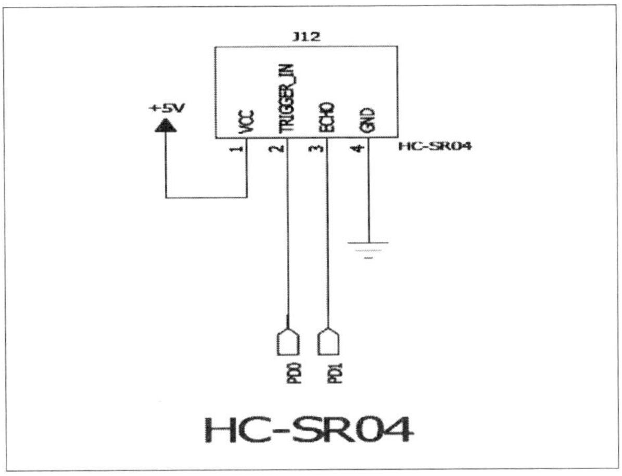

[그림 2-11] 초음파 센서 모듈 연결 회로도

[그림 2-11]은 초음파 센서 모듈과 ATmega128과의 연결회로를 보여주며, PD0(INT0), PD1(INT1) 핀에 각각 연결된 것을 확인할 수 있다. 초음파 센서를 사용할 때는 자이로 센서 MPU-6050도 PD0(SCL), PD1(SDA) 핀을 TWI 핀으로 사용하기 때문에 자이로 센서를 반드시 보드에서 제거하고 사용하여야 한다는 점에 주의하여야 한다.

초음파 센서를 이용하여 거리를 측정하는 3가지 방법을 보여준다.

(1) 폴링방식에 의한 방법

① PD0 핀에 Trigger 클럭 펄스를 출력한다.(15us)
② 반사되어 오는 ECHO 신호를 확인하기 위해 PD1핀을 계속 읽으면서 1이 될 때까지 대기한다.
③ 58us 인터럽트 주기로 동작하도록 타이머/카운터2를 동작시키고, 오버플로우 인터럽트 루틴에서는 거리값을 1씩 증가시킨다.
④ 반사되어 오는 ECHO 신호를 확인하기 위해 PD1핀을 계속 읽으면서 0이 될 때까지 대기한다.
⑤ 타이머/카운터2의 동작을 정지시킨다.(분주비 0 설정)
⑥ 거리값을 표시 변수에 설정하여 7-세그먼트에 표시한다.

초음파 센서 폴링방식에 의한 거리 측정

```
// ultra1.c
// 초음파센서 HC-SR04
// ECHO 신호 폴링방식 처리 프로그램

// 초음파 센서 (2cm - 220cm)
// PD0 : Trigger신호(출력),  PD1 : ECHO 신호(입력)

// 7-Segment(Common Cathode)
// 7-Segment On/Off(ULN2803 사용, PG포트 사용)
// PG0 : DIG1(맨 좌측), PG1 : DIG2(좌측 2번째),
// PG2 : DIG3(우측 2번째), PG3 : DIG4(맨 우측)

// 7-Segment LED a,b,c,d,e,f,g(UDN2981 사용, PB, PD포트 사용)
// PD4 : a, PD5 : b, PD6 : c, PD7 : d
// PB4 : e, PB5 : f, PB6 : g, PB7 : dp

#include <mega128.h>
#include <delay.h>

#define TRIGGER    PORTD.0

flash unsigned char seg_pat[10]=
      {0x3f, 0x06, 0x5b, 0x4f, 0x66, 0x6d, 0x7d, 0x07, 0x7f, 0x6f};
flash unsigned char seg_on[4] = {0x08, 0x04, 0x02, 0x01};

unsigned char echo_st = 0;
unsigned char dsp_no = 0;           // 세그먼트 표시 번호
unsigned int  dist = 0, cnt = 0;
unsigned int  N1000, N100, N10, N1;

void  Distance_out(void);           // 거리 출력 자리값 추출

void main(void)
{
    DDRB = 0xFF;                    // 포트 B 출력 설정
    DDRD = 0b11111101;              // 포트 D 출력 설정(PD1만 입력)
    DDRG = 0xFF;                    // 포트 G 출력 설정

    PORTB = 0x0;
    PORTD = 0x0;
    TRIGGER = 0;

    TIMSK = 0b01000001;             // TOIE0=1, TOIE2=1,
                                    // 타/카0/2 오버플로우 인터럽트 인에이블
    TCCR0 = 0b00000111;             // 타/카0 일반모드, 1024분주
    ASSR = 0x0;
    TCNT0 = 176;                    // 1/16us * 1024분주 * (256 - 176) = 5.12ms
```

초음파 센서 폴링방식에 의한 거리 측정

```
  TCCR2 = 0b00000000;          // 타/카2 일반모드 정지
  TCNT2 = 138;                 // 1/16us * 8분주 * (256 - 138) = 58us

  SREG = 0x80;

  while(1){
    cnt = 0;

    TRIGGER = 1;                // 초음파 센서 ECHO신호 출력
    delay_us(15);
    TRIGGER = 0;

    while(PIND.1 == 0);         // ECHO = 1 일 때까지 대기
    TCNT2 = 138;
    TCCR2 = 0b00000010;         // 타/카2 8분주 카운팅 시작

    while(PIND.1 != 0) {        // ECHO = 0 일 때까지 대기
      if(cnt > 300) break;      // 3m보다 크면 측정 종료
    }
    TCCR2 = 0b00000000;         // 타/카2 정지

    if(cnt > 2 && cnt < 300) dist = cnt;
    else dist = 300;

    Distance_out();
    delay_ms(100);
  }
}

// 표시할 새 거리측정값
void Distance_out(void)
{
  int buf;

  N1000 = dist / 1000;          // m 10자리 추출
  buf = dist % 1000;

  N100 = buf / 100;             // m 1자리 추출
  buf = buf % 100;

  N10 = buf / 10;               // cm 10자리 추출
  N1 = buf % 10;                // cm 1자리 추출
}

// 거리측정값 표시(5.12ms마다 세그먼트 한 개씩 표시)
// 1/16us * 1024 * (256 -176) = 5.12ms
interrupt [TIM0_OVF] void time0(void)
{
  unsigned char pat;
```

초음파 센서 폴링방식에 의한 거리 측정

```
    TCNT0 = 176;

    // 표시할 위치의 표시값
    if(dsp_no == 0) pat = N1;
    else if(dsp_no == 1) pat = N10;
    else if(dsp_no == 2) pat = N100;
    else pat = N1000;

    // 7-세그먼트 표시
    PORTG = seg_on[dsp_no];                              // 표시할 7-Segment ON
    PORTB = (seg_pat[pat] & 0x70) | (PORTB & 0x0F);      // e, f, g 표시  -> PB4-PB6
    PORTD = ((seg_pat[pat] & 0x0F) << 4) | (PORTD & 0x0F);
                                                         // a, b, c, d 표시-> PD4 -PD6
    dsp_no = (dsp_no + 1) % 4;                           // 표시할 세그먼트 번호 갱신
}


// 초음파 센서 거리 측정
// 1/16us * 8 * (256 -138) = 59us
interrupt [TIM2_OVF] void time2(void)
{
    TCNT2 = 138;
    cnt++;
}
```

(2) 인터럽트 방식에 의한 방법

① [그림 2-9]의 Echo back 신호를 검출하기 위해 외부 인터럽트1(PD1/INT1)을 상승에지로 인에이블 시키고, PD0 핀에 Trigger 클럭 펄스를 출력한다.(15us)
② 외부 인터럽트1이 발생하면, 외부 인터럽트1을 하강에지 모드로 바꾸고, 타이머/카운터2를 58us 인터럽트 주기로 동작시킨다.
③ 외부 인터럽트1이 발생하면 외부 인터럽트를 금지시키고, 또한 타이머/카운터2를 동작 정지시킨다.
④ 거리값을 표시 변수에 설정하여 7-세그먼트에 표시한다.

인터럽트 방식에 의한 거리 측정

```
// ultra2.c
// 초음파센서 HC-SR04 거리측정 프로그램

// 초음파 센서
// PD0 : Trigger신호(출력), PD1 : ECHO 신호(입력)

// 7-Segment(Common Cathode)
// 7-Segment On/Off(ULN2803 사용, PG포트 사용)
// PG0 : DIG1(맨 좌측), PG1 : DIG2(좌측 2번째),
// PG2 : DIG3(우측 2번째), PG3 : DIG4(맨 우측)

// 7-Segment LED a,b,c,d,e,f,g(UDN2981 사용, PB, PD포트 사용)
// PD4 : a, PD5 : b, PD6 : c, PD7 : d
// PB4 : e, PB5 : f, PB6 : g, PB7 : dp

#include <mega128.h>
#include <delay.h>

#define TRIGGER    PORTD.0

flash unsigned char seg_pat[10]=
            {0x3f, 0x06, 0x5b, 0x4f, 0x66, 0x6d, 0x7d, 0x07, 0x7f, 0x6f};
flash unsigned char seg_on[4] = {0x08, 0x04, 0x02, 0x01};

unsigned char echo_st = 0;
unsigned char dsp_no = 0;           // 세그먼트 표시 번호
unsigned int  dist = 0, cnt = 0;
unsigned int  N1000, N100, N10, N1;

void  Distance_out(void);           // 거리 출력 자리값 추출

void main(void)
{
```

인터럽트 방식에 의한 거리 측정

```
    DDRB = 0xFF;                    // 포트 B 출력 설정
    DDRD = 0b11111101;              // 포트 D 출력 설정(PD1만 입력)
    DDRG = 0xFF;                    // 포트 G 출력 설정
    PORTB = 0x0;
    PORTD = 0x0;
    TRIGGER = 0;

    TIMSK = 0b01000001;             // TOIE0=1, TOIE2=1, 타/카0/2 오버플로우 인터럽트 인에이블
    TCCR0 = 0b00000111;             // 타/카0 일반모드, 1024분주
    ASSR = 0x0;
    TCNT0 = 176;                    // 1/16us * 1024분주 * (256 - 176) = 5.12ms

    TCCR2 = 0b00000000;             // 타/카2 일반모드 정지
    TCNT2 = 138;                    // 1/16us * 8분주 * (256 - 138) = 58us

    SREG = 0x80;

    while(1){
      EICRA = 0b00001100;           // 외부인터럽트1 상승에지
      EIMSK = 0b00000010;           // 외부인터럽트1 인에이블
      echo_st = 0;
      cnt = 0;
      TRIGGER = 1;                  // 초음파 센서  ECHO신호 출력
      delay_us(15);
      TRIGGER = 0;

      while(echo_st != 2);          // ECHO=1 또는 측정범위 벗어날 때까지 대기
      dist = cnt;
      Distance_out();

      delay_ms(100);
    }
}

// 표시할 새 거리측정값
void Distance_out(void)
{
    int  buf;

    N1000 = dist / 1000;            // m 10자리 추출
    buf = dist % 1000;

    N100 = buf / 100;               // m 1자리 추출
    buf = buf % 100;

    N10 = buf / 10;                 // cm 10자리 추출
    N1 = buf % 10;                  // cm 1자리 추출
}
```

인터럽트 방식에 의한 거리 측정

```
// 거리측정값 표시(5.12ms마다 세그먼트 한 개씩 표시)
// 1/16us * 1024 * (256 -176) = 5.12ms
interrupt [TIM0_OVF] void time0(void)
{
   unsigned char pat;

   TCNT0 = 176;

   // 표시할 위치의 표시값
   if(dsp_no == 0) pat = N1;
   else if(dsp_no == 1) pat = N10;
   else if(dsp_no == 2) pat = N100;
   else pat = N1000;

   // 7-세그먼트 표시
   PORTG = seg_on[dsp_no];                                   // 표시할 7-Segment ON
   PORTB = (seg_pat[pat] & 0x70) | (PORTB & 0x0F);  // e, f, g 표시 -> PB4-PB6
   PORTD = ((seg_pat[pat] & 0x0F) << 4) | (PORTD & 0x0F);
                                                             // a, b, c, d 표시 -> PD4-PD6
   dsp_no = (dsp_no + 1) % 4;                                // 표시할 세그먼트 번호 생신
}

// 초음파 센서 거리 측정
// 1/16us * 8 * (256 --138) = 59us
interrupt [TIM2_OVF] void time2(void)
{
   TCNT2 = 138;
   cnt++;
   if(cnt > 300) echo_st = 2;          // 3m보다 크면
}

// 외부인터럽트1(ECHO 신호 처리)
interrupt [EXT_INT1] void trigger(void)
{
   if(echo_st == 0){                   // ECHO High 신호 감지
      echo_st = 1;
      TCNT2 = 138;
      TCCR2 = 0b00000010;              // 타/카2 8분주 카운팅 시작
      EICRA = 0b00001000;              // 외부 인터럽트 하강 에지로 전환
   }
   else {
      echo_st = 2;                     // ECHO Low 신호 감지
      TCCR2 = 0b00000000;              // 타/카2 정지
      EIMSK = 0x0;                     // 외부인터럽트 디스에이블
   }
}
```

(3) 간이 인터럽트 방식에 의한 방법

① Echo back 신호의 상승 부분은 무시하고 하강 부분만 검출하기 위해 외부 인터럽트1을 하강에지로 인에이블 시킨다. PD0 핀에 Trigger 클럭 펄스를 출력한다. 그리고, 타이머/카운터2를 58us 인터럽트 주기로 동작시킨다.
② 외부 인터럽트1이 발생하면 타이머/카운터2를 동작 정지시키고, 거리값을 표시 변수에 설정하여 7-세그먼트에 표시한다.

간이 인터럽트 방식에 의한 거리 측정

```
// ultra3.c
// 초음파센서 SRF-04 거리측정 간이형 프로그램

// 초음파 센서
// PD0 : Trigger신호(출력),  PD1 : ECHO 신호(입력)

// 7-Segment(Common Cathode)
// 7-Segment On/Off(ULN2803 사용, PG포트 사용)
// PG0 : DIG1(맨 좌측), PG1 : DIG2(좌측 2번째)
// PG2 : DIG3(우측 2번째), PG3 : DIG4(맨 우측)

// 7-Segment LED a,b,c,d,e,f,g(UDN2981 사용, PB, PD포트 사용)
// PD4 : a, PD5 : b, PD6 : c, PD7 : d
// PB4 : e, PB5 : f, PB6 : g, PB7 : dp

#include <mega128.h>
#include <delay.h>

#define TRIGGER     PORTD.0
#define CAL         6                  // 0m 조정값

flash unsigned char seg_pat[10]=
            {0x3f, 0x06, 0x5b, 0x4f, 0x66, 0x6d, 0x7d, 0x07, 0x7f, 0x6f};
flash unsigned char seg_on[4] = {0x08, 0x04, 0x02, 0x01};

unsigned char echo_st = 0;
unsigned char dsp_no = 0;              // 세그먼트 표시 번호
unsigned int  dist = 0, cnt;
unsigned int  N1000, N100, N10, N1;

void  Distance_out(void);              // 거리 출력 자리값 추출

void main(void)
{
   DDRB = 0xFF;                        // 포트 B 출력 설정
   DDRD = 0b11111101;                  // 포트 D 출력 설정(PD1만 입력)
   DDRG = 0xFF;                        // 포트 G 출력 설정

   PORTB = 0x0;
   PORTD = 0x0;
```

간이 인터럽트 방식에 의한 거리 측정

```
    TRIGGER = 0;

    TIMSK = 0b01000001;          // TOIE0=1, TOIE2=1, 타/카0/2 오버플로우 인터럽트 인에이블
    TCCR0 = 0b00000111;          // 타/카0 일반모드, 1024분주
    ASSR = 0x0;
    TCNT0 = 176;                 // 1/16us * 1024분주 * (256 - 176) = 5.12ms

    TCCR2 = 0b00000000;          // 타/카2 일반모드 정지
    TCNT2 = 138;                 // 1/16us * 8분주 * (256 - 138) = 58us

    EIMSK = 0b00000010;          // 외부인터럽트1 인에이블
    EICRA = 0b00001000;          // 외부인터럽트1 하강에지

    SREG = 0x80;

    while(1){
        echo_st = 0;             // 시작 신호
        cnt = 0;                 // 58us마다 1증가되는 거리측정값

        // 초음파 센서 TRIGGER 펄스(10us이상) 출력
        TRIGGER = 1;
        delay_us(15);
        TRIGGER = 0;

        TCCR2 = 0b00000010;      // 타이머/카운터2 8분주 카운팅 시작

        while(1){
            if(echo_st == 1 || cnt > 300) break;
        }

        if(cnt > 300) dist = 300;
        else if(cnt > 6) dist = cnt - CAL;

        Distance_out();
        TCCR2 = 0x0;
        delay_ms(100);
    }
}

// 표시할 새 거리측정값
void Distance_out(void)
{
    int buf;

    N1000 = dist / 1000;         // m 10자리 추출
    buf = dist % 1000;

    N100 = buf / 100;            // m 1자리 추출
    buf = buf % 100;
```

간이 인터럽트 방식에 의한 거리 측정

```
    N10 = buf / 10;              // cm 10자리 추출
    N1 = buf % 10;               // cm 1자리 추출
}

// 거리측정값 표시(5.12ms마다 세그먼트 한 개씩 표시)
// 1/16us * 1024 * (256 -176) = 5.12ms
interrupt [TIM0_OVF] void time0(void)
{
    unsigned char pat;

    TCNT0 = 176;

    // 표시할 위치의 표시값
    if(dsp_no == 0) pat = N1;
    else if(dsp_no == 1) pat = N10;
    else if(dsp_no == 2) pat = N100;
    else pat = N1000;

    // 7-세그먼트 표시
    PORTG = seg_on[dsp_no];                              // 표시할 7-Segment ON
    PORTB = (seg_pat[pat] & 0x70) | (PORTB & 0x0F);    // e, f, g 표시 -> PB4-PB6
    PORTD = ((seg_pat[pat] & 0x0F) << 4) | (PORTD & 0x0F);
                                                         // a, b, c, d 부분 표시  -> PD4-PD6

    dsp_no = (dsp_no + 1) % 4;
}

// 초음파 센서 거리 측정
// 1/16us * 8 * (256 -138) = 59us
interrupt [TIM2_OVF] void time2(void)
{
    TCNT2 = 138;
    cnt++;                       // 거리 +1
}

// 외부인터럽트1
interrupt [EXT_INT1] void echo(void)
{
    echo_st = 1;                 // 에코펄스 하강 감지, 측정 종료
}
```

2.4 자이로 센서

MPU6050은 3축 가속도, 3축 자이로(각속도) , 온도를 하나의 IC로 측정할 수 있는 센서이다. [그림 2-12]는 MPU6050 IC의 핀 구성을 보여주며, 이를 사용한 응용모듈을 보여준다. MPU6050의 특성을 요약하면 다음과 같다.

- 16비트 ADC 내장
- 가속도 센서 Full-scale 범위 : ±2g, ±4g, ±8g, ±16g
- 자이로 센서 Full-scale 범위 : ±250, ±500, ±1000, ±2000 [°/sec]
- 온도 센서 : -45℃~80℃
- I^2C(TWI) 시리얼 통신 인터페이스 지원(400kHz)

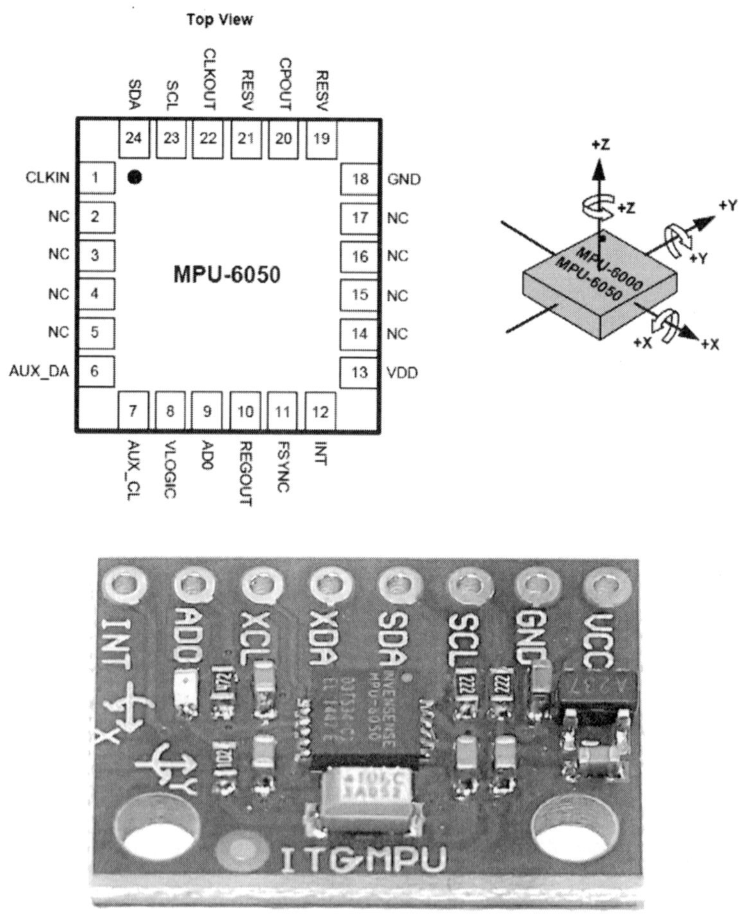

[그림 2-12] MPU6050 센서 핀 구성 및 응용 모듈

[표 2-1] MPU6050 측정범위 감도

	측정범위	감도(16비트)
가속도	±2g	16,384[LSB/g]
	±4g	8192[LSB/g]
	±8g	4096[LSB/g]
	±16g	2048[LSB/g]
각속도	±250	131[LSB/(°/s)]
	±500	65.5[LSB/(°/s)]
	±1000	32.8[LSB/(°/s)]
	±2000	16.4[LSB/(°/s)]
온도	45℃~80℃	340[LSB/℃](35℃에서 -521)

(1) 1바이트 쓰기

- MCU는 MPU6050에게 [시작신호], [MPU6050 어드레스(디바이스 어드레스)+write bit]를 전송하고, 이어서 [쓰여질 레지스터 어드레스]를 전송한다.
- MCU는 MPU6050으로부터 [ACK] 신호를 받고, [전송 DATA] 를 전송한다.
- MCU는 MPU6050으로부터 [ACK] 신호를 수신하고, [스톱신호]를 전송하고 통신을 종료한다.

Master	S	AD+W		RA		DATA		P
Slave			ACK		ACK		ACK	

[그림 2-13] 1바이트 쓰기

(2) 1바이트 읽기

- MCU는 MPU6050에게 [시작신호], [MPU6050 어드레스(디바이스 어드레스)+write bit]를 전송하고, 이어서 [읽혀질 레지스터 어드레스]를 전송한다.
- MCU는 MPU6050으로부터 [ACK 신호]를 받고, [시작신호], [MPU6050 어드레스+Read bit]를 전송한다.
- MCU는 MPU 6050으로부터 [ACK] 신호와 [DATA]를 수신한다.
- MCU는 [NACK], [스톱신호]를 전송하고 통신을 종료한다.

Master	S	AD+W		RA		S	AD+R			NACK	P
Slave			ACK		ACK			ACK	DATA		

[그림 2-14] 1바이트 읽기

(3) MPU6050을 사용하기 위해 필요한 레지스터

■ Power Management-1 Register(어드레스 : 0x6B)

파워 모드와 클럭 소스를 선택하기 위한 레지스터이다.

bit7	bit6	bit5	bit4	bit3	bit2	bit1	bit0
RESET	SLEEP	CYCLE	–	TEMP_DIS	CLKSEL[2–0]		

- RESET : 모든 내부 레지스터의 값을 디폴트값으로 설정
- SLEEP : Sleep 모드 전환
- TEMP_DIS : 온도 센서 동작 정지
- CLKSEL : 클럭 소스 선택(0: 내부 8MHz)

■ Accelerometer Measurement Register(어드레스 : 0x3B - 0x40)

어드레스	Bit7 - Bit0
0x3B	X축 가속도 상위 8비트 성분
0x3C	X축 가속도 하위 8비트 성분
0x3D	Y축 가속도 상위 8비트 성분
0x3E	Y축 가속도 하위 8비트 성분
0x3F	Z축 가속도 상위 8비트 성분
0x40	Z축 가속도 하위 8비트 성분

■ Temperature Measurement Register(어드레스 : 0x41 - 0x42)

어드레스	Bit7 - Bit0
0x41	온도 상위 8비트 성분
0x42	온도 하위 8비트 성분

■ Gyroscope Measurement Register(어드레스 : 0x43 - 0x48)

어드레스	Bit7 - Bit0
0x43	X축 자이로 상위 8비트 성분
0x44	X축 자이로 하위 8비트 성분
0x45	Y축 자이로 상위 8비트 성분
0x46	Y축 자이로 하위 8비트 성분
0x47	Z축 자이로 상위 8비트 성분
0x48	Z축 자이로 하위 8비트 성분

■ 그 밖의 레지스터에 대해서는 데이터 시트 참조

(4) 파워-업 시의 레지스터 디폴트 값

- 자이로 측정범위 : ±250(°/s)도 초
- 가속도 : ±2g[m/s²]
- 내부 8MHz 클럭 소스
- 디바이스 슬립 모드 : 센서를 동작시키기 위해 'SLEEP' 비트를 클리어 한다.

가속도, 자이로, 온도 측정값 표시하기

```
/*******************************************************************/
/* 파일명 : mpu6050.C                                              */
/* 설명 : 자이로 센서 가속도, 온도, 각속도 측정 LCD 표시            */
/*******************************************************************/
#include <mega128.h>
#include <delay.h>
#include <stdio.h>
#include <stdlib.h>

// 텍스트 LCD 관련 심볼 정의
#define ENABLE        PORTA.2       // ENABLE 신호

#define FUNCSET       0x28          // Function Set
#define ENTMODE       0x06          // Entry Mode Set
#define ALLCLR        0x01          // All Clear
#define HOME          0x02          // HOME
#define DISPON        0x0c          // Display On
#define LINE2         0xC0          // 2nd Line Move

// MPU6050 레지스터 어드레스 및 디바이스 어드레스
#define MPU6050_ACCEL_XOUT_H  0x3B  // 가속도 측정값 레지스터
#define MPU6050_TEMP_OUT_H    0x41  // 온도 측정값 레지스터
#define MPU6050_GYRO_XOUT_H   0x43  // 자이로 측정값 레지스터
#define MPU6050_PWR_MGMT_1    0x6B  // Power Management
#define MPU6050_I2C_ADDR      0x68  // 디바이스 어드레스

typedef unsigned char u_char;

u_char  mpudata[14];                // MPU6050 센서값 저장
int     x_accel, y_accel, z_accel;  // 가속도값
int     x_gyro, y_gyro, z_gyro;     // 각속도값
int     temp;                       // 온도값
u_char rdata;
```

가속도, 자이로, 온도 측정값 표시하기

```
/ LCD 관련함수
void LCD_init(void);
void LCD_String(char flash *);
void LCD_String1(char *);
void Busy(void);
void Command(unsigned char);
void Data(unsigned char);

// MPU6050 TWI(I2C) 관련함수
int TWI_Write(int, u_char);              // TWI 쓰기
int TWI_Read(int);                       // TWI 읽기
int TWI_Comm(int);                       // TWI 공통 함수
void error_out(u_char);                  // 에러 LED 출력함수

void main(void)
{
   float ftemp;
   int error, addr, n;
   u_char buf[16];

    // 7-세그먼트
   DDRB = 0xF0;                          // 포트 B 상위 4비트 출력 설정
   DDRD = 0xF0;                          // 포트 D 상위 4비트 출력 설정
   DDRG = 0x0F;                          // 포트 G 하위 4비트 출력 설정

   // LED
   DDRC = 0xFF;                          // 포트 C 출력 설정 (에러표시)
   PORTC = 0xFF;

   LCD_init();

   // TWI 초기설정
   TWBR = 12;                            // 16M/(16 + 2 * 12) = 400kHz(TWPS=0)
   TWSR = 0x00;

   // Gyro 250도/초, 가속도 2g, 클럭소스 내부 8MHz, Sleep Mode
   error = TWI_Write(MPU6050_PWR_MGMT_1, 0);     // Sleep mode 해제
   if(error != 0)  error_out(error);             // 에러발생

   while(1){
      // 가속도, 온도, 각속도 값 읽기
      addr = MPU6050_ACCEL_XOUT_H;
      for(n = 0;n < 14;n++){
         error = TWI_Read(addr++);
         if(error != 0)  error_out(error);       // 에러발생
         mpudata[n] = rdata;
      }
```

가속도, 자이로, 온도 측정값 표시하기

```
        // 가속도, 온도. 각속도 2바이트 값 계산
        x_accel = ((int)mpudata[0] << 8) | ((int)mpudata[1] & 0x0FF);
        y_accel = ((int)mpudata[2] << 8) | ((int)mpudata[3] & 0x0FF);
        z_accel = ((int)mpudata[4] << 8) | ((int)mpudata[5] & 0x0FF);
        temp =    ((int)mpudata[6] << 8) | ((int)mpudata[7] & 0x0FF);
        x_gyro =  ((int)mpudata[8] << 8)  | ((int)mpudata[9] & 0x0FF);
        y_gyro =  ((int)mpudata[10] << 8) | ((int)mpudata[11] & 0x0FF);
        z_gyro =  ((int)mpudata[12] << 8) | ((int)mpudata[13] & 0x0FF);

        // The temperature sensor is -40 to +85 degrees Celsius.
        // It is a signed integer.
        // 섭씨온도 = (온도 디지털값) / 340 + 36.53
        ftemp = (float)temp / 340.0 + 36.53;

        // 결과 출력(가속도, 온도)
        sprintf(buf, "%3d %3d %3d %3d", x_accel / 200, y_accel / 200, z_accel / 200, (int)ftemp);
        Command(HOME);
        LCD_String1(buf);

        // 자이로값 출력
        sprintf(buf, "%4d %4d %4d", x_gyro / 200, y_gyro / 200, z_gyro / 200);
        Command(LINE2);
        LCD_String1(buf);

        delay_ms(500);
    }
}


// 1바이트 전송
int TWI_Write(int addr, u_char data)
{
    TWI_Comm(addr);                          // Start Condition, SLA + W, RA 전송

    // Data
    TWDR = data;                             // 전송 데이터
    TWCR = 0x84;                             // TWINT, TWEN 셋
    while((TWCR & 0x80) != 0x80);            // TWINT 비트가 1이 될 때까지
    if((TWSR & 0xF8)!= 0x28) return(0xEF);   // 에러 체크

    // STOP 조건 발생
    TWCR = 0x94;

    return(0);
}
```

가속도, 자이로, 온도 측정값 표시하기

```
// 1바이트 수신
int TWI_Read(int st_addr)
{
    int err;

    err = TWI_Comm(st_addr);                    // Start Condition, SLA + W, RA 전송
    if(err != 0) return(err);

    // 반복 START 조건 발생(Read 모드로 바꿈)
    TWCR = 0xA4;                                // TWINT, TWSTA, TWEN 셋

    while((TWCR & 0x80) != 0x80);               // TWINT 비트가 1이 될 때까지
                                                // ACK 수신
    if((TWSR & 0xF8)!= 0x10) return(0x0F);      // 에러 체크

    // SLA + R
    TWDR = (MPU6050_I2C_ADDR << 1) | 0x01;      // R/W 비트 셋
    TWCR = 0x84;                                // TWINT, TWEN 셋

    while((TWCR & 0x80) != 0x80);               // TWINT 비트가 1이 될 때까지
    if((TWSR & 0xF8)!= 0x40) return(0x7f);

    // Data Read
    TWCR = 0x84;                                // TWINT, TWEN 셋
    while((TWCR & 0x80) != 0x80);               // TWINT 비트가 1이 될 때까지
                                                // NACK 송신
    if((TWSR & 0xF8)!= 0x58) return(0xF0);
    rdata = TWDR;

    // STOP 조건 발생
    TWCR = 0x94;

    return(0);
}

// 1바이트 송수신 공통 함수
// Start Condition, SLA + W, RA
int TWI_Comm(int reg_addr)
{
    // START 조건 발생
    TWCR = 0xA4;                                // TWINT, TWSTA, TWEN 셋
    while((TWCR & 0x80) != 0x80);               // TWINT 비트가 1이 될 때까지
    if((TWSR & 0xF8)!= 0x08) return(TWSR & 0xf8); // 에러 체크

    // SLA + W
    TWDR = MPU6050_I2C_ADDR << 1;
    TWCR = 0b10000100;                          // TWINT, TWEN 셋
    while((TWCR & 0x80) != 0x80);               // TWINT 비트가 1이 될 때까지
                                                // ACK 수신
```

가속도, 자이로, 온도 측정값 표시하기

```
        if((TWSR & 0xF8)!= 0x18) return(0xFD);         // 에러 체크

        // Register Address(RA)
        TWDR = reg_addr;
        TWCR = 0b10000100;
        while((TWCR & 0x80) != 0x80);                   // TWINT 비트가 1이 될 때까지
                                                        // ACK 수신
        if((TWSR & 0xF8)!= 0x28) return(0xFB);          // 에러 체크
        return(0);
}

void error_out(u_char err)
{
        PORTC = ~err;

        while(1);
}

// LCD 초기화
void LCD_init(void)
{
        DDRA = 0xFF;                                    // 포트 A 출력 설정
        PORTA = 0x0;

        delay_ms(15);
        Command(0x20);
        delay_ms(5);
        Command(0x20);
        delay_us(100);
        Command(0x20);
        Command(FUNCSET);
        Command(DISPON);
        Command(ALLCLR);
        Command(ENTMODE);
}

// 문자열 출력 함수
void LCD_String1(char *str)
{
        char *pStr=0;

        pStr = str;
        while(*pStr) Data(*pStr++);
}
```

가속도, 자이로, 온도 측정값 표시하기

```
// 인스트럭션 쓰기 함수
void Command(u_char byte)
{
        Busy();

        // 인스트럭션 상위 4비트
        PORTA = 0x00;               // RS=RW=0
        PORTA |= (byte & 0xF0);     // 명령어 상위 4비트
        delay_us(1);
        ENABLE = 1;                 // E = 1
        delay_us(1);
        ENABLE = 0;                 // E = 0

        // 인스트럭션 하위 4비트
        PORTA = 0x00;               // RS=RW=0
        PORTA |= (byte << 4);       // 명령어 하위 4비트
        delay_us(1);
        ENABLE = 1;                 // E = 1
        delay_us(1);
        ENABLE = 0;                 // E = 0
}

//데이터 쓰기 함수
void Data(u_char byte)
{
        Busy();

        // 데이터 상위 바이트
        PORTA = 0x01;               // RS=1, RW=0
        PORTA |= (byte & 0xF0);     // 데이터 상위 4비트
        delay_us(1);
        ENABLE = 1;                 // E = 1
        delay_us(1);
        ENABLE = 0;                 // E = 0

        // 데이터 하위 바이트
        PORTA = 0x01;               // RS=1, RW=0
        PORTA |= (byte << 4);       // 데이터 하위 4비트
        delay_us(1);
        ENABLE = 1;                 // E = 1
        delay_us(1);
        ENABLE = 0;                 // E = 0
}

// Busy Flag Check -> 일반적인 BF를 체크하는 것이 아니라
// 일정한 시간 지연을 이용한다.
void Busy(void)
{
        delay_ms(2);
}
```

Chapter 03

Bluetooth 무선 모듈

[사진 3-1]은 KUT-128_COM 보드에 장착하여 실험에 사용할 블루투스 모듈을 보여주며, [표 3-1]과 같은 특징을 가지고 있다. [사진 3-2]는 컴퓨터와 블루투스 모듈을 연결하여 여러 가지 값들을 설정하기 위해 필요한 <USB to RS-232 TTL 레벨> 동글이며, 미리 드라이버가 설치되어 있어야 한다.

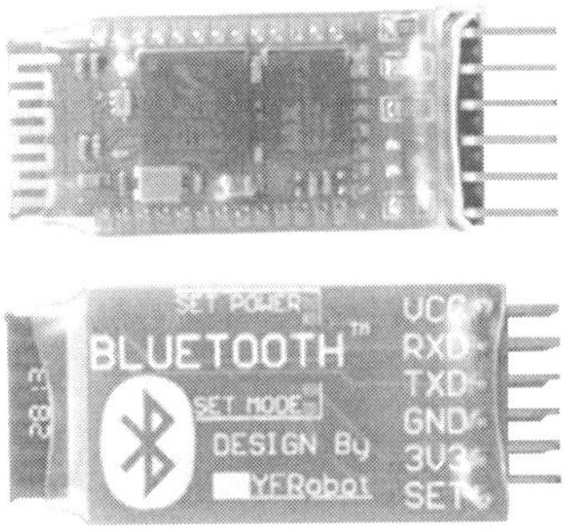

VCC : 5V
RXD : TTL 레벨 UART 수신
TXD : TTL 레벨 UART 송신
GND : 접지
3.3V : 3.3V 출력
SET : 동작 모드 설정(마스터/슬레이브)
(3.3V 연결 : 마스터, GND 연결 또는 OPEN : 슬레이브)

[사진 3-1] 블루투스 모듈

[표 3-1] 주요 특징

- Bluetooth V2.1+EDR
- Bluetooth Class 2
- 내장 PCB 안테나
- 내장 8Mbit Flash
- UART 인터페이스 지원(기본 9600bps)
- 1200, 2400, 4800, 9600, 19200, 38400, 57600, 115200, 230400, 460800, 921600, 1382400bps
- AT Command 사용
- SIZE : 40mm x 15mm

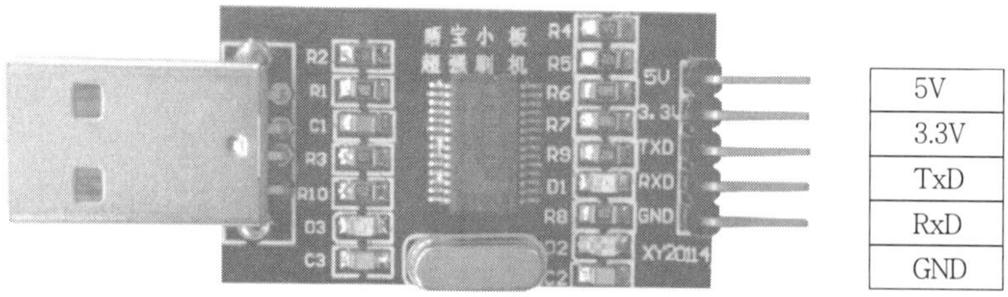

[사진 3-2] USB to RS-232 변환기(TTL 레벨)

USB to RS-232 변환기		Bluetooth 모듈
5V	연결	VCC
3.3V		
TxD	연결	RxD
RxD	연결	TxD
GND	연결	GND
		3.3V
		SET

[그림 3-1] Bluetooth 모듈과 <USB to RS-232 변환기> 연결 커넥터

3.1 AT Command

[표 3-2]는 블루투스 모듈을 컴퓨터와 연결하여 블루투스에 전달할 수 있는 명령어의 형식과 동작을 설명한다. 이들 명령어는 사용하는 블루투스에 따라 추가될 수도 있으며, 컴퓨터와 연결한 후 AT+HELP를 입력하면 바로 사용할 수 있는 명령어들을 확인할 수 있다.

[그림 3-2]는 KUT-128_COM 보드와 블루투스 모듈의 연결회로를 보여준다.

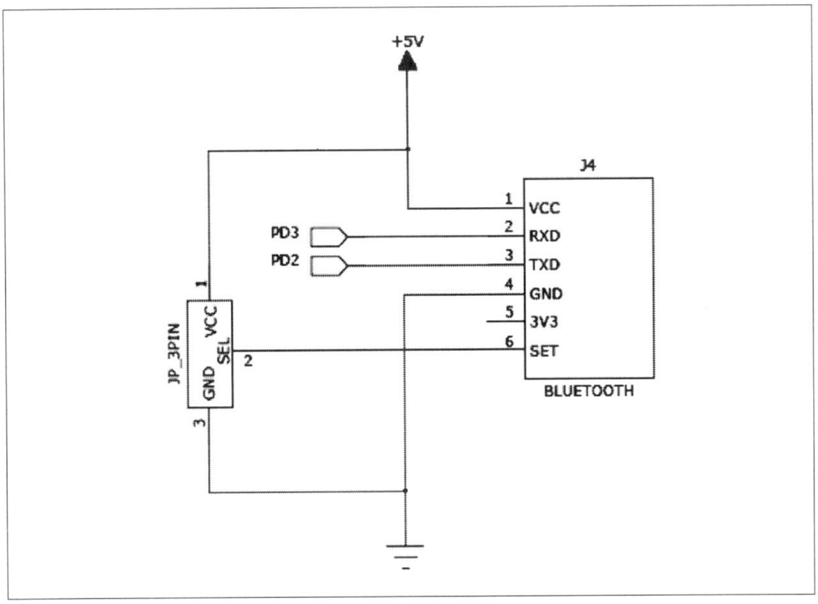

[그림 3-2] 블루투스 모듈 연결회로
(PD2/TXD1, PD3/RXD1)

[표 3-2] AT Command 요약표

명 령	응 답	설 명
AT	OK	
AT+VERSION	+VERSION=< Para1>	<Para1>: 펌웨어 버전, 블루투스 버전 등
AT+HELP	Command Description --------------------------- AT Check if the command terminal work normally AT+RESET Software reboot …… ……	
AT+RESET OK		
AT+PIN	+PIN=<Para1>	<Para1>: 페어링을 위한 PIN Code
AT+PIN<Para1>	1. +PIN=<Para1> OK – 성공 2. ERROR=<Error_Code> – 실패	초기 : 1234
AT+NAME +NAME=	<Para1>	<Para1>: 핀 이름
AT+NAME<Para1>	1. +PIN=<Para1> OK – 성공 2. ERROR=<Error_Code> – 실패	초기 : 1234

명령	응답	설명
AT+BAUD<Para1>	1.+BAUD=<Para1> OK – 성공 2. ERROR=<Error_Code> – 실패	1---1200 2---2400 3---4800 4---9600 5---19200 6---38400 7---57600 8---115200 9---230400 A---460800 B---921600 C---1382400 초기값: 4--9600
AT+ROLE	+ROLE=<Para1>	<Para1>: 0 – Slave 1 – Master 초기값 : Slave
AT+ROLE<Para1>	1.+ROLE=<Para1> OK – 성공 2. ERROR=<Error_Code>--실패	
AT+LADDR	+LADDR=<Para1>	<Para1>:Bluetooth Address 예)11:22:33:44:55:66
AT+STATE	+STATE=<Para1>	<Para1>: 모듈 상태 0: "INITIALIZING" 1: "READY" 2: "INQUIRING" 3: "PAIRABLE" 4: "CONNECTING" 5: "CONNECTED"
AT+AUTOCONN	+AUTOCONN=<Para1>	<Para1>: 0: 자동 연결 안함 1: 자동 연결 초기값 : 1
AT+ AUTOCONN<Para1>	+ AUTOCONN=<Para1> OK – 성공 2.ERROR=<Error_Code>--실	
AT+CONNECT<Para1>	1.OK – 성공 2. ERROR=<Error_Code>--실패	<Para1> : 원격 Bluetooth 주소 형식 11,22,33,44,55,66

3.2 페어링을 위한 설정

두 개의 블루투스 장치를 연결하는 것을 페어링이라 하며, 이를 위해서는 두 장치간에 연결할 수 있는 파라미터를 미리 설정해 두어야 한다.

(1) <USB to RS-232> 드라이버 설치(확인)

(2) <USB to RS-232>와 컴퓨터 연결

-> <USB to RS-232> 인식 여부 확인

-> 장치관리자 오픈해서 확인 : COM 번호 반드시 확인

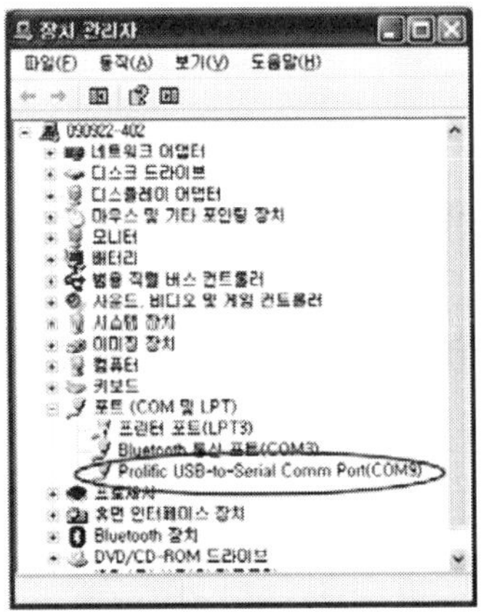

[그림 3-3] USB to RS-232 장치 연결 확인

(3) 보조프로그램 -> 통신 -> 하이퍼터미널 실행

이름 입력, 아이콘 선택, 확인 -> 연결에 사용할 모뎀(장치관리자에서 확인한 COM 포트 선택)

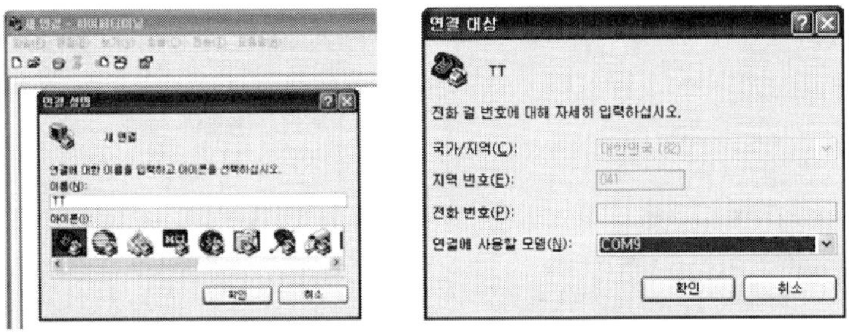

[그림 3-4] 하이퍼터미널 포트 번호 입력

포트 설정 -> 비트/초 : 9600, 흐름제어 없음 설정

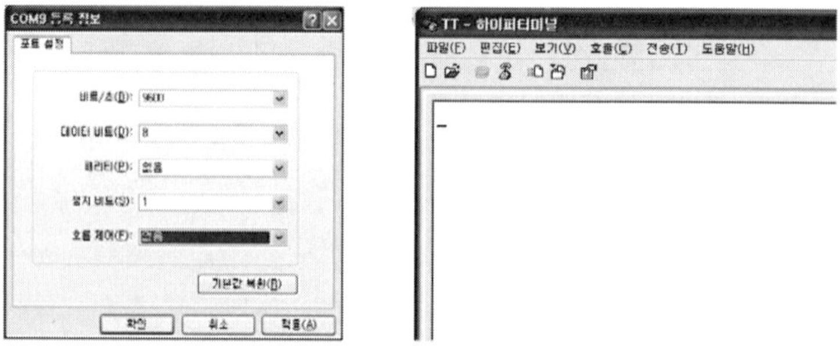

[그림 3-5] 포트 설정

하이퍼터미널 창 : 파일 -> 속성 -> 등록정보 창 열림 -> 설정 클릭

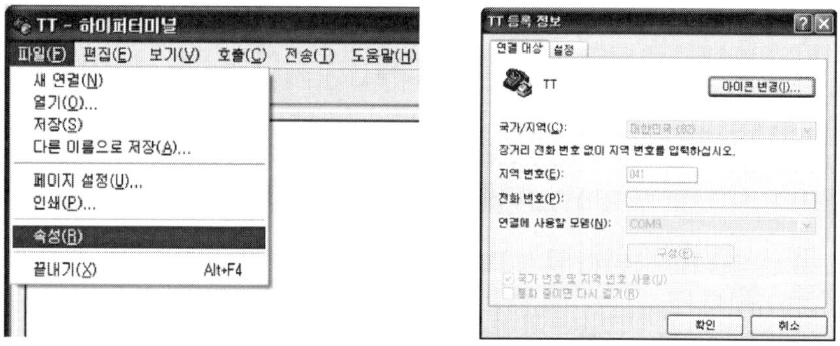

[그림 3-6] 속성창 열기

하단 <ASCII 설정> 클릭 -> 입력된 문자를 터미널 창에 표시 선택 -> 모두 확인하고 설정 창을 닫는다.

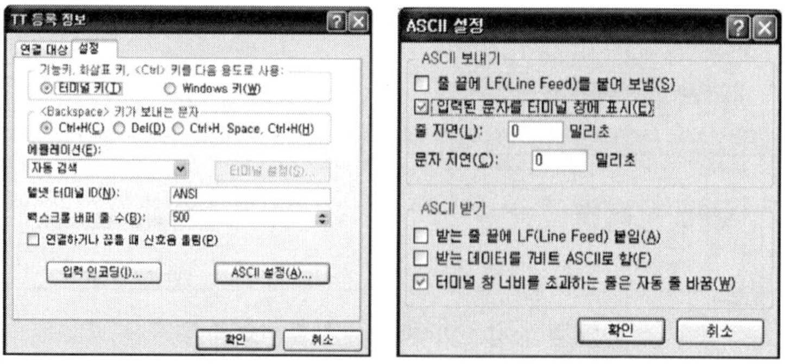

[그림 3-7] 입력 문자 표시하기 설정

(4) 블루투스 모듈을 <USB to RS-232 변환기>에 연결한다.
  -> <하이퍼터미널> 창에서 AT(Enter) 입력 후 OK 메시지로 연결 확인

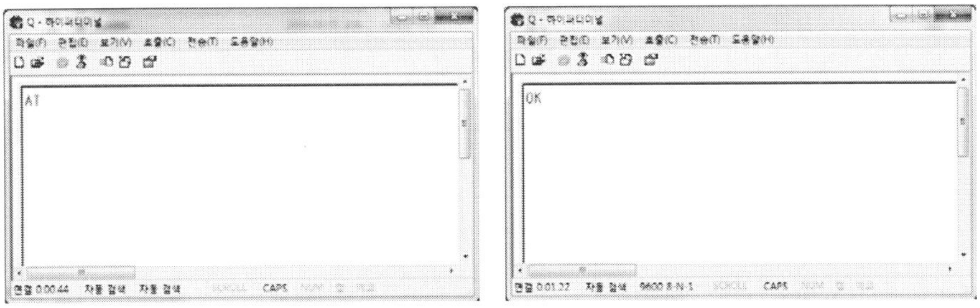

[그림 3-8] 연결 확인

커맨드를 입력할 때마다 엔터키를 눌러주며, AT<ENTER> 하면 OK가 표시된다. AT+HELP<ENTER> 하면 [그림 3-9]와 같이 사용할 수 있는 Command가 출력된다.

자주 사용되는 AT Command는 [표 3-3]과 같으며, 두 개의 블루투스를 연결하려면 통신 속도를 AT+BAUD 명령어로 같게 설정하고, 서로 상대방 어드레스를 AT+BIND 명령어로 설정하면 된다.

[표 3-3] AT Command 요약표

Command	의 미	사용 예(설정)
AT+BAUD	통신 속도 설정	AT+BAUD4
AT+ROLE	마스터/슬레이브 설정 (0 : 슬레이브, 1:마스터)	AT+ROLE1 (한 쪽은 반드시 마스터 설정하고 다른 쪽은 슬레이브 설정)
AT+LADDR	자기 어드레스 확인(수정불가)	16진 6자리 표시됨 00:15:ff:f3:a1:ac
AT+BIND	연결할 상대 어드레스 설정	AT+BIND00,15,ff,f3,b8,dd
AT+PIN	연결할 상대와 같은 이름 사용 스마트폰 연결할 때 사용(기억 요)	AT+PIN1234
AT+NAME	블루투스 이름	AT+NAMESHIN
AT+CMODE	연결모드 설정(1 : 연결 상대 고정)	AT+CMODE1

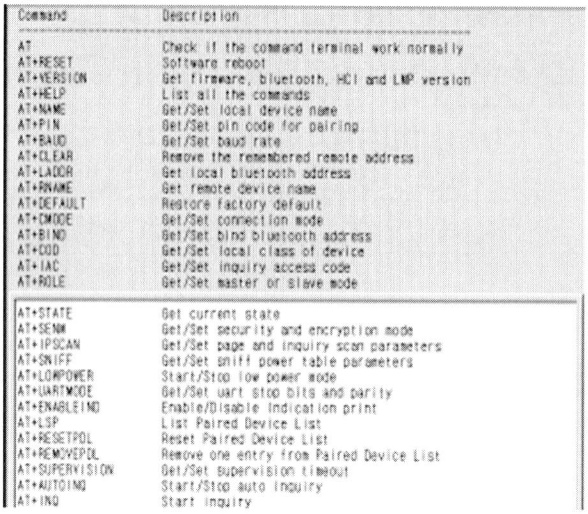

Command	Description
AT	Check if the command terminal work normally
AT+RESET	Software reboot
AT+VERSION	Get firmware, bluetooth, HCI and LMP version
AT+HELP	List all the commands
AT+NAME	Get/Set local device name
AT+PIN	Get/Set pin code for pairing
AT+BAUD	Get/Set baud rate
AT+CLEAR	Remove the remembered remote address
AT+LADDR	Get local bluetooth address
AT+RNAME	Get remote device name
AT+DEFAULT	Restore factory default
AT+CMODE	Get/Set connection mode
AT+BIND	Get/Set bind bluetooth address
AT+COD	Get/Set local class of device
AT+IAC	Get/Set inquiry access code
AT+ROLE	Get/Set master or slave mode
AT+STATE	Get current state
AT+SENM	Get/Set security and encryption mode
AT+IPSCAN	Get/Set page and inquiry scan parameters
AT+SNIFF	Get/Set sniff power table parameters
AT+LOWPOWER	Start/Stop low power mode
AT+UARTMODE	Get/Set uart stop bits and parity
AT+ENABLEIND	Enable/Disable Indication print
AT+LSP	List Paired Device List
AT+RESETPDL	Reset Paired Device List
AT+REMOVEPDL	Remove one entry from Paired Device List
AT+SUPERVISION	Get/Set supervision timeout
AT+AUTOINQ	Start/Stop auto inquiry
AT+INQ	Start inquiry

[그림 3-9] AT+HELP 실행 결과

[그림 3-10] 여러 커맨드 실행 결과

[그림 3-10] 여러 커맨드 실행 결과(계속)

3.3 컴퓨터(보드)와 보드와의 통신 실험

2개의 블루투스 모듈을 이용하여 컴퓨터 하이퍼터미널 창에서 키 입력된 숫자 키(0~9)의 아스키코드가 전송되면 KUT-128_COM 보드에서 이를 수신하여 맨 우측 7-세그먼트에 출력 표시하는 프로그램을 작성해보자. 컴퓨터 하이퍼터미널 창에서는 키가 눌려지게 되면 눌려진 문자의 아스키코드가 자동으로 시리얼포트를 통해 전송되고, 시리얼 포트를 통해 수신된 문자는 하이퍼터미널 창에 자동으로 표시된다. 실험을 위한 실행 순서는 다음과 같다.

(1) <블루투스 모듈의 상대방 어드레스를 연결 어드레스로 설정>
AT+LADDR 명령어를 이용하여 블루투스 모듈 2개의 어드레스를 각각 확인한다. 그리고 AT+BIND 명령어를 이용하여 상대방의 어드레스를 설정하고, AT+BAUD 명령어를 이용하여 통신 속도를 양쪽 모두 9600bps로 설정한다.

(2) KUT-128_COM 보드에 [리스트 3-1]의 프로그램을 다운로드 한다.

(3) <블루투스 모듈 장착>
KUT-128_COM 보드에 블루투스 모듈을 장착하고, 마스터/슬레이브 선택 스위치를 마스터로 설정한다. 컴퓨터 쪽에는 블루투스 모듈의 SET 단자를 오픈한 상태로 <USB to RS-232 변환기(TTL 레벨)>을 통해 연결하여 모듈이 슬레이브로 동작하도록 한다.

(4) 블루투스 모듈은 페어링을 위해 마스터 쪽에서 검색을 하게 되며(블루투스 모듈 LED 점멸), 페어링이 성공하게 되면 블루투스 모듈의 LED가 점멸하지 않고 계속 ON 상태를 유지한다.

(5) 컴퓨터 하이퍼터미널 창에서 숫자 키(0~9)를 눌러 KUT-128_COM 보드의 7-세그먼트에 숫자가 표시되는 것을 확인한다.

[리스트 3-1] 컴퓨터와의 통신을 위한 프로그램

컴퓨터와 KUT-128_COM 보드 블루투스 통신 실험

```
// nex3-1.c
// 블루투스 통신 실험
// BAUD = 9600, DataBit = 8 bit, StopBit = 1, Parity = None;
// 7-Segment(Common Cathode)
// 7-Segment On/Off(ULN2803 사용, PG포트 사용)
// PG0 : DIG1(맨 좌측), PG1 : DIG2(좌측 2번째)
// PG2 : DIG3(우측 2번째), PG3 : DIG4(맨 우측)

// 7-Segment LED a,b,c,d,e,f,g(UDN2981 사용, PB, PD포트 사용)
// PD4 : a, PD5 : b, PD6 : c, PD7 : d
// PB4 : e, PB5 : f, PB6 : g, PB7 : dp

#include <mega128.h>

flash unsigned char seg_pat[10]=
        {0x3f, 0x06, 0x5b, 0x4f, 0x66, 0x6d, 0x7d, 0x07, 0x7f, 0x6f};

void main(void)
{
   unsigned char rd, dd = 0;

   // I/O 포트 초기화
   DDRB = 0xFF;              // 포트 B 출력 설정
   DDRD = 0xFF;              // 포트 D 출력 설정
   DDRG = 0xFF;              // 포트 G 출력 설정

   PORTB = 0x0;
   PORTD = 0x0;

   // USART 초기화
   UCSR1A = 0x0;
   UCSR1B = 0b00010000;          // 수신 인에이블 RXEN0=1
   UCSR1C = 0b00000110;          // 비동기 데이터 8비트 모드
   UBRR1H = 0;                   // X-TAL = 16MHz 일때, BAUD = 9600
   UBRR1L = 103;

   while(1){
      while((UCSR1A & 0x80) == 0x0){      // RXC0 = 1이 될 때까지 대기
         // 이전에 수신한 10진 표시
         PORTG = 0b00001000;     // 맨 우측 7-Segment DIG4 ON (PG3=1)
         PORTB = (seg_pat[dd] & 0x70) | (PORTB & 0x0F);     // (e,f,g) -> PB4-PB6
         PORTD = ((seg_pat[dd] & 0x0F) << 4) | (PORTD & 0x0F);
                                                             // (a,b,c,d)->PD4-PD6
      }
      rd = UDR1;                          // 수신
      // 전송된 데이터 체크, ASCII 문자 ('0'~'9')-> 10진값(0~9)로 변환
      if(rd >= '0' && rd <= '9') dd = rd - '0';
   }
}
```

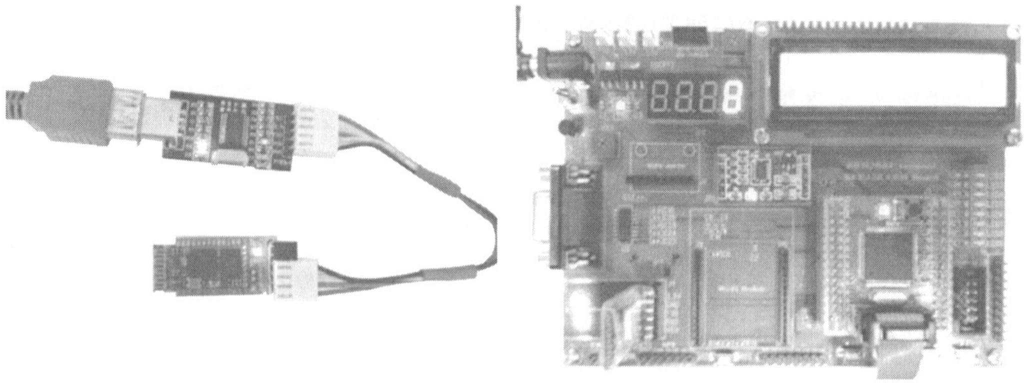

[사진 3-3] PC와의 통신 동작 사진

[리스트 3-2]와 [리스트 3-3]은 보드와 보드를 연결할 때 두 보드에 다운로드 될 프로그램이며, 어느 한 쪽을 마스터로 설정한 후 블루투스 모듈을 보드에 장착하고 테스트를 행한다. 이때 [리스트 3-3]이 다운로드 된 보드쪽에서는 스위치 SW1을 누르면 외부인터럽트4가 발생하여 1씩 증가하면서 값이 전송되고(최대 15), SW2를 누르면 외부인터럽트5가 발생하여 1씩 감소하면서 값이(최소 0) 전송된다. 반면에 [리스트 3-2]가 다운로드 된 보드쪽은 [리스트 3-3]에서 보내어진 값을 LED가 연결된 포트 C에 출력하고, 상위 4비트에 1100을 첨부하여 반송한다.

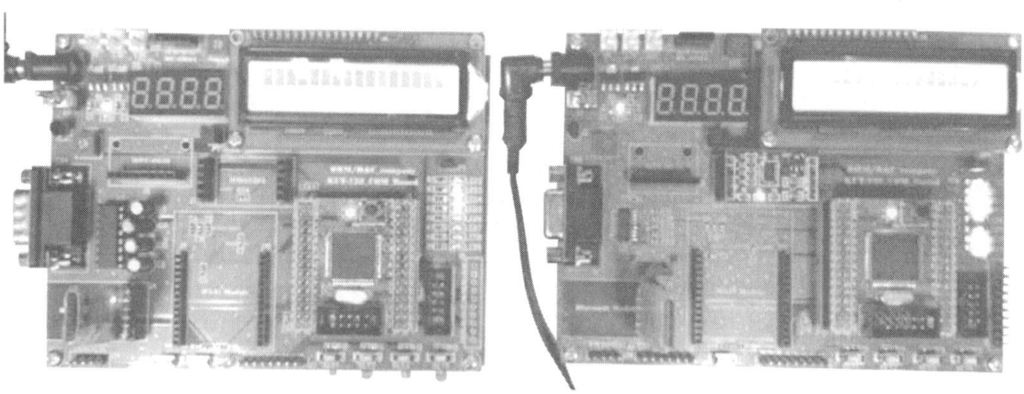

[사진 3-4] 두 보드간의 통신 동작 사진

[리스트 3-2] 슬레이브 보드에 다운로드 될 프로그램

두 개의 보드 간 블루투스 통신 실험

```
// nex3-2.c
// 블루투스 모듈(슬레이브) 테스트 프로그램
// BAUD = 9600, DataBit = 8 bit, StopBit = 1, Parity = None;

#include <mega128.h>

void main(void)
{
   unsigned char  rd;

   // I/O 포트 초기화
   DDRC = 0xFF;
   PORTC = 0xFF;

   // USART 초기화
   UCSR1A = 0x0;
   UCSR1B = 0b00011000;          // 수신 인에이블 RXEN1=TXEN1=1
   UCSR1C = 0b00000110;          // 비동기 데이터 8비트 모드
   UBRR1H = 0;                   // X-TAL = 16MHz 일때, BAUD = 9600
   UBRR1L = 103;

   while(1){
      while((UCSR1A & 0x80) == 0x0);    // RXC0 = 1이 될 때까지 대기
      rd = UDR1;                        // 수신

      PORTC = ~rd;

      UDR1 = rd | 0xc0;
   }
}
```

[리스트 3-3] 마스터 보드에 다운로드 될 프로그램

두 개의 보드 간 블루투스 통신 실험

```
// nex3-3.c
// 블루투스 모듈(마스터) 테스트 프로그램
// BAUD = 9600, DataBit = 8 bit, StopBit = 1, Parity = None;

#include <mega128.h>

unsigned char  dd = 0;

void main(void)
{
   unsigned char  rd;

   // I/O 포트 초기화
   DDRC = 0xFF;
   PORTC = 0xFF;

   EIMSK = 0b00110000;
   EICRB = 0b00001010;

   // USART 초기화
   UCSR1A = 0x0;
   UCSR1B = 0b00011000;          // 수신 인에이블 RXEN1=TXEN1=1
   UCSR1C = 0b00000110;          // 비동기 데이터 8비트 모드
   UBRR1H = 0;                   // X-TAL = 16MHz 일때, BAUD = 9600
   UBRR1L = 103;

   SREG = 0x80;

   while(1){
      while((UCSR1A & 0x80) == 0x0);      // RXC0 = 1이 될 때까지 대기
      rd = UDR1;                          // 수신

      PORTC = ~rd;
   }
}

interrupt [EXT_INT4] void sw1(void)
{
   dd = (dd + 1) % 16;
   while((UCSR1A & 0x20) == 0x0);         // UDRE0 = 1이 될 때까지 대기;
   UDR1 = dd;
}

interrupt [EXT_INT5] void sw2(void)
{
   dd = (dd + 15) % 16;
   while((UCSR1A & 0x20) == 0x0);         // UDRE0 = 1이 될 때까지 대기;
   UDR1 = dd;
}
```

3.4 스마트폰과 보드와의 연결 실험

3.4.1 첫 번째 응용실험

① KUT-128_COM 보드 : [리스트 3-1] 프로그램 다운로드

② 블루투스 모듈 : 마스터/슬레이브 선택 스위치 슬레이브 설정

특별한 설정은 필요 없고, 아래 3가지 사항만 확인한 후 보드에 장착한다.

- AT+NAME
- AT+LADDR : 자기 어드레스(확인 선택을 위해)
- AT+PIN : 페어링 번호(연결을 위해)

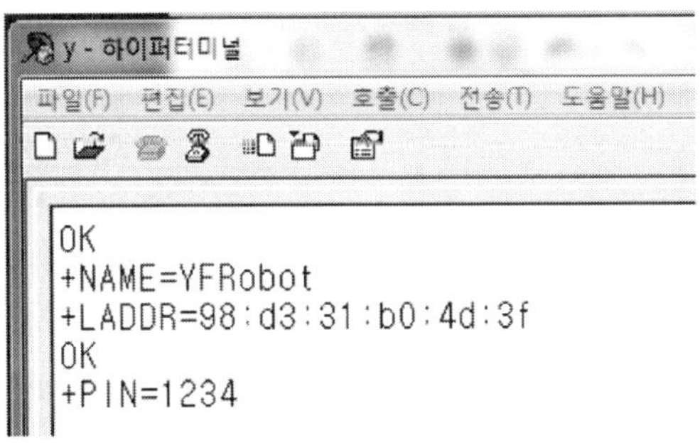

[그림 3-11] AT Command를 이용한 확인 파라미터

③ 스마트 폰(안드로이드폰)

- 안드로이드 마켓 또는 Play 스토어에서 “Bluetooth SPP”를 검색 설치한다.

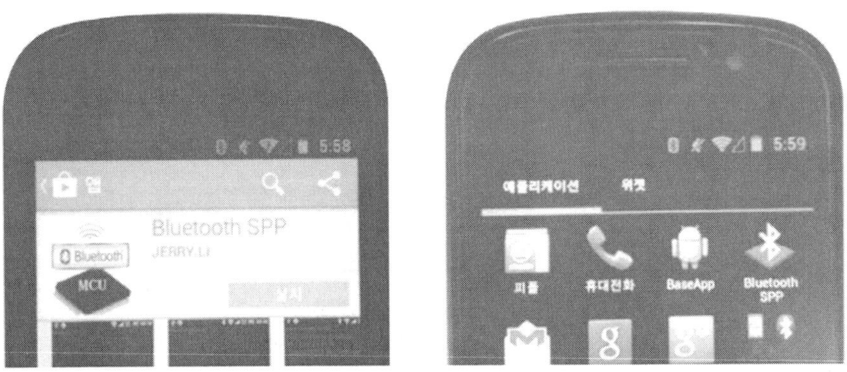

[사진 3-5] Bluetooth SPP 검색 및 설치

– 설정에서

Bluetooth 선택 –> 기기 검색 –> YFrobot 선택 –> PIN Code "1234" 입력

[사진 3-6] 설정 -> 블루투스 클릭

블루투스 창에서 기기검색을 클릭한 후 검색된 장치 중에서 AT Command에서 확인한 블루투스 장치 YFRobot을 선택하고 페어링 요청창이 뜨면 PIN 번호를 입력한다.

[사진 3-7] 페어링 요청 처리

페어링 되었음을 확인한다.

[사진 3-8] 페어링 결과

④ Bluetooth SPP를 실행한 후 [사진 3-9a]와 같은 화면이 표시될 때 표시 부분을 클릭하면 [사진 3-9b]와 같은 동작 선택 모드가 표시된다.

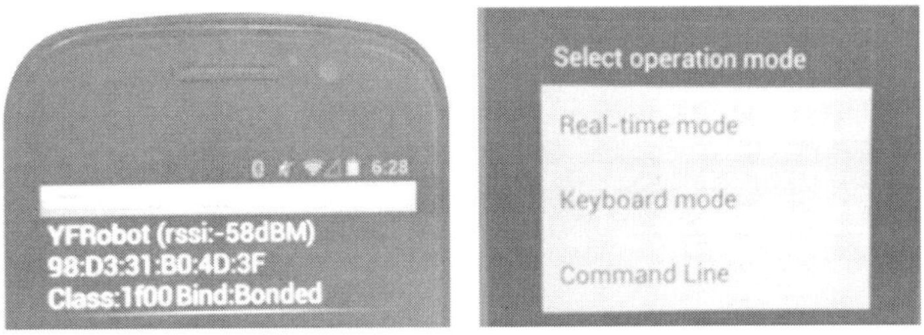

(a) 페어링된 블루투스 기기 (b) 동작 선택 모드 화면

[사진 3-9] 페어링 결과

여기서 <Keyboard mode>를 선택 클릭하면 [사진 3-10]과 같은 <키 버튼>이 표시된다.

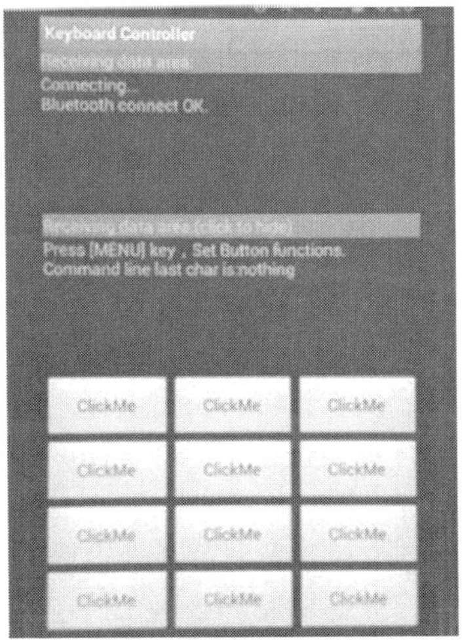

[사진 3-10] 키 버튼 표시

스마트 폰의 메뉴 버튼을 클릭하면 [사진 3-11]과 같은 화면이 표시되며, 여기서 "Set key func"를 선택하면 [사진 3-12]와 같은 메시지가 출력되어 버튼에 대한 설정모드가 된다.

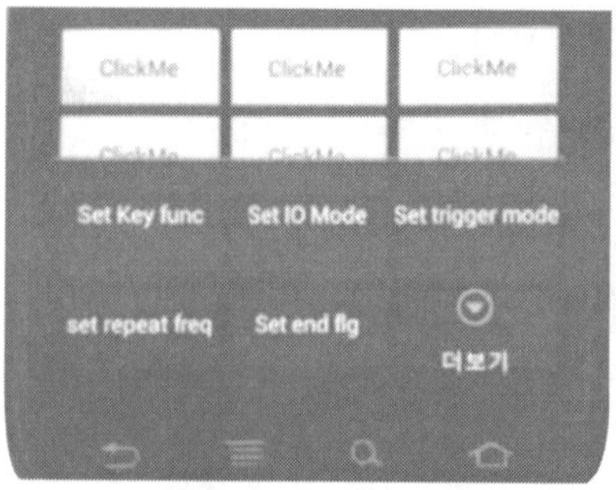

[사진 3-11] 메뉴 선택

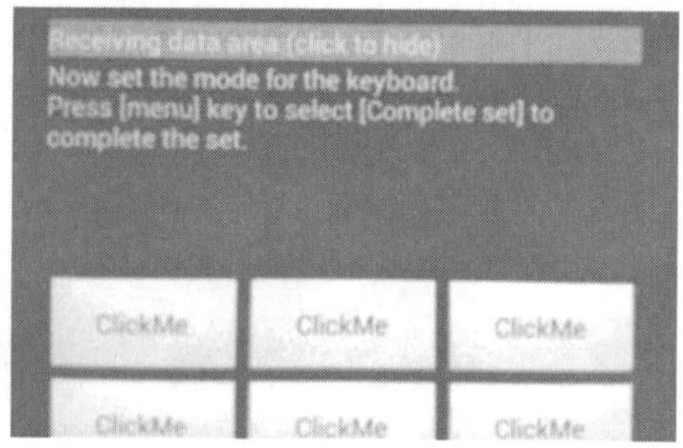

[사진 3-12] 버튼 설정 모드

키 버튼을 클릭하면, [사진 3-13]과 같이 버튼명과 보낼 값(아스키 문자)을 입력하는 창이 나타난다.

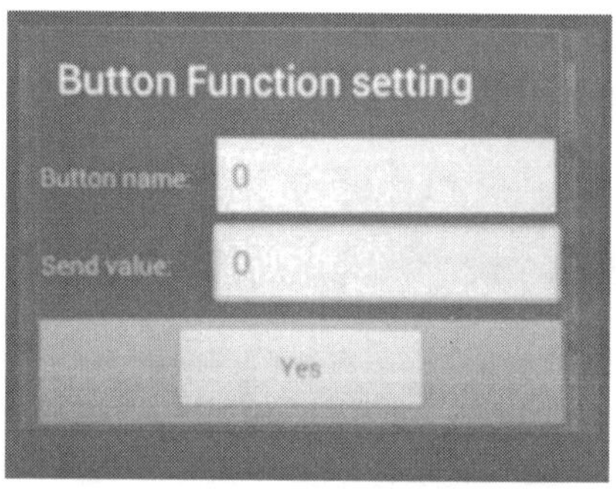

[사진 3-13] 버튼 설정

10개의 버튼을 아래와 같이 0부터 9까지 설정한 후 메뉴 버튼을 클릭하면 [사진 3-14]와 같은 메뉴가 나타나며 <Complete set> 버튼을 클릭하면 버튼 설정이 모두 종료하게 된다.

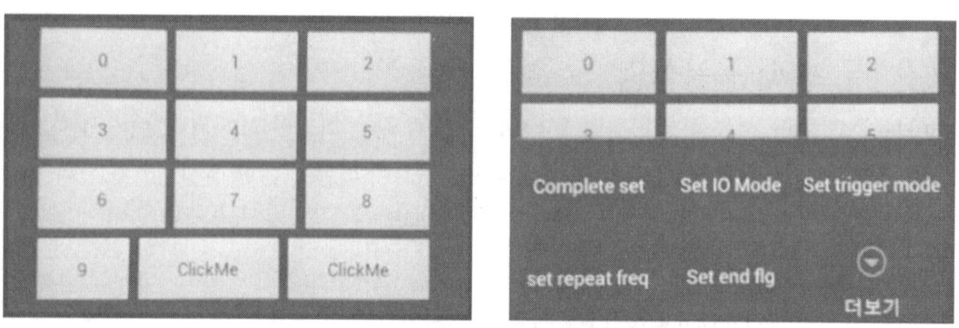

[사진 3-14] 버튼 설정 종료

이제 숫자 키 버튼을 누르면 설정된 아스키 문자가 하나씩 무선으로 전송되고

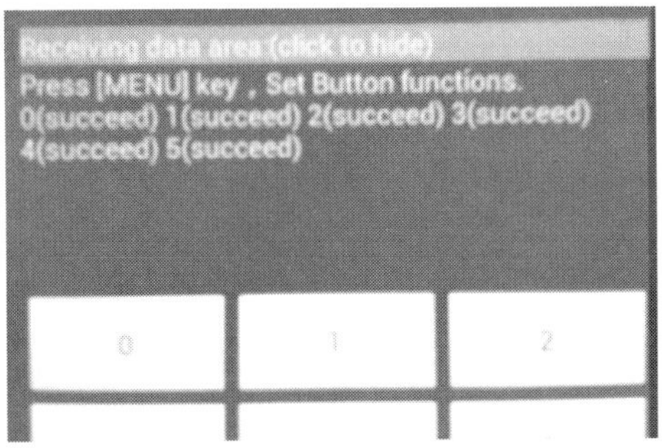

[사진 3-15] 스마트폰에서 전송된 값

이를 수신한 KUT-128_COM 보드에서 7세그먼트에 표시하게 되면 전송된 데이터를 확인할 수 있다.

[사진 3-16] 보드에서 수신하여 표시된 7-세그먼트 값

3.4.2 두 번째 응용실험

① 블루투스 모듈 : 마스터/슬레이브 선택 스위치 슬레이브 설정

특별한 설정은 필요 없고, 아래 3가지 사항만 확인한 후 응용보드에 장착

- AT+NAME
- AT+LADDR : 자기 어드레스(확인 선택을 위해)
- AT+PIN : 페어링 번호(연결을 위해)

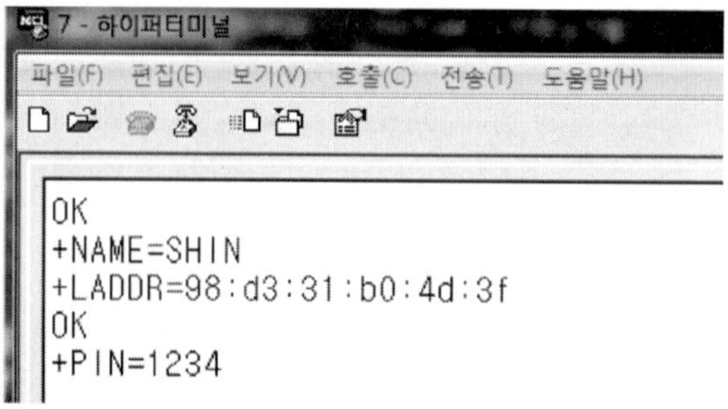

[그림 3-12] AT Command를 이용한 확인 파라미터

② 블루투스 페어링 등록

<설정 -> Bluetooth 창>에서 기기검색을 통해 페어링 할 수 있는 블루투스 장치를 등록한다.([사진 3-6]부터 [사진 3-8] 참조)

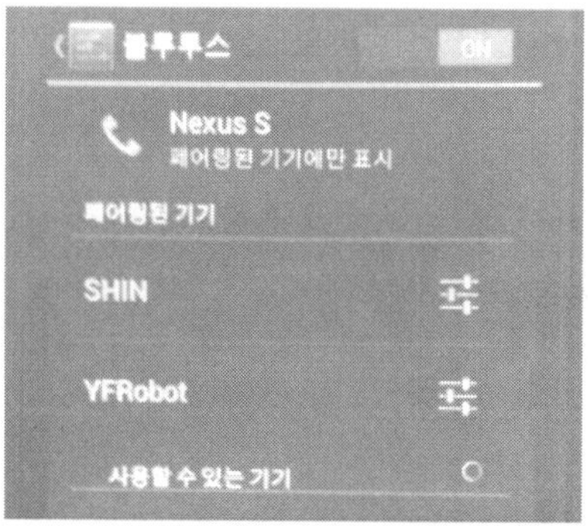

[사진 3-17] 페어링 결과

③ 앱 검색 및 설치(안드로이드폰)

안드로이드 마켓 또는 Play 스토어에서 "bluestick control"를 검색 설치한다. 이 앱은 블루투스 무선통신으로 로봇의 전후좌우 이동을 제어할 수 있으며, 물체 조작(잡기, 놓기, 좌우 회전)을 수행할 수도 있다. 그리고, 이 앱에서는 로봇의 전후좌우 이동 제어에 대해 터치 버튼과 기울기 센서를 이용하여 조종할 수 있다.

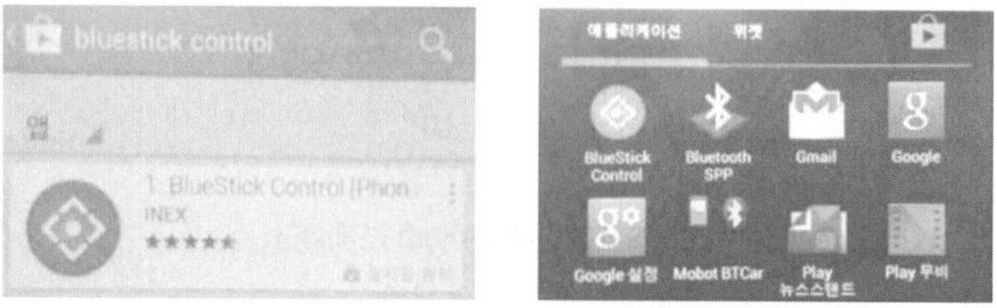

[사진 3-18] bluestick control 검색 및 설치

④ Bluestick Control 실행

Bluestick Control을 실행하게 되면 [사진 3-19a]가 초기화면으로 표시되며, 전후좌우 화살표를 터치하면 '8', '2', '4', '6'의 아스키 문자가 스마트폰으로부터 전송된다. 그리고, 왼쪽 하단의 <BUTTON MODE>를 터치하면 [사진 3-19b]와 같이 90도 회전한 상태의 <TILT MODE>로 바뀌고, 이 상태에서 전후좌우로 기울이게 되면 <BUTTON MODE>와 같이 '8', '2', '4', '6'의 아스키 문자가 스마트폰으로부터 전송된다. 스마톤폰을 조작하지 않을 경우에는 '0' 문자가 계속해서 전송된다.

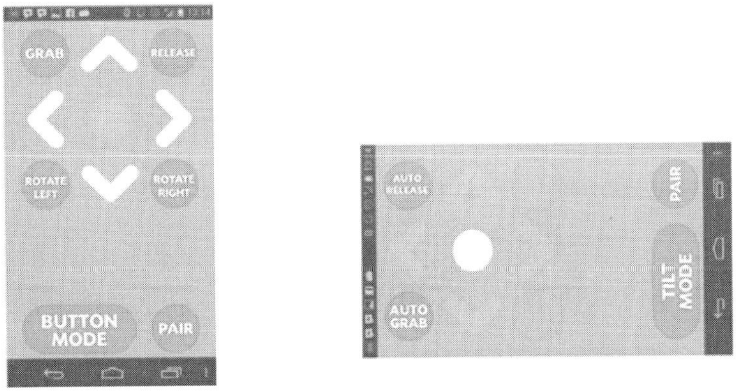

(a) 버튼 모드　　(b) 기울기 센서 동작 모드

[사진 3-19] Bluestick Control 동작 모드

⑤ 연결 디바이스 선택

[사진 3-19a]의 오른쪽 하단의 <PAIR>를 터치하면 [사진 3-20]과 같은 연결할 디바이스 선택화면이 표시되며, 연결하고자 하는 항목을 터치하면 자동으로 연결이 이루어진다.

[사진 3-20] 연결 디바이스 선택 화면

⑥ 메뉴 설정

이 앱에서는 전후좌우 이동 버튼 이외에 4개의 메뉴 버튼을 추가할 수 있으며, 스마트 폰의 메뉴 버튼을 터치하면 [사진 3-21a]와 같이 앱 화면의 화살표가 사라지고 메뉴버튼만 남게 된다. 여기서, 4개 중에 하나를 터치하면 [사진 3-21b] 화면으로 바뀌면서 다른 메뉴로 교체하든지 아니면 none 버튼으로 삭제할 수가 있다.

[사진 3-21b] 메뉴 버튼 밑에 있는 16진값은 메뉴 버튼이 눌려질 때 전송되는 아스키 코드를 나타내며, 0x41~0x46은 대문자 'A'~'F'를 나타낸다. 이 메뉴 설정 모드로부터 벗어나려면 스마트 폰의 메뉴 버튼을 누르면 된다.

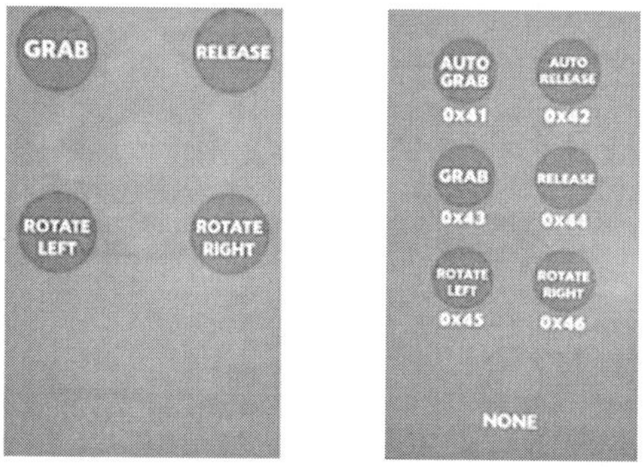

(a) 메뉴 설정 화면 (b) 선택 메뉴 화면

[그림 3-21] 메뉴 설정 화면

⑦ KUT-128_COM 보드 : [리스트 3-4] 프로그램 다운로드

KUT-128_COM 보드에 다운로드할 프로그램은 스마트폰으로부터 전송되어오는 문자에 따라 [표 3-4]와 같은 동작을 수행한다.

[표 3-4] 스마트폰으로부터의 전송문자와 KUT-128_COM 보드 수행 동작

Button Mode	Tilt Mode	전송 문자	수행 동작
∧	앞으로 기울이기	'8'	7-세그먼트 100자리 1증가
∨	뒤로 기울이기	'2'	7-세그먼트 10자리 1증가
<	왼쪽으로 기울이기	'4'	7-세그먼트 1000자리 1증가
>	오른쪽으로 기울이기	'6'	7-세그먼트 1자리 1증가
GRAB	GRAB	'C'	7-세그먼트 9999 표시
RELEASE	RELEASE	'D'	7-세그먼트 값 모두 0 리셋
ROTATE LEFT	ROTATE LEFT	'E'	7-세그먼트 왼쪽 회전 표시
ROTATE	RIGHT ROTATE RIGHT	'F'	7-세그먼트 오른쪽 회전 표시
무조작	무조작	'0'	아무 동작 안함

[리스트 3-4] 스마트폰과의 응용실험2

스마트폰과의 연결 응용실험2

```
// nex3-4.c
// 블루투스 통신 실험
// BAUD = 9600, DataBit = 8 bit, StopBit = 1, Parity = None;
// 7-Segment(Common Cathode)
// 7-Segment On/Off(ULN2803 사용, PG포트 사용)
// PG0 : DIG1(맨 좌측), PG1 : DIG2(좌측 2번째)
// PG2 : DIG3(우측 2번째), PG3 : DIG4(맨 우측)

// 7-Segment LED a,b,c,d,e,f,g(UDN2981 사용, PB, PD포트 사용)
// PD4 : a, PD5 : b, PD6 : c, PD7 : d
// PB4 : e, PB5 : f, PB6 : g, PB7 : dp

#include <mega128.h>

typedef unsigned char u_char;

flash u_char seg_pat[10]= {0x3f, 0x06, 0x5b, 0x4f, 0x66, 0x6d, 0x7d, 0x07, 0x7f, 0x6f};
flash u_char seg_on[4] = {0b00001000, 0b00000100, 0b00000010, 0b00000001};

u_char dsp_no = 0;       // 표시할 세그먼트 번호
                         // 0 : 1자리, 1 : 10자리, 2 : 100자리 , 3 : 1000자리
u_char N1 = 0, N10 = 0, N100 = 0, N1000 = 0;

void main(void)
{
   u_char rd, tmp;

   // I/O 포트 초기화
   DDRB = 0xFF;                    // 포트 B 출력 설정
   DDRD = 0xFF;                    // 포트 D 출력 설정
   DDRG = 0xFF;                    // 포트 G 출력 설정

   PORTB = 0x0;
   PORTD = 0x0;

   // 타이머/카운터2 7-세그먼트 동적구동을 위한 주기 설정
   // 1/16us * 1024 * (256 - 178) = 4.99ms
   TIMSK = 0b01000000;             // TOIE2=1(타/카2 오버플로우 인터럽트 인에이블)
   TCCR2 = 0x05;                   // 일반모드, 1024분주
   TCNT2 = 178;                    // 초기값 설정

   // USART 초기화
   UCSR1A = 0x0;
   UCSR1B = 0b00010000;            // 수신 인에이블 RXEN0=1
   UCSR1C = 0b00000110;            // 비동기 데이터 8비트 모드
   UBRR1H = 0;                     // X-TAL = 16MHz 일때, BAUD = 9600
   UBRR1L = 103;
```

스마트폰과의 연결 응용실험2

```
    SREG = 0x80;              // 전역 인터럽트 인에이블 비트 I 셋.

  while(1){
    while((UCSR1A & 0x80) == 0x0);       // RXC0 = 1이 될 때까지 대기

    rd = UDR1;                           // 수신

    // 전송된 데이터 체크
    // ASCII 문자 ('0'~'9')-> 10진값(0~9)로 변환
    if(rd == '0') continue;

    if(rd == '2') N10 = (N10 + 1) % 10;              // DOWN
    else if(rd == '8') N100 = (N100 + 1) % 10;       // UP
    else if(rd == '6') N1 = (N1 + 1) % 10;           // RIGHT
    else if(rd == '4') N1000 = (N1000 + 1) % 10;     // LEFT
    else if(rd == 'C') {                             // GRAB
        N1 =  N10 = N100 = N1000 = 9;
    }
    else if(rd == 'D') {                             // Rlease
      N1 =  N10 = N100 = N1000 = 0;

    }
    else if(rd == 'E') {                             // Rotate Left
      tmp = N1000;
      N1000 =  N100;
      N100 = N10;
      N10 = N1;
      N1 = tmp;
    }
    else if(rd == 'F') {                             // Rotate Right
      tmp = N1;
      N1 =  N10;
      N10 = N100;
      N100 = N1000;
      N1000 = tmp;
    }
  }
}

// 타이머/카운터2 오버플로우 인터럽트 처리(7-세그먼트 구동)
// 주기 = 1/16us * 1024 * (256 - 178) = 4.99ms
interrupt [TIM2_OVF] void timer2_int(void)
{
  u_char  dsp_val;

  TCNT2 = 178;                  // 초기값 재설정
  PORTG = seg_on[dsp_no];       // 표시할 위치 세그먼트 ON
```

스마트폰과의 연결 응용실험2

```
    // 표시할 값 계산
    if(dsp_no == 0) dsp_val = N1;
    else if(dsp_no == 1) dsp_val = N10;
    else if(dsp_no == 2) dsp_val = N100;
    else dsp_val = N1000;

    // 표시할 세그먼트 표시
    PORTD = ((seg_pat[dsp_val] & 0x0F) << 4) | (PORTD & 0x0F);
    PORTB = (seg_pat[dsp_val] & 0x70 ) | (PORTB & 0x0F);

    dsp_no = (dsp_no + 1) % 4;          // 다음 표시할 세그먼트 번호
}
```

Chapter 04

WiFi 무선 모듈

[사진 4-1]은 KUT-128_COM 보드에 장착하여 실험에 사용할 WiFi 모듈을 보여주며, [표 4-1]과 같은 특징을 가지고 있다. [그림 4-1]은 WiFi 모듈 커넥터의 핀 명과 기능을 보여준다.

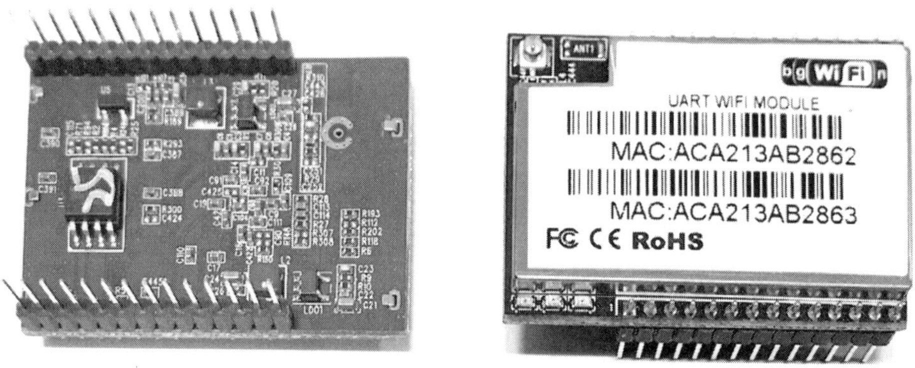

[사진 4-1] Wi-FI 모듈

[표 4-1] 주요 특징

- 2.4GHz - 1200~500000bps 보레이트 지원 - 다양한 보안 인증 체계 지원 WEP64/WEP128/TKIP/AES, WEP/WPA-PSK/WPA2-PSK - 다양한 네트워크 프로토콜 PPPOE/TCP/UDP/DDDNS/DNS/HTTP/Firewre - AT+ 명령어 지원 - SIZE : 29mm x 40mm x 8.8mm

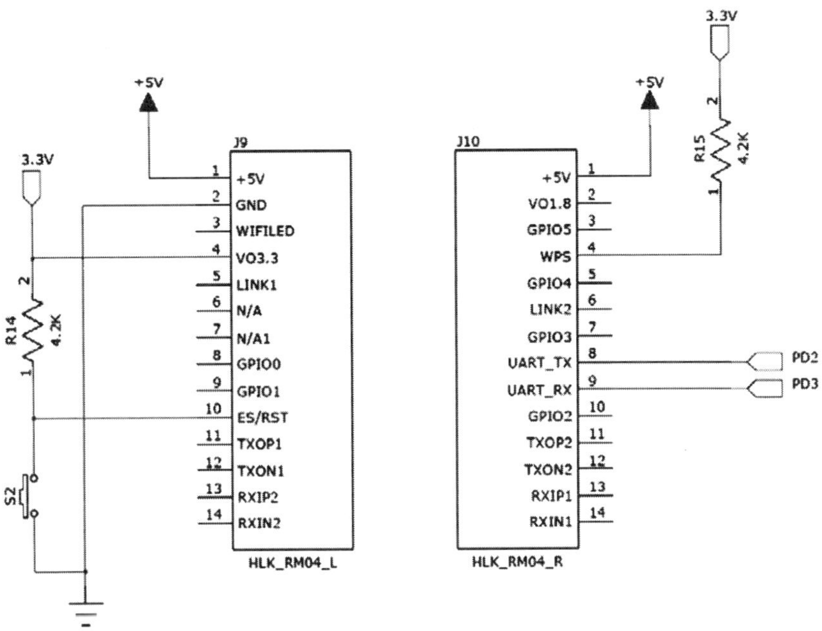

핀 번호	핀 명	기 능	핀 번호	핀 명	기 능
1	VCC5V	공급전압	15	RXIN1	10/100 PHY Port #1 RXN
2	GND	Ground	16	RXIP1	10/100 PHY Port #1 RXP
3	WIFILED	WLAN Activity LED	17	TXON2	10/100 PHY Port #2 ONN
4	VO3.3	3.3V 출력	18	TXOP2	10/100 PHY Port #2 OXP
5	LINK1	10/100 PHY Port #1 activty LED	19	GPIO2	범용 GPIO reserved
6	N/A	resertved	20	UART_	RX UART RXD
7	N/A	resertved	21	UART_	TX UART TXD
8	GPIO0	범용 GPIO reserved	22	GPIO3	범용 GPIO reserved
9	GPIO1	범용 GPIO reserved	23	LINK2	10/100 PHY Port #2 activty LED
10	ES/RST	Exit transparent transmission mode /Restor factory value	24	GPIO4	범용 GPIO reserved
11	TXOP1	10/100 PHY Port #1 TXP	25	WPS/RST	WiFi Protected Setup/Restore factory vlaue
12	TXON1 1	0/100 PHY Port #1 TXN	26	GPIO5	범용 GPIO reserved
13	RXIP2	10/100 PHY Port #2 TXP	27	VO1.8	1.8V 출력
14	RXIN2	10/100 PHY Port #2 TXN	28	VCC5V	공급전압

[그림 4-1] WiFi 모듈 연결 회로 및 핀 기능

이 장에서는 스마트폰과 보드와의 WiFi 통신을 위해 TCP(Transmission control protocol) 방식과 UDP(User datagram protocol) 방식을 이용한 실험을 수행한다. 이 두 가지 방식은 다음과 같은 차이가 있는 것으로 알려져 있고, UDP 방식이 TCP 방식에 비해 신뢰성은 없지만 빠른 전송이 가능하다는 장점을 가지고 있다.

[표 4-2] TCP와 UDP의 차이점

TCP	UDP
연결형 프로토콜(연결 설정 후에 통신 가능)	비연결형 포로토콜(연결 설정 없이 통신가능)
신뢰성 있는 데이터 전송 보장(오류 발생 시 재전송)	신뢰성 없는 데이터 전송(오류 발생시 재전송하지 않음)
1:1 통신 지원	1:1, 1:n 통신 지원
데이터 경계 구분하지 않음(바이트 스트림 서비스)	데이터 경계 구분함(데이터그램 서비스)
UDP에 비해 헤더가 무거움(20바이트)	TCP에 비해 헤더가 가벼움(8바이트)
Flow Contrl 기능(수신자 오버플로우 방지 서비스)	TCP에 비해 데이터 전송 외의 오버헤드가 적어 빠름
패킷의 도착 순서 보장 (수신지에서 패킷으로나뉘어진 메시지를 순서대로 조립)	패킷의 도착 순서를 보장하지 않음

4.1 앱 설치 및 WiFi 테스트 프로그램

우선 안드로이드 앱 스토어에서 "tcp/ip client"와 "udp"를 검색하고 "TCP CLIENT"와 "UDP Sender"를 설치한다.

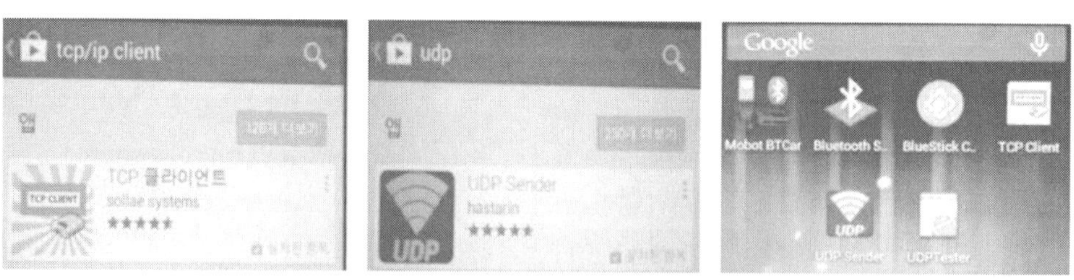

[사진 4-2] 앱 검색 및 설치 화면

KUT-128_COM 보드에 다운로드할 프로그램은 블루투스 통신 연결2에서 사용했던 프로그램을 그대로 사용하며, 통신 속도만 115200bps로 바꾸어 사용하기로 한다. 따라서, 동작은 [표 3-4]와 같이 동작하게 되며, 프로그램은 [리스트 3-5]와 같다.

[리스트 3-5] 스마트폰과의 WiFi 연결 실험1

스마트폰과의 WiFi 연결 실험1

```
// nex3-5.c
// WiFi 통신 실험
// BAUD = 115200, DataBit = 8 bit, StopBit = 1, Parity = None;
// 7-Segment(Common Cathode)
// 7-Segment On/Off(ULN2803 사용, PG포트 사용)
// PG0 : DIG1(맨 좌측), PG1 : DIG2(좌측 2번째), PG2 : DIG3(우측 2번째), PG3 : DIG4(맨 우측)

// 7-Segment LED a,b,c,d,e,f,g(UDN2981 사용, PB, PD포트 사용)
// PD4 : a, PD5 : b, PD6 : c, PD7 : d
// PB4 : e, PB5 : f, PB6 : g, PB7 : dp

#include <mega128.h>

typedef unsigned char u_char;

flash u_char seg_pat[10]= {0x3f, 0x06, 0x5b, 0x4f, 0x66, 0x6d, 0x7d, 0x07, 0x7f, 0x6f};
flash u_char seg_on[4] = {0b00001000, 0b00000100, 0b00000010, 0b00000001};

u_char  dsp_no = 0;        // 표시할 세그먼트 번호
                           // 0 : 1자리, 1 : 10자리, 2 : 100자리 , 3 : 1000자리
u_char  N1 = 0, N10 = 0, N100 = 0, N1000 = 0;

void main(void)
{
    u_char rd, tmp;

    // I/O 포트 초기화
    DDRB = 0xFF;              // 포트 B 출력 설정
    DDRD = 0xFF;              // 포트 D 출력 설정
    DDRG = 0xFF;              // 포트 G 출력 설정

    PORTB = 0x0;
    PORTD = 0x0;

    // 타이머/카운터2  7-세그먼트 동적구동을 위한 주기 설정
    // 1/16us * 1024 * (256 - 178) = 4.99ms
    TIMSK = 0b01000000;          // TOIE2=1(타/카2 오버플로우 인터럽트 인에이블)
    TCCR2 = 0x05;                // 일반모드, 1024분주
    TCNT2 = 178;                 // 초기값 설정

    // USART 초기화
    UCSR1A = 0x0;
    UCSR1B = 0b00010000;         // 수신 인에이블 RXEN0=1
    UCSR1C = 0b00000110;         // 비동기 데이터 8비트 모드
    UBRR1H = 0;                  // X-TAL = 16MHz 일때, BAUD = 115200
    UBRR1L = 8;
```

스마트폰과의 WiFi 연결 연결 실험1

```
    SREG = 0x80;              // 전역 인터럽트 인에이블 비트 I 셋.

    while(1){
      while((UCSR1A & 0x80) == 0x0);          // RXC0 = 1이 될 때까지 대기

      rd = UDR1;                              // 수신

      // 전송된 데이터 체크
      // ASCII 문자 ('0'~'9')-> 10진값(0~9)로 변환
      if(rd == '0') continue;

      if(rd == '2') N10 = (N10 + 1) % 10;              // DOWN
      else if(rd == '8') N100 = (N100 + 1) % 10;       // UP
      else if(rd == '6') N1 = (N1 + 1) % 10;           // RIGHT
      else if(rd == '4') N1000 = (N1000 + 1) % 10;     // LEFT
      else if(rd == 'C') {                             // GRAB
          N1 =  N10 = N100 = N1000 = 9;
      }
      else if(rd == 'D') {                             // Rlease
        N1 =  N10 = N100 = N1000 = 0;
      }
      else if(rd == 'E') {                             // Rotate Left
        tmp = N1000;
        N1000 =  N100;
        N100 = N10;
        N10 = N1;
        N1 = tmp;
      }
      else if(rd == 'F') {                             // Rotate Right
        tmp = N1;
        N1 =  N10;
        N10 = N100;
        N100 = N1000;
        N1000 = tmp;
      }
    }
}

// 타이머/카운터2 오버플로우 인터럽트 처리(7-세그먼트 구동)
// 주기 = 1/16us * 1024 * (256 - 178) = 4.99ms
interrupt [TIM2_OVF] void timer2_int(void)
{
   u_char  dsp_val;

   TCNT2 = 178;                  // 초기값 재설정
   PORTG = seg_on[dsp_no];       // 표시할 위치 세그먼트 ON
```

스마트폰과의 연결 연결 실험1

```
    // 표시할 값 계산
    if(dsp_no == 0) dsp_val = N1;
    else if(dsp_no == 1) dsp_val = N10;
    else if(dsp_no == 2) dsp_val = N100;
    else dsp_val = N1000;

    // 표시할 세그먼트 표시
    PORTD = ((seg_pat[dsp_val] & 0x0F) << 4) | (PORTD & 0x0F);
    PORTB = (seg_pat[dsp_val] & 0x70 ) | (PORTB & 0x0F);

    dsp_no = (dsp_no + 1) % 4;     // 다음 표시할 세그먼트 번호
}
```

4.2 TCP 통신 실험

① WiFI 모듈을 KUT-128_COM 보드에 장착하고 전원을 ON 시킨다. 이 때 블루투스 모듈과 WiFi 모듈이 같은 USART1 핀(PD2, PD3)을 사용하기 때문에 블루투스 모듈은 보드에서 제거해야 한다.

② 스마트폰의 설정에서 WiFi를 ON 시키고 네트워크 선택 창에서 [사진 4-3a]와 같이 HI-LINK-xxxx(xxxx : 모듈 16진 식별 번호)가 표시되면 선택한다. 그러면, [사진 4-3b]와 같이 비밀번호를 입력하는 창이 표시되는데 "12345678"을 입력하고 연결을 터치하면 스마트폰은 WiFi 모듈과 연결을 시도하고 성공하게 되면 [사진 4-3c]와 같이 연결됨이 표시된다.

(a) WiFi 모듈 감지 표시 (b) 비밀번호 입력 (c) 연결

[사진 4-3] WiFi 연결 과정

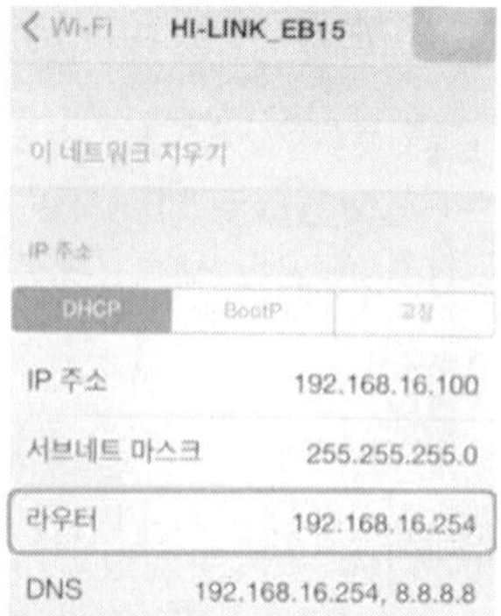

(a) 안드로이드 폰 연결 화면 (b) 아이폰 연결 화면

[사진 4-4] IP 주소 확인

③ 인터넷 익스플로어 창에서 http://192.168.16.254 (라우터 어드레스)를 입력하고, [사진 4-5a]와 같이 사용자 이름과 암호를 입력하는 창이 나타나면 둘 다 똑같이 “admin“을 입력한다. 그러면 [사진 4-5b]와 같이 HLK-RM04에 대한 설정창이 표시된다. 여기서, 설정할 항목은 <Network Protocol>에서 TCP와 UDP에 대한 설정이며, 디폴트값이 TCP 이기 때문에 [사진 4-5c]에서 화면 하단의 <Apply>를 클릭한다. 이렇게 함으로써 RM04는 TCP Server로 동작하게 된다.

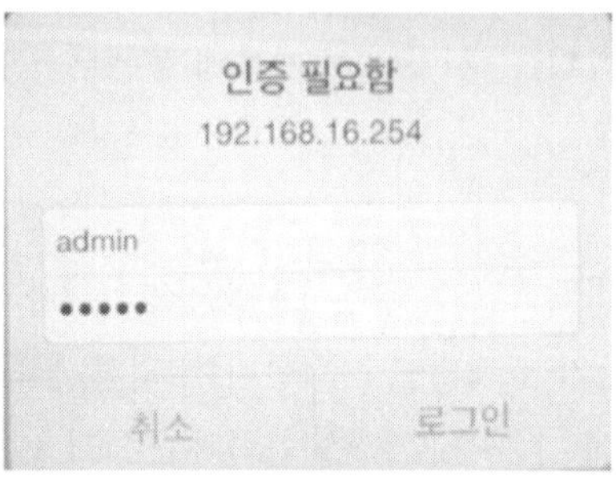

(a) 인증 창 (b) HLK-RM04 설정 창

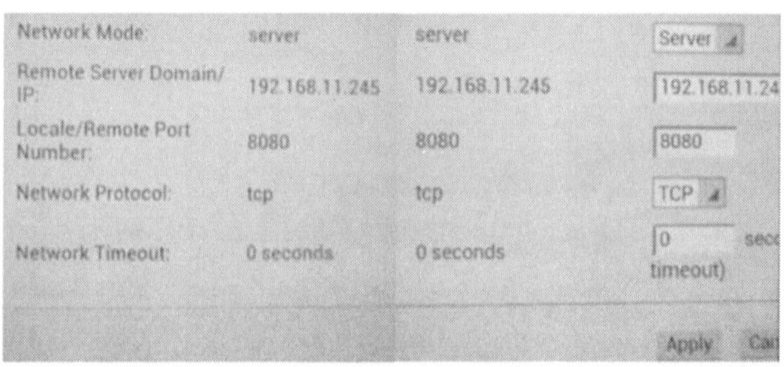

(c) 하단 설정 화면

[사진 4-5] RM04 설정 화면

④ 앱 "TCP Client"를 실행하면 [사진 4-6a]와 같은 초기화면이 표시되고, 오른쪽 상단의 녹색+버튼을 클릭하면 [사진 4-6b]와 같이 서버 이름, IP, Port를 입력하는 창이 표시된다. 서버 이름은 임의로 입력하면 되고, IP는 [사진 4-4b]의 라우터 번지를 입력해 주어야 한다. 그리고, Port에는 8080을 입력한다. (여기서, 문제되는 것이 아이폰에서는 [사진 4-4b]와 같이 라우터 번지가 표시되는데 안드로이드 폰을 사용하는 경우 라우터 번지가 표시가 안 된다는 점이다. 일단 IP 주소 맨 마지막 번호에 254를 입력해서 해보거나 아이폰을 사용해서 라우터 주소를 확인하기 바란다.)

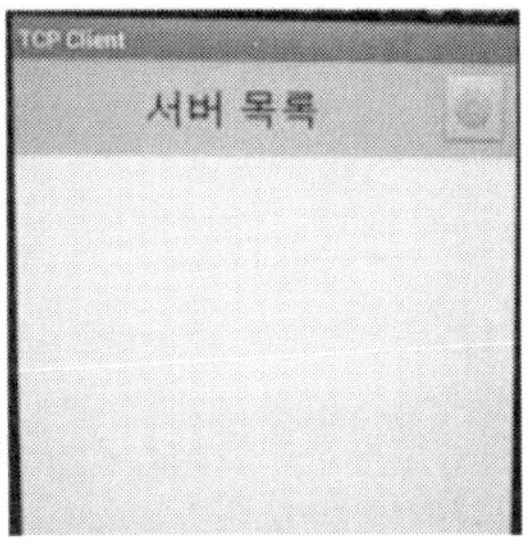

(a) 초기화면

(b) IP 및 PORT 설정

(c) 목록 추가

[사진 4-6] TCP Client 초기화면 및 IP 어드레스 설정

⑤ 새로 생성한 서버 목록을 클릭하면 [사진 4-7]과 같이 화면 상단에 "Connected" 라는 메시지가 출력되며, 화면 중간에 전송할 문자를 입력하고 전송 버튼을 누르면 입력된 문자가 WiFi 모듈로 전송이 되어 ATmega128에 입력된다.

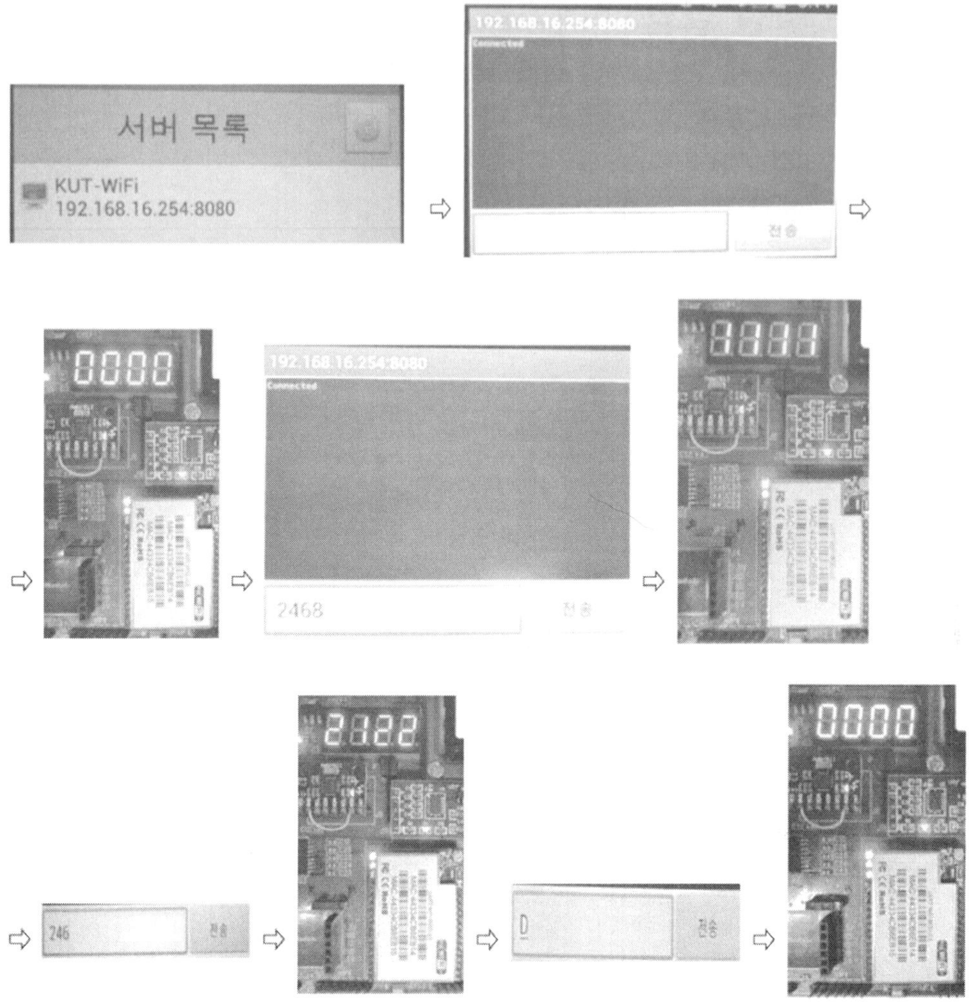

[사진 4-7] 문자 전송에 따른 KUT-128_COM 보드 7-세그먼트 출력화면

4.3 UDP 통신 실험

UDP 통신 실험을 위해 다음 2개 항목을 실행한다.

① 인터넷 익스플로어 창에서 http://192.168.16.254 (라우터 어드레스)를 입력해서 HLK-RM0 설정창을 열고, <Network Protocol>을 UDP로 설정하면 된다.

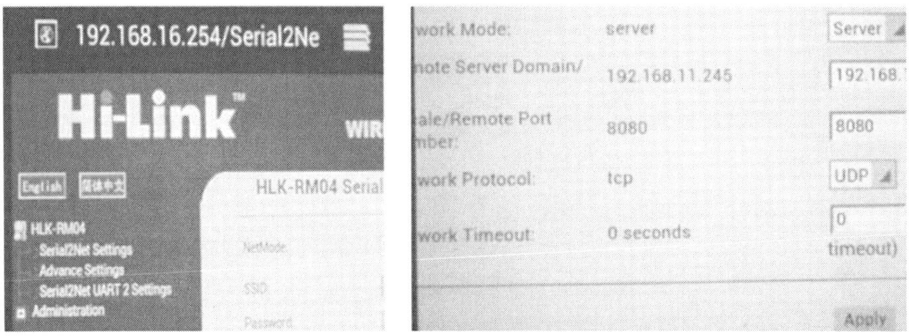

[사진 4-8] HLK-RM04 실정 창

② 앱 "UDP Sender를 실행하면 [사진 4-9a]와 같은 초기화면에 IP와 Port값을 입력하고 바로 Text 라인에 문자를 입력한 후 전송을 클릭하면 바로 전송된다. 동작은 TCP의 경우와 동일하다.

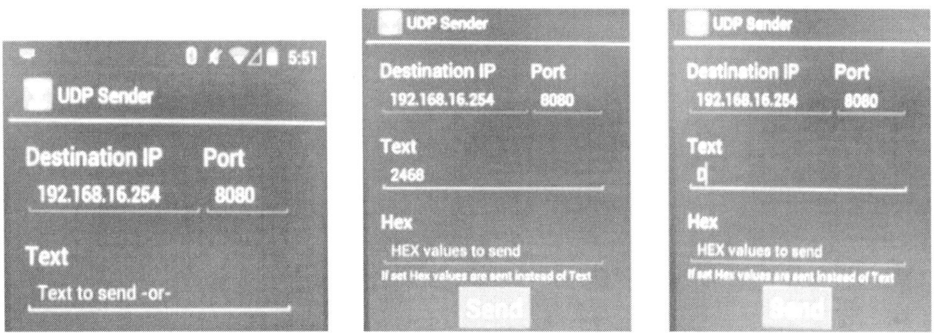

(a) IP, PORT 설정 (b) 2468 전송화면 (c) D 전송 화면

[사진 4-9] UDP Sender 실행 화면

저자 소개

신 동 욱

- 한양대학교 전자공학과 학사, 공학석사
- 일본 와세다 대학 응용물리학과 공학박사
- 한국기술교육대학교 정보기술공학부 교수

<저서>

-쉬운 예제와 Kit로 배우는 8051 기초와 응용, Ohm사
-PIC 마이컴 보드로 배우는 PIC16F874A/877A, Ohm사
-기초전자실습, Ohm사
-기초전기실습, Ohm사
-졸업작품 만들기(III), Ohm사
-졸업작품 만들기(VI), Ohm사
-졸업작품 만들기(VIII), Ohm사
-알기쉽게 배우는 AVR ATmega128, Ohm사
-다양한 실습이 가능한 ATmega128 기초와 응용 II, Ohm사
-아두이노 마스터① 우노보드 기초, Ohm사
-아두이노 마스터② 도전과제, Ohm사
-아두이노 마스터③ 게임특집, Ohm사

다양한 실습이 가능한

ATmega128 기초와응용 I

1판 10쇄 2023년 11월 22일
초판발행 2014년 01월 25일

저 자 신동욱저
발 행 인 이 민 희
발 행 처 도서출판 Ohm사

주 소 서울 영등포구 대림로170-1, 1층
전 화 02-776-4868-9
팩 스 02-779-6757
등록번호 1975년 9월 12일 제3-3호

http://www.ohm.co.kr E-mail : ohm@ohm.co.kr

ISBN 978-89-7101-791-3 정가 30,000원